《知识产权新规则案例适用》编委会

主　编

孙晓勇

副主编

胡田野

执行副主编

李成斌　李　谦

主编助理

赵文轩

编审分工

专利权：李成斌

著作权：罗胜华

商标权：胡云红　李　谦

以案说法·以案释法·以案析法

知识产权新规则案例适用

最高人民法院司法案例研究院／编

中国法制出版社
CHINA LEGAL PUBLISHING HOUSE

《知识产权新规则案例适用》
通讯编辑名单

凌　巍 北京市高级人民法院
刘晓虹 北京市高级人民法院
董　扬 天津市高级人民法院
王　佳 河北省高级人民法院
刘冬梅 山西省高级人民法院
杨智勇 内蒙古自治区高级人民法院
周文政 辽宁省高级人民法院
张功岩 吉林省高级人民法院
孙学诗 黑龙江省高级人民法院
牛晨光 上海市高级人民法院
戴鲁霖 江苏省高级人民法院
缪　芳 江苏省高级人民法院
符东杰 江苏省南通市中级人民法院
周耀明 江苏省无锡市中级人民法院
杨　治 浙江省高级人民法院
蒋　莹 浙江省高级人民法院
吴　婧 安徽省高级人民法院
林文君 福建省高级人民法院
李相如 福建省高级人民法院
胡立峰 福建省高级人民法院
章光园 江西省高级人民法院
王露爽 山东省高级人民法院
郭宇凌 河南省高级人民法院
宋淼军 湖北省高级人民法院
杨晓彤 湖北省宜昌市中级人民法院
唐　竞 湖南省高级人民法院
谢佩宏 广东省高级人民法院
邹尚忠 广西壮族自治区高级人民法院
韦丹萍 广西壮族自治区高级人民法院
李周伟 海南省高级人民法院
谭中平 重庆市高级人民法院
任　梦 四川省高级人民法院
孙　熹 云南省高级人民法院
石　瑾 云南省昆明市中级人民法院
龙　媛 贵州省高级人民法院
施辉法 贵州省贵阳市中级人民法院
王丽萍 西藏自治区高级人民法院
郑亚非 陕西省高级人民法院
吴　莹 甘肃省高级人民法院
汪嘉煜 青海省高级人民法院
谢亚楠 宁夏回族自治区高级人民法院
马小菊 新疆维吾尔自治区高级人民法院
王　琼 新疆维吾尔自治区高级人民法院生产建设兵团分院

序

党的十八大以来，以习近平同志为核心的党中央高度重视知识产权工作，推动我国知识产权事业取得历史性成就。知识产权法规制度体系逐步完善，核心专利、知名品牌、精品版权、优良植物新品种、优质地理标志、高水平集成电路布图设计等高价值知识产权拥有量大幅增加，商业秘密保护不断加强，遗传资源、传统知识和民间文艺的利用水平稳步提升，知识产权保护效果、运用效益和国际影响力显著提升，全社会知识产权意识大幅提高，涌现出一批知识产权竞争力较强的市场主体，走出一条中国特色知识产权发展之路。人民法院坚持以习近平新时代中国特色社会主义思想为指导，深入贯彻习近平法治思想，牢固树立保护知识产权就是保护创新理念，着力提升知识产权审判质效和司法公信力，优化创新创造创业法治环境，全方位司法保护体系进一步健全，专业化审判体系建设进一步完善，服务党和国家大局成效进一步凸显。

司法案例作为人民法院适用和解释法律的鲜活载体，不仅是立法发展的源泉活水，也是广大法律工作者精准把握法条要义和人民群众理解法条知识点的生动教材。最高人民法院司法案例研究院在各高级人民法院和部分中级人民法院案例工作部门的大力支持下，在国家法官学院民商事审判教研部等有关部门的配合下，与全国法院案例通讯编辑共同组织一线法官，立足司法实践，围绕知识产权新规则的理解和法律适用问题，对适用和参照知识产权新规则及其基本原理裁判并审结的案例进行研判，选取其中适合解析知识产权新规则，对于精准理解、统一适用知识产权相关法律具有指导、参考价值的典型案例，主要由承办法官以知识产权新规则为基本依据撰写案例分析，从司法实务视角，重点解析知识产权新规则的价值功能、基本法理、适用规则、适用难点等内容，由最高人民法院司法案例研究院编写《知识产权新规则案例适用》一书，为知识产权法的适用提供可操作性指引。

2019 年 4 月《中华人民共和国商标法》第四次修正，《中华人民共和国反不正当竞争法》第二次修正，2020年5月《中华人民共和国民法典》正式颁布，2020年10月《中华人民共和国专利法》第四次修正，2020年11月《中华人民共和国著作权法》第三次修正。这些法律的修正与颁布，对知识产权审判提出了新的要求。本书的案例选取严格把握知识产权相关法律的法条要义，符合法律效果、政治效果和社会效果有机统一的要求。对于全国法院选送的稿件，最高人民法院司法案例研究院和国家法官学院民商事审判教研部的专家教授共同组成编审组，根据案例的典型性、裁判思路的合规性、案例分析的精准性进行精心选编，最终选取40篇案例分析。其中专利权11篇，著作权14篇，商标权15篇。所选案例多数为高级人民法院及相关知识产权法院发布的典型案例，凸显了案例的权威性。

《知识产权新规则案例适用》一书，采用最高人民法院司法案例研究院与国家法官学院共同编写的《中国法院年度案例系列》丛书的案例体例，保持了简洁明快的风格，追求“好读好用”效果，坚持以下编辑原则：一是高度提炼案例内容，控制案例篇幅，每篇案例在8000字左右，基本案情和裁判要旨在3000字以内；二是突出与知识产权新规则相关的争议焦点、审判难点，剔除无效信息，尽可能在有限的篇幅内为读者提供有益的信息；三是注重案例的指导价值，每篇案例的分析内容不少于5000字，通过深度解读条文要义，指明司法适用路径、突出其司法适用的指导价值。同时，本书的体例设计以读者为本，方便检索。首先，本书内容以知识产权法体系分专利法、著作权法、商标法三部分，每部分开篇概括性地描述了该法律重点法条新规则的条文要旨；其次，每部分内容按照所涉新规则条文为序，将案例进行编排；最后，每篇案例之首列明所涉新规则的关键词，概括裁判规则、裁判思路或焦点问题作为主标题。此种编排使读者一目了然，迅速定位目标法条和新规案例。

《知识产权新规则案例适用》一书旨在帮助读者通过阅读案例学习知识产权新规则，领悟知识产权法新精神新理念，既可作为法官、检察官、律师等司法实务工作者的办案参考和司法人员培训推荐教程，也是社会大众学用知识产权法的辅导用书，还是教学科研机构案例研究的精品素材。特别是相关案例所具有的典型性和社会关注度，使其解析更具有示范性。

当然，知识产权法内涵丰富，本书难免存在不足或错漏，所述观点和所提建议还有待司法实践的检验和法学理论的探讨，欢迎广大读者批评指正，以便我们不断改进工作。

周强院长指出，“深化改革创新，大力推进知识产权审判体系和审判能力现代化。通过制定司法解释、司法政策、发布案例等方式切实加强审判指导”。我们将始终坚持以习近平新时代中国特色社会主义思想为指导，深入贯彻习近平法治思想，不断以司法案例深入研究知识产权相关法律修正后的新情况、新问题，为切实实施知识产权法贡献力量和智慧，助力实现人民法院案例工作、案例研究事业新发展。

中国法制出版社为本书的出版给予了大力支持，在此谨表谢忱，并希望通过共同努力，不断探索编辑案例书籍，挖掘案例价值的新路径，更好地服务于学习、研究法律的读者，服务于司法审判，服务于全国深化依法治国的伟大实践！

最高人民法院司法案例研究院《知识产权新规则案例适用》编委会

2022 年 6 月 1 日

目　录

Contents

一、专利权

三、商标权

一、专利权

【导言】

2020 年 10 月 17 日，十三届全国人大常委会第二十二次会议通过《全国人民代表大会常务委员会关于修改〈中华人民共和国专利法〉的决定》，《中华人民共和国专利法》（以下简称《专利法》）自 2021 年 6 月 1 日起施行。本次修改贯彻落实党中央、国务院的指示精神，对于维护专利权人的合法权益，增强创新主体对专利保护的信心，充分激发全社会的创新活力具有重要意义。本次专利法修改主要包括以下内容：

一、加强外观设计保护

一是增加局部外观设计。为了回应创新主体的诉求，《专利法》（2020 年）第二条第四款明确了对产品“局部的”外观设计给予专利保护。局部外观设计，是指针对产品的某一局部所作出的创新设计。申请人可以向国家知识产权局提交请求保护产品局部的外观设计专利申请。二是延长外观设计专利的保护期限。自 2021 年 6 月 1 日起向国家知识产权局递交的外观设计专利申请，授权后的保护期限由 10 年延长至 15 年。三是增设本国优先权。本次专利法修改引入外观设计本国优先权制度，给予外观设计申请人进一步完善申请、明确保护范围的机会。第二十九条第二款规定，自外观设计在中国第一次提出专利申请之日起六个月内，又向国家知识产权局就相同主题提出专利申请的，可以享有优先权。此外，为了进一步便利申请人，本次修改适当调整了优先权文件副本提交期限的相关规定。第三十条第二款规定，申请人要求外观设计专利优先权的，应当在申请的时候提出书面声明，并且在三个月内提交第一次提出的专利申请文件的副本。

二、新增单位依法处置职务发明相关权利、国家鼓励被授予专利权的单位实行产权激励的相关规定

《专利法》（2020年）第六条第一款规定，该单位可以依法处置其职务发明创造申请专利的权利和专利权，促进相关发明创造的实施和运用。第十五条第二款规定，国家鼓励被授予专利权的单位实行产权激励，采取股权、期权、分红等方式，使发明人或者设计人合理分享创新收益。

三、新增诚实信用原则

诚实信用原则是民法的“帝王”原则，在专利权人正当行使权利的同时，也存在一些专利权人滥用专利权的行为。《专利法》（2020年）第二十条规定，申请专利和行使专利权应当遵循诚实信用原则。不得滥用专利权损害公共利益或者他人合法权益。滥用专利权，排除或者限制竞争，构成垄断行为的，依照《中华人民共和国反垄断法》处理。

四、提交不丧失新颖性宽限期的请求

在国家出现紧急状态或者非常情况时，一些发明创造需要立即在实践中投入使用，以维护公共利益，但由于这种公开行为不属于《专利法》（2008年）规定的不丧失新颖性的例外情形，会导致相关发明创造因丧失新颖性而面临不能获得专利保护的风险。为满足非常情况的需要，促进这些发明创造在疾病治疗等方面的及时应用，解决公众健康问题，回应创新主体放宽不丧失新颖性例外规定的需求，更好地保护发明创造，《专利法》（2020年）第二十四条新增一项不丧失新颖性的例外情形，即在国家出现紧急状态或者非常情况时，为公共利益目的首次公开的。

五、发明专利的专利权期限补偿

《专利法》（2020年）未就溯及力问题作出特别规定。因此，对于2021年5月31日（含该日）以前公告授权的发明专利，专利权期限补偿制度不溯及既往。目前正在修改的《中华人民共和国专利法实施细则》（2010年）对专利权期限补偿制度的相关内容，包括请求时间、属于申请人引起的不合理延迟的情形等作出了细化规定。因《中华人民共和国专利法实施细则》（2010年）尚在修改过程中，相关配套电子系统正在开发，对自2021年6月1日起公告授权的发明专利，专利权人可以自专利权授权公告之日起三个月内，暂时通过纸件形式向国家知识产权局提出专利权期限补偿请求，后续再按国家知识产权局发出的缴费通知缴纳相关费用。国家

知识产权局将在新修改的《中华人民共和国专利法实施细则》（2010 年）施行后对上述请求进行审查。关于新药发明专利的专利权期限补偿，《专利法》（2020 年）第四十二条第三款做了特殊规定，为补偿新药上市审评审批占用的时间，对在中国获得上市许可的新药相关发明专利，专利权人可以请求给予专利权期限补偿。补偿期限不超过五年，新药批准上市后总有效专利权期限不超过十四年。

六、新增专利开放许可制度

开放许可制度是促进专利转化实施的一项重要法律制度，其核心在于鼓励专利权人向社会开放专利权，促进供需对接和专利实施，真正实现专利价值。《专利法》（2020 年）第五十条第一款规定，专利权人自愿以书面方式向国务院专利行政部门声明愿意许可任何单位或者个人实施其专利，并明确许可使用费支付方式、标准的，由国务院专利行政部门予以公告，实行开放许可。就实用新型、外观设计专利提出开放许可声明的，应当提供专利权评价报告。第五十一条规定，任何单位或者个人有意愿实施开放许可的专利的，以书面方式通知专利权人，并依照公告的许可使用费支付方式、标准支付许可使用费后，即获得专利实施许可。开放许可实施期间，对专利权人缴纳专利年费相应给予减免。实行开放许可的专利权人可以与被许可人就许可使用费进行协商后给予普通许可，但不得就该专利给予独占或者排他许可。

七、完善专利侵权行政执法

《专利法》（2020 年）第七十条第一款规定，国务院专利行政部门可以应专利权人或者利害关系人的请求处理在全国有重大影响的专利侵权纠纷。根据《重大专利侵权纠纷行政裁决办法》（国家知识产权局第 426 号公告）第三条的规定，有以下情形之一的，属于重大专利侵权纠纷：（一）涉及重大公共利益的；（二）严重影响行业发展的；（三）跨省级行政区域的重大案件；（四）其他可能造成重大影响的专利侵权纠纷。《专利法》（2020 年）第七十条第二款规定，地方人民政府管理专利工作的部门应专利权人或者利害关系人请求处理专利侵权纠纷，对在本行政区域内侵犯其同一专利权的案件可以合并处理；对跨区域侵犯其同一专利权的案件可以请求上级地方人民政府管理专利工作的部门处理。

八、加大对专利侵权违法行为的惩治力度

一是新增惩罚性赔偿制度。《专利法》（2020 年）第七十一条规定，对故意侵犯专利权，情节严重的，人民法院可以在按照权利人受到的损失、侵权人获得的利益或者专利许可使用费倍数确定数额的一倍以上五倍以下确定赔偿数额，以显示我国依法严格保护知识产权的态度和决心，提高侵权成本，让侵权者付出沉重代价，充分发挥法律的威慑力。二是提高法定赔偿额。将法定赔偿额数额由原来的一万元以上一百万元以下提高至三万元以上五百万元以下，以实施严格的知识产权保护，显著提高违法成本，体现加大专利保护力度、鼓励创新的导向。三是完善举证责任。为解决专利案件的举证难问题，进一步完善了证据规则，在权利人已经尽力举证，而与侵权行为相关的账簿、资料主要由侵权人掌握，如不及时制止将会使其合法权益受到难以弥补的损害，这种情况下，可以在起诉前依法向人民法院申请采取财产保全、责令作出一定行为或者禁止作出一定行为的措施，从而减轻权利人的举证负担。

九、明确侵犯专利权的诉讼时效为三年

为与民法典规定的诉讼时效保持一致，《专利法》（2020 年）第七十四条规定，侵犯专利权的诉讼时效为三年，自专利权人或者利害关系人知道或者应当知道侵权行为以及侵权人之日起计算。发明专利申请公布后至专利权授予前使用该发明未支付适当使用费的，专利权人要求支付使用费的诉讼时效为三年，自专利权人知道或者应当知道他人使用其发明之日起计算，但是，专利权人于专利权授予之日前即已知道或者应当知道的，自专利权授予之日起计算。

十、引入药品专利链接制度

药品专利链接制度，是指仿制药上市批准与创新药品专利期满相“链接”，即仿制药注册申请应当考虑先前已上市药品的专利状况，从而避免可能的专利侵权。《专利法》（2020 年）第七十六条第一款、第二款规定，药品上市审评审批过程中，药品上市许可申请人与有关专利权人或者利害关系人，因申请注册的药品相关的专利权产生纠纷的，相关当事人可以向人民法院起诉，请求就申请注册的药品相关技术方案是否落入他人药品专利权保护范围作出判决。国务院药品监督管理部门在规定的期限内，可以根据人民法院生效裁判作出是否暂停批准相关药品上市的决定。药品上市许可申请人与有关专利权人或者利害关系人也可以就申请注册的药品相关的专利权纠纷，向国务院专利行政部门请求行政裁决。

本编选取 11 个案例，内容包括“职务发明在专利权权属案中的判定”“共同发明人身份认定”“补充提交的实验数据的审查”“网络许诺销售侵权行为的损害赔偿责任”“专利临时保护的判断规则”“机械领域发明创造封闭式权利要求判断标准分析”“需要授权访问的网络空间信息是否构成现有设计或现有技术的认定”“知识产权案件中停止侵权的适用应当考量社会公共利益”“事先约定赔偿可直接作为确定重复侵权损害赔偿数额的依据”“以‘附价格承诺’的行为保全措施依法创新保护知识产权”“擅自转移、处分被保全证据行为的构成要件和法律后果”热点问题，对于正确理解和适用《专利法》（2020 年）具有重要的参考价值。

【《专利法》第6条　职务发明创造】

1

职务发明在专利权权属案中的判定

——废旧家电拆解公司诉甘某专利权权属案

【基本信息】

1. 裁判书字号

湖北省高级人民法院（2019）鄂民终441号民事判决书

2. 案由：专利权权属纠纷

3. 当事人

原告（上诉人）：废旧家电拆解公司

被告（被上诉人）：甘某

【基本案情】

2014年8月3日，甘某入职废旧家电拆解公司，从事叉车司机工作。2017年3月30日，甘某向中华人民共和国国家知识产权局递交了名称为“一种电视机管颈管切割装置”的实用新型专利申请，并于2017年11月7日获得授权，专利号为ZL20172032××××（以下统称涉案专利）。2018年3月，经废旧家电拆解公司批准，甘某辞职，辞职申请表上填写的部门为生产部，职务为拆解工。

甘某在废旧家电拆解公司工作期间，废旧家电拆解公司于2017年2月4日印发《关于表彰甘某同志的决定》并给予500元奖金，决定载明：“为鼓励员工岗位技术创新，提高生产效率，规范拆解行为。员工甘某通过不断摸索、努力钻研，改进管颈管切割工具。经过推广应用，不仅提高了生产效率，而且保证了拆解质量。为弘扬大众创业、万众创新，特对甘某同志给予技术创新奖励，以示表彰。”

废旧家电拆解公司明确主张涉案专利归其所有的依据为：1. 涉案专利系履行单位交付的本职工作之外的任务所做出的发明创造；2. 涉案专利主要是利用本单位的物质技术条件所完成的发明创造。其中，关于第一点，废旧家电拆解公司主张，甘某作为技术团队成员完成了涉案专利的发明创造，但无甘某参加技术团队的相关证据，亦无团队完成任务的过程记录，该技术团队应该有过讨论但无记载；关于第二点，废旧家电拆解公司则主张，甘某主要利用的物质技术条件为废旧家电拆解公司的电视拆解线等设备，虽无相应证据，但主张涉案专利的完成必须用到电视拆解线，因为电视拆解线是拆解电视管颈管的必须设备，而涉案专利产品是用来切割电视管颈管，没有电视管颈管，涉案专利即无用处。对此，甘某则陈述，2017 年 1 月，因为听到厂里同事说有人拆解电视管颈管时出了事故，便在家自己琢磨如何能安全的拆解废旧电视机的管颈管，为了发明创造涉案专利，用了自行购买的开孔器、玻璃刀、无缝钢管、薄铁板、电焊机、弹簧等工具进行研究，然后用啤酒瓶进行实验。

【案件焦点】

1. 发明创造涉案专利是否属于发明人的本职工作或者单位交付的本职工作之外的任务；2. 涉案专利的发明创造是否主要利用了本单位的物质技术条件。

【裁判要旨】

湖北省武汉市中级人民法院经审理认为：

一、关于甘某发明创造涉案专利是否系履行废旧家电拆解公司交付的本职工作之外的任务的问题

废旧家电拆解公司认为，《关于表彰甘某同志的决定》足以证明涉案专利系完成该单位交办的任务。经审查，该决定仅指明对甘某“改进管颈管切割工具”的行为进行表彰奖励，并未指出公司曾组织过甘某作为成员之一的团队并交付了涉案专利相关的研发任务，反而从仅对甘某一人进行表彰来看，难谓有研发团队之存在。仅凭单位对职工的创新进行奖励和鼓励，不能也不应得出该创新归属于单位的结论，正如《中华人民共和国专利法》（2008 年）第七条之规定，对发明人或者设计人的非职务发明创造专利申请，任何单位或者个人不得压制，体现的即倡导形成鼓励创新、促进创新、崇尚创新的社会风尚的价值取向，单位鼓励职工在工作中进行

职务发明创造，在工作之余进行非职务发明创造，均为应有之意，该决定中也明确写明表彰目的在于“弘扬大众创业，万众创新”，若仅因该鼓励即导致职工任何发明创造均直接被认定为职务发明，必将不适当地打击职工发明创造的积极性。同时，从审理情况看，甘某陈述该发明创造完成后，也曾交单位使用过，且有过转让该专利的商谈；废旧家电拆解公司的决定中也写有“推广应用”，因此，即便非职务发明，公司给予500元奖励以及表彰亦无不当。由此，废旧家电拆解公司仅凭该决定不足以证明涉案专利系完成单位交办的任务，在该公司无关于技术团队组建、任务下达分配、研发过程记录等相应证据佐证的情形下，一审法院对废旧家电拆解公司该主张不予认可。

二、关于甘某发明创造涉案专利是否主要利用废旧家电拆解公司物质技术条件完成的问题

废旧家电拆解公司认为甘某使用了电视拆解线等工具完成该发明。经审查，一方面，废旧家电拆解公司对此并未提交证据予以证明，甘某也不认可，并对发明过程和使用的物质条件予以了明确陈述；另一方面，废旧家电拆解公司所称的电视拆解线，作用在于电视管颈管，并非与涉案专利的形成直接相关，且甘某也陈述，其在发明创造过程中系以啤酒瓶进行实验，因此，无证据表明系完成涉案专利创造的必需品，该电视拆解线与完成涉案专利的主要物质技术条件难以对应。一审法院对废旧家电拆解公司该主张亦不认可。

湖北省武汉市中级人民法院依照《中华人民共和国专利法》（2008年）第六条第一款、第七条、第十五条，《中华人民共和国专利法实施细则》（2010年）第十二条的规定，判决如下：

驳回废旧家电拆解公司的全部诉讼请求。

废旧家电拆解公司不服一审判决，遂提起上诉。湖北省高级人民法院经审理认为：

一、关于甘某发明创造涉案专利是否系执行本单位任务的问题

《中华人民共和国专利法实施细则》（2010年）第十二条规定，专利法第六条所称执行本单位的任务所完成的职务发明创造，是指：（一）在本职工作中作出的发明创造；（二）履行本单位交付的本职工作之外的任务所作出的发明创造等情形。结合本案具体情况，主要从两个方面进行综合判定，首先，从甘某的本职工作范围

分析，其于2014年8月3日入职废旧家电拆解公司，从事叉车司机工作。二审庭审中经双方当事人确认，甘某入职一个月后，从事拆解工作。2018年3月，甘某的辞职申请表上填写的部门为生产部，职务为拆解工。从证据来看，甘某的本职工作中并不包括技术研发与创新。其次，从废旧家电拆解公司是否交付了本职工作之外的研发专项任务给甘某分析，废旧家电拆解公司虽主张涉案专利的发明创造系甘某履行其交付的本职工作之外的任务，但未提交证据证明其向甘某交付了对废旧电视进行拆解工作之外的技术创新任务，以及甘某参加了废旧家电拆解公司技术团队进行技术创新与研发。甘某陈述涉案专利于2017年1月研发完成，其后交给废旧家电拆解公司使用，在此情况下，废旧家电拆解公司于2017年2月4日对甘某给予表彰也属人之常情，仅凭废旧家电拆解公司《关于表彰甘某同志的决定》不足以证明甘某研发涉案专利的行为是废旧家电拆解公司交付的本职工作之外的任务。故涉案专利不符合《中华人民共和国专利法》（2008年）第六条第一款，《中华人民共和国专利法实施细则》（2010年）第十二条第二项的规定，不能认定为职务发明创造，而是个人发明，应归个人所有。

二、关于甘某发明创造涉案专利是否主要利用废旧家电拆解公司物质技术条件完成的问题

废旧家电拆解公司主张其是专利权人，涉案专利系甘某利用本单位的物质技术条件所完成的发明创造。《中华人民共和国专利法》（2008年）第六条第一款规定："执行本单位的任务或者主要是利用本单位的物质技术条件所完成的发明创造为职务发明创造。职务发明创造申请专利的权利属于该单位；申请被批准后，该单位为专利权人。"事实上，废旧家电拆解公司既未举证证明其原有技术的内容和范围，也未证明甘某利用本单位的物质技术条件电视拆解线是涉案专利发明创造的必需设备，结合涉案专利的发明目的，即提供一种安全、环保、操作简单、省力而且切面整齐的电视机管颈管切割装置，以及甘某自行购买研发的工具和过程，综合认定涉案专利不属于前述法律规定的该种情形。

湖北省高级人民法院依照《中华人民共和国民事诉讼法》（2017年）第一百七十条第一款第一项的规定，判决如下：

驳回上诉，维持原判。

【适用解析】

本案是一起发生在单位与职工之间，因职工研发并申请涉案实用新型专利后，两者因该专利的权属发生争议引起的纠纷。专利权本质上具有私权属性，法律预留了权利人可以通过契约形式自行处分的情形，这也赋予了专利权更多的发展空间，[①] 但是在司法实践中，多数情况下，单位与职工之间没有就专利权的权利归属签订合同，而单位往往想当然地认为职工在职期间的科研智力成果的所有权均应属于单位，故这类纠纷的发生属于高频、多发事件。专利权作为一种独占权必须明确其权利归属，[②] 职务发明制度是专利制度中的重要组成部分，是激励技术创新、促进成果转化、平衡利益关系的制度，其旨在平衡单位与发明人之间的利益，既鼓励科研人员创新，又保护单位的投资利益。司法实践中争议和分歧的焦点集中在两个方面：技术成果的归属和奖励报酬的支付。人民法院对职务发明的判定标准一直是社会各界、科技企业及科研人员最关心的问题，近年来国家出台一系列文件和举措，推动“大众创业、万众创新”，人民法院如何对单位与发明人之间作出合乎立法本意的利益平衡既是一个社会热点问题，也是一个司法难点问题。本文针对《中华人民共和国专利法》（2020 年）中关于职务发明制度修改的内容，结合《中华人民共和国民法典》《中华人民共和国专利法实施细则》（2010 年），2020 年 5 月 9 日由科技部、发展改革委和教育部等 9 部门联合印发的《赋予科研人员职务科技成果所有权或长期使用权试点实施方案》，2019 年财政部发布的《关于进一步加大授权力度　促进科技成果转化的通知》，2016 年国务院发布的《国务院关于印发实施〈中华人民共和国促进科技成果转化法〉若干规定的通知》等规定，将涉及职务发明的新增修改内容与审理疑难点问题作如下梳理与总结，以明确审理该类型案件的相关裁判规则：

1. 新增单位对职务发明创造享有处置权，职务发明创造的专利申请权和所有权归属于单位。《中华人民共和国专利法》（2020 年）第六条第一款新增了一项内容，“该单位可以依法处置其职务发明创造申请专利的权利和专利权，促进相关发明创造的实施和运用”。这里首次提出“处置权”概念，即单位可以对职务发明创

① 孔祥俊：《知识产权经典案例评析》，中国法制出版社 2015 年版，第 45 页。

② 尹新天：《中国专利法详解》，知识产权出版社 2011 年版，第 69 页。

造的专利申请权和所有权进行处置，该处置权可以转让给发明人或者第三人，达到促进专利转化与运用的目的，对于认定为职务发明创造的，单位可以申请专利，也可以不申请专利，发明人对该专利不享有申请权和所有权，解决了实务中专利授权后不能及时实施与运用的问题。

2. 加大鼓励职工创新力度，细化奖励个人政策，明确职务发明转化激励问题，落实以增加知识价值为导向的奖励分配政策，强调使科研人员收入与对成果转化的实际贡献相匹配，规定对科研人员给予现金奖励。（1）细化奖励个人政策，规定具体的奖励方式和数额。《中华人民共和国专利法实施细则》（2010 年）第七十七条规定："被授予专利权的单位未与发明人、设计人约定也未在其依法制定的规章制度中规定专利法第十六条规定的奖励的方式和数额的，应当自专利权公告之日起 3 个月内发给发明人或者设计人奖金。一项发明专利的奖金最低不少于 3000 元；一项实用新型专利或者外观设计专利的奖金最低不少于 1000 元。由于发明人或者设计人的建议被其所属单位采纳而完成的发明创造，被授予专利权的单位应当从优发给奖金。"（2）明确奖励和报酬的来源。奖励和报酬均来自本单位转化科技成果所获得的收入。《财政部关于进一步加大授权力度　促进科技成果转化的通知》规定，中央级研究开发机构、高等院校转化科技成果所获得的收入全部留归本单位，纳入单位预算，不上缴国库，主要用于对完成和转化职务科技成果作出重要贡献人员的奖励和报酬、科学技术研发与成果转化等相关工作。《国务院关于印发实施〈中华人民共和国促进科技成果转化法〉若干规定的通知》规定，国家设立的研究开发机构、高等院校转化科技成果所获得的收入全部留归单位，纳入单位预算，不上缴国库，扣除对完成和转化职务科技成果作出重要贡献人员的奖励和报酬后，应当主要用于科学技术研发与成果转化等相关工作，并对技术转移机构的运行和发展给予保障。（3）明确现金奖励的发放方式。《赋予科研人员职务科技成果所有权或长期使用权试点实施方案》规定，为深化科技成果使用权、处置权和收益权改革，进一步激发科研人员创新热情，促进科技成果转化，制订本实施方案。试点单位应建立健全职务科技成果转化收益分配机制，使科研人员收入与对成果转化的实际贡献相匹配。试点单位实施科技成果转化，包括开展技术开发、技术咨询、技术服务等活动，按规定给予个人的现金奖励，应及时足额发放给对科技成果转化作出重要贡献的人员，计入当年本单位绩效工资总量，不受单位总量限制，不纳入总量基数。

3. 新增奖励措施，规定产权激励。分享创新收益的方式有股权、期权、分红等，更好地调动职工的主观能动性和创新积极性，为专利价值转化提供法律保障。（1）专利授权后发明人或者设计人有权被授予奖励，具体的奖励方式和数额可由当事人约定。《中华人民共和国专利法实施细则》（2010年）第七十六条规定："被授予专利权的单位可以与发明人、设计人约定或者在其依法制定的规章制度中规定专利法第十六条规定的奖励、报酬的方式和数额。企业、事业单位给予发明人或者设计人的奖励、报酬，按照国家有关财务、会计制度的规定进行处理。"（2）新增倡导性规范，通过立法方式鼓励单位对发明人进行经济奖励和产权激励，丰富单位对员工奖励的方式与举措，进一步强化对职务发明创造的发明人或者设计人权益的保护，以调动发明人或者设计人工作的积极性和主动性，更好地激发发明人或者设计人对科学技术的创新活力。《中华人民共和国专利法》（2020年）第十五条增加"国家鼓励被授予专利权的单位实行产权激励，采取股权、期权、分红等方式，使发明人或者设计人合理分享创新收益"的规定。

4. 新增发明人享有优先受让权和获得报酬权，以鼓励发明人技术创新和促进科技成果转化。（1）法律明确规定职务技术成果的完成人对该成果享有同等条件的优先受让权。《中华人民共和国民法典》第八百四十七条第一款规定："职务技术成果的使用权、转让权属于法人或者非法人组织的，法人或者非法人组织可以就该项职务技术成果订立技术合同。法人或者非法人组织订立技术合同转让职务技术成果时，职务技术成果的完成人享有以同等条件优先受让的权利。"（2）对职工个人享有获得奖励和合理报酬的权利提供法律依据。《中华人民共和国专利法》（2020年）第十五条第一款规定："被授予专利权的单位应当对职务发明创造的发明人或者设计人给予奖励；发明创造专利实施后，根据其推广应用的范围和取得的经济效益，对发明人或者设计人给予合理的报酬。"

5. 判断是否为职务发明的关键在于职工发明创造涉案专利的工作性质，该问题的逻辑起点是人民法院对当事人举证责任如何分配。在该类案件中，主要由单位承担诉争专利构成职务发明的举证责任，具体举证责任如下：第一，职工发明创造涉案专利是否属于本职工作，应由单位进行举证，人民法院在具体判定时，应将发明人或设计人的本职工作与涉案专利研发工作的类型进行比对，在单位所举证据不足以证明两者重合的情况下，即可认定发明人做出的某项发明创造不是执行本单位的任务。此时，还不能立即得出该发明创造是非职务发明创造的结论。第二，单位需要进一步举证证明涉案专利的研发是其向发明人交付本职工作之外的研发任务，职工参与了涉案发明的研发或者系该研发项目的牵头人，人民法院重点审查单位提交的会议记录、研发项目申报表、研发过程记录等材料之间能否形成证据链。第三，只有在单位主张涉案专利的研发系职工的本职工作或交付的本职工作之外的研发工作成立的情况下，发明人才需对此进行抗辩并提出反证，否则，任何一方当事人均应承担举证不能的法律后果。

6. 专利法意义上“物质技术条件”的司法认定问题。《中华人民共和国专利法》（2020 年）第六条规定：“执行本单位的任务或者主要是利用本单位的物质技术条件所完成的发明创造为职务发明创造……”《中华人民共和国专利法实施细则》（2010 年）第十二条第二款规定：“……专利法第六条所称本单位的物质技术条件，是指本单位的资金、设备、零部件、原材料或者不对外公开的技术资料等。”一个单位所拥有的“软实力”，即拥有的专业人才队伍、在有关技术领域或者设计领域积累的专门知识和经验、掌握的技术秘密等，对其创新能力产生的影响往往比单位拥有的“硬实力”，即设备、材料、资金等更为显著。[①] 构成职务发明创造的主要因素应当是技术，即发明人、设计人长期在本单位从事某种工作，通过学习、观察、讨论、实践等，可以学到的在本单位以外学不到的许多知识、技术、经验等东西，这些是通过花钱也不容易买得到的。[②] 职工发明创造涉案专利时使用的物质技术条件，是否属于专利法意义上的“物质技术条件”，将直接影响职务发明的认定。执行本单位的任务中包含了利用单位物质技术条件之意，故在发明人非执行单位任务时，是否利用了单位物质技术条件，以及利用的物质技术条件是否为专利法意义上的，是人民法院审理的重点。人民法院在具体案件的审理过程中，根据案件的证据、事实，结合生活常识，对发明人或设计人是否使用了专利法意义上的“物质技术条件”时，应从该物质技术条件的功能、解决技术问题，以及对涉案专利创新点所起到的作用、该物质技术条件的运用方式是直接还是间接、对涉案专利的发明创造是否具有实质性影响、是否是完成发明创造必不可少的技术条件、涉案专利

① 尹新天：《中国专利法详解》，知识产权出版社 2011 年版，第 79 页。

② 汤宗舜：《专利法解说（修订版）》，知识产权出版社 2002 年版，第 50 页。

的发明目的、研发的具体过程等方面进行详细分析与判断。

7. 对《中华人民共和国专利法》（2020 年）第七条中“不得压制”的理解与适用，单位对职工的创新进行奖励和鼓励并不当然导致职工的科研智力成果所有权归于单位所有。该条规定：“对发明人或者设计人的非职务发明创造专利申请，任何单位或者个人不得压制。”（1）立法本意。一方面，体现了立法者对发明人和单位之间利益关系的平衡，调动单位投入生产要素资源的主动性，避免发明人因与单位之间存在劳动关系，单位就当然地对其智力成果享有所有权等影响发明人热情和积极性的情形发生。另一方面，也是在公共利益与激励创新之间进行权衡，明确规定发明人个人享有发明创造的自由和权利，为保护职工的权利提供制度保障，倡导形成鼓励创新、促进创新、崇尚创新的社会风尚的价值取向，最终以达到促进科学技术进步和经济社会发展的目的。（2）法条理解。压制发明创造申请专利的对象是非职务发明创造，具体为单位明知是非职务发明创造，不予认可，争抢该专利权，或者虽认可，但阻挠该专利的申请。（3）法律适用。结合本案的具体审理情况，废旧家电拆解公司认为其发布《关于表彰甘某同志的决定》，并给予发明人 500 元的奖励，足以证明涉案专利的研发是单位交付给甘某的本职工作之外的任务，应当认定涉案专利归单位所有。对此，人民法院结合《中华人民共和国专利法》（2020 年）第七条的立法本意，对单位奖励职工行为的性质作出认定，认为废旧家电拆解公司对发明人进行表彰奖励，仅指明对甘某“改进管颈管切割工具”的行为进行表彰奖励，并未指出公司曾组织过甘某作为成员之一的团队并交付了涉案专利相关的研发任务，反而从仅对甘某一人进行表彰看，难谓有研发团队之存在。故，仅凭单位对职工的创新进行奖励和鼓励，不能也不应得出该创新归属于单位的结论，若仅因该鼓励即导致职工任何发明创造均直接被认定为职务发明，必将不适当地打击职工发明创造的积极性。同时，从审理情况来看，甘某陈述该发明创造完成后，也曾交单位使用过，且有过转让该专利的商谈；废旧家电拆解公司的决定中也写有“推广应用”，因此，即便非职务发明，公司给予 500 元奖励以及表彰亦无不当。由此，废旧家电拆解公司仅凭该决定不足以证明涉案专利系完成单位交办的任务，在该公司无关于技术团队组建、任务下达分配、研发过程记录等相应证据佐证的情形下，人民法院对单位该主张不予支持。

编写人：湖北省高级人民法院　叶宇

【《专利法》第6条 职务发明创造，《专利法实施细则》第13条 专利发明人或者设计人身份认定】

2

共同发明人身份认定

——王某诉激光科技公司、李某刚发明创造发明人、设计人署名权和专利权权属案

【基本信息】

1. 裁判书字号

最高人民法院（2020）最高法知民终240号民事判决书

2. 案由：发明创造发明人、设计人署名权纠纷和专利权权属纠纷

3. 当事人

原告（上诉人）：王某

被告（上诉人）：激光科技公司、李某刚

第三人：激光设备公司

【基本案情】

第三人激光设备公司成立于2003年6月，原告王某、被告李某刚在2006年11月至2008年4月均系该公司员工，其中李某刚任公司经理，王某任技术员。王某提交的一份名称为“挡光罩”的图纸以及有关设备照片披露了一种太阳能硅片划线挡光装置结构，该挡光装置包括支撑框架和挡光罩，挡光罩呈板状，固定在支撑框架上，挡光罩中部为方形孔，方形孔的内孔距分不同的等次。该技术图纸图框中备注有激光设备公司的名称，标注产品代号“YMG－××”，设计人“王某”，日期为“07.09.21”。激光设备公司和王某均认可产品代号“YMG－××”中的

“YM”代指激光设备公司。

2008 年 4 月，李某刚与王某合作设立激光科技公司，从事激光及机电一体化设备的开发、生产。2009 年 7 月，王某从激光科技公司离职，激光科技公司、李某刚个人分别与王某签订《离职协议书》，王某向激光科技公司移交自公司成立以来的设计图纸资料，激光科技公司和李某刚各向王某支付了补偿费 6 万元和 11.5 万元。2009 年 11 月 17 日，激光科技公司申请了名称为“太阳能硅片激光划线挡光装置”的实用新型专利，该专利于 2010 年 10 月 27 日获得授权公告，专利号为 ZL200920262×××.2，登记发明人为李某刚，专利权人为激光科技公司。该专利权利要求书共记载 3 项权利要求：1. 太阳能硅片激光划线挡光装置，其特征在于：包括支撑框架和挡光罩，挡光罩固定在支撑框架；所述挡光罩中部设有方形孔。2. 根据权利要求 1 所述的太阳能硅片激光划线挡光装置，其特征在于：所述挡光罩上表面涂有钨金属层。3. 根据权利要求 1 所述的太阳能硅片激光划线挡光装置，其特征在于：所述挡光罩为板状，中部设有的方形孔呈阶梯状，末级贯通。专利说明书记载该实用新型目的在于提供一种太阳能硅片激光划线挡光装置，结构简单，能够保证太阳能硅片划片的划线深度均匀，并能保护硅片边缘不受激光刻蚀。

【案件焦点】

王某是否系涉案专利的发明人。

【裁判要旨】

湖北省武汉市中级人民法院经审理认为：关于王某是否系涉案专利发明人的问题。《中华人民共和国专利法实施细则》（2010 年）第十三条规定，专利法所称发明人或设计人，是指对发明创造的实质性特点作出创造性贡献的人。在完成发明创造过程中，只负责组织工作的人、为物质技术条件的利用提供方便的人或者从事其他辅助工作的人，不是发明人或者设计人。本案中，经比较王某提交的技术图纸与涉案专利技术方案，可以确认王某提交的技术图纸中包含了涉案专利权利要求 1 和权利要求 3 所载技术方案，但不能确认包含有权利要求 2 所载“挡光罩上表面涂有钨金属层”之技术方案。结合王某在激光设备公司任职及技术图纸上的署名情况，王某作为技术图纸上标注的设计人，应被合理的推定为图纸所载技术方案的完成者。激光科技公司和李某刚辩称该技术成果系王某根据李某刚的构思并在李某刚指导下完成，但并未就此提供有关研究计划、工作记录等证据，被告方证人雷某所作证言也不足以否认王某设计人的身份，对两被告的该辩称主张不予支持。就王某提交的技术图纸中并未披露涉案专利权利要求 2 的技术特征，结合李某刚、王某曾在激光设备公司和激光科技公司共同任职之情况，有理由认定涉案专利权利要求 2 所载技术方案系李某刚在王某此前完成的技术方案基础上进行改进研究后获得。在王某、李某刚对有关专利技术方案的完成均有创造性贡献的情况下，应认定该两人为涉案专利的共同发明人。

综上所述，湖北省武汉市中级人民法院认定王某系涉案专利的共同发明人，但其提交的证据不足以证实其为涉案专利的专利权人。依照《中华人民共和国专利法》（2008 年）第六条第一款、《中华人民共和国专利法实施细则》（2010 年）第十三条和《中华人民共和国民事诉讼法》（2017 年）第一百四十二条的规定，判决如下：

一、确认原告王某为“太阳能硅片激光划线挡光装置”实用新型专利（专利号：ZL200920262×××.2）的共同发明人；

二、被告激光科技公司于本判决生效之日起十日内办理将原告王某署名为“太阳能硅片激光划线挡光装置”实用新型专利（专利号：ZL200920262×××.2）共同发明人的手续；

三、驳回原告王某的其他诉讼请求。

原告王某，被告激光科技公司、李某刚均不服一审判决，遂提起上诉。最高人民法院经审理认为：本案中，王某作为技术图纸署名的设计人，可以初步认定其对涉案专利的实质性特点作出了创造性贡献。激光科技公司和李某刚虽称涉案专利技术方案系王某根据李某刚的构思并在李某刚指导下完成，但并未提供与此有关的研发工作记录等证据，不足以实质削弱王某提供的上述技术图纸证据的证明力，不能推翻王某对涉案专利技术方案作出了实质性贡献的初步结论。需要说明的是，王某提交的证据不能证明其对涉案专利权利要求 2 的附加技术特征亦作出了实质性贡献，因此现有证据仅能证明其为涉案专利的共同发明人。

最高人民法院判决如下：

驳回上诉，维持原判。

【适用解析】

一、对专利实质性特点作出创造性贡献的把握

《中华人民共和国专利法实施细则》（2010 年）第十三条规定：“专利法所称发明人或者设计人，是指对发明创造的实质性特点作出创造性贡献的人。在完成发明创造过程中，只负责组织工作的人、为物质技术条件的利用提供方便的人或者从事其他辅助工作的人，不是发明人或者设计人。”由此可见认定专利实际发明人的核心在于两点：一是是否对发明创造的实质性特点作出贡献，二是贡献是否是创造性的。

首先，实质性特点的把握。《中华人民共和国专利法实施细则》（2010 年）第十三条中的“实质性特点”，对于发明或实用新型而言，应当与《中华人民共和国专利法》（2020 年）第二十二条第三款中规定的“与现有技术相比，该发明具有突出的实质性特点和显著的进步，该实用新型具有实质性特点和进步”中提到的“实质性特点”具有相同含义，在一般情况下对应于《中华人民共和国专利法实施细则》（2010 年）第二十一条第一款规定的独立权利要求特征部分记载的“区别于最接近的现有技术的技术特征”。另外，《最高人民法院关于审理技术合同纠纷案件适用法律若干问题的解释》（2020 年）第六条第一款规定：“民法典第八百四十七条所称‘职务技术成果的完成人’、第八百四十八条所称‘完成技术成果的个人’，包括对技术成果单独或者共同作出创造性贡献的人，也即技术成果的发明人或者设计人。人民法院在对创造性贡献进行认定时，应当分解所涉及技术成果的实质性技术构成。提出实质性技术构成并由此实现技术方案的人，是作出创造性贡献的人。”上述司法解释虽然是对技术合同的解释，但该条关于“创造性贡献”的定义对专利发明人认定有着相当的借鉴意义。该条规定提出了在认定创造性贡献时，对技术成果实质性技术构成的“分解式”判断方法，即先从涉及的发明创造中分离出实质性特征，再一一比对涉案发明人是否对这些实质性特征作出了创造性贡献。在发明人署名权纠纷中，涉案专利一般已经专利行政部门审查并予以授权，且民事诉讼中不能直接否定授权专利的效力，其法理依据为专利授权是一种行政确认行为，属于行政行为的范畴，而行政行为具有效力先定特权。所谓效力先定特权，是指行政机关的决定一旦作出之后，就假定符合法律的规定，对行政机关本身和当事人以及其他国家机关具有拘束力。因此，实务中，法院可以认定专利最终授权文本中全部权利要求所载的技术方案均具有实质性特点。

其次，创造性贡献的把握。“创造性贡献”中的“创造性”与《中华人民共和国专利法》（2020 年）第二十二条规定的“创造性”虽是同一词汇，但含义并不相同。在我国专利申请主体和发明主体可分离的背景下，“创造性贡献”中的“创造性”，是指当有两个以上自然人对一项发明创造的完成均付出一定劳动的情况下，评判其中哪些人对形成发明创造的实质性特点作出了贡献，该贡献即为“创造性贡献”。衡量一个人的贡献是否满足创造性贡献的要求具有两个维度，分别是贡献的类型和贡献的大小。贡献的类型分创造性贡献和一般执行性贡献，通过《中华人民共和国专利法实施细则》（2010 年）第十三条规定显然可以得出，只有创造性贡献才是专利法意义上贡献的结论，同时在贡献大小方面，实质性贡献与细微贡献之间的区别，需由法官在个案中把握。

从本案的审理过程来看，王某提交的技术图纸上“设计人”一栏标注有“王某”字样，经比较王某提交的技术图纸与涉案专利的技术方案，可以确认王某提交的技术图纸中包含涉案专利权利要求 1 和权利要求 3 所载技术方案。涉案专利一共有三项权利要求，王某对其中两项权利要求所载的技术方案均作出了贡献，其贡献明显不是细微贡献。综上，可以认定王某对涉案专利的实质性特点作出了创造性贡献。

二、共同作出创造性贡献即可认定为共同发明人

在技术研发过程中，为了提高研发效率，往往会有多个主体参与研发过程。多主体参与研发过程的表现形式多种多样，本文讨论其中一种比较特殊的形式——先后相继发明行为。先后相继发明行为，顾名思义，是指一个人或者一些人完成了一部分研发成果，另外一个人或者一些人在在先研发成果的基础上进行后续研发，最终完成了一项整体研发成果的行为。根据研发人员之间有无合作意图，可以将先后相继发明行为划分为无合作意图的先后相继发明行为和有合作意图的先后相继发明行为。

无合作意图的先后相继发明行为，是指在先研发人员与在后研发人员之间并没有发明合作意图，但却共同完成了一项发明成果。该种情形比较少见，举个典型的例子进行说明，在研究院与甲医药科技公司、乙医药科技公司专利申请权权属纠纷案①中，乙医药科技有限公司向国家知识产权局申请名为“坎格列净一水合物及其

① 浙江省高级人民法院（2018）浙民终 835 号民事判决书，载中国裁判文书网，https：//wenshu. court. gov. cn/website/wenshu/181107ANFZ0BXSK4/index. html? docId = d84d727ed8194cc0a62ca9c3004836d9，2022 年 4 月 19 日访问。

晶型、它们的制备方法和用途”的发明专利，研究院主张该发明所涉晶型实为甲医药科技公司在接受其委托期间开发的新晶型，故起诉要求确权。一审法院经审理认为，坎格列净一水合物晶型作为甲医药科技公司接受研究院委托而进行的实验中已筛选出的研究成果，其晶型相关的技术方案，以及研究院指定的其中一种晶型制备方法技术方案依据合同约定应归属研究院。但涉案专利并非仅涉及坎格列净一水合物晶型，还包括有两种晶型制备方法，该部分内容作为甲医药科技公司接受乙医药科技公司的委托而开发的技术方案并以乙医药科技公司的名义申请专利，应认定乙医药科技公司完成该部分的发明创造。研究院、乙医药科技公司虽对于案涉发明创造的完成没有合意，但均对专利技术方案作出创造性贡献，各技术特征结合成为涉案专利整体，其专利权应由共同完成的专利技术方案的研究院、乙医药科技公司共有。通过本案的裁判，可以看出，对于案涉发明创造的完成没有合作意图，但均对专利技术方案的实质性特点作出了创造性贡献，各技术特征结合成为涉案专利整体，其专利权应由共同完成专利技术方案的各方共有。

有合作合意的发明行为，一般表现为研发人员之间是同事关系，共同完成公司交付的某项任务，或者研发人员之间签订有共同技术研发合同等情形。回归本案，王某与李某刚之前均系激光设备公司的员工，李某刚任公司经理，王某任技术员，后来李某刚与王某合作设立激光科技公司，两人之间是同事关系，对于涉案专利的研发，可以认定两人之间有合作意图。湖北省武汉市中级人民法院经审理也认为，结合李某刚、王某曾在激光设备公司和激光科技公司共同任职之情况，有理由认定涉案专利权利要求 2 所载技术方案系李某刚在王某此前完成的技术方案基础上进行改进研究后获得。在王某、李某刚对有关专利技术方案的完成均有创造性贡献的情况下，应认定该两人为涉案专利的共同发明人。对比上述研究院与甲医药科技公司、乙医药科技公司专利申请权权属纠纷案，在没有合作意图只有先后相继分别发明的情况下，只要双方都作出了创造性贡献就可以认定为共同发明，那么本案中双方之间有合作意图，更有理由在双方均作出创造性贡献的情况下认定双方均为共同发明人。由此，可以得出一个结论，对于一项由多方主体完成的发明创造，认定某一方主体是否是共同发明人，只需要判断该方主体是否对发明创造作出了创造性贡献，而无须考虑各方主体之间对于发明创造是否有合作意图。

编写人：最高人民法院司法案例研究院与湖南大学联合培养实习生　孙康康

【《专利法》第 9 条　先申请原则】

3

补充提交的实验数据的审查

——泰×公司诉国家知识产权局
发明专利申请驳回复审行政案

【基本信息】

1. 裁判书字号

北京知识产权法院（2018）京 73 行初 2626 号行政判决书

2. 案由：发明专利申请驳回复审行政纠纷

3. 当事人

原告：泰×公司

被告：国家知识产权局

【基本案情】

本申请是申请号为 201410098××××，名称为“制备 SGLT2 抑制剂的方法”的发明专利申请，本申请的申请日为 2009 年 8 月 21 日，优先权日为 2008 年 8 月 22 日，公开日为 2014 年 7 月 9 日，申请人为泰×公司，即本案原告。

经实质审查，国家知识产权局原审查部门于 2016 年 8 月 22 日发出驳回决定，驳回了本申请，其理由是：权利要求 1～7 不具备专利法第二十二条第三款规定的创造性。驳回决定所依据的文本为：泰×公司于分案申请递交日 2014 年 3 月 17 日提交的权利要求第 1～7 项，说明书第 1～54 页、说明书附图第 1～3 页、说明书摘要和摘要附图（以下简称驳回决定）。驳回决定所针对的权利要求书如下：

“1.（2S，3R，4R，5S，6R）-2-（4-氯-3-（4-（2-环丙氧基乙氧

基）苄基）苯基）－6－（羟基甲基）四氢－2H－吡喃－3，4，5－三醇·双（L－脯氨酸）复合物的一种晶体形式，其特征在于×－射线粉末衍射图案包括在4.08、17.19及21.12度2θ（±0.05度2θ）处的峰，其中所述×－射线粉末衍射图案利用CuKα1辐射作出。

……

6.（2S，3R，4R，5S，6R）－2－（4－氯－3－（4－（2－环丙氧基乙氧基）苄基）苯基）－6－（羟基甲基）四氢－2H－吡喃－3，4，5－三醇·双（L－脯氨酸）复合物的一种晶体形式，其特征在于×－射线粉末衍射图案具有基本根据图2的峰。

7.（2S，3R，4R，5S，6R）－2－（4－氯－3－（4－（2－环丙氧基乙氧基）苄基）苯基）－6－（羟基甲基）四氢－2H－吡喃－3，4，5－三醇·双（L－脯氨酸）复合物的一种晶体形式，其特征在于×－射线粉末衍射图案具有基本根据表1的峰。”

驳回决定引用的对比文件如下：

对比文件1：WO20080028××××，公开日为2008年1月3日。对比文件1公开了一种可用作SGLT2抑制剂的L－脯氨酸结晶复合物Ih。该化合物通过以下方法制得：将L－脯氨酸（11.5g，100mmol）在10 mL水中的溶液加热至80℃，加入100mL异丙醇。向快速搅拌的L－脯氨酸溶液中加入化合物I（（2S，3R，4R，5S，6R）－2－（4－氯－3－（4－乙氧基）苄基）苯基）－6－（羟基甲基）四氢－2H－吡喃－3，4，5－三醇，21.4 g，50mmol）在100 mL异丙醇中的室温溶液。固体形成，将所述溶液缓慢冷却至室温。将所述溶液过滤，并将得到的固体用异丙醇洗涤，接着用己烷洗涤。在真空炉中干燥所述固体，得到30.4g白色固体，即化合物I与L－脯氨酸的1：2结晶复合物（结构Ih，形式3）（参见对比文件1说明书第47页实施例12，第［00147］段）。对比文件1还公开了该结晶复合物Ih的×－射线粉末衍射数据、×－射线粉末衍射图谱以及差示扫描量热谱（参见对比文件1说明书第54页表1以及说明书附图13、16）。

泰×公司对上述驳回决定不服，于2016年12月2日向专利复审委员会提出了复审请求，未修改申请文件。专利复审委员会受理该复审请求后，将其转送至原审查部门进行前置审查。原审查部门经审查后坚持原驳回决定。随后，专利复审委员会于2017年6月16日向泰×公司发出复审通知书，泰×公司于2017年7月27日提交了意见陈述书（包括附件1和2），未修改申请文件。在上述程序的基础上，专利复审委员会于2017年9月15日作出被诉决定，维持国家知识产权局对本申请作出的驳回决定。

泰×公司不服被诉决定，向北京知识产权法院起诉，其诉称：被诉决定认定本申请权利要求6相对于与对比文件1所公开的结晶复合物Ih相比，其区别特征在于，“本申请权利要求6所涉及化合物中苄基上的取代基为4－（2－环丙氧基乙氧基），而对比文件1所述化合物中相应的基团是4－乙氧基，即本申请权利要求6所涉及化合物在乙氧基的2－位取代有环丙氧基；另外，由于该区别特征也导致这两个结晶复合物的×－射线粉末衍射图谱不同”。但在上述区别特征的基础上，被诉决定并未认定本申请实际解决的技术问题，而是认为“本领域技术人员根据本申请说明书的记载，在现有技术的基础上，不能预见本申请权利要求6的技术方案能够解决其技术问题，获得预期的技术效果，即本申请权利要求6没有对现有技术作出贡献，不具有有益的技术效果，不满足创造性评判中关于显著进步的要求”。但本申请说明书中已清楚地记载了涉案晶体的化合物是SGLT2抑制剂。原告在复审阶段提交了附件1（本申请晶体的母体化合物的PCT专利申请）和其对应的中国专利申请，在前述申请文件中原告对于该化合物的SGLT2抑制作用提供了相应实验数据，且前述申请的申请日早于本申请的优先权日，而公开日也均早于本申请的公开日。本申请复合物在水或其他生物流体中会游离为母体化合物，因此，母体化合物的技术效果决定了复合物的技术效果。基于前述母体化合物专利申请中的实验数据可知，本申请的SGLT2抑制作用并非断言。此外，附件2亦记载了本申请权利要求6的复合物具有SGLT抑制效果，基于此，本申请旨在提供一种新晶体形式的SGLT2抑制剂，对比文件1中并未教导本领域技术人员，将式1化合物特定位置的取代基替换为本申请中的取代基仍会起到SGLT2抑制作用，同时亦未教导替换后的复合物可以获得晶体形式，因此，本申请权利要求6相对于对比文件1具备创造性。基于相同的理由，其他权利要求亦均具备创造性。被诉决定认定有误，请求法院依法予以撤销并判令被告重新作出复审决定。

被告国家知识产权局认为被诉决定认定事实清楚、适用法律正确、审理程序合法，请求法院依法驳回原告的诉讼请求。

【案件焦点】

说明书中声称的 SGLT2 抑制作用在本申请权利要求 6 的创造性判断中是否应予考虑，该问题的实质为原告补充提交的用以证明这一技术效果的实验数据是否应被采信。

【裁判要旨】

北京知识产权法院经审理认为：创造性判断中所考虑的技术效果通常是符合充分公开要求的技术效果，因说明书中无须对发明创造的全部技术效果进行面面俱到的记载，故对于虽记载在说明书中但并非声称的技术贡献的技术效果而言，未记载相应实验数据并不必然使得该发明创造违反专利法充分公开的要求，因此，在化学领域的发明创造中，此类技术效果可能存在于仅有文字记载但缺少实验数据支持的情形。因这一效果在创造性判断中可能构成实际解决的技术问题，故此时会涉及对于申请人补充提交的实验数据的认定问题。

此种情况下补充提交的实验数据是否可以采信，或者说判断说明书文字记载的技术效果是否仅为断言，取决于该技术效果是否属于申请人在诉争发明“申请日”之前的技术贡献，以及公众在获知诉争发明之时是否可以确认该效果。如果符合上述要求，则因对实验数据的采信既不会使申请人获得超出其技术贡献的保护，亦不会影响公众利益，故这一实验数据所证明的技术效果在创造性判断中应予考虑，而不能仅因其未在说明书中记载相关数据而当然认定该技术效果属于断言式的技术效果。

本申请权利要求 6 限定的是一种化合物的晶体形式，本申请的技术贡献在于晶体形式，而非单纯的化合物本身。原告补充提交的实验数据所欲证明的 SGLT2 抑制作用并非晶体形式的技术效果，而是化合物的技术效果。该技术效果虽在说明书中有记载，但其并非说明书中所声称的技术贡献。因此，该效果在创造性判断中是否应予考虑，取决于原告提交的包括实验数据在内的相关证据是否可以证明该效果为原告在本申请申请日之前的技术贡献，且公众在获知本申请的相关内容时是否能确认该效果。

原告在复审阶段提交了附件 1、2 作为其补充实验数据的证据，其中附件 2 为非专利文献。因附件 2 既非原告的智力成果，亦产生于本申请的优先权日之后（附件 2 公开日为 2011 年，本申请的优先权日为 2008 年），故即便附件 2 中给出了本申请所述化合物的 SGLT2 抑制效果实验数据，对该证据的采信亦会使得原告获得超出其技术贡献的保护，故对于附件 2 中的实验数据本院不予采信。

附件 1 为在先专利申请，其申请人亦为本案原告，该专利申请与本申请的关系在于，该申请中的化合物 BQ 即为本申请的化合物，本案所争议的 SGLT2 抑制作用即来源于该母体化合物。

附件 1 表 2 中 BQ 的数据显示其为有效的 SGLT 抑制剂，对 SGLT2 具有选择性抑制作用，IC50 < 1μm。虽然附件 1 并非本申请的现有技术，但因附件 1 的申请人亦为原告，且其申请日早于本申请，故该证据可以证明原告在本申请的申请日之前已通过实验验证了本申请化合物的 SGLT2 抑制效果，而因本申请 SGLT2 抑制效果来源于其化合物，晶体形式的改变并不会导致其 SGLT2 抑制效果的改变，故该证据可以证明本申请中所记载的 SGLT 抑制效果并非断言。在对本申请权利要求 6 的创造性判断中考虑该技术效果，并不会使原告获得超出其申请日前所作技术贡献的保护。

此外，因附件 1 的公开日亦早于本申请的公开日，公众在获知本申请时已可获得附件 1，并确认本申请的化合物具有 SGLT2 抑制效果，故接受附件 1 中的实验数据并不会对公众利益造成损害。

基于上述分析，因原告在本申请的申请日前已通过实验验证了其化合物的 SGLT2 抑制效果，且公众在本申请公开时亦能确认该技术效果，对附件 1 予以采信不会损害公众利益，亦不会使原告获得超出其技术贡献的保护，因此，在创造性判断中对于附件 1 所证明的 SGLT2 抑制效果应予考虑。被诉决定对于附件 1 未予采信，本院对这一作法予以纠正。被告在未采信附件 1 的情况下认为无法确定本申请权利要求 6 保护的复合物晶体形式具有何种用途或效果，并进而认定其不具有有益的技术效果，不满足创造性评判中关于显著进步的要求，该认定有误，本院予以纠正。

基于本申请说明书及附件 1 的相关内容，本申请权利要求 6 实际解决的技术问题为提供一种替代的 SGLT2 抑制剂的 L－脯氨酸复合物晶体。相应地，权利要求 6 是否具备创造性，取决于本领域技术人员为解决这一问题在对比文件 1 的基础上是否容易想到以下两个区别特征：（1）本申请权利要求 6 所涉及化合物中苄基上的取代基为 4－（2－环丙氧基乙氧基），而对比文件 1 所述化合物中相应的基团是 4－

乙氧基，即本申请权利要求 6 所涉及化合物在乙氧基的 2 - 位取代有环丙氧基；（2）两个结晶复合物的 x - 射线粉末衍射图谱不同。

因被诉决定中有关本申请权利要求 6 不具备创造性的认定并未涉及区别特征的评述，为避免审级损失，本院在本案中不直接对上述区别特征进行评述。被告应在考虑附件 1 证明的技术效果的基础上对于本申请是否符合专利法第二十二条第三款重新作出认定。

最后本院需要指出的是，虽然本案采信了原告补充提交的实验数据，但本院并不认为原告这一撰写方式对于申请人而言是一种可预期的做法。本案实验数据被采信的前提之一为在先专利申请的公开日早于本申请的公开日，从而使得公众在获知本申请的同时能够确认其技术效果，但这一条件是否能够满足并不完全取决于申请人。这也就意味着采用这种方式撰写的专利申请有可能因在先专利申请未能在先公开，从而使原本可被授权的专利因为缺少实验数据而无法被授权或者授权后被宣告无效。为避免这一情形的出现，申请人仍应尽可能将与发明内容相关的实验数据直接记载于涉案申请的说明书中。

【适用解析】

补交实验数据一直是医药专利领域一个具体而又备受关注的问题。与机械领域的技术方案不同，医药领域技术方案的技术效果往往无法直观确认，而需要依赖实验数据，但准确确定需要提交的实验数据的范围对于权利人而言并非易事。一方面，在认为满足可授权的情况下，尽量减少公开的内容是权利人的共同追求，医药领域的高竞争性和高投入性决定了这种追求更为强烈。另一方面，在无效程序中，由于无效请求人主张的最接近现有技术与背景技术可能不同，实际解决技术问题的确认有时也需要实验数据的支撑，而这部分实验数据通常是权利人在申请专利时难以预料的。除上述情形外，医药领域的“跑马圈地”现象也时常发生，权利人在发现其专利具有某种尚未通过实验确认的效果时，会选择先将其写入申请文件中以抢占先机。当上述情形发生时，面对审查员或者无效请求人对专利技术效果提出的质疑，权利人往往选择通过补交实验数据加以证明。

对于现阶段的专利审查而言，补交实验数据本身已经不是一个新的问题。《专利审查指南》（2010 年）规定，“判断说明书是否充分公开，以原说明书和权利要求书记载的内容为准，申请日之后补交的实施例和实验数据不予考虑”。2017 年《专利审查指南》修改时，将该规定改为“对于申请日之后补交的实验数据，审查员应当予以审查。补交实验数据所证明的技术效果应当是所属技术领域的技术人员能够从专利申请公开的内容中得到的”。基于对补交实验数据问题认识的不断深入，审查实践基本形成的共识是可被采信的补交实验数据不能违反先申请原则以及公开换保护原则这两个专利法的基本原则。

上述对于补交实验数据的审查原则也适用于创造性问题的判断当中。创造性判断中所考虑的技术效果通常是符合充分公开要求的技术效果，但因说明书中无须对发明创造的全部技术效果进行面面俱到的记载，而对于虽记载在说明书中但并非声称的技术贡献的技术效果而言，未记载相应实验数据并不必然使得该发明创造违反专利法充分公开的要求，因此，在化学领域的发明创造中，此类技术效果可能存在仅有文字记载但缺少实验数据支持的情形。因这一效果在创造性判断中可能构成实际解决的技术问题，故此时便会涉及对于申请人补充提交的实验数据的认定问题。

此种情况下补充提交的实验数据是否可以采信，或者说判断说明书文字记载的技术效果是否仅为断言，取决于该技术效果是否属于申请人在诉争发明“申请日”之前的技术贡献，以及公众在获知诉争发明之时是否可以确认该效果。如果符合上述要求，则因对实验数据的采信既不会使申请人获得超出其技术贡献的保护，亦不会影响公众利益，故这一实验数据所证明的技术效果在创造性判断中应予考虑，而不能仅因其未在说明书中记载相关数据而当然认定该技术效果属于断言式的技术效果。

对于该技术效果是否属于申请人在诉争发明“申请日”之前的技术贡献，即补交实验数据需要满足先申请原则。先申请原则主要体现在《中华人民共和国专利法》（2020 年）第九条第二款中，根据该规定，两个以上的申请人分别就同样的发明创造申请专利的，专利权授予最先申请的人。先申请原则旨在保护最先提出专利申请的人，具有敦促申请人一旦完成发明创造就尽早提出专利申请的作用，有利于发明创造的尽早公开，能够避免重复研究。先申请制度决定了对于专利而言，申请日具有重要的意义，其在保护最先提交专利申请的申请人权益的同时，也决定了权利人的技术贡献应当限于申请日前。对于权利人在申请日前未能取得，而于申请日后取得的技术贡献，不应纳入申请日专利的保护范围。对于如何确定是否属于权利人的技术贡献，最基本的审查标准是该技术贡献是否记载在说明书中。这一判断规则的合理性在于说明书是权利人技术贡献的载体，如果确系权利人的技术贡献，其必然会予以记载。对于未在说明书中记载的技术贡献，则或者是权利人并不知晓的，或者是权利人虽然知晓，但觉得没有必要记载的。对于后一情形而言，该技术贡献往往也是公众所知晓的，并非权利人的技术贡献。基于上述分析，通常情况下符合先申请原则的补交实验数据应当满足以下条件：第一，补交实验数据的试验时间应在申请日前。先申请原则排除了那些权利人通过补交实验数据的方式将申请日后的技术贡献纳入申请日专利的情形。如果补交实验数据系申请日之后做出的，往往难以被认定为与权利人申请日前的技术贡献相关。因此，补交实验数据如欲获得采信，其通常应于申请日前完成。第二，与补交实验数据相关的技术效果应记载在说明书中。在通常情况下，只有记载在专利文本中的技术效果才会被视为权利人的技术贡献。因此，虽然在满足其他条件的情况下，针对说明书中未记载的技术效果补交实验数据也可能获得审查的机会，但针对说明书中有记载的技术效果补交实验数据才具有实际的意义。

对于公众在获知诉争发明之时是否可以确认该效果，即补交实验数据需要满足公开换保护原则。公开换保护制度虽同为专利法的基本原则，但其与先申请制度的制度价值有所不同。专利制度的最终目的在于促进科学技术进步和经济社会发展，其手段是一方面要求权利人将其技术贡献向社会公众公开，以便公众基于其公开的内容进行后续研发；另一方面国家给予权利人一定期限内就该发明创造享有垄断性的权利，对权利人的发明创造进行鼓励。通过这一方式，不断积累整个社会的创新底蕴，进而提高社会的创新能力。基于此，公开换保护原则所欲解决的问题是如果本领域技术人员基于权利人公开的内容，无法实施该技术方案或者无法确认其技术效果，则该技术方案不应获得保护。

由于只有在可能获知专利的内容时，才具有判断技术方案是否能够实现的前提。因此，仅在满足公开换保护这一问题上，判断的时间点应当以专利公开日为准。但是，需要强调的是，对于任何专利而言，其均须同时满足先申请原则与公开换保护原则。假使存在某一情形，使得原本申请日时本领域技术人员无法确认的技术效果，在公开日时本领域技术人员变得可以确认。如果这一改变并非基于权利人在申请日前的技术贡献，则该专利即便可能满足公开换保护原则的要求，但仍不符合先申请原则的要求，不能获得授权。

满足公开换保护原则下补交实验数据的意义在于允许通过这一方式证明本领域技术人员在专利公开日时可以确认该技术效果。如果补交实验数据在专利公开日之前尚未被本领域技术人员所知晓，也就意味着该补交实验数据不可能对本领域技术人员是否可以确认该效果产生影响，也就无法达到该补交实验数据的证明目的。基于此，通常情况下符合公开换保护原则的补交实验数据至少应当满足其为公众获知的时间不晚于专利公开日。

在通常情况下，如果技术效果在申请日时和公开日时均无法确认，则无论是以申请日或是公开日为判断标准，均不会对是否符合公开换保护原则得出不同的判断结论。但如果技术效果在申请日时无法确认，但在公开日时可以确认，则清晰地界定判断公开换保护原则的时间点便显得尤为重要。

由此可见，补交实验数据的采信需要符合先申请原则和公开换保护原则。具体而言，其通常情况下应当满足试验时间在申请日前、与补交实验数据相关的技术效果记载在说明书中、补交实验数据为公众获知的时间不晚于专利公开日等条件。需要强调的是，虽然在满足一定条件的情况下，补交实验数据可能被采信，但是此类撰写方式对于是否可以在公开日前确认技术效果仍具有一定的不确定性，并不值得提倡，申请人仍应尽可能将与发明内容相关的实验数据直接记载于涉案申请的说明书中。此外，补交实验数据的本质仍是证据，考虑到补交实验数据，特别是为了回应质疑而进行的试验往往具有高额的成本，在难以满足上述条件的情况下，选择其他证明方式显然是更为理智的选择。

编写人：北京知识产权法院　芮松艳　段重合

【《专利法》第11条　许诺销售权】

4

网络许诺销售侵权行为的损害赔偿责任

——重工公司诉机械设备公司侵害实用新型专利权案

【基本信息】

1. 裁判书字号

最高人民法院（2020）最高法知民终1658号民事判决书

2. 案由：侵害实用新型专利权纠纷

3. 当事人

原告（被上诉人）：重工公司

被告（上诉人）：机械设备公司

【基本案情】

重工公司是名称为“立式二次构造柱泵”、专利号为ZL201721357×××.5的实用新型专利（以下简称涉案专利）的专利权人，专利申请日为2017年10月20日，专利授权日为2018年6月29日，现该专利权处于有效期内。

2018年9月29日，在某市公证处公证员和公证员助理的监督下，重工公司委托孙某使用公证处一台连接互联网的计算机，进行浏览相关网页的操作。对孙某的上述操作过程，某公证处于2018年11月9日出具公证书，公证书所附打印件显示：机械设备公司在某平台上经营的店铺中展示有立式二次构造柱泵。

2019年10月20日，孙某再次在某市公证处公证员和公证员助理的监督下，使用公证处一台连接互联网的计算机，进行浏览相关网页的操作。对孙某的上述操作过程，某市公证处于2019年11月14日出具公证书，公证书所附打印件及光盘显示：机械设备公司的网站上展示有被诉立式二次构造柱泵产品，网站上载明该产品的主要特点与涉案专利相似。

重工公司起诉机械设备公司侵害其实用新型专利权，请求判令机械设备公司立即停止制造、许诺销售、销售侵权行为，赔偿经济损失 10 万余元与承担本案的诉讼费、保全费及因制止侵权行为而支付的调查取证费、律师费等。

【案件焦点】

机械设备公司是否应当就网络许诺销售侵权行为承担损害赔偿责任。

【裁判要旨】

山东省青岛市中级人民法院经审理认为：《最高人民法院关于审理侵犯专利权纠纷案件应用法律若干问题的解释》（2009 年）第七条第一款规定，人民法院判定被诉侵权技术方案是否落入专利权的保护范围，应当审查权利人主张的权利要求所记载的全部技术特征。将被诉立式二次构造柱泵与涉案专利的全部技术特征进行比对，被诉立式二次构造柱泵包含涉案专利的全部技术特征，落入涉案专利权保护范围，系侵犯原告涉案专利权的侵权产品。机械设备公司在其网站及某平台上展示涉案侵权产品的行为构成许诺销售，侵犯了重工公司的专利权，应当承担停止侵权、赔偿损失的民事责任。重工公司未能举证证明其实际损失，也未能举证证明被告的侵权获利或提供专利许可使用费作为参考，根据原告专利的类型、被告的主观过错、被告侵权行为的情节及原告的合理开支等因素，酌定被告赔偿原告经济损失 3 万元。

机械设备公司不服一审判决，遂提起上诉。二审诉讼期间，机械设备公司表示其仅有许诺销售行为，而未实际销售，且许诺销售行为未给专利权人造成经济损失，许诺销售侵权者亦未通过该行为获得任何经济利益，认定专利权人已经遭受实际损失或认定侵权人已经获得违法所得不符合逻辑。对于许诺销售侵权而言，一般只需责令侵权人立即停止实施许诺销售侵权行为，即可达到保护专利权的目的。在权利人不能对损失举证证明的情况下，由法院径行判令许诺销售侵权者承担损害赔偿责任，对许诺销售侵权者而言有失公平。故机械设备公司仅需承担停止侵权行为和赔偿权利人维权合理开支的民事责任，而无须承担损害赔偿责任。

最高人民法院经审理认为：许诺销售行为客观上会给专利权人造成损害。许诺销售行为是一种法定的独立的侵权行为方式，许诺销售侵权行为的民事责任承担不以销售是否实际发生为前提。许诺销售行为的存在，将会给专利权人造成专利产品的价格侵蚀、商业机会的减少或者延迟等损害，这种损害是可以合理推知的结果。权利有损害必有救济，除非法律另有特殊规定，该救济应当包括承担停止侵害和赔偿损失这两种最基本的侵权民事责任形式，而不仅仅是其中一种形式。专利制度的目的是保护和激励创新，如果仅仅因为许诺销售行为造成的具体损害后果难以准确证明，就免除侵权人的损害赔偿责任，仅承担停止许诺销售行为、支付专利权人维权合理开支的民事责任，既不符合权利有损害必有救济的民法原则，也不利于充分实现专利法的立法目的。专利权人难以举证证明其因许诺销售侵权行为遭受的具体损失时，可以以法定赔偿方式计算损害赔偿数额。

最高人民法院判决：

驳回上诉，维持原判。

【适用解析】

根据《中华人民共和国专利法》（2020 年）第六十五条、第七十一条的规定，侵犯专利权的责任方式主要有停止侵权和赔偿损失两种，本案涉及的争议点是：侵权人是否应当就专利产品许诺销售，尤其是在网络环境中的许诺销售侵权行为，承担赔偿责任。

根据《中华人民共和国专利法》（2020 年）第十一条的规定，专利侵权包括四个构成要件：一是行为人实施专利是以生产经营为目的，二是行为人实施了专利，三是行为人实施专利未经权利人许可，四是行为人无法定抗辩或免责事由。本案中，被告机械设备公司在某平台和公司网站中展示侵权产品并载明产品的主要特点，经对比，该产品包含涉案专利的全部技术特征，落入涉案专利权保护范围，行为人主观上具有生产经营目的，客观上实施了许诺销售行为，无法定抗辩或免责事由，因此构成许诺销售侵权，而确定机械设备公司构成侵权后，如何承担民事责任则是本案的争议点与难点。

一、侵权人应当就许诺销售侵权行为承担损害赔偿责任的争议性

从我国近年的司法实践来看，对于侵权人是否应当就专利产品许诺销售侵权行为承担损害赔偿责任，主要有以下几种司法裁判观点：

第一种观点认为应当承担赔偿损失的法律责任。在实业公司诉电子商行等侵害发明专利权纠纷案[1]中，法院对酌情判定的赔偿损失总额进行了区分，指出部分赔偿数额是针对许诺销售侵权行为作出。第二种观点认为不应当承担赔偿损失的法律责任。第三种观点认为许诺销售侵权行为的民事责任承担以销售实际发生为前提。[2]

由此可知，目前我国司法实践中许诺销售的侵权责任承担方式基本限于停止侵害和赔偿合理费用。在承认许诺销售独立法律地位的同时，在侵权行为赔偿责任的认定方面，一是分别看待许诺销售行为与经济损失或获利，二是在权利人的损失、侵权人获得的利益和专利许可使用费均难以确定时，只赔偿原告支出的合理费用。

二、许诺销售侵权行为应当承担损害赔偿责任

（一）符合《中华人民共和国专利法》（2020 年）第十一条第一款的立法本意

《最高人民法院关于审理专利纠纷案件适用法律问题的若干规定》（2020 年）第十八条规定，许诺销售，是指以做广告、在商店橱窗中陈列或者在展销会上展出等方式作出销售商品的意思表示。《中华人民共和国专利法》（2020 年）第十一条第一款规定，发明和实用新型专利权被授予后，除本法另有规定的以外，任何单位或者个人未经专利权人许可，都不得实施其专利，即不得为生产经营目的制造、使用、许诺销售、销售、进口其专利产品，或者使用其专利方法以及使用、许诺销售、销售、进口依照该专利方法直接获得的产品。

我国第一部专利法于 1984 年通过，历经四次修改，对专利权人的保护也不断扩大完善。专利法在 2000 年进行第二次修订，为适应科技社会的发展，我国于第十一条中增加了发明和实用新型专利权人享有许诺销售权的内容，2008 年第三次修订时又增加了对外观设计专利权人的许诺销售权，2020 年第四次修订的现行专利法对第十一条未作修改。

许诺销售单独规定是为了在交易的早期阶段及时制止侵权行为，增加权利人制止专利侵权行为的机会，减少专利权人的损失。许诺销售与“制造、使用、销售、

① 深圳市中级人民法院一审民事判决书（2015）深中法知民初字第 730 号民事判决书，载中国裁判文书网，https：//wenshu. court. gov. cn/website/wenshu/181107ANFZ0BXSK4/index. html? docId =66aec9b23537437ca16d0862df5eebb4，2022 年 4 月 19 日访问。

② 陈志兴：《司法实务中许诺销售的侵权判定——以北京市第一中级人民法院自 2001 年以来审理的许诺销售侵权案件为样本的研究》，载《2013 年中华全国专利代理人协会年会暨第四届知识产权论坛论文汇编》（第三部分）。

进口”等行为方式并列写入法条，法律地位是平等的，可以同等适用赔偿规则，不存在许诺销售侵权行为不承担损害赔偿责任的推断。许诺销售侵权行为承担赔偿责任具有请求权基础。

（二）网络许诺销售侵权行为会产生实际损害

《最高人民法院关于审理专利纠纷案件适用法律问题的若干规定》（2020 年）对“许诺销售”采用列举的开放式定义，“等”字意味着新出现的行为方式也可被法律规定所涵盖。随着互联网的普及和广泛应用，专利产品通过互联网许诺销售呈蓬勃发展之势，其主要有以下几个特征：

一是用户基数大。随着我国网络用户的不断增加，网络许诺销售的受众基数也在不断扩大。

二是受众精准。电商平台基于云计算、大数据等技术，广泛收集用户信息，分析用户的习惯、喜好和需求，有针对性地投放许诺销售信息，提高实际销售成功率。

三是许诺销售成本低。相较于非互联网平台而言，网络许诺销售可以节省场地租赁、人力、宣传等费用，成本更低。

四是许诺销售方式多样化。与通过商店陈列或者展销会展出的传统方式不同，网络许诺销售行为人可以通过网页、短视频、游戏植入、文字推送等多种方式推销产品，既可以是直接明确地介绍产品，也可以是隐蔽地植入广告，大大增加了侵权认定难度。

正是基于网络许诺销售行为的特殊性，本案中，最高人民法院认为，许诺销售行为的存在，将会给专利权人造成专利产品的价格侵蚀、商业机会的减少或者延迟等损害，这种损害是可以合理推知的结果。

（三）正确适用《中华人民共和国专利法》（2020 年）第七十一条

侵权理论认为，一般侵权责任有四个构成要件，包括行为、过错、损害事实和因果关系，则专利侵权损害赔偿需满足“损害事实”这一要件，也即存在“实际损失”或者“侵权获利”，否则不构成侵权。主流观点认为，之所以需要将许诺销售行为和销售行为区分开来，一个重要原因就在于在认定侵犯专利权行为成立的情况下，侵权人所需承担的民事责任有所不同。许诺销售并没有实际销售商品，行为人没有从许诺销售行为中获得直接利益，权利人也没有因之遭受直接损失，因此，一般不需承担赔偿责任，本案中被告机械设备公司亦是持此观点。这种观点在一定程度上割裂了许诺销售与损害事实之间的关系。

形成“许诺销售与损害事实割裂”这一逻辑主要有司法证据审查上的原因。全面覆盖原则是判断一项技术方案是否侵犯发明或者实用新型专利权的基本原则。在专利侵权案中，普遍存在“举证难”的问题，许诺销售侵权案更甚，法院要将涉案产品与专利产品进行技术特征的逐一对比，而在网络或实体的广告营销中，权利人很难证明行为人许诺销售的是其专利产品，往往只能选择侵权产品开始销售后才寻求司法救济，根据实践中的习惯可能得出“许诺销售侵权成立需以实际销售行为作为前提”的结论。

《中华人民共和国专利法》（2020 年）第七十一条第一款规定，侵犯专利权的赔偿数额按照权利人因被侵权所受到的实际损失或者侵权人因侵权所获得的利益确定。使用文义解释方法解释该条，专利侵权损害赔偿责任的承担须以存在“损害事实”为前提，损失或获益与侵权之间存在因果关系，而在“许诺销售与损害事实割裂”这一逻辑引导下，便会得出“许诺销售侵权行为无须承担损害赔偿责任”的结论。

本案中，最高人民法院认为，许诺销售侵权行为的民事责任承担不以销售是否实际发生为前提，也即认为许诺销售行为会独立产生损害结果，认定被告机械设备公司的许诺销售侵权行为具有实际损害的后果，未陷入“许诺销售与损害事实割裂”这一错误逻辑。

正确适用《中华人民共和国专利法》（2020 年）第七十一条需回顾其立法沿革，该条历经三次修改，最终确定侵权损害赔偿基础的计算规则。《中华人民共和国专利法》（2000 年）第六十条规定，侵犯专利权的赔偿数额，按照权利人因被侵权所受到的损失或者侵权人因侵权所获得的利益确定；被侵权人的损失或者侵权人获得的利益难以确定的，参照该专利许可使用费的倍数合理确定。该法对实际损失和侵权获利的适用顺序未作规定。《中华人民共和国专利法》（2008 年）基于“损失填平”原则的考虑，于第六十五条规定，侵犯专利权的赔偿数额按照权利人因被侵权所受到的实际损失确定；实际损失难以确定的，可以按照侵权人因侵权所获得的利益确定。由于司法实践中存在“举证难”的问题，在论证实际损失后还需论证侵权获利将增加不必要的司法负担，因此《中华人民共和国专利法》（2020 年）取消了二者的适用顺序。

专利法三次修法，其背后的价值理念是方便确定专利侵权损害赔偿数额，解决现实“举证难”的问题，因此不能曲解为无法举证实际损失或者侵权获利就不能赔偿损失。举证不能与事实存在是两个概念，在权利人的损失、侵权人获得的利益和专利许可使用费均难以确定的情况下，人民法院可以根据专利权的类型、侵权行为的性质和情节等因素，确定给予三万元以上五百万元以下的赔偿。

本案中，在原告重工公司难以举证证明其因许诺销售行为遭受的具体损失时，最高人民法院根据当时施行的《中华人民共和国专利法》（2008 年）第六十五条的规定，灵活适用法定赔偿制度，酌定机械设备公司赔偿重工公司经济损失 3 万元。

（四）关于许诺销售侵权举证难的思考路径

本案中，最高人民法院认为许诺销售行为存在损害结果，但该裁判要旨背后的推理逻辑仅能证明许诺销售侵权应当承担赔偿责任的合法性与合理性，而不能对这种损害进行量化，只能酌定赔偿数额，即运用法定赔偿制度确定赔偿数额，这也是我国司法目前支持许诺销售侵权赔偿的较优路径，既符合专利法的规定，又能提高司法裁判效率。

然而，法定赔偿的目的是保证原告获得最低限度的保护，不能一味依赖法定赔偿制度，过去许诺销售侵权行为“举证难”的境况在互联网时代已有所不同。全部赔偿原则是侵权损害赔偿的指导原则，是指侵权人承担赔偿责任的大小，应当以行为人造成的实际财产损失为依据，全部予以赔偿。全部赔偿的范围包括直接损失和可确定的间接损失，许诺销售侵权不会造成权利人的直接损失，但不等同于互联网平台间接损失的难以量化性，有学者在间接损失的“易量化部分”公式①的基础上增加动态系数，得出网络许诺销售侵权行为间接损失的量化公式②。该理论能否得到验证以及能否被写入法律有待时间考证，但学界传达的观点是互联网许诺销售行为与传统许诺销售不同，互联网环境下的损害结果可以利用大数据进行量化预判，这也给立法者和司法者提供新的思考路径，除了法定赔偿制度之外，结合停止侵权与赔偿权利人确定的间接损失两种救济方式，才能真正实现司法审判的公平与正义。

---

① 王利明、杨立新：《侵权行为法》，法律出版社 1996 年版，第 334 页。

② 覃有土、晏宇桥：《论侵权的间接损失认定》，载《现代法学》2004 年第 4 期。

三、《中华人民共和国专利法》（2020 年）第十一条对许诺销售的司法实践指导意义

《中华人民共和国专利法》（2020 年）第十一条规定了专利权的效力内容，确定了专利权与公共利益之间的界限。在司法实践中，该条对不同主体具有不同指导意义：

（一）专利权人的救济权——停止侵害与赔偿损失

专利权是一种排他性的权利，《中华人民共和国专利法》（2020 年）第十一条赋予了专利权人对侵权行为的禁止权。关于专利侵权纠纷的司法解决途径，被侵权人可以获得的主要救济措施为停止侵权和赔偿损失。基于《中华人民共和国专利法》（2020 年）第十一条赋予的许诺销售权，针对他人正在进行的侵害行为或者“即发侵权”，专利权人或者利害关系人可以依据专利法规定的临时禁令与民法典中的停止侵权请求救济。

临时禁令是一种事前预防式救济方式，是我国为适应《知识产权协定》第五十五条“临时措施”的要求而在知识产权立法中增加规定的民事措施[①]。根据《中华人民共和国专利法》（2020 年）第七十二条的规定，专利权人或者利害关系人有证据证明他人正在实施或者即将实施侵犯专利权、妨碍其实现权利的行为，如不及时制止将会使其合法权益受到难以弥补的损害的，可以在起诉前依法向人民法院申请采取财产保全、责令作出一定行为或者禁止作出一定行为的措施。当法院作出侵权认定时，该禁令便成为一种停止侵害的民事责任，权利人可以依据《中华人民共和国专利法》（2020 年）第六十五条请求行为人停止侵害。

赔偿损失是承担专利侵权责任的主要方式，在实践过程中，由于实际损失延后发生，故实际损失的计算方式难以有效适用，“合理扣除”比例的确定存在困难，权利人无法确定非法获利在侵权人全部收入中的比例[②]。在法定赔偿制度的有限救济下，专利权人应当提升证据意识，依据《中华人民共和国专利法》（2020 年）第七十三条规定的诉前证据保全制度，有法律限度内尽可能地维护自身权益。

在我国立法对专利权的保护制度不断完善，配套程序法和实体法进行双重保护，网络许诺销售侵权行为多发的背景下，专利权人应当积极维权，尽早、尽全、

① 吴汉东：《知识产权法》，法律出版社 2021 年版，第 470 页。

② 吴汉东：《知识产权法》，法律出版社 2021 年版，第 473 页。

高效地行使法律赋予的权利。

（二）权利相对人的不侵权抗辩

专利权属于绝对权，任何人均负有不妨害权利人实现其权利的义务，然而没有无义务的权利，也没有无权利的义务，权利存在边界，社会公众在规避侵犯他人专利权的同时，亦可适用《中华人民共和国专利法》（2020 年）第十一条作为不侵权抗辩事由。

首先，专利权具有例外，权利例外是对专利权进行限制的重要制度。如专利权保护期、“不视为侵犯专利权的行为”、专利强制许可等，《中华人民共和国专利法》（2020 年）第十一条中所称的“除本法另有规定的以外”也包括以上几种情形，权利相对人的许诺销售行为性质为何，应当基于此进行考虑。

其次，认定侵犯发明和实用新型专利权需要满足以下要件：未经专利权人许可；为生产经营目的；制造、使用、许诺销售、销售、进口。法院应具体分析权利相对人的许诺销售行为是否满足以上要件，若不符合，权利相对人则可以依据本条主张不侵权抗辩。

（三）人民法院的司法适用

人民法院作为中立的司法裁判者，应当依法裁判、公正裁判，《中华人民共和国专利法》（2020 年）第十一条明确许诺销售的平等、独立法律地位，明确许诺销售同等适用侵权损害赔偿规则。

根据《中华人民共和国专利法》（2020 年）第七十一条的规定，损害赔偿的认定方式有三个顺位：实际损失或者侵权所得、许可使用费倍数和法定赔偿，在一定条件下，还可以适用惩罚性赔偿。法院应当尽可能地适用第一顺位，但鉴于知识产权客体无形性的特点，实践中实际损失或者侵权获利不仅难以举证且难以被采信，举证妨碍规则难以发挥真正的作用。因此，法院在处理涉互联网领域案件时，可以参考资产评估机构作为独立第三方对知识产权市场价值的评估[①]和互联网数据量化分析，结合案件情况多元化认定证据，解决“举证难”的问题，同时，在构成举证妨碍的情形下，可以适当降低对互联网数据信息证据的要求。对故意侵犯专利权，情节严重的情形，亦可以基于权利人的主张和举证，启动适用惩罚性赔偿制度。

---

① 管育鹰：《析侵害知识产权惩罚性赔偿的适用条件》，载《法律适用》2021 年第 1 期。

权利不得滥用，中共中央办公厅、国务院办公厅印发《关于强化知识产权保护的意见》，要求“规制商标恶意注册、非正常专利申请以及恶意诉讼等行为”。人民法院针对权利人提起的许诺销售侵权之诉，应当坚持“方便起诉与防止滥诉”的原则，贯彻司法政策。在法律程序上，既要保障专利权人充分行使诉讼权利，又要采取必要措施防止“专利滥诉”；在法律实体上，既要加强许诺销售侵权赔偿惩罚力度，又要符合比例原则。

编写人：最高人民法院司法案例研究院与湖南大学联合培养实习生　陈美君

【《专利法》第 13 条　对发明专利申请人的临时保护，《专利法》第 64 条　专利权的保护范围】

5

专利临时保护的判断规则

——伊×公司诉电产公司、科技公司
发明专利临时保护期使用费和侵害发明专利权案

【基本信息】

1. 裁判书字号

北京市高级人民法院（2017）京民终 55 号民事判决书

2. 案由：发明专利临时保护期使用费和侵害发明专利权纠纷

3. 当事人

原告（被上诉人）：伊×公司

被告（上诉人）：电产公司

被告：科技公司

【基本案情】

伊×公司为ZL201110369××××号、名称为“主轴电机”的发明专利的专利权人，该专利权现为有效专利。本案涉及J130、K160、K070、G210四种型号主轴电机的被控侵权产品。伊×公司主张对电产公司在涉案专利临时保护期内制造、销售J130型号主轴电机的行为属于实施涉案专利的行为；在涉案专利授权公告后，制造、销售上述四种型号主轴电机的行为，构成专利侵权。伊×公司还主张科技公司销售带有J130型号主轴电机的DVD刻录机，构成专利侵权。综上，伊×公司请求法院判令：1. 电产公司立即停止生产、销售侵犯涉案专利权的被控侵权产品；2. 科技公司立即停止销售使用被控侵权产品的DVD刻录机产品；3. 电产公司销毁库存的被控侵权产品、制造上述被控侵权产品的专用模具和其他工具以及产品包装、说明书、相关产品推广资料、产品图纸、产品型录等；4. 电产公司赔偿伊×公司经济损失人民币1439123元，并支付在涉案专利临时保护期内制造、销售J130型号主轴电机的费用人民币2426834元，共计人民币3865957元，并承担伊×公司为调查和制止其侵权行为支付的合理调查费和律师费人民币300000元。

【案件焦点】

1. 当发明专利存在专利申请文本和专利申请公布文本以及无效宣告程序后的权利要求不一致的情况时，如何认定被告在临时保护期内实施了该发明；2. 如何确定《最高人民法院关于审理侵犯专利权纠纷案件应用法律若干问题的解释（二）》（2016年）第十八条第二款所述“发明专利申请公布时申请人请求保护的范围”。

【裁判要旨】

北京知识产权法院经审理认为：1. 临时保护事实上是对专利法第十一条第一款规定的禁止权的补充，是对在临时保护期内实施专利行为的事后追责，因此，获得临时保护应当以专利最终被授权为基础。2. 在存在无效宣告程序时，只有在被诉技术方案均落入发明专利申请公布时申请人请求保护的范围，以及发明专利经无效宣告请求审查决定最终确认有效的保护范围的情况下，才能认定被告在临时保护期内实施了该发明。3. 由于独立权利要求通常限定了较大的保护范围，因此，在判断被诉技术方案是否落入发明专利申请公布时申请人请求保护的范围时，即使原告同时主张独立权利要求及其从属权利要求，也仅需审查被诉技术方案是否落入申请公布文本的独立权利要求所限定的保护范围，而无须分析是否落入其从属权利要求所限定的保护范围。具体而言：第一，关于电产公司在涉案专利临时保护期内制造、销售J130型号主轴电机是否属于实施涉案专利的行为。由于J130型号主轴电机的技术方案同时落入涉案专利申请公布时请求保护的独立权利要求1的保护范围，以及经涉案无效决定确认有效的前述除权利要求4、20、40、50、65外的部分权利要求的保护范围，且根据法院向日立乐金光公司调查取证的材料来看，电产公司至少自2013年5月开始制造、销售该型号主轴电机，早于涉案专利授权公告日（2014年7月2日），故在电产公司未按法院要求提交相应证据的情况下，法院认定被告电产公司在涉案专利的临时保护期内实施了该发明，应当承担相应的民事责任。第二，关于电产公司制造、销售主轴电机的行为是否构成专利侵权。对于J130型号主轴电机，由于电产公司在涉案专利公告授权后继续制造、销售的J130型号主轴电机的技术方案落入经涉案无效决定确认有效的前述除权利要求4、20、40、50、65外的部分权利要求的保护范围，因此，电产公司未经伊×公司许可，制造、销售J130型号主轴电机，构成专利侵权，应当承担停止侵权、赔偿损失等民事责任。对于K160、K070、G210型号主轴电机，上述型号主轴电机的技术方案落入伊×公司所主张的权利要求的保护范围，电产公司亦应承担相应的民事责任。第三，科技公司未经许可，销售带有构成侵权的J130型号主轴电机的DVD刻录机，其行为同样属于实施涉案专利的行为，构成专利侵权，应当承担伊×公司所诉请的停止侵权的民事责任。

北京知识产权法院判决如下：

一、电产公司立即停止制造、销售涉案K160、K070、J130和G210型号主轴电机；

二、科技公司立即停止销售含有J130型号主轴电机的产品；

三、电产公司支付伊×公司发明专利临时保护期使用费共计人民币2426834元；

四、电产公司赔偿伊×公司经济损失共计人民币1202048元；

五、电产公司赔偿伊×公司合理支出共计人民币207240元；

六、驳回伊×公司的其他诉讼请求。

电产公司不服一审判决，遂提起上诉。北京市高级人民法院判决维持原判，驳回上诉。

【适用解析】

一、临时保护的性质

根据《中华人民共和国专利法》(2020 年)第三十四条的规定，国务院专利行政部门收到发明专利申请后，经初步审查认为符合本法要求的，自申请日起满十八个月，即行公布。根据《中华人民共和国专利法》(2020 年)第三十五条第一款的规定，发明专利申请自申请日起三年内，国务院专利行政部门可以根据申请人随时提出的请求，对其申请进行实质审查；申请人无正当理由逾期不请求实质审查的，该申请即被视为撤回。这就是世界各国对发明专利申请普遍采用的“早期公开、延迟审查”制度。

根据《中华人民共和国专利法》(2020 年)第十一条的规定，专利权禁止权的行使以专利权被授予后为前提，也就是说，在专利权未被授予或者专利权有效期届满后实施该专利的，并不属于侵犯专利权的行为。在发明专利申请被公开后到授予专利权之前的这段特殊时期，如果社会公众可以任意实施该发明专利技术方案，势必损害专利申请人的利益，也会损害专利制度“以公开换保护”的基础，但又由于存在发明专利申请在经后续实质审查后可能存在不被授予专利权的情况，因此在发明专利申请技术方案公布就一味禁止社会公众实施该技术方案，不利于社会技术发展。为平衡专利申请人和社会公共利益，专利临时保护制度应运而生。

《中华人民共和国专利法》(2020 年)第十三条规定：“发明专利申请公布后，申请人可以要求实施其发明的单位或者个人支付适当的费用。”这是我国对发明专利申请进行临时保护的直接法律依据。

设立临时保护期的理论基础在于，当发明专利申请公布后，申请人拟追求获得的专利权保护范围就已确定，社会公众应当负有避让注意义务，但由于彼时该专利申请并未获得授权，故上述避让义务并非强制性的，而如果该专利申请最终获得授权，公众因违反避让注意义务而实施了该专利，则应当支付适当的费用。因此，对他人在发明专利申请文本公布后至专利权生效日之间的临时保护期内未经许可而实施该专利的，在性质上并不是“侵犯专利权”的行为。对这样的行为，实施者负有“支付适当的费用”的义务，而非承担侵犯专利权的停止侵权、赔偿损失的民事责任。

法理上，发明专利申请人获得的临时保护并非一种权利，而是一种期待性权益。临时保护事实上是对《中华人民共和国专利法》(2020 年)第十一条第一款规定的禁止权的补充，是对在临时保护期内实施专利行为的事后追责。也就是说，获得临时保护应当以专利最终被授权为基础，如果发明专利申请在公布后因被驳回、撤回、视为撤回、视为放弃等缘故未最终授予专利权，则丧失了临时保护期内的“使用费给付请求权”。

二、临时保护期实施发明专利的判断规则

《最高人民法院关于审理侵犯专利权纠纷案件应用法律若干问题的解释（二）》（2016 年）（以下简称《专利权纠纷解释二》）（2020 年修订后，本条内容及序号无修改）第十八条第二款规定：“发明专利申请公布时申请人请求保护的范围与发明专利公告授权时的专利权保护范围不一致，被诉技术方案均落入上述两种范围的，人民法院应当认定被告在前款所称期间内实施了该发明；被诉技术方案仅落入其中一种范围的，人民法院应当认定被告在前款所称期间内未实施该发明。”

上述规定是认定在临时保护期内是否实施发明专利的基本判断原则。

（一）临时保护的保护范围

根据《中华人民共和国专利法》（2020 年）第六十四条的规定，发明专利权的保护范围以其权利要求的内容为准，说明书及附图可以用于解释权利要求的内容。这是对已经授权的发明专利权的保护范围的规定。通常可以据此授权公告文本（或在无效宣告等程序中经修改确定有效的）权利要求的内容来界定《专利权纠纷解释二》所述“发明专利公告授权时的专利权保护范围”。

但是，由于发明专利申请公布后，须通过实质审查后才能最终获得专利权，而在临时保护期内的公布文本与被授权的文本可能会有差异，故准确地说，临时保护的保护范围应为原说明书和权利要求书记载的范围，而非仅由发明专利公布文本的权利要求内容确定。当然，发明专利申请公布文本的权利要求内容是确定要求临时保护期内保护范围的重要依据。实践中，《专利权纠纷解释二》所述“发明专利申请公布时申请人请求保护的范围”通常仅涉及公布文本权利要求的内容所确定的保护范围。

对于临时保护的保护范围，是以公布文本权利要求的内容所确定的保护范围为准，还是以授权文本权利要求的内容所确定的保护范围为准，2000 年修改的《欧洲专利公约》第六十九条有明确规定：（1）一件欧洲专利或者一件欧洲专利申请的保护范围以权利要求的内容为准，说明书和附图可以用于解释权利要求。（2）在授予欧洲专利权之前的期间内，一件欧洲专利申请所提供的保护范围以被公布的专利申请的权利要求书为准。但是，被授予的欧洲专利或者经异议、限制或者撤销程序修改后的欧洲专利未扩大保护范围的，对欧洲专利申请的保护范围具有追溯效力。

该规定的含义是：如果授权的欧洲专利权或者经过异议、限制、撤销程序修改后的欧洲专利的权利要求保护范围大于公布文本的权利要求保护范围，则欧洲专利申请临时保护的范围仍以公布文本的权利要求为准，即授权文本权利要求或者经过异议、限制、撤销程序修改后的权利要求不具有追溯效力；反之，如果授权时的欧洲专利或者经过异议、限制、撤销程序修改后的权利要求保护范围不大于公布文本的权利要求保护范围，则欧洲专利申请临时保护的范围就必须以授权文本的权利要求或者经过异议、限制、撤销程序修改后的权利要求为准，即授权文本的权利要求或者经过异议、限制、撤销程序修改后的权利要求具有追溯效力。

由此可见，《欧洲专利公约》既没有简单地规定临时保护以公布文本的权利要求为准，也没有简单地规定临时保护以授权文本的权利要求或者经过异议、限制、撤销程序修改后的权利要求为准，而是采用了公众利益优先的原则。其原因在于：一方面，由于在授予欧洲专利之前，公众只能看到公布文本，依照信赖保护原则，公众应当有权根据公布的权利要求书来决定采取何种实施行为，即使授权时扩大了保护范围，也不应当对临时保护的范围产生影响；另一方面，如果授权文本的权利要求保护范围或者经过异议、限制、撤销程序修改后的权利要求小于公布文本的权利要求保护范围，则表明欧洲专利局经审查认为授权前较大的保护范围不能成立，不能对其授予欧洲专利，而临时保护不能以不成立的保护范围为准，因此在这种情况下当然应该以授权文本的权利要求保护范围或者以经过异议、限制、撤销程序修改后的权利要求为准。值得注意的是，《欧洲专利公约》的规定不仅考虑到被授权的欧洲专利对公布的欧洲专利申请的追溯效力，还考虑到经异议、限制、撤销程序修改后的欧洲专利对公布的欧洲专利申请的追溯效力，因为这些程序可以看作授权程序的延伸和继续，通常只会缩小专利权的保护范围，而不会扩大专利权的保护范围，因此也有必要予以考虑。①

我国专利制度并没有赋予专利权人在专利侵权民事诉讼中对授权公告文本进行修改的权利，仅允许发明专利申请人在实质审查程序、复审程序及无效程序中修改

---

① 尹新天：《中国专利法详解》，知识产权出版社2011年版，第177～178页。

相应的文本。而且，根据《中华人民共和国专利法》（2020 年）第三十三条的规定，发明专利权人可以对其专利申请文件进行修改，但是，对发明申请文件的修改不得超出原说明书和权利要求书记载的范围。也就是说，专利公告授权时的专利权保护范围[①]与发明专利申请公布时申请人请求保护的范围相比，在发明专利申请人于上述行政程序中有效修改相应的文本后，事实上可能存在保护范围相同、缩小、扩大或者交叉四种情形。

（二）临时保护的一般判断规则

实践中，权利要求的解释或保护范围的界定通常并不绝对清晰明确，甚至是个较为复杂且充斥争议的过程，故如果按照“先确定专利申请公布时与公告授权时的保护范围孰大孰小，再判断被诉技术方案是否落入其中相对更小的保护范围，进而确定是否应当获得临时保护”，并不具有现实操作意义。也正因此，《专利权纠纷解释二》确定了“被诉技术方案是否均落入上述两种范围”的判断方法，具体而言：

1. 当发明专利申请公布时申请人请求保护的范围与专利公告授权时的专利权保护范围一致时，被诉技术方案落入前述保护范围，就可以认定实施了该发明。是否落入前述保护范围的认定，应参考专利侵权判定中的全面覆盖原则和等同原则。(见图所示情形 1)

2. 当发明专利申请公布时申请人请求保护的范围与专利公告授权时的专利权保护范围不一致时，即公布文本权利要求所确定的保护范围与授权文本权利要求[②]所确定的保护范围不一致时，则被诉技术方案存在以下两种情况。

第一种情况，被诉技术方案同时落入上述两个保护范围。此时包含三种情形，即当授权文本权利要求所确定的保护范围相对公布文本权利要求所确定的保护范围更小时，落入前者则必然落入后者；当前者相对后者保护范围更大时，落入后者则必然落入前者；当前者和后者保护范围有交叉时，同时落入则能够符合临时保护的性质和概念要求。上述三种情形，均应当认定被告在临时保护期内实施了该发明。

---

① 需要强调，对于《专利权纠纷解释二》所述“发明专利公告授权时的专利权保护范围”，在存在无效宣告程序且专利权人对授权公告文本进行了有效修改的情况下，依自始无效的规定，上述保护范围应以发明专利经无效宣告请求审查决定最终确认有效的保护范围为准。

② 本文所述授权文本权利要求并非仅指授权公告文本所记载的权利要求，在专利权人在无效宣告程序中对公告文本进行过有效修改时，此时则是指修改后的有效的权利要求。

（见图所示情形 2 及情形 3 阴影部分）

第二种情况，被诉技术方案仅落入其中一个保护范围，则均应当认定未实施该发明。理由是：首先，当授权文本权利要求所确定的保护范围相对公布文本权利要求所确定的保护范围更小时，如果落入后者但未落入前者，如前所述，获得临时保护应当以专利最终被授权为基础，无论专利申请人基于何种原因进行修改并客观上缩小了保护范围，那么被授予专利权的保护范围之外的部分，应当视为自始即不存在，也即被放弃的那部分技术方案应当视为自始被放弃，显然也不应该获得临时保护。实践中，缩小保护范围的修改一般都是因为相应的权利要求不符合专利法律法规的相关规定，属于专利申请人被迫放弃的部分，是典型的禁止权利人反悔的情形。其次，当授权文本权利要求所确定的保护范围相对公布文本权利要求所确定的保护范围更大时，如果落入前者但未落入后者，此时因社会公众只能通过公布文本中的权利要求来判断自己实施的技术方案是否落入该发明专利申请的临时保护范围，而不可能预判该专利申请被授权后的保护范围，公众应当有权根据公布文本的权利要求的内容来决定采取何种实施行为，故为维护社会公众的信赖利益，此时亦不应认定在临时保护期内实施了该发明。（见图所示情形 4）

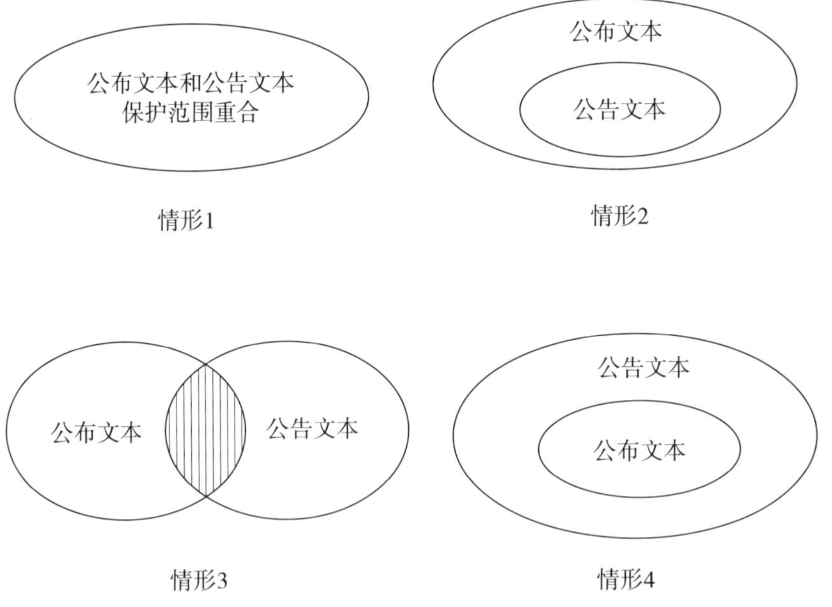

（三）临时保护的实践判断规则

如上所述，对于是否在临时保护期内实施了涉案发明专利的认定，《专利权纠纷解释二》确定了“被诉技术方案是否均落入上述两种范围”的判断方法。此时，首先需要确定的是该条规定所述“发明专利申请公布时申请人请求保护的范围”和“发明专利公告授权时的专利权保护范围”。

1. 对于发明专利申请公布时申请人请求保护的范围，如上所述，临时保护的保护范围应为原说明书和权利要求书记载的范围，而非仅由发明专利公布文本的权利要求内容确定。但是，上述范围的界定存在较为复杂的认定过程，为避免保护范围的不确定性，实践中，权利人通常仅提出对公布文本权利要求的主张，即仅就其认为与诉讼案件有关的公布文本中的权利要求提出审查请求。并且，根据临时保护的理论基础，需要确定的是公众避让注意义务的边界，因此，如果权利人同时主张独立权利要求及其从属权利要求，则仅需审查被诉技术方案是否落入申请公布文本的独立权利要求所限定的保护范围。

2. 对于发明专利公告授权时的专利权保护范围，按照《中华人民共和国专利法》(2020 年）第六十四条的规定，发明的保护范围以其权利要求的内容为准，说明书及附图可以用于解释权利要求的内容，据此，法院通常依据权利人主张的授权公告文本中的权利要求进行审查即可。需要注意的是，如果权利人在无效宣告程序中对专利授权公告文本进行过有效修改，则权利人提出相应主张应以无效宣告请求审查决定最终确认有效的权利要求为准。

3. 被诉技术方案是否均落入上述两种范围的判断。在判断被诉技术是否均落入上述两种范围前，还应当确定权利人所主张的公布文本权利要求与授权公告文本权利要求的关联性，即上述两类权利要求是否存在对应关系。

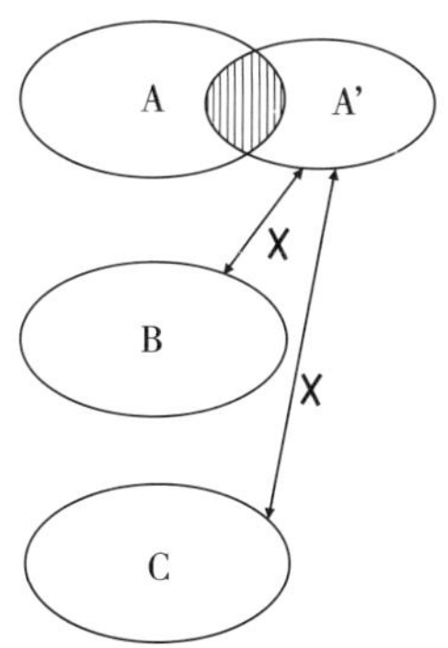

如上图所示，A、B、C 为专利申请公布文本中分别由一个独立权利要求及其从属权利要求组成的三组权利要求的保护范围，A’为专利授权公告文本中的一个权利要求的保护范围。(1) 如果权利人主张具有关联或对应关系的 A、A’，且被诉技术方案均落入该两个保护范围，则可以认定在临时保护期内实施了专利。(2) 如果权利人主张不具有关联或对应关系的 B、C 和 A’，则即使被诉技术方案分别同时落入 A’，以及 B 或 C，也不能认定在临时保护期内实施了专利。

编写人：北京知识产权法院　陈勇

【《专利法》第22条　授予专利权的发明应当具备的实质要件】

6

机械领域发明创造封闭式权利要求判断标准分析

——科技公司诉国家知识产权局实用新型专利权无效行政案

【基本信息】

1. 裁判书字号

最高人民法院（2020）最高法知行终 491 号行政判决书

2. 案由：实用新型专利权无效行政纠纷

3. 当事人

原告（上诉人）：科技公司

被告（被上诉人）：国家知识产权局

第三人：智能卡技术公司、侯某

【基本案情】

涉案专利系专利号为 20152087××××号、名称为“一种具有 3D 打印图文表面的金融交易卡”的实用新型专利，其申请日为2015年11月6日，授权公告日为2016年4月6日，专利权人为科技公司。针对涉案专利，智能卡技术公司、侯某分别于2017年8月14日、2017年9月27日向原国家知识产权局专利复审委员会（以下简称专利复审委员会）提出了无效宣告请求，其理由是涉案专利权利要求1~6不符合专利法第二十二条第三款的规定，请求宣告涉案专利权利要求全部无效。2018年2月1日，专利复审委员会作出被诉决定，认定：涉案专利权利要求1~6不具备专利法第二十二条第三款规定的创造性，宣告涉案专利全部无效。科技公司不服被诉决定，向北京知识产权法院提起诉讼，请求撤销被诉决定，判令国家知识产权局重新作出审查决定。智能卡技术公司不同意科技公司的全部诉讼请求，侯某未出庭参加诉讼。

【案件焦点】

1. 涉案专利权利要求1是封闭式的还是开放式的；2. 涉案专利权利要求5是独立权利要求还是从属权利要求；3. 现有技术是否公开了权利要求1与对比文件1.1之间存在的区别技术特征或给出了技术启示。

【裁判要旨】

北京知识产权法院经审理认为：

关于涉案专利权利要求1是封闭式的还是开放式的问题。通常情况下，在对权利要求的内容进行解释时，应结合权利要求上下文的文字记载，并结合说明书及附图对技术方案的描述，按照本领域技术人员的通常理解来确定权利要求的保护范围。《专利审查指南》（2010年）虽然在第二部分第二章第3.3节规定了“封闭式权利要求宜采用‘由……组成’的表达方式，其一般解释为不含有该权利要求所述以外的结构组成部分或方法步骤”，但并不表明采用上述表达方式的权利要求必然为封闭式权利要求。在对采用“由……组成”或“由……构成”的表达方式的权利要求进行解释时，也应当遵循专利法第五十九条的规定，通过审查权利要求的上下文以及专利的说明书及附图记载内容以确定权利要求是否排除了该权利要求所述以外的结构组成部分或方法步骤。在运用说明书及附图解释权利要求时，由于实施例只是说明书所描述的技术方案的示例，故不能直接对应于权利要求的保护范围。此外，《专利审查指南》（2010年）之所以规定开放式和封闭式的权利要求表达方式，是由于部分技术领域发明的性质不适合将独立权利要求撰写成前序和特征两部分，特别是化学领域的组合物发明，由于组合物组分之间的相互作用，增加或减少化学组分可能导致发明的技术效果产生实质性变化致使发明目的无法实现。而通常在机械领域，增加或减少结构上的技术特征并不会导致原技术方案中的其他技术特征在性状、功能、特点等方面发生实质性改变，使其他技术特征所起的作用和整体技术方案达到的技术效果产生了实质性变化而导致其他技术特征成为一项新的技术特征从而破坏了原技术方案的发明目的。因此，在机械领域，通常情况下，减少一项权利要求的某一结构特征，其相应的功能作用也相应地减少，这与该项权利要求是封闭式还是开放式之间没有因果关系，并不能由此而得出该权利要求为封闭式权利要求的结论。只有当某一结构特征减少后该权利要求依然能够保持其原有的功能效果不变的情况下，该权利要求才有可能是封闭式权利要求，即其所保护的技术方案明确排除了某一结构特征，但依然保持其原技术方案的功能效果不变。

具体到本案，权利要求 1 记载："所述卡基从上至下依次由正面保护膜层、正面基片层、中间 INLAY 层、反面基片层、反面印刷图文层、反面保护膜层构成"，在判断权利要求 1 的保护范围是否排除了其他层结构时，应当结合权利要求本身的文字记载、权利要求上下文内容以及说明书和附图的描述，按照本领域技术人员的通常理解进行解释，而不能仅仅因为权利要求 1 使用了"由……构成"的措辞而直接认定权利要求 1 必然排除了其他层结构。根据权利要求 5 的记载，权利要求 5 引用权利要求 1 或 2，进一步限定了所述正面基片层上具有正面印刷图文层，即在正面保护膜层与正面基片层之间增加了正面印刷图文层，而权利要求 5 为权利要求 1 的从属权利要求，故权利要求 1 的全部技术特征对权利要求 5 均具有限定作用，如果将权利要求 1 的保护范围解释为排除了其他层结构，那么将导致权利要求 1 与权利要求 5 的技术方案存在相互矛盾之处，由此可见，权利要求 1 的技术方案并未排除其他层结构。此外，涉案专利说明书第［0009］段记载："本实用新型中 3D 打印图文层不局限于布满整个卡体正面，也可以在所述正面基片层上印刷有图文信息，而只在正面保护膜层上方进行局部 3D 图文修饰，以满足不同客户的不同需求。"由此可见，在正面基片层上可以有印刷图文层，说明书的描述亦可以进一步佐证涉案专利所保护的技术方案并不排除其他层结构。

关于涉案专利权利要求 5 是独立权利要求还是从属权利要求的问题。考虑到专利权人撰写从属权利要求的目的是限定出不同层次的保护范围，在通常情况下，对于采用引用关系方式撰写的权利要求，一般应当推定为从属权利要求，即其保护范围应当小于所引用的权利要求，且所引用权利要求的全部技术特征对该权利要求具有限定作用，除非将其认定为从属权利要求将导致各权利要求之间存在相互矛盾之处或产生歧义。基于专利权人对权利要求撰写规则所具有的一般认知，由于专利权人撰写上的瑕疵导致一项独立权利要求撰写成从属权利要求的，应当由专利权人自行就其撰写上的失误承担不利责任。

具体到本案，对于权利要求的上述撰写规则，科技公司在撰写涉案专利权利要求时是具有一定认知的，在此情况下，科技公司仍采用引用关系的方式撰写权利要求 5，表明其对权利要求 5 系从属权利要求是知晓的，此时，应当认定权利要求 5 系从属权利要求，且将权利要求 5 认定为从属权利要求也不会导致涉案专利各权利要求之间存在相互矛盾之处或产生歧义。退一步而言，即使是科技公司撰写上有瑕疵，基于公共利益考虑，也应当由科技公司自行承担相应的不利后果。

关于现有技术是否公开了涉案专利权利要求 1 与对比文件 1. 1 之间存在的区别技术特征或给出了技术启示的问题。涉案专利权利要求 1 与对比文件 1. 1 之间存在的区别技术特征在于：对比文件 1. 1 没有公开特征“所述正面保护膜层上表面上附着有 3D 打印图文层，所述 3D 打印图文层的高度为 0. 05 ~ 0. 46mm”。基于该区别技术特征，权利要求 1 实际所解决的技术问题是，双界面卡外观图案单一、卡片样式少，手感触觉体验差，不能实现立体图文。

对于上述区别特征，对比文件 1. 2 公开了在银行卡、信用卡等价值凭证的基底上面印刷触觉元件，其中触感支柱的高度要优选为 60 μm 到 200μm，并且对比文件 1. 2 中第［0018］段公开了高度超过 50μm 的结构对大多数人来说都是触觉可以感知到的，这种凸起于平面的触觉结构本身具有立体的视觉效果，由此可见，对比文件 1. 2 公开了上述区别技术特征，并且上述区别特征在对比文件 1. 2 中解决了图案单一、卡片样式少、触觉体验差的技术问题，实现与涉案专利权利要求 1 中相同的技术效果。科技公司主张“3D 打印图文层”应当解释为“通过 3D 打印工艺制作的图文层”，而非“三维形态的打印图文层”，对此，本院认为，由于涉案专利系实用新型专利，是对产品的形状、结构或者其结合所提出技术方案，故无论是理解为“通过 3D 打印工艺制作的图文层”还是“三维形态的打印图文层”，其所保护的产品的形状和结构都是 3D 形态。而对比文件 1.2 已经公开了上述区别特征，上述区别特征在对比文件 1.2 中解决了图案单一、卡片样式少、触觉体验差的技术问题，实现与涉案专利权利要求 1 中相同的技术效果；并且对比文件 1.1 和对比文件 1.2 属于相同或相近的技术领域，对本领域的技术人员来说，将对比文件 1.1 和对比文件 1.2 结合得到权利要求 1 请求保护的技术方案是容易想到的，因此权利要求 1 相对于对比文件 1.1 和对比文件 1.2 的结合不具备实质性特点和进步，权利要求 1 不具备专利法第二十二条第三款规定的创造性。

鉴于科技公司明确表示在权利要求 1 不具备创造性的情况下，其不再主张权利要求 2 ~5 具备创造性，故在本院已认定权利要求 1 不具备创造性的情况下，权利要求 2 ~5 亦不具备创造性。

关于权利要求 6，其引用权利要求 5，并进一步限定“所述 3D 打印图文层上的 3D 图文附着在正面保护膜层的局部地方”。对比文件 1.5 公开了根据个性化信息设置图案实现了局部设置图案，因此对比文件 1.5 公开了上述附加技术特征。对比文件 1.5 与对比文件 1.1、1.2 属于相同或相近的技术领域，将其结合得到权利要求 6 的技术方案是容易想到的，在权利要求 6 引用的权利要求 5 不具备创造性的情况下，权利要求 6 亦不具备专利法第二十二条第三款规定的创造性。

北京知识产权法院依照《中华人民共和国行政诉讼法》（2017 年）第六十九条规定，判决如下：

驳回原告科技公司的诉讼请求。

科技公司不服一审判决，遂提起上诉。最高人民法院经审理认为：本案二审的争议焦点为：（1）涉案专利权利要求 1 是开放式的还是封闭式的；（2）涉案专利权利要求 5 是独立权利要求还是从属权利要求；（3）涉案专利是否具备专利法第二十二条第三款规定的创造性。

关于涉案专利权利要求 1 是开放式的还是封闭式的问题。在判断权利要求 1 的保护范围是否排除了其他层结构时，应当结合权利要求本身的文字记载、权利要求上下文内容以及说明书和附图的描述，按照本领域技术人员的通常理解进行解释，而不能仅仅因为权利要求 1 使用了“由……构成”的措辞而直接认定权利要求 1 必然排除了其他层结构。而根据涉案专利说明书第［0004］段公开内容可知，涉案专利的发明目的在于提供一种具有 3D 打印图文表面的金融交易卡，以解决普通的双界面交易卡外观图案单一、卡片样式少、手感触觉体验差，难以满足客户的不同需求的问题。涉案专利说明书第［0009］段记载：“本实用新型中3D打印图文层不局限于布满整个卡体正面，也可以在所述正面基片层上印刷有图文信息，而只在正面保护膜层上方进行局部3D图文修饰，以满足不同客户的不同需求。”由此可见，从实现涉案专利的发明目的出发，在正面基片层上可以有印刷图文层，并不排除其他层结构。此外，根据权利要求5的记载，权利要求5引用权利要求1或2，进一步限定了所述正面基片层上具有正面印刷图文层，即在正面保护膜层与正面基片层之间增加了正面印刷图文层，而权利要求5为权利要求1的从属权利要求，故权利要求1的全部技术特征对权利要求5均具有限定作用，如果将权利要求1的保护范围解释为排除了其他层结构，那么将导致权利要求1与权利要求5的技术方案存在相互矛盾之处，由此可见，权利要求1的技术方案并未排除其他层结构。

关于涉案专利权利要求5是独立权利要求还是从属权利要求的问题。专利权人撰写从属权利要求的目的是限定出不同层次的保护范围，通常情况下，对于采用引用关系方式撰写的权利要求，一般应当推定为从属权利要求，对于上述撰写规则，科技公司在撰写涉案专利权利要求时是具有一定认知的，在此情况下，科技公司仍采用引用关系的方式撰写权利要求5，表明其对权利要求5系从属权利要求是知晓的，此时，应当认定权利要求5系从属权利要求。而且，如前所述，涉案专利权利要求1为开放式权利要求，将权利要求5认定为从属权利要求也不会导致涉案专利各权利要求之间存在相互矛盾之处或产生歧义，权利要求5是在权利要求1或2的基础上增加了限定的技术特征，并不存在形式上属于从属权利要求而实质上为独立权利要求的情形。由此可见，无论从撰写形式上还是实质内容上来讲，涉案专利权利要求5都不属于独立权利要求，而是直接或间接从属于权利要求1的从属权利要求。

关于涉案专利是否具备专利法第二十二条第三款规定的创造性的问题。根据已查明事实可知，涉案专利权利要求1保护一种具有3D打印图文表面的金融交易卡，对比文件1.1公开了非接触式和双界面嵌体及其生产方法，二者属于相同的技术领域，对比文件1.1作为最接近的现有技术。被诉决定认为，将权利要求1与对比文件1.1相比较可以知道，对比文件1.1和权利要求1都公开了金融交易卡由多个层制成，二者的区别技术特征在于：对比文件1.1没有公开特征“所述正面保护膜层上表面上附着有3D打印图文层，所述3D打印图文层的高度为0.05～0.46mm”。本案当事人各方对此不持异议，本院予以确认。

基于前述认定的区别技术特征，涉案专利权利要求1实际所解决的技术问题是，双界面卡外观图案单一、卡片样式少、手感触觉体验差，不能实现立体图文。

对于前述认定的区别特征，对比文件1.2公开了在银行卡、信用卡等价值凭证的基底上面印刷触觉元件，其中触感支柱的高度要优选为60μm到200μm，并且对比文件1.2中第［0018］段公开了高度超过50μm的结构对大多数人来说都是触觉可以感知到的，这种凸起于平面的触觉结构本身具有立体的视觉效果，由此可见，对比文件1.2公开了上述区别技术特征，并且上述区别特征在对比文件1.2中解决了图案单一、卡片样式少、触觉体验差的技术问题，实现与涉案专利权利要求1中相同的技术效果；并且对比文件1.1和对比文件1.2属于相同的技术领域，对本领域的技术人员来说，将对比文件1.1和对比文件1.2结合得到权利要求1请求保护的技术方案是容易想到的，因此权利要求1相对于对比文件1.1和对比文件1.2的结合不具备实质性特点和进步，因而权利要求1不具备专利法第二十二条第三款规定的创造性。

鉴于科技公司明确表示在权利要求1不具备创造性，且权利要求5被认定为从属权利要求的情况下，其不再主张权利要求2～5具备创造性，故在如前所述权利要求1不具备创造性，权利要求5为从属权利要求的情况下，权利要求2～5亦不具备创造性。

关于权利要求6，其引用权利要求5，并进一步限定“所述3D打印图文层上的3D图文附着在正面保护膜层的局部地方”。对比文件1.5公开了根据个性化信息设置图案实现了局部设置图案，因此对比文件1.5公开了上述附加技术特征。对比文件1.5与对比文件1.1、1.2属于相同或相近的技术领域，将其结合得到权利要求6的技术方案是容易想到的，在权利要求6引用的权利要求5不具备创造性的情况下，权利要求6亦不具备专利法第二十二条第三款规定的创造性。

最高人民法院依照《中华人民共和国行政诉讼法》（2017年）第八十九条第一款第一项规定，判决如下：

驳回上诉，维持原判。

【适用解析】

《中华人民共和国专利法》（2020 年）及《中华人民共和国专利法实施细则》（2010 年）对于开放式和封闭式权利要求及其解释规则并没有作出明确规定，由于此类权利要求表达方式有其现实需求，专利审查指南为此专门就开放式、封闭式权利要求及其一般解释规则作出了相关规定。但开放式和封闭式权利要求通常是化学领域发明创造权利要求的表达方式，对于机械领域发明创造采用开放式或封闭式权利要求的常用用语时，如采用“由……组成”的封闭式权利要求的撰写方式，或采用“包括……”的开放式权利要求的撰写方式时，是否应当遵循化学领域对该常用用语的解释规则，《中华人民共和国专利法》（2020 年）及相关司法解释并未作出明确规定。本案是机械领域发明创造采用封闭式权利要求的常用用语的典型案例，对于此类权利要求的保护范围应当如何界定，特别是如何判断其系封闭式权利要求还是开放式权利要求，确立了相应的裁判规则。

一、关于封闭式、开放式权利要求的规则变迁

专利审查指南最早仅在化学领域组合物发明创造部分就开放式、封闭式权利要求作出相关规定。如《专利审查指南》（1993 年）与《专利审查指南》（2001 年）均在第二部分第十章“关于化学领域发明专利申请审查的若干规定”中对组合物权利要求封闭式、半开放式与开放式的表达方式作出相应规定。以《专利审查指南》（2001 年）为例，其在第二部分第十章第 3. 2. 1 节规定，组合物权利要求有开放式、封闭式，以及半开放式三种表达方式；开放式权利要求，常用措辞有“含有”“包括”“包含”“基本含有”“本质上含有”等，表示该组合物中还可以含有权利要求中所未指出的某些组分，即使其在含量上占较大的比例；封闭式权利要求，常用措辞有“由……组成”“组成为”“余量为”等，表示要求保护的组合物由所指出的组分组成，没有别的组分，但可以带有杂质，该杂质只允许以通常的含量存在。

《专利审查指南》（2006 年）删除了第二部分第十章“关于化学领域发明专利申请审查的若干规定”中与半开放式权利要求相关的规定，将原半开放式权利要求的几种表达方式归入开放式权利要求中，同时在权利要求撰写规范的通用章节即第二部分第二章第 3. 3 节增加了开放式与封闭式权利要求的规定，即开放式的权利要求宜采用“包含”“包括”“主要由……组成”的表达方式，其解释为还可以含有该权利要求中没有述及的结构组成部分或方法步骤；封闭式的权利要求宜采用“由……组成”的表达方式，其一般解释为不含有该权利要求所述以外的结构组成部分或方法步骤。而此后的专利审查指南基本沿用了《专利审查指南》（2006 年）的上述规定。

从专利审查指南关于封闭式、开放式权利要求的规则变迁可以看出，首先，专利审查指南对于封闭式、开放式权利要求的撰写及解释规则的相关规定是一以贯之的。其次，自《专利审查指南》（2006 年）开始，明确了封闭式、开放式权利要求的撰写方式不仅限于化学领域的组合物发明创造，同样也适用于其他领域的发明创造，包括机械领域。最后，对于封闭式、开放式权利要求的典型用语作出了示范性规定，便于专利申请人选择适合的权利要求撰写方式，也便于在后续的专利审查授权确权程序中对相关用语如何进行解释予以指引。

二、关于非化学领域封闭式、开放式权利要求相关案例规则

尽管专利审查指南就封闭式、开放式权利要求的相关规则作出了上述规定，但在司法实践中，有关封闭式、开放式权利要求保护范围如何界定仍在存在诸多争议，特别是对于非化学领域的发明创造而言，这主要是由权利要求所采用的措辞引发的。

在最高人民法院（2012）行提字第 20 号消防新技术公司与原国家知识产权局专利复审委员会、消防设备公司专利无效宣告行政案件①中，涉案专利系第 02123××××号、名称为“脉冲超细干粉自动灭火装置”的发明专利，其权利要求 1 为：“脉冲超细干粉自动灭火装置，含有启动器和内装超细干粉灭火剂（冷气溶胶灭火剂）的壳体，其特征在于，它含有：壳体，它包括：外壳、装在外壳内的粒度在 30μm 以下的超细干粉灭火剂及壳体喷口密封用的铝膜；传导速度大于 0.5 米/秒的启动器，它包括：由燃点大于或等于 135℃、并对火焰或温度敏感的热敏线和套在热敏线外的套管组成的启动组件，由靠螺母和贯穿着热敏线的穿孔螺栓紧压在壳体内侧的铝板、与热敏线接触的产气剂和扣压在铝板上用以包住产气剂的非金属薄膜共同组成的产气组件。”该案的争议焦点为涉案专利权利要求 1 是否系开放式权利要求。尽管该案应当适用《专利审查指南》（2001 年），而根据《专利审查指南》（2001 年）的规定，开放式与封闭式、半开放式权利要求的表达方式仅适用

① 《最高人民法院知识产权案件年度报告（2013 年）摘要》，载《人民法院报》2014 年 4 月 24 日。

于化学领域发明专利，但最高人民法院在该案中明确了开放式、封闭式权利要求的常用措辞本身是对专利申请审查实践中不同类型权利要求常用措辞的总结，应当考虑到了措辞本身的含义。涉案专利权利要求1使用的“含有”“包括”措辞的含义本身就应当理解为没有排除未指出的结构组成部分。最高人民法院在该案中同时明确了开放式与封闭式权利要求的区分适用于机械领域专利，并在相关案例评析中指出，即使机械领域专利很少使用或者目前还没有使用封闭式权利要求的例子，即在机械领域专利仅使用开放式权利要求的情况下，开放式措辞的解释对专利申请的审查和专利侵权的认定也是能起到规范作用的。[①]

由于机械领域的发明创造较少采用封闭式措辞（要素省略发明创造除外），而使用开放式措辞是机械领域权利要求的常见方式，其开放式的含义似乎是不言而喻的，但对其开放式措辞与权利要求的保护范围的关系进行明确还是存在一定必要性的。上述案例对于机械领域发明创造的权利要求在采用开放式措辞时应当如何解释权利要求的保护范围起到了指引作用，但对于机械领域采用封闭式措辞应当如何解释，此前的司法实践中尚无相关案例，亦无统一规则。

三、关于机械领域权利要求采用封闭式措辞的解释规则

如前所述，机械领域发明创造较少采用封闭式权利要求的撰写方式（要素省略发明创造除外），而本案的情况恰恰是机械领域权利要求采用了封闭式措辞。在这种情况下，是否应当按照传统的关于开放式、封闭式常用用语的解释规则对机械领域权利要求作出相应的解释，本案对上述问题予以了回答。笔者以为，无论是开放式还是封闭式措辞，对于解释权利要求的保护范围而言仅仅是起到指引性作用。

首先，就专利审查指南关于开放式和封闭式的权利要求表达方式相关规定的立法目的而言，专利审查指南之所以规定开放式和封闭式的权利要求表达方式，是为了满足专利申请人撰写权利要求以限定其保护范围的现实需求。由于部分技术领域发明创造的性质不适合将独立权利要求撰写成前序和特征两部分，特别是化学领域的组合物发明，因组合物组分之间的相互作用，增加或减少化学组分可能导致发明的技术效果产生实质性变化致使发明目的无法实现，因此，专利申请人通常采用封

① 郎贵梅：《开放式与封闭式权利要求的区分适用于机械领域专利》，载《人民司法》2014年第16期。

闭式表达方式撰写权利要求以明确其专利权保护范围。由此可见，封闭式或开放式的措辞是基于权利要求各结构组成部分之间存在相互作用的可能性而得有存在之必要，此类权利要求以封闭式措辞而明确排除权利要求所述结构组成部分，或者以开放式措辞而明确其包含了权利要求所述结构组成之外的内容。这是开放式或封闭式权利要求产生的现实原因，并不代表使用开放式措辞或者封闭式措辞必然对应的是开放式或者封闭式权利要求。

其次，就机械领域采用开放式或封闭式权利要求撰写方式与专利保护范围的关系而言，对于机械领域的发明创造，增加或减少结构上的技术特征并不会导致原技术方案中的其他技术特征在性状、功能、特点等方面发生实质性改变，从而破坏了原技术方案的发明目的，故机械领域发明创造的权利要求通常采用开放式的表达方式。只有当某一结构特征减少后该权利要求依然能够保持其原有的功能效果不变，即在要素省略发明的情况下，才有必要采用封闭式的表达方式。在非要素省略发明的情况下，机械领域采用封闭式措辞并不当然表示排除了权利要求所述结构组成部分以外的内容，因为通常情况下，权利要求所述结构组成部分以外的内容并不影响原权利要求各组成部分各自发挥其原有的功能作用。而化学领域组合物权利要求则不同，增加权利要求所述组分之外的组分之后，一经混合，其混合后可能产生何种变化，带来何种技术效果可能是无法预期的。

再次，对于采用封闭式或开放式撰写方式的权利要求的解释规则本身而言，如前所述，《专利审查指南》（2010 年）虽然在第二部分第二章第 3.3 节规定了“封闭式的权利要求宜采用‘由……组成’的表达方式，其一般解释为不含有该权利要求所述以外的结构组成部分或方法步骤”，但这并不表明采用上述表达方式的权利要求必然为封闭式权利要求。在对采用“由……组成”或“由……构成”的表达方式的权利要求的保护范围进行解释时，仍应当按照《中华人民共和国专利法》（2020 年）第六十四条的规定，站位本领域技术人员的视角，通过审查权利要求的上下文以及专利的说明书及附图记载内容明确专利的发明目的，并在此基础上确定权利要求是否排除了该权利要求所述以外的结构组成部分或方法步骤。正如最高人民法院在（2012）民提字第 10 号胡某泉与制药公司、营销策划公司医药分公司发明专利权侵权纠纷案中案中所指出的，“一般来说，在机械领域发明或者实用新型技术方案中增加一个结构技术特征，并不会破坏原技术方案的发明目的”[①]，而发明目的才是界定权利要求保护范围最基本的出发点，脱离了说明书所阐述的发明目的，仅仅基于权利要求的措辞来解释权利要求的保护范围往往是舍本求末。

在许多情况下，权利要求虽然采用了封闭式措辞，但综合权利要求上下文及说明书内容来看，该权利要求明显不属于封闭式权利要求。例如，一种化合物，包含20%的组分A，40%的组分B和40%的组分C。明显地，尽管上述权利要求采用了“包含”这一典型的开放式措辞，但由于各组分之和为100%，不再含有其他组分了，因此，该权利要求实质上为封闭式权利要求。在专利审查领域也不乏此类的案例。如在原国家知识产权局专利复审委员会于2007年10月22日作出的第129××号复审决定中，涉案权利要求1为“一种含氟聚合物的水分散体，由如下组分组成：每100重量份的分散体1至80重量份的含氟聚合物，和每100重量份的含氟聚合物0.1至10重量份的脂肪酸盐，以及，选择性地，一种选自由C1－C20的链烷，C6－C20的环烷和芳族化合物组成的有机化合物，其中，所述的含氟聚合物包括包含来自氟乙烯和氟丙烯的重复单元的均聚物和共聚物”。复审决定认为，权利要求1采用了措辞“由如下组分组成”表示水分散体的组成，然而，从该权利要求的主题名称来看，权利要求1要求保护的是含氟聚合物的水分散体，其中除权利要求所指出的组分外还必定含有水。由此可见，采用封闭式或者开放式措辞并不是判断权利要求是封闭式还是开放式的标准，最终还是应当站位本领域技术人员视角，在理解说明书内容及发明目的的基础上才能对权利要求的保护范围作出正确的认定。

本案中，涉案专利权利要求1记载：“所述卡基从上至下依次由正面保护膜层、正面基片层、中间INLAY层、反面基片层、反面印刷图文层、反面保护膜层构成”，即采用了“由……构成”的封闭式措辞，专利权人据此主张权利要求1系封闭式权利要求，权利要求1所保护的技术方案应当解释为不包括该权利要求中明确列出的层结构之外的组成部分。但涉案专利说明书却记载了“本实用新型中3D打印图文层不局限于布满整个卡体正面，也可以在所述正面基片层上印刷有图文信息，而只在正面保护膜层上方进行局部3D图文修饰，以满足不同客户的不同需

① 郎贵梅：《侵害封闭式表述方式限定的药品专利的司法认定》，载《人民司法》2013年第14期。

求”。由此可见，在正面基片层上可以有印刷图文层，且增加印刷图文层之后也不会导致各结构层之间发生如化学领域一般的任何反应从而导致发明目的不能实现。故从说明书描述的涉案专利的发明目的出发，无论涉案专利采用开放式还是封闭式的措辞，都不影响其系开放式权利要求的本质。

最后，本案专利权人还试图从从属权利要求与独立权利要求的关系角度对权利要求是否为封闭式作进一步的解释。就从属权利要求的解释原则方面来看，本案进一步明确了在判断某一权利要求是独立权利要求还是从属权利要求时，考虑到专利权人撰写从属权利要求的目的是限定出不同层次的保护范围，通常情况下，对于采用引用关系方式撰写的权利要求，一般应当推定为从属权利要求，即其保护范围应当小于所引用的权利要求，且所引用权利要求的全部技术特征对该权利要求具有限定作用，除非将其认定为从属权利要求将导致各权利要求之间存在相互矛盾之处或产生歧义。基于专利权人对权利要求撰写规则所具有的一般认知，由于专利权人撰写上的瑕疵导致将一项独立权利要求撰写成从属权利要求的，应当由专利权人自行就其撰写上的失误承担不利责任。

本案虽然为实用新型发明创造，但其涉及的权利要求撰写方式、开放式和封闭式权利要求的解释规则、独立权利要求与从属权利要求的关系等问题具有典型性，特别是对于机械领域权利要求采用封闭式措辞时应当如何界定权利要求的保护范围，本案中确立的规则对于今后此类案件的审理具有借鉴意义。

编写人：北京知识产权法院　兰国红

【《专利法》第23条 授予专利权的外观设计应当具备的条件】

7

需要授权访问的网络空间信息是否构成现有设计或现有技术的认定

——电子科技公司诉国家知识产权局外观设计专利权无效行政案

【基本信息】

1. 裁判书字号

最高人民法院（2020）最高法知行终422号行政判决书

2. 案由：外观设计专利权无效行政纠纷

3. 当事人

原告（被上诉人）：电子科技公司

被告：国家知识产权局

第三人（上诉人）：刘某生

【基本案情】

被诉决定认定，证据1的QQ空间中的“相册”需要特定账号和密码进行登录浏览，电子科技公司没有提交任何证据表明该QQ密码为申请日前已经被公开；且根据其陈述，该QQ照片只是针对QQ好友，因此照片只是针对特定人群进行的公开，并不处于公众想得知就能得知的状态，同时电子科技公司亦无其他证据佐证上述相册图片在上传后一直处于公开状态。综合考虑上述因素，专利复审委员会对于证据1的公开性不予认可。

原告不服被诉决定，于法定期限内向本院提起行政诉讼。

经查明，公证处出具的公证书记载了电子科技公司代理人进入×××五金的空间取证的过程。最新动态中显示有“受环保严查影响 04 银 05 银 钢球配件 断货 断货 断货 建议用塑料绝缘球或铝球代替。详情订货咨询”等内容，该空间中存在《1258S 海康同款》《对射支架》《防水盒》《ZS×－607》《ZS×－708》等大量商品相册，其中《ZS×－708》相册的上传时间为 2015 年 1 月 3 日，显示权限为对“所有人可见”，并有网友询问“这个支架多少钱”。

【案件焦点】

需要授权访问的网络空间信息是否构成现有设计或现有技术的认定。

【裁判要旨】

北京知识产权法院经审理认为：对于 QQ 空间中的内容是否构成现有设计的问题不可一概而论，应综合考虑用户使用 QQ 空间的目的、具体方式等因素来判断公众是否能够获得该信息，以及该信息何时处于为公众所知的状态。

首先，用户将涉案 QQ 空间作为一种对外推销商品的平台展示其商品，目的是让更多人知悉其商品，从这个角度而言，将商品照片上传到涉案 QQ 空间与在展会展示及橱窗陈列商品的本质无异。虽然涉案 QQ 空间需要添加为好友才能查看，但这并非针对特定人的限制，公众也完全可以通过添加好友等方式获知商品照片，让更多人获知其商品显然更符合该用户推销商品本意，没有证据显示该用户会拒绝特定人添加好友的请求，亦没有证据显示其“好友”需要遵守保密义务，故该 QQ 账号中的“好友”并非特定人，而是属于专利法意义上的公众。因此，涉案 QQ 空间中相关商品照片为公众所知的设计。其次，涉案相册的上传时间为 2015 年 1 月 3 日，权限显示为对“所有人可见”，如上所述，用户上传商品的主要目的是推销，让公众尽早获知其商品与上述目的更为契合，因此，在没有相反证据的情况下，一审法院认定上述上传时间即为公开时间。

北京知识产权法院判决如下：

一、撤销原国家知识产权局专利复审委员会作出的无效宣告请求审查决定；

二、被告国家知识产权局就原告电子科技公司所提无效宣告请求重新作出决定。

刘某生不服一审判决，遂提起上诉。最高人民法院经审理认为：对于 QQ 空间相册内容是否构成现有设计的问题，不能一概而论，而应综合考虑 QQ 空间的主要用途、图片的上传时间、图片的公开情况等要素，以此判断公众是否能够获得该信息，以及该信息何时处于为公众所知的状态。对于以商业用途为主的 QQ 空间，可以推定其对所有人公开，除非有相反证据表明该空间存在未公开或仅对特定人公开的情况。

最高人民法院判决如下：

驳回上诉，维持原判。

【适用解析】

随着网络应用的发展，微信朋友圈、QQ 空间等是否可以作为现有技术①的载体越来越多地出现在案件中。上述社交平台兼具公开性和秘密性，此处所讲秘密性是相对概念，与现有技术中“公开”的判断无关。此类社交平台记载的内容是否构成专利法意义上的现有技术在审查和司法实践中均存在较大分歧，本文将就这一问题进行分析。涉案的 QQ 空间被设置为仅好友可见，这与微信朋友圈的表现形式非常接近，故将二者一并讨论。如无特别注明，本文所涉社交平台均属于上述兼具公开性和秘密性的社交平台，如仅好友可见的 QQ 空间、微信朋友圈。

本案中，专利复审委员会不认可涉案 QQ 空间具有公开性的主要理由为：第一，QQ 空间中的“相册”需要特定账号和密码进行登录浏览，电子科技公司没有提交任何证据表明该 QQ 密码为申请日前已经被公开；第二，该 QQ 空间照片只是针对 QQ 好友，因此照片只是针对特定人群进行的公开，并不处于公众想得知就能得知的状态；第三，电子科技公司亦无其他证据佐证上述相册图片在上传后一直处于公开状态。

法院的认定思路如下：首先，涉案 QQ 空间的名称为“×××五金的空间”，该名称与企业名称的组成要素近似，具有明显的商用属性。其次，该空间中存在《1258S 海康同款》《对射支架》《防水盒》《ZS×－607》《ZS×－708》等大量商品相册，全部属于商品展示。最新动态中记载有“受环保严查影响 04 银 05 银 钢球配件 断货 断货 断货 建议用塑料绝缘球或铝球代替。详情订货咨询”等内容，明确传达了其寻求商业合作的意思表示。其次，本案中，电子科技公司所主张的

① 如无特别说明，本文所涉现有技术公开性的判断同样适用于现有设计。

《ZS× -708》相册的上传时间为2015年1月3日，其权限明确显示为对“所有人可见”，并有网友询问“这个支架多少钱”，初步证明该相册内容已在2015年1月3日公布。综合考虑涉案QQ空间的名称、最新动态中的意思表示、可见相册的内容全部为商品展示、网友的询价行为以及“所有人可见”的权限设置等事实，可知涉案QQ号用户将QQ空间作为一种对外推销商品的平台展示其商品，目的是让更多人知悉其商品，从这个角度而言，将商品照片上传到涉案QQ空间与在展会展示及橱窗陈列商品的本质无异。虽然涉案QQ空间需要添加为好友才能查看，但这并非针对特定人的限制，公众也完全可以通过添加好友等方式获知商品照片，让更多人获知其商品显然更符合该用户推销商品本意，没有证据显示该用户会拒绝特定人添加好友的请求，亦没有证据显示其“好友”需要遵守保密义务，故该QQ账号中的“好友”并非特定人，而是属于专利法意义上的公众。

本案的社交平台具有一定的特殊性，其用户更多地将社交平台作为商品展示、商业洽谈的工具，其用户追求更广泛人群知晓其产品以寻求更多的交易机会。基于此，在没有相反证据的情况下，通常可以认定该类用户不会对试图添加好友的其他用户进行筛选，也不会将相册内容隐藏，可以推定相关内容的上传时间即为公开时间。

需要说明的是，公开是一种不可逆转的事实状态。涉案QQ空间中的内容并不需要持续处于开放状态才满足公开性的要求。以展会为例，相关内容在展会上一经展出便已经公开。

实践中，更具争议的是不具有上述特征的社交平台，如更接近于人们日常使用的社交平台所记载的内容是否具有公开性的问题。要回答这一问题，就必须明确公众的含义。第一种观点认为，所谓公众，是指不负有保密义务的人。因为专利法上所说的公开，就是指有关技术信息脱离了保密状态。[①] 第二种观点认为，负有保密义务的人必然不属于公众，但公众不是“负有保密义务的人”的反义词。[②] 笔者赞同第一种观点，即公众就是指不负有保密义务的人，分析如下：

从相关法律规定着手进行分析。《中华人民共和国专利法》（2020年）第二十二条第五款规定，本法所称现有技术，是指申请日以前在国内外为公众所知的技

① 汤宗舜：《专利法解说》，知识产权出版社2002年版，第174页。

② 尹新天：《中国专利法详解》，知识产权出版社2011年版，第318页。

术。该款规定是专利法对现有技术的定义，提出了“为公众所知”的要件，但是何为“为公众所知”并没有作进一步的解释。参照《专利审查指南》（2010 年）第二部分第三章第 2. 1 节的相关规定可知，现有技术应当在申请日以前处于能够为公众获得的状态，该状态是指公众想得知就能够得知的状态，不取决于是否有公众得知，而处于保密状态的技术内容不属于现有技术。严格来讲，《专利审查指南》（2010 年）并没有将公众与不负有保密义务的人直接对应，但需要注意的是，《专利审查指南》（2010 年）并没有给出其他不属于公众的情形。

当无法从法律规定层面得出确定解释时，可以从设置现有技术概念的目的和其在专利法体系中的作用入手，分析其构成要件的准确含义。专利制度的核心在于专利权人以向社会公开前所未有的发明创造为代价，换取一定期限内的独占权，期望获得授权的专利当然不能属于公有领域的技术。专利法中与现有技术（包括现有设计）相关的规定主要体现在《中华人民共和国专利法》（2020 年）第二十二条、第二十三条和第六十七条规定之中，涉及新颖性、创造性以及现有技术抗辩。可见现有技术在专利法中的主要作用在于划分专利技术与公有领域技术的界限，防止公有领域的技术被授予专利权，同时保护公众自由实施已经进入公有领域的技术。在审查和司法实践中，不负有相应保密义务的当事人依据上述条款提出无效宣告请求或者现有技术抗辩，该当事人显然属于公众的范畴或者一部分，而且既然其能够在案件中提出该现有技术，通常说明其已实际获得了该现有技术，此时由获知的可能性转变为获知的事实。公开时间暂且不论，若以不满足“公众所知”为由否定其主张，实际上是将该部分公众排除在公众的范围之外，使提出该主张的当事人无法实施已经进入公有领域的技术方案，与设立现有技术概念的初衷相矛盾。而且不负有保密义务的人的存在本身就代表了一种技术获得路径，满足了公众想得知就能够得知的状态。否则，其作为技术信息的接收者，无法选择现有技术的公开方式，却需要为此承担不利后果，并不合理。还有观点认为，如因专利权人的一时疏忽，导致一个不负有保密义务的人获知，便认定公开，对专利权人而言过于严苛。笔者认为，在实践中，这种极端情况极为少见，举证也相对困难，但是否对专利权人过于严苛，不是定性问题所需要考虑的因素，而且任何谨慎对待自己权利的主体也不应出现这样的问题，其应为自己的行为负责。相反，若在公众与不负有保密义务的人之间再设置判断条件，既无依据也会导致社会公众无法预判自己行为的后果。

此外，域外实践对待这一问题的观点具有一定参考价值。针对“公众”欧洲专利局上诉委员会已经得出了一个明确的定义。就任何信息而言，只要某一位公众成员有机会访问它并理解它，而且该等公众成员没有任何保密义务，那么，它便可以说成是被公众“获得”（T1081/01、T229/06）①。由于法律体系存在差异，不再展开，仅供参考。

目前，对于社交平台所载内容是否具有公开性持否定态度的不在少数，主要理由是社交平台具有私密属性，公众不能通过正当公开搜索途径获得社交平台的信息、社交平台信息的转发不意味着信息接收者即为专利法意义上的“公众”、社交平台公开范围的权限可以设定且不留任何修改痕迹等方面进行考虑。②

笔者认为上述观点值得商榷。首先，社交平台仅对“好友”开放是由社交平台技术设置和用户使用习惯所决定的，以此为由否定证据的公开性是缺乏依据的。负有保密义务的人一般分为以下两种，基于法律规定或者合同约定负有保密义务的人，根据社会观念或者商业习惯负有保密义务的人。在没有相反证据的情况下，社交平台的“好友”并不负有上述保密义务。其他公众可以从不负有保密义务的人处获知技术信息。若将好友等同于特定人，排除在公众之外，其实是不恰当地提高了公众的认定标准。其次，通过正当公开搜索获得是判断公开性的充分非必要条件。如果某实质性技术内容能够通过正当公开搜索获得，一般可以得出该内容已经公开的结论，但是无法通过搜索获得并不能得出不具有公开性的结论。对于依托于互联网存在的技术内容而言，搜索只是获得的一种手段，但并非唯一手段。而且对于社交平台而言，其内容是否可被搜索主要取决于社交平台自身的政策。当然如果特定内容既不能通过搜索，也不能通过其他途径获得，则可以认定该内容不具有公开性。再次，转发不意味着信息接收者即为专利法意义上的“公众”实际上是对“公众”的概念存在误解，在此不再赘述。最后，社交平台公开范围的权限确实可以设定且不留任何修改痕迹，但不能忽略其他在案证据，直接以此否定社交平台的公开性，毕竟当事人已经无法还原公开时的状态。如何看待这一问题，需要结合案

---

① 欧洲专利局上诉委员会编：《欧洲专利局上诉委员会判例法》，知识产权出版社 2016 年版，第 71 页。

② 刘萌、杨凤云、吕晓：《关于微信朋友圈公开性认定机制的探讨》，载《知产力》2018 年 4 月 12 日。

件的具体情况、生活常识以及当事人证明事实的难易程度等因素进行综合判断。

编写人：北京知识产权法院　刘炫孜

【《专利法》第67条　专利侵权纠纷中现有技术抗辩权，《最高人民法院关于审理侵犯专利权纠纷案件应用法律若干问题的解释（二）》第26条　基于国家利益、公共利益考量的被诉行为】

8

知识产权案件中停止侵权的适用应当考量社会公共利益

——生态农业公司诉绿谷种植专业合作社侵害发明专利权案

【基本信息】

1. 裁判书字号

最高人民法院（2019）最高法知民终724号民事判决书

2. 案由：侵害发明专利权纠纷

3. 当事人

原告（被上诉人）：生态农业公司

被告（上诉人）：绿谷种植专业合作社

【基本案情】

生态农业公司为ZL201410622××××号“具有蓄热保温墙体的日光温室及其搭建方法”的发明专利权人。绿谷种植专业合作社成立于2013年，性质为农民专业合作社，其成员包括多名本村村民，其中包含部分贫困户，绿谷种植专业合作社在某村通过建造日光温室进行种植经营和对外出租以获取利润。生态农业公司诉称上述日光温室利用了其专利技术，该侵权产品（方法）落入生态农业公司专利权保护范围，绿谷种植专业合作社实施了利用其发明专利的侵权行为，致使生态农业公司遭受巨大损失，要求绿谷种植专业合作社停止侵权、赔偿损失及合理费用、自行拆除已建和在建的侵权产品等。绿谷种植专业合作社答辩称，其制造生产的涉案产品结构和专利产品不同，没有构成侵权；另外生态农业公司的专利是在申请之前已经被公开的现有技术，根据我国专利法第六十二条规定不构成侵权。

法院经审理查明：ZL201410622××××号“具有蓄热保温墙体的日光温室及其搭建方法”发明专利包括10项权利要求。本案中，生态农业公司明确以涉案专利权利要求1、2、3、4、5、7、9的内容作为确定涉案专利保护范围的依据。绿谷种植专业合作社认可公证书后附第31～56张照片中所显示的温室大棚系由其搭建，并确认其均采用了相同的技术方案。将照片中所显示的被控侵权产品所采用的技术方案，结合绿谷种植专业合作社提交的“绿谷种植专业合作社温室大棚实际建设施工图”，以及其自行出具的《涉案专利技术特征与被控侵权大棚的技术特征对比》意见，与涉案专利权利要求1、2、3、4、5、7所记载的全部技术特征进行比对，涉案专利权利要求1、2、3、4、5、7所记载的全部技术特征均在被诉侵权产品中得以体现。

【案件焦点】

1. 被控侵权产品是否落入涉案发明专利权的保护范围；2. 绿谷种植专业合作社提出的现有技术抗辩能否成立；3. 如何适用停止侵权的责任承担方式。

【裁判要旨】

吉林省长春市中级人民法院经审理认为：生态农业公司明确主张涉案专利权的第1～5、7、9项权利要求，涉案专利权利要求1～5、7所记载的全部技术特征均在被诉侵权产品中得以体现，被诉侵权产品落入涉案发明专利权的保护范围，属于专利产品。绿谷种植专业合作社未经生态农业公司许可实施其专利，即以生产经营为目的制造、使用、许诺销售、销售其专利产品，侵犯了涉案发明专利权，依法应当承担侵权责任。招标文件中的技术图纸，一般情况下仅有符合资质要求的少数投标方能够获得且该技术图纸的获取方负有保密义务。绿谷种植专业合作社在申请日之后的案件审理期间从农业农村局取得某菜田项目招标文件和技术图纸，不足以证明在专利申请日前该技术图纸能够被不特定的公众取得且取得该技术图纸的人技术图纸不负保密义务。绿谷种植专业合作社提供的证据不能证明其实施的技术属于现有技术，则提出的现有技术抗辩不能成立。

吉林省长春市中级人民法院依照《中华人民共和国侵权责任法》（2009 年）第二条、第三条、第十五条第一款第一项、第六项、第八项及第二款，《中华人民共和国专利法》（2008 年）第十一条第一款、第二十二条第五款、第五十九条第一款、第六十二条、第六十五条，《最高人民法院关于审理侵犯专利权纠纷案件应用法律若干问题的解释》（2009 年）第七条，《中华人民共和国民事诉讼法》（2017 年）第六十四条第一款、第六十九条，《最高人民法院关于适用〈中华人民共和国民事诉讼法〉的解释》（2015 年）第九十条的规定，判决如下：

一、绿谷种植专业合作社立即停止制造、使用、许诺销售、销售侵犯 ZL201410622××××号“具有蓄热保温墙体的日光温室及其搭建方法”发明专利的温室大棚；

二、绿谷种植专业合作社于本判决生效之日起十日内赔偿生态农业公司经济损失 86 万元（包括合理维权费用）；

三、驳回绿谷种植专业合作社的其他诉讼请求。

绿谷种植专业合作社不服一审判决，遂提起上诉。最高人民法院经审理认为：绿谷种植专业合作社侵犯了涉案发明专利权，但被诉侵权产品已经制造完成并投入使用，拆除、销毁或者停止使用可能影响利害关系人正常经营生活，造成社会资源的浪费和公共利益的受损，且判处绿谷种植专业合作社停止制造、销售等行为并赔偿损失足以实现权利人停止侵害的目的并弥补其损失的，可以不判令绿谷种植专业合作社停止使用。

最高人民法院依照《最高人民法院关于审理侵犯专利权纠纷案件应用法律若干问题的解释（二）》（2016 年）第二十六条，《中华人民共和国民事诉讼法》（2017 年）第一百七十条第一款第二项的规定，判决如下：

一、维持民事判决第二项、第三项；

二、变更民事判决第一项为：绿谷种植专业合作社立即停止制造、许诺销售、销售侵犯 ZL201410622××××号“具有蓄热保温墙体的日光温室及其搭建方法”发明专利的大棚温室；

三、驳回绿谷种植专业合作社其他上诉请求。

【适用解析】

一、在认定被控侵权产品是否落入涉案发明专利权的保护范围时，需要严格适用全面覆盖原则

全面覆盖原则，即全部技术特征覆盖原则，是指如果被控侵权产品包含了专利权利要求中记载的全部技术特征，则落入专利权的保护范围。专利权利要求书中的每一项权利要求都包含一个独立的技术方案。因此“全面覆盖原则”实质应当审查被诉侵权技术方案是否包含了当事人所主张的涉案专利任意一项权利要求的全部技术特征，只要被诉侵权技术方案包含了权利人所主张的任意一项专利权利要求的全部技术特征，就应当认定其落入专利权的保护范围，使用了被诉侵权技术方案的产品即为侵犯涉案专利权的侵权产品。生态农业公司明确主张涉案专利权的第1、2、3、4、5、7、9项权利要求，涉案专利权利要求1、2、3、4、5、7所记载的全部技术特征均在被诉侵权产品中得以体现，虽然被诉侵权技术方案中并未包含涉案专利权利要求9的技术特征，但被诉侵权产品仍然落入了ZL201410622××××号“具有蓄热保温墙体的日光温室及其搭建方法”发明专利权的保护范围，属于专利产品。

二、关于对绿谷种植专业合作社提出的现有技术抗辩的判断

现有技术抗辩，又称公知技术抗辩，是专利侵权诉讼中被告维护自己合法权益、免除侵权责任的一种抗辩理由，即被告针对原告的侵权指控举证证明自己实施的是与原告专利申请日前的公知技术相同或等同的技术。根据我国专利法的相关规定，现有技术的成立应符合以下两个条件：第一，该技术的产生应早于专利申请日。基准时间点为“专利申请日”，早于这个时间点才能认定为现有技术。第二，在国内外为公众所知，处于能够为公众获得的状态。只有以各种方式为公众所知晓，使公众从中得知实质性技术知识的内容，才能构成现有技术，处于保密状态的技术内容不属于现有技术。值得注意的是，其中保密状态不仅包括受保密规定或协议约束的情形，还包括社会观念或者商业习惯上被认为应当承担保密义务的情形。例如，招标文件中的技术图纸，一般情况下仅有符合资质要求的少数投标方能够获得且该技术图纸的获取方负有保密义务。本案中，绿谷种植专业合作社以其在申请日之后的案件审理期间从农业农村局取得某菜田项目招标文件和技术图纸作为现有技术抗辩的依据，既不符合现有技术的时间条件——“专利申请日前”，也不能认定该技术图纸中的实质性技术知识处于能够为公众获得的状态，因此绿谷种植专业合作社提出的现有技术抗辩没有事实依据不能成立。

三、对公共利益的考量

知识产权侵权纠纷案件中，停止侵权是非常普遍的责任承担方式，也是权利人维护自身合法权益的必要手段，因此在确认被告的行为构成知识产权侵权的情况下，全国各地法院在判决中几乎对原告提出的停止侵权的诉讼请求都会予以支持。但是在某些情况下，如果机械地适用法律，可能会造成巨大的资源浪费。尤其是认定侵害发明专利、实用新型专利侵权的案件中，笼统地判决停止以营利为目的的"使用"侵权产品的行为，甚至会损害公共利益。

本案中，被告的行为虽然侵害了原告的发明专利权，但法院却并未支持原告要求被告自行拆除并停止使用侵权产品的诉讼请求，主要是基于对公共利益的考量：首先，侵权产品温室大棚是东北农业生产中常用且重要物资之一，搭建于农业用地上。本案侵权的温室大棚已搭建完毕并投入使用，拆除需重新进行设计、审批、施工等手续，可能造成巨大经济损失，甚至造成农业用地等生产资料的浪费。其次，被告的性质为农民专业合作社，其成员包括多名本村村民，其中包含部分贫困户，侵权产品的实际使用人正是这些农民专业合作社的成员即多位相关土地承包人，且这些成员已通过出资方式实质上对该大棚的使用支付了对价，若判令停止使用被诉侵权大棚，将影响众多土地承包者的正常生产生活，对当地经济和民生产生不良影响。综合考虑以上因素，法院在判令被告停止制造、销售等行为并赔偿损失足以实现权利人制止侵权的目的并弥补其所受损害的情况下，仅判令被告停止制造、许诺销售、销售行为，并赔偿损失，并未支持原告要求拆除、销毁、停止使用侵权温室大棚的诉讼请求，很好地平衡了权利人利益和利益相关方、社会公众利益。

另外值得注意的是，社会公共利益需要个案判断，在案件中必须经过充分、周全、谨慎的考量才能够适用《最高人民法院关于审理侵犯专利权纠纷案件应用法律若干问题的解释（二）》（2020 年）第二十六条的规定。

编写人：吉林省长春市中级人民法院　王欣

【《专利法》第 71 条　侵犯专利权赔偿数额的计算方法】

9

事先约定赔偿可直接作为确定重复侵权损害赔偿数额的依据

——电子科技公司诉实业公司侵害发明专利权案

【基本信息】

1. 裁判书字号

最高人民法院（2020）最高法知民终 1010 号民事判决书

2. 案由：侵害发明专利权纠纷

3. 当事人

原告（被上诉人）：电子科技公司

被告（上诉人）：实业公司

【基本案情】

电子科技公司是一家专注于将磁悬浮运用于工艺品及广告展示装置的企业，其发明的磁悬浮工艺品广泛应用于工艺礼品、广告展示品等领域。2006 年 3 月 17 日，王某某与李某某申请了名称为磁斥型悬浮装置的发明专利，该发明专利于 2009 年 9 月 23 日获得授权，专利权人为王某某与李某某，专利号为 ZL200610065 × × × ×。2010 年 9 月 13 日，专利权人变更为电子科技公司。电子科技公司在经营中发现实业公司对外销售了与涉案专利技术特征相同的磁悬浮产品。经双方协商，实业公司 2019 年 3 月 11 日向电子科技公司出具承诺书一份，承诺：我公司保证下架在所有电商平台和网络上非法发布和销售的侵权产品的信息；不再非法发布和销售侵权产品的信息；不再非法制造、发布、销售以及许诺销售侵权产品。如有违反，同意无条件赔偿50万元。2019年12月，电子科技公司通过公证方式从实业公司处又购得了被控侵权磁悬浮音响产品。经比对：被控侵权产品与涉案专利构成相同，遂将实业公司诉至法院，请求判令实业公司立即停止生产、销售、许诺销售侵犯专利号为ZL200610065××××专利产品的行为，销毁库存侵权产品、销毁制造侵权产品的专用模具并赔偿经济损失（含合理维权支出的合理费用）50万元。

【案件焦点】

1. 涉案被控侵权产品是否来源于电子科技公司；2. 实业公司是否应赔偿50万元。

【裁判要旨】

河南省郑州市中级人民法院经审理认为：本案的争议焦点为：涉案被控侵权产品是否来源于电子科技公司；实业公司是否应赔偿50万元。

关于问题一。实业公司主张涉案被控侵权产品来源于电子科技公司，电子科技公司不予认可，实业公司提供的交易付款发票显示的产品均为磁悬浮地球仪，且微信聊天记录也不显示双方就磁悬浮音响有过合作，因此，该抗辩不予采纳。实业公司未经电子科技公司许可，以营利为目的生产、销售、许诺销售与电子科技公司发明专利相同产品的行为，侵犯了电子科技公司对发明专利的独占使用权。电子科技公司要求被告实业公司立即停止生产、销售、许诺销售侵权行为、赔偿损失的理由成立，予以支持。

关于问题二。实业公司再次生产、销售、许诺销售侵犯电子科技公司涉案发明专利产品的行为，属于重复侵权，赔偿数额应当适用惩罚性赔偿。实业公司承诺再次侵犯电子科技公司涉案专利自愿赔偿50万元属于自认，具有拘束力，本案的赔偿数额应在法定赔偿范围内适用惩罚性赔偿。

河南省郑州市中级人民法院依照《中华人民共和国专利法》（2008年）第十一条第一款、第五十九条第一款、第六十五条的规定，判决如下：

一、被告实业公司立即停止生产、销售、许诺销售侵犯原告名称为磁斥型悬浮装置，专利号为ZL200610065××××的发明专利产品的行为；

二、被告实业公司于本判决生效之日起十日内赔偿原告电子科技公司各项经济损失（含维权合理费用）50万元；

三、驳回原告电子科技公司的其他诉讼请求。

实业公司不服一审判决，遂提起上诉。最高人民法院经审理认为：《最高人民法院关于审理侵犯专利权纠纷案件应用法律若干问题的解释（二）》（2016年）第二十八条规定，权利人、侵权人依法约定专利侵权的赔偿数额或者计算方法，并在专利侵权诉讼中主张依据该约定确认赔偿数额的，人民法院应予支持。本案中，实业公司的承诺书系自愿达成，其内容仅涉及私权处分，不涉及社会公共利益、第三人利益，也不存在法律规定的其他无效情形，属于合法有效的约定。实业公司再次侵权使得双方的约定赔偿条件成就。依上述司法解释规定，原审中电子科技公司据此提出50万元的赔偿数额，于法有据，予以支持。但原审法院关于适用法定赔偿的认定有误，予以纠正。

最高人民法院依照《最高人民法院关于审理侵犯专利权纠纷案件应用法律若干问题的解释（二）》（2016年）第二十八条，《中华人民共和国民事诉讼法》（2017年）第一百七十条第一款第一项的规定，判决如下：

驳回上诉，维持原判。

【适用解析】

《最高人民法院关于审理侵犯专利权纠纷案件应用法律若干问题的解释（二）》第二十八条（2020年修订后，本条内容及序号无修改）是专利权人与侵权人关于约定赔偿的具体法律规定。专利侵权纠纷的约定赔偿是指权利人与侵权人就侵权责任的承担所作出的约定，具体是侵权人向权利人支付一定金钱或约定损害赔偿的计算方法。这种约定往往基于提高纠纷解决效率等方面的考虑而作出，既包括侵权行为发生以后达成的约定，即“事后约定”，也包括侵权行为发生以前达成的约定，即“事前约定”。本案中实业公司出具的承诺书属于“事前约定”。笔者着重从以下几个方面分析事先约定赔偿的性质，寻求事先约定赔偿司法适用规则。

一、实业公司的承诺书是合法有效，承诺书约定的赔偿条件已经成就

（一）实业公司的承诺书合法有效

从规则运行的机制理解，事先约定赔偿具备以下特点：第一，预定性。事先约定赔偿是当事人在侵权行为发生之前协商确定的，它不同于侵权行为发生以后的协商救济方式，在确定赔偿的时间上具有预定性的特点。第二，约定性。事先约定赔偿基于当事人的约定而产生，而并非以损害发生的实际数额或法定赔偿等方式作为

确定赔偿数额或赔偿计算方法的依据。第三，优先性。按照私法自治原则，约定是当事人自由意志的表达，只要约定内容不违反法律，其适用应优先于专利法关于侵权损害赔偿的一般规定①。第四，自愿性。事先约定赔偿是当事人在侵权行为发生之前自愿达成，是当事人真实意思的表示，非强迫所致。第五，条件性。事先约定赔偿是当事人在侵权行为发生之前协商确定的未来侵权行为发生以后的协商救济方式，在确定赔偿的数额上具有条件性的特点，只有约定的条件成就才能按照约定的赔偿数额进行赔偿。

本案中，实业公司出具的承诺书系实业公司向电子科技公司出具的其未来若重复侵权自愿赔偿电子科技公司 50 万元的约定，具有预定性、约定性、优先性、自愿性、条件性，且该承诺书内容仅涉及私权处分，不涉及社会公共利益、第三人利益，也不存在法律规定的其他无效情形。故，该承诺书合法有效。

（二）承诺书约定的赔偿条件已经成就

实业公司出具的承诺书合法有效，对实业公司有拘束力。实业公司应该依据承诺书的承诺下架在所有电商平台和网络上非法发布和销售的所有侵犯原告涉案专利的侵权产品的信息；即日起不再非法发布和销售侵犯原告涉案专利的侵权产品的信息；即日起不再非法制造、发布、销售以及许诺销售侵犯原告涉案专利的侵权产品。实业公司不履行承诺书，再次生产、销售、许诺销售侵犯原告涉案专利产品的行为，系重复侵权行为。该重复侵权行为使得实业公司向电子科技公司赔偿 50 万元的事先约定赔偿条件成就。实业公司应当遵循诚实信用原则，按照承诺书的约定自愿赔偿电子科技公司 50 万元。

二、承诺书是对专利重复侵权的侵权责任的约定，不是对违约责任的约定，不属于侵权责任与违约责任竞合的情形

侵权责任，是指侵犯他人的人身财产或知识产权，依法应当承担的民事责任。而违约责任，是指当事人不履行合同义务或者履行合同义务不符合约定而依法应当承担的民事责任。由《中华人民共和国民法典》第一百八十六条（《中华人民共和国合同法》第一百二十二条）“因当事人一方的违约行为，侵害对方人身权益、财

① 刘文琦、李晓光：《专利侵权事先约定赔偿规则的构建与适用》，载《电子知识产权》2016 年第 9 期。

产权益的，受损害方有权选择请求其承担违约责任或者侵权责任”的规定可以看出，违约责任与侵权责任竞合是指合同一方当事人的违约行为既符合违约行为的构成要件，也符合侵权行为的构成要件，导致两种责任共生的现象；违约是侵权的原因，侵权是违约的结果。同时，违约责任与侵权责任发生竞合的前提是当事人双方之间存在一种基础的交易合同关系。基于该交易合同关系，一方当事人违反合同约定的义务，该违约行为侵害了对方权益而产生侵权责任。因此，该规定中的违约行为应当是指对基础交易合同约定义务的违反，且该违约行为同时侵害了对方权益，而不是指对侵权行为发生之后当事人就如何承担赔偿责任所作约定的违反①。

本案中，粗看实业公司出具的承诺书似乎涉及两个民事法律行为：一是实业公司不侵权的不作为约定，二是侵权发生后双方对赔偿责任计算方式和数额的约定。根据民法的基础理论，一般法律行为的成立要件为“意思表示”，并且该“意思表示”中必须含有设立、变更或消灭民事法律关系的意图，也即形成一个新的民事法律关系的意图，其中“设立”是指由无到有形成一个新的民事法律关系；“变更”是指将已有的民事法律关系改变成一个新的民事法律关系；“消灭”是指将已有的民事法律关系归零，没有民事法律关系相对于之前的已有状况也构成一个新的民事法律关系。上述“不作为约定”，表面上看起来包含了实业公司设立不作为（不侵权）的民事法律关系的意图，但细想即使没有此约定，依据专利法，实业公司同样负有不侵权的义务；换句话说，这一“不作为约定”本质上并没有在实业公司与电子科技公司之间形成一个新的民事法律关系。承诺书实际只涉及侵权发生后双方对赔偿责任计算方式和数额的约定这一民事法律行为。所以，承诺书中的“不作为约定”可以完全不予考虑。

如以上分析，违约责任与侵权责任竞合情形中，违约是侵权的原因，侵权是违约的结果，违约行为和侵权行为应该是同一法律行为。具体到本案，承诺书的约定实际只是侵权发生后双方对赔偿责任计算方式和数额的约定，违背此约定的行为与具体的侵权行为显然不是同一法律行为，违约与侵权也不构成因果关系。实业公司的重复侵权行为不符合《中华人民共和国民法典》第一百八十六条（《中华人民共

---

① 最高人民法院（2013）民提字第116号民事判决书，载中国裁判文书网，https://wenshu.court.gov.cn/website/wenshu/181107ANFZ0BXSK4/index.html?docId=00a71ff81eb8494e933e3d8ba10fbab7，2021年12月29日访问。

和国合同法》第一百二十二条）的规定。故在本案中，实业公司应承担的民事责任是侵权责任，不是违约责任。承诺书是对侵权责任的约定，不是对违约责任的约定，不属于违约与侵权之责任竞合的情形。

三、专利重复侵权之诉中适用“事先约定赔偿”既有法律依据，也有利于打击重复侵权行为

（一）事先约定赔偿具有合法性

在以往知识产权纠纷中，较常见的是事后约定赔偿。例如，《最高人民法院关于审理商标民事纠纷案件适用法律若干问题的解释》（2020 年）与《最高人民法院关于审理著作权民事纠纷案件适用法律若干问题的解释》（2020 年）皆规定，权利人与侵权人在侵权行为发生后就赔偿数额达成协议的，人民法院应当准许。众所周知，民法作为规范私权关系、保护私人利益的法律，其与要求“法无授权即禁止”的公法如行政法、刑法相比，最大的特点便是“法无禁止即可为”。尽管《中华人民共和国专利法》（2020 年）没有将当事人双方的事先约定作为确定损害赔偿的一种方式，但也并未禁止被侵权人与侵权人就侵权责任的方式、侵权赔偿数额等预先作出约定。当事人双方作出这样的事先或事后约定，这都属于私法自治范畴；若无法律规定的无效情形，法院应予支持。这种约定的法律属性，还可认定为双方就未来发生侵权时权利人因被侵权所受到的损失或者侵权人因侵权所获得的利益，预先达成的一种简便的计算和确定方法。因此，专利侵权之诉中适用“事先约定赔偿”有其合法性。更重要的是《最高人民法院关于审理侵犯专利权纠纷案件应用法律若干问题的解释（二）》（2020 年）第二十八条规定，“权利人、侵权人依法约定专利侵权的赔偿数额或者赔偿计算方法，并在专利侵权诉讼中主张依据该约定确定赔偿数额的，人民法院应予支持”，肯定了事先约定赔偿的合法性。

（二）事先约定赔偿更有利于打击重复侵权行为

按我国目前的知识产权侵权纠纷审判实务，一方面，由于权利人的实际损失及侵权人获得的利益不易确定，绝大多数案件都是由法院酌定侵权赔偿的数额，故赔偿额普遍偏低是不争的事实，这严重阻碍了权利人维权的积极性。另一方面，面对如此低的赔偿额，被告基于经济理性，往往会有很高的重复侵权的冲动。权利人通过跟侵权人就重复侵权如何赔偿达成协议，可以对被告的重复侵权冲动构成有效的制约。当事人在首次侵权的调解或和解过程中，权利人可以就被告重复侵权将如何赔偿，作为调解（和解）协议的一个必要条款。如果侵权人不愿意签署类似的承诺，说明它很可能有重复侵权的意愿；如果被告同意该重复侵权赔偿条款，作为双方当事人达成的一种合意，法院应予以支持[①]。《中华人民共和国民法典》第一千一百八十五条规定："故意侵害他人知识产权，情节严重的，被侵权人有权请求相应的惩罚性赔偿。"实际上，这种重复侵权赔偿数额约定本质上具有惩罚性赔偿的性质，其在一定程度上高于权利人的实际损失是被法律允许的。对重复侵权适用惩罚性赔偿，有助于迫使侵权人真正放弃侵权行为。专利权人可以充分利用"事先约定赔偿"来保证在将来可能的专利侵权重复诉讼中获得足够赔偿，以避免因举证困难或举证不能而导致的赔偿数额过低。因此，专利侵权之诉中适用"事先约定赔偿"有其现实的合理性，更有利于打击重复侵权行为。

编写人：河南省郑州市中级人民法院 薛永松

【《专利法》第72条 诉前行为保全】

10

以"附价格承诺"的行为保全措施依法创新保护知识产权

——塑料工业公司诉采棉机配件公司发明专利侵权案

【基本信息】

1. 裁判书字号

浙江省宁波市中级人民法院（2020）浙02知民初80号之一民事裁定书

2. 案由：发明专利侵权纠纷

3. 当事人

① 刘文琦、李晓光：《专利侵权事先约定赔偿规则的构建与适用》，载《电子知识产权》2016年第9期。

原告（被上诉人）：塑料工业公司

被告（上诉人）：采棉机配件公司

【基本案情】

原告塑料工业公司是以色列公司，是中国专利号为ZL200380100××××号，名称为“一种包装材料的卷筒及包装方法”发明专利权的专利权人，原告起诉认为被告采棉机配件公司制售的棉打包膜产品涉嫌侵犯其专利权，请求停止侵权赔偿损失。

原告在诉中提出禁令申请，请求法院立即禁止被告公司停止被诉侵权行为，并已提供担保。浙江省宁波市中级人民法院经审查，在原告就行为保全期间不会恶意抬高专利产品价格自愿作出承诺的前提下，支持了该诉中禁令的请求，裁定禁止两被告制造、销售涉嫌侵害原告享有涉案专利权的被控侵权产品直至本案判决作出并生效为止。

【案件焦点】

1. 本案行为保全的保全措施对公共利益是否存在影响；2. 广大消费者经济利益受损是否属于公共利益的考量范围；3. 对该损害的对应救济处置措施“附价格承诺”的有效性判断。

【裁判要旨】

浙江省宁波市中级人民法院经审理认为：本案系侵害发明专利权纠纷，因发明专利权申请须经实质性审查，而且该专利已经历一次专利宣告无效程序，国家知识产权局2020年5月15日作出在权利要求修改替换的基础上维持专利有效的决定，故在无相反证据的情况下，可证明涉案专利稳定有效。

涉案发明专利名称为“一种包装材料的卷筒及包装方法”，双方当事人均认可专利产品主要用途为大型棉花田采摘过程的打包膜，而棉田采摘生产活动对应棉花的成熟季节，故专利所涉产品棉花打包膜系季节性产品，且属于包装用的耗材需配套农用采棉机使用，主要用于大型棉田。申请人提供的相关证据证明中国棉花种植主要区域每年9月至11月为大规模棉花采摘季，目前正处于棉花打包膜销售季节。经听证，被申请人陈述其曾于少量试样生产销售，但目前已停产涉案产品。法院认为，虽然被申请人称已停止生产被控侵权产品，但如生产销售将有可能给专利权人造成较大损害。

另外，鉴于本案棉花打包膜产品系季节性农用产品，在行为保全禁令期间，被申请人作为生产商之一将退出该市场供应链。根据经济学供给需求原理，在商品需求量保持稳定的状况下，商品生产供给商数量的减少短期会引起产能下降，从而引起商品紧缺，而且生产供给商的减少也会直接导致该产品供给市场中内部竞争压力减弱，两者均可能推高该商品的市场价格。在本案中，国家农业农村部发布的新闻证据证实 2019 年 9 月棉花种植主要区域播种面积是稳步增长的，故可推定涉案棉花打包膜产品今年需求量也是稳定的。在本案专利侵权尚未最终判定之前，如因行为保全引起的涉案棉花打包膜农用产品价格上升，一方面申请人有借机抬价不当获利之嫌，另一方面显然不利于广大农户消费者的公共利益。为此，应法院要求，申请人就行为保全期间不会恶意抬高专利产品价格自愿作出承诺，以作为申请禁令条件之一。

浙江省宁波市中级人民法院经综合审查认为申请合法，裁定禁止被申请人制造、销售侵害上述专利权的棉花打包膜产品，直至本案判决作出并生效为止。

【适用解析】

本案的裁判要点是：

第一，知识产权侵权案件中禁止被申请人制售行为的行为保全，实质是将被申请人排除或驱逐出该产品的竞争市场，是一种市场准入限制。而当禁令作用于具体的产品市场（特别是难以替代的产品）时可能引发供需失衡造成价格暴涨，使得广大消费者经济利益受损，而这种特定范围内不特定多数人的利益损失属于法院在行为保全申请审查中需评估的社会公共利益损失。第二，为避免广大消费者公共利益受损，可附加“价格承诺”措施，在申请人自愿接受“在禁令期间不得恶意提价”的承诺基础上作出行为保全裁定，锁定申请人专利产品在禁令期间的价格区间，以设定的价格机制来防止消费者公共利益受损，以实现对知识产权的及时与稳妥保护。

知识产权作为无形财产权具有“开发难却复制容易”的特点，特别是侵害专利的行为容易对权利人造成难以弥补的损害。为了更好地保护专利权，专利法和司法解释规定了“临时禁止措施”制度（又称禁令），即专利权人或者利害关系人有证据证明他人正在实施或者即将实施侵犯其专利权的行为，如不及时制止将会使其合法权益受到难以弥补的损害的，可以在起诉前或诉讼中向人民法院申请行为保全采取责令停止有关行为的措施。2020 年 9 月 14 日，最高人民法院发布《关于依法加大知识产权侵权行为惩治力度的意见》提出了依法加大对知识产权侵权行为的惩治力度，有效阻遏侵权行为，营造良好的法治化营商环境的要求，并明确要“加强适用保全措施”，该司法解释第一条规定：对于侵害或者即将侵害涉及核心技术、知名品牌、热播节目等知识产权以及在展会上侵害或者即将侵害知识产权等将会造成难以弥补的损害的行为，权利人申请行为保全的，人民法院应当依法及时审查并作出裁定。

在具体的知识产权案件中，权利人申请要求被告停止产销被控侵权产品行为的保全申请，依据最高人民法院发布的《关于审查知识产权纠纷行为保全案件适用法律若干问题的规定》（2018 年）第七条，法院一般从权利稳定性、侵权可能性、行为紧迫性、执行可实施性、禁令前后对双方的损害比较，以及行为保全措施对公共利益的影响等方面进行综合考量审查。法院如准许该行为保全申请，实质上是在判决生效之前把被告驱逐出涉案知识产权的商品市场或服务市场，这一方面会产生侵权判决先予执行的效果，有利于更高效地保护知识产权，但另一方面不可避免地会对涉案知识产权的商品市场或服务市场产生冲击，特别是当涉案知识产权的商品难以替代，为结构单一的商品市场时，行为保全禁令将对市场造成严重影响。本案就存在上述专利商品难以替代情形，需采取合理的行为保全措施，以实现对知识产权的及时与稳妥保护。

一、知识产权行为保全所涉公共利益的剖析

（一）行为保全所涉公共利益的分类

行为保全，基于其适用不同知识产权与竞争纠纷法，所对应的具体公共利益也不一而同，如涉及国家安全的商业秘密的禁止披露等，故实质上并不存在具体而统一的公共利益。

公共利益以是否可用经济测算评估风险，可分为两类。第一类“非经济性公共利益”，是难以用经济评估计算损失、也难以修复的公共利益，包括国家安全、社会秩序、公众健康、环境保护、公序良俗等；第二类“经济性公共利益”，是可用经济评估计算、可控可修复的公众利益，如消费者利益。司法对禁令的审查，实际上就是对禁令风险的预估评判，显然前者“非经济性公共利益”风险更高，属于不能承受之风险，故此类公共利益损害风险应属于禁令的绝对禁止理由，一旦预见可能有损，就应驳回申请。而后者“经济性公共利益”颁发之后的风险可测算，亦可采取对策措施避免其利益受损，故应属于相对禁止理由，无须一概驳回。

（二）涉公共利益行为保全的司法审查

司法实践中，法院对行为保全的综合审查均是个案审查，审查中所需考量的公共利益，均是个案中的公共利益。在公共利益审查中，应优先审查是否有上述涉及“经济性公共利益”的绝对禁止理由，再审查相对禁止理由。以专利侵权诉讼这一类禁令为例，与健康安全等人身紧密性高的消费需求有关的专利产品如急救药品专利的禁令审查中，应优先考量公共卫生等非经济因素，在安全性与可靠性评查通过之后，再考量经济性公共利益，考量禁令所致涉案产品市场的准入变化是否会导致与该产品市场相关的特定范围内不特定多数主体的经济利益受损。

具体到本案，涉案发明专利产品为棉花打包膜，主要用于大型棉田采摘过程中与采棉机配套实现棉花同步打包。据听证了解，涉案产品棉花打包膜的主要销售对象是棉田区的众多棉农，申请人与被申请人等其他同业竞争者生产的棉花打包膜都主要与某品牌 CP690、7760 型号自走式打包采棉机配套使用，而该型号采棉机在棉田区被广泛使用。涉案产品是典型的难以被替代的产品，故其产品市场更具单一性、封闭性，经营者、消费者的利益更易遭受损害。

故本案在考量禁令是否会损害公共利益时，不存在构成上述绝对禁止理由的“非经济性公共利益”，主要审查禁令的颁布是否有损“经济性公共利益”，即广大棉农消费者的经济利益，并作出科学合理的预估及处置。

法院经审查认为，本案的禁令申请，实质是将被申请人排除或驱逐出该产品的竞争市场，是一种市场准入限制，鉴于本案棉花打包膜产品系季节性农用产品，在行为保全禁令期间，被申请人作为生产商之一将退出该市场供应链。根据经济学供给需求原理，在商品需求量保持稳定的状况下，商品生产供给商数量的减少会在短期内引起产能下降，从而引起商品紧缺，而且生产供给商的减少也会直接导致该产品供给市场中内部竞争压力减弱，两者均可能推高该商品的市场价格。

由于案件的胜负在作出行为保全时并不终局，若申请人在专利侵权诉讼中最终胜诉，则禁令有利于弥补其作为专利权人因侵权导致的损失，其法律效果相当于先予执行，但若申请人最终败诉，则前述普通禁令下，申请人因提价所带来的超额利润将变成其滥用诉权而获得的不当利益，这将直接损害广大棉农消费者的经济利益，且棉花采摘成本会因为棉花打包膜的溢价而增加，并通过价格传递，加载在棉制品中，由范围更为广大的棉制品最终消费者承担，另外这种损害传递隐蔽而难以察觉，包括棉农与棉制品最终消费者在内的利益受损者难以得到有效救济。

故颁布禁令，或致上述"经济性公共利益"受损，因其属于可用经济评估计算、可控可修复的公众利益，并非禁令的绝对禁止理由。正如理查德·波斯纳法官所说："假如我们正在一张白板上描绘，并尝试设计一种诉讼事实争议解决的制度，且这种制度从最广义而言应在经济上有效率，那么我们应该如何来拟定我们的调查呢?"① 在相对禁止的前提下，优先寻找设计一种有效可行的建设性司法对策，以控制风险救济可能损害，方是破解司法难题的思路。

在本案中，法院借助经济分析手段分析案件信息，探索一种附"价格承诺"措施的行为保全模式作为对策，力图抵消行为保全对消费者公共利益带来的负面影响或使之处于可控范围之内。

二、"附价格承诺"措施的行为保全模式

（一）"价格承诺"的内容、特点及参照反倾销措施的制度设计

本案中，法院在申请人就行为保全期间不会恶意抬高专利产品价格自愿作出承诺的前提下，支持了该诉中禁令的请求，此申请人的自愿承诺即为"价格承诺"。其具有以下特点：（1）是一种建设性的救济措施，是为了有效救济竞争市场中不当受损的一方，在本案中为广大棉农消费者。（2）是一种自愿承诺，申请人可以提出价格承诺，法院也可向申请人提出相关建议，法院不会强迫申请人接受该承诺，但价格承诺会有利于法院根据案情综合审查该申请是否符合行为保全的相关因素。（3）该"承诺"具有法律效力，原则上要求申请人在禁令期间的专利产品销售价格不高于申请日的专利产品价格，如申请人无正当理由恶意抬高专利产品价格，则视为违反承诺，法院可视情撤销保全裁定，并可对申请人作出妨害民事诉讼的处罚，若遭遇在禁令期间因成本大幅上升无利可图等正当原因，申请人可申请法院变

---

① ［美］理查德·A. 波斯纳：《证据法的经济分析》，徐昕等译，中国法制出版社2001年版，第34页。

更承诺，并在准许的合理范围内适当提价，申请人对“价格承诺”的履行具有汇报的义务，法院亦有监控的权力。

本案创设的“价格承诺”措施，移植于反倾销措施中的“价格承诺”制度，它是出口商针对遭遇反倾销调查的产品所提出的、能够消除产品对进口国产品的损害并被进口国调查机关所接受的协议。根据原对外贸易经济合作部（现商务部对外投资和经济合作司）《反倾销价格承诺暂行规则》规定，价格承诺是指应诉出口商、生产商向商务部自愿作出的，改变价格或者停止以倾销价格出口被调查产品并经外经贸部接受而中止或终止调查的承诺。作为反倾销措施的“价格承诺”制度，通过价格手段救济市场受损一方具有灵活性、公平性的特点，是一种有效的建设性救济措施。基于相类似的制度应用背景，在行为保全程序中应用“价格承诺”，同样具有上述的制度优点，有利于灵活、公平、及时、有效地救济因禁令可能受损的广大消费者，并且法院也可以参照反倾销价格承诺规则中已成熟的提出、接受、监督、执行及撤销、撤回及违反等相关处理程序。

（二）附“价格承诺”条件行为保全下的产品价格趋势分析

因涉案产品棉花打包膜存在专利技术壁垒及产品优势，并与特定采棉机配套，难以被替代，可单独构成一类棉花打包膜产品市场，以此独立市场为基础，可引入微观经济学均衡价格曲线作如下分析。

本案证据显示，根据国家农业农村部发布的信息，2016 年度至 2020 年度中国棉花播种面积呈稳步增长态势，申请保全期内产棉区棉花种植面积亦是稳步增长，除极端情况外，棉田面积增长势必导致采摘时需要耗费更多的打包膜产品，故可推定涉案专利产品在 2020 年 9 月至 11 月采棉季中的需求应当是稳中略增，为便于分析，假定今年棉花打包膜需求总体保持不变。

在开始相关论述前，先设定：P 为禁令前的均衡市场价格，$P1$ 为普通禁令下的均衡市场价格，$P2$ 为附“价格承诺”禁令下的均衡市场价格；PZ 为禁令前的申请人专利产品价格，$PZ1$ 为普通禁令下的申请人专利产品价格，$PZ2$ 为附“价格承诺”禁令下的申请人专利产品价格。

申请人专利产品价格多年来一直高于同业竞争者生产的同类产品，为便于分析，可预计在本文设定的所有条件下，申请人专利产品价格均会大于其他同类产品的价格，则意味着 $PZ > P$，$PZ1 > P1$，$PZ2 > P2$，如下图所示。

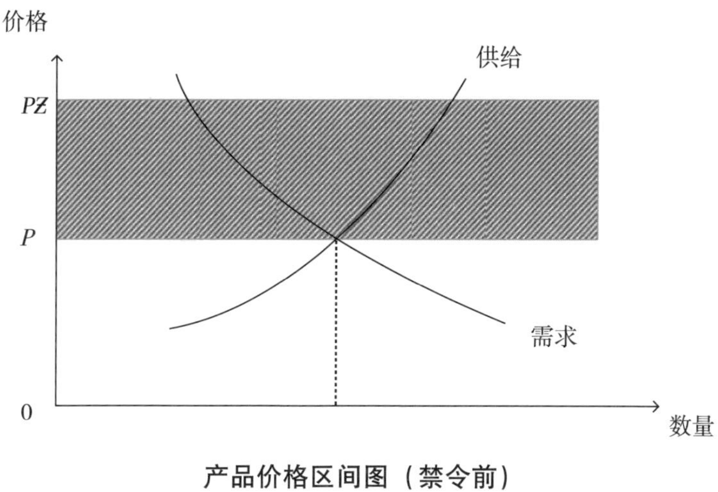

产品价格区间图（禁令前）

在普通禁令的影响下，棉花打包膜产品供应商减少，会造成供给曲线向左位移，达成新的均衡市场价格 $P1$，$P1>P$，导致产品提价，如图所示。

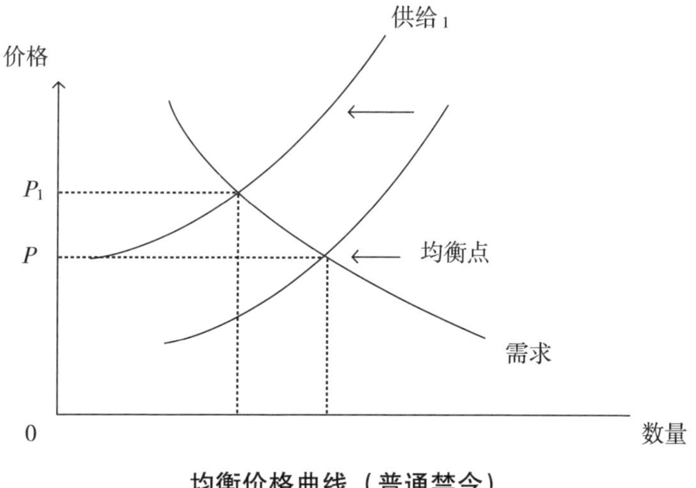

均衡价格曲线（普通禁令）

而附“价格承诺”禁令作用下的市场，一方面，因供应减少有一定的涨价动力，但另一方面，由于附“价格承诺”禁令的公开，使得经销商及消费者对商品价格有中长期的预期，从而有助于稳定市场价格。同样基于锚定效应，因申请人专利产品长期高于同类，其他同类产品价格的涨幅也会因专利产品限价而受关联影响，最终涨幅预计难以超过专利产品的限价，假设在短时间内超过，也会因申请人公开的低价而竞争力不足从而失去上涨动力回落价格。另外，由于法院要求申请人不得恶意提价，但并未阻止其降价，故 $PZ \geqslant PZ2$，申请人作为理性经济人，会尽可能使 $PZ2$ 接近 PZ 以达到利益最大化。两相作用之下，“价格承诺”将很大程度抵消禁令对市场的提价影响，使得新的均衡市场价格 $P2$ 维持在最初的专利产品价格 PZ 之下，即 $PZ > P2$，并接近或等于禁令前的均衡市场价格 P，即 $PZ > P2 \geqslant P$，如图所示。此时，对于广大棉农消费者而言，市场均衡价格依旧维持在禁令前专利产品价格之下，并接近或等于禁令前的市场均衡价格。相比于普通禁令时大幅提价的后果，“价格承诺”把禁令对市场秩序的冲击减轻到最低程度，有力保护了广大消费者的利益。在本案禁令生效之后，经过一年多的实践检验，“价格承诺”措施运行良好，市场均衡价格稳中有降。

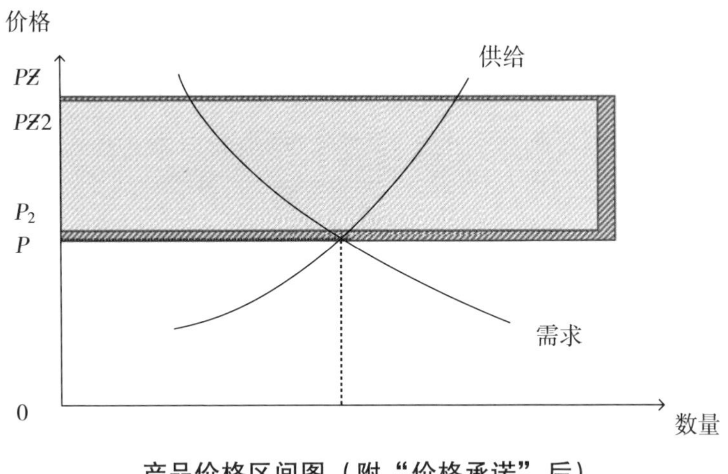

产品价格区间图（附“价格承诺”后）

本案中，法院创新性地探索了一种“附价格承诺”的行为保全模式，通过附加“价格承诺”措施，直接作用于市场价格机制，维持产品均衡价格，使行为保全对市场秩序的冲击在可控范围内，避免广大消费者的公共利益受损。如此，既加强了知识产权人的司法保护，又维护了社会公共利益，具有积极的意义。

编写人：宁波知识产权法庭　马洪　张俞

【《最高人民法院关于知识产权民事诉讼证据的若干规定》第 14 条　保全妨碍排除规则】

11

擅自转移、处分被保全证据行为的构成要件和法律后果

——周某诉甲机械设备制造公司侵害发明专利权案

【基本信息】

1. 裁判书字号

最高人民法院（2021）最高法知民终 334 号民事判决书

2. 案由：侵害发明专利权纠纷

3. 当事人

原告（被上诉人）：周某

被告（上诉人）：甲机械设备制造公司

【基本案情】

2011 年，周某向国家知识产权局申请名称为“排水板成型机”的发明专利，于 2013 年 12 月 11 日获授权公告，专利号为 ZL20111037××××.1，该专利处于有效期内。

另查明，甲机械设备制造公司成立于 2018 年 11 月 2 日，经营范围为机械设备的制造、加工等；乙机械设备制造公司成立于 2010 年 7 月 15 日，法定代表人为周某。

2019 年，因发现甲机械设备制造公司存在涉嫌侵权行为，周某向一审法院提出诉前证据保全申请，法院于 2019 年 9 月 23 日立案受理，并于 2019 年 10 月 18 日作出民事裁定书。2019 年 10 月 25 日，法院至甲机械设备制造公司当时的经营地点对其被控侵权的排水板成型机采取保全措施，现场共拍照 10 张并制作证据保全笔

录一份，保全笔录明确告知甲机械设备制造公司不得破坏或者转移保全证据，甲机械设备制造公司法定代表人作为在场人在保全笔录上签字确认。

经公证，2019 年 5 月 22 日登录被告公司网站，载有“机械设备制造公司是一家集研发、设计、制造、销售、服务于一体的公司，专业生产防水板、土木模设备系列；排水板设备系列；吸塑机系列、辊筒系列等设备”，产品中心亦显示有相关的排水板设备。2020 年 1 月登录某软件并在搜索栏中输入“我在某地等你”后点击第一个搜索结果“我在某地等你黄某某”，后进入该抖音页面选择视频进行播放，视频显示有发往河北等地的排水板生产线多台。诉讼中，甲机械设备制造公司确认黄某某为其公司股东及监事，公证所载的软件账号为黄某某所有。

一审诉讼中，甲机械设备制造公司向国家知识产权局申请宣告涉案专利无效，国家知识产权局于 2020 年 5 月 19 日作出无效宣告请求审查决定，决定维持专利权有效。

2020 年 7 月 17 日，一审法院对诉前保全的被控侵权产品进行现场勘验。在现场勘验前，被告的委托代理人电话告知法院甲机械设备制造公司已将被控侵权产品由诉前证据保全地点迁移至其现在的经营地点，法院遂于 2020 年 7 月 17 日前往该地点进行勘验。经将甲机械设备制造公司指认的排水板成型机与诉前保全图片进行比对，可以确定该台排水板成型机并非本院诉前保全的被控侵权产品。甲机械设备制造公司法定代表人陈述因其原经营地点拆迁导致搬迁，被控侵权产品已不知去向。

【案件焦点】

1. 侵权人擅自转移、处分被保全证据的行为是否构成妨碍保全行为；2. 对于被诉侵权人擅自实施的转移、处分被保全证据的行为，应当处以何种制裁。

【裁判要旨】

江苏省苏州市中级人民法院经审理认为：对于因甲机械设备制造公司擅自转移诉前保全证据进而导致该证据灭失，《最高人民法院关于知识产权民事诉讼证据的若干规定》（2020 年）第十四条规定：“对于人民法院已经采取保全措施的证据，当事人擅自拆装证据实物、篡改证据材料或者实施其他破坏证据的行为，致使证据不能使用的，人民法院可以确定由其承担不利后果。构成民事诉讼法第一百一十条规定情形的，人民法院依法处理。”本院诉前保全证据系本案进行侵权判断的关键证据，甲机械设备制造公司的前述行为导致诉前保全证据灭失，直接影响本案侵权判断的有效进行，本院依法认定诉前保全证据即被控侵权产品落入涉案专利权利要求 1 的保护范围，构成专利侵权。就甲机械设备制造公司提出的不侵权抗辩，该抗辩显然与其先前的委托诉讼代理人的书面答辩和听证陈述所确认的基本事实相悖，而诉前保全证据灭失亦导致被控侵权产品的技术特征难以根据诉前证据保全图片作出有效辨别，甲机械设备制造公司在毁灭重要证据的情形下所提的不侵权抗辩缺乏依据，本院不予采纳。

最高人民法院经审理认为：根据《中华人民共和国民事诉讼法》（2017 年）第十三条第一款以及《最高人民法院关于知识产权民事诉讼证据的若干规定》（2020 年）的相关规定，对于被人民法院采取保全措施的被诉侵权产品或者其他证据，被诉侵权人擅自实施毁损、转移证据等行为，致使是否侵权无法查明的，人民法院可以依法推定权利人就该证据所涉证明事项的主张成立。一审法院在对被诉侵权产品采取证据保全时已明确告知甲机械设备制造公司不得擅自改变证据保全之证物的现状，甲机械设备制造公司的法定代表人虽在保全笔录上亦签字确认。但甲机械设备制造公司此后不仅实施了擅自转移、处分被诉侵权产品的行为，而且在一审法院组织双方委托代理人进行现场勘验时仍拒不告知被诉侵权产品的准确去向，导致一审法院的勘验目的落空，无法组织双方当事人围绕被诉侵权产品实物展开技术特征比对。甲机械设备制造公司实施的上述妨害民事诉讼行为，严重背离诚信原则，且人为加大了法院查明技术事实的难度，理应为此承担相应不利的法律后果，即其对被诉侵权产品实施的技术方案被推定落入涉案专利权利要求 1 的保护范围。

另外，甲机械设备制造公司上诉还认为，其因转移诉前保全证据已被一审法院处以罚款，在此基础上，一审法院认为被诉侵权产品落入涉案专利权的保护范围，属于对甲机械设备制造公司应承担不利后果的不当扩大。对此，最高人民法院认为，甲机械设备制造公司擅自实施转移、处分证据保全证物的行为构成对民事诉讼的妨害，一审法院对其采取罚款的强制措施，属于公法层面的制裁，体现的是法律对于妨害民事诉讼、破坏诉讼秩序的否定性评价，而推定“被诉侵权产品的技术方案落入涉案专利权的保护范围”，体现的是对于“谁主张、谁举证”这一民事诉讼证明基本法则在特定情形下的适当修正，目的是要避免因僵化、机械适用该证明基本法则而可能给寻求司法救济之善意无过错的专利权人造成不公正的结果。人民法院对于被诉侵权人实施的妨害民事诉讼行为，分别对其课以公法层面的制裁和私法层面的不利事实推定，两项举措各司其职，并行不悖。一审法院作出不利于甲机械设备制造公司之事实推定，系建立在其先实施了妨害民事诉讼行为的事实基础之上。正是由于甲机械设备制造公司实施的妨害民事诉讼行为，最终导致本案关键技术事实无法准确查明。倘若将无法准确查明技术事实所产生的结果意义上的证明责任风险，不分情况地一概分配给对此毫无过错的专利权人，并以此为由驳回其专利侵权指控，对专利权人而言难谓公正，亦无异于对不法实施妨害民事诉讼行为之被诉侵权人予以纵容，不符合现代民事诉讼应当兼顾程序正义与实体正义之价值理念。

【适用解析】

一、知识产权案件中妨碍保全行为的构成要件

《最高人民法院关于民事诉讼证据的若干规定》（2019 年）（以下简称《证据规定》）第九十五条规定："一方当事人控制证据无正当理由拒不提交，对待证事实负有举证责任的当事人主张该证据的内容不利于控制人的，人民法院可以认定该主张成立。"该规定作为证据妨碍制度的基础性规则，对法律后果的启动加以"可以"的限定，表明法官推定受妨碍证据所证事实成立是有其前提的，即符合相关规范中的假定条件，引申到知识产权证据保全妨害情形，即为一方当事人在法院明确告知其保管义务后未能履行义务导致证物毁损。

引申到知识产权纠纷中证据保全受妨碍情形，虽然在《最高人民法院关于知识产权民事诉讼证据的若干规定》（2020 年）（以下简称《知产证据规定》）第十四条中列举式规定了"擅自拆装证据实物、篡改证据材料或者实施其他破坏证据的行为"等具体事由，但依旧需要结合具体案情，尤其是证明妨碍的构成要件，进行考量。倘若对保全证据受妨碍情形不加区分地认定举证责任人所主张的内容为真，则这种通过程序性裁判将案件结果推翻的制度与我国注重查明事实真相的传统正义观和法律观相悖，为该制度的适用设置了天然障碍。如机械科技公司诉科贸公司侵害实用新型专利纠纷案[①]中，上海知识产权法院根据案件具体情形，认定被告行为并

① 上海市高级人民法院（2018）沪民终 438 号民事判决书，载中国裁判文书网，https://wenshu.court.gov.cn/website/wenshu/181107ANFZ0BXSK4/index.html?docId=c159080d404d4d39af1faa69008c3a3b，2022 年 4 月 4 日访问。

非拒不提供而是提供有瑕疵，因为其对法庭的现场勘验等保全措施予以积极配合，且有其他证据证明被控侵权产品存在与涉案专利的区别技术特征，具有不落入涉案专利保护范围的高度盖然性，因而排除适用上述保全妨碍排除规则。

除了如上述案例中结合案件客观事实之外，还需要对妨碍保全行为的构成要件，尤其是妨碍行为人的主观要件，进行重点考量。《知产证据规定》第十四条中规定的“擅自”所包含的主观要件应当认定为故意，相较于《知产证据规定》第二十五条中举证妨碍相关的“无正当理由拒不提供”情形，“擅自”更凸显保全妨害情形中的行为积极性以及主观恶性，很难扩大解释为过错心态进而将过失情形纳入其中。这是知识产权证据保全制度相较于一般民事纠纷的特殊性所决定的，有别于《中华人民共和国民事诉讼法》（2021 年）第八十四条第一款仅以“证据可能灭失或者以后难以取得”作为保全审查的实质性要件，《知产证据规定》第十一条明确列举了四项因素，其中第二项“证据是否可以由申请人自行收集”直接体现出知识产权侵权纠纷的特殊性——权利人在取证举证中的弱势地位。知识产权侵权纠纷中的相关证据因知识产权的无形性而具备隐蔽性大、技术性强、易失性高等特点，使得对其取证较为困难，加之此类侵权行为的复杂性以及侵权证据往往处于侵权人控制之下的事实，使得权利人的举证能力要弱于侵权人。而《知产证据规定》为保障和便利当事人依法行使诉讼权利，以法律手段对知识产权纠纷中的证据保全制度进行修正，将权利人的积极举证义务转化为侵权人的消极保全义务，使得民事诉讼所坚守的当事人地位平等原则得以恢复。但法院采取证据保全措施与法院依职权调取证据不同，该项证据上的举证责任依旧由权利人承担，当事人平等地位的维持不能以法院取代当事人行使诉讼权利为代价，故而该证据的灭失风险依旧归于权利人自身，法律对保全责任方不应课以过高的消极性义务。在此基础上，《知产证据规定》第十三条和第十四条以妨碍行为的时间节点为准对保全妨碍行为作区分，第十三条保前妨碍行为使得法院采取证据保全措施以弥补权利人举证能力不足的效用尚未发生，故而需要对保全责任人课以更高的要求，即正当理由之外的包括但不限于故意的多种情形；而第十四条保后妨碍情形下的权利人经证据保全已消除了举证地位上的弱势，此时对法律加于另一方的保全责任亦应相应降低至合理范围内，即将主观要件范围限缩为故意。而对于过失情形下的保全妨碍行为，一般不予适用《知产证据规定》第十四条，而应将其认定为属于因知识产权的特性而出现的证据灭失风险情形，在法院已经采取保全措施的情况下，属于权利人所承担的风险范围，由其结合法院在证据保全过程中形成的照片、笔录等材料对自身主张进行二次举证。

二、在妨碍保全行为的认定中引入优势证据标准

在适用《知产证据规定》第十四条的情形下，应降低相应的证明标准，转向优势证据标准。在知识产权侵权纠纷中，作为举证义务方的权利人所提交的初步证据是启动举证责任二次分配的燃点，在保全证据受妨碍的情形下，权利人的举证实际依旧停留于初步证据阶段。虽然保全妨碍人会被课以不利事实推定，但推定结论对法官心证的说服力始终不及事实证据；而妨碍人明知此不利后果却依旧破坏证据，往往是掌握了一定的抗辩证据；反观权利人，其已处于需要将关键性证据诉诸保全的不利地位，《知产证据规定》第十一条已将“证据灭失或者以后难以取得的可能性”纳入保全的审查因素，故其在保全证据受妨碍的情形下很难在二次举证中有所作为。此时若在初步证据的审查中一味坚持《最高人民法院关于适用〈中华人民共和国民事诉讼法〉的解释》（2022 年）第一百零八条所规定的高度盖然性标准，则使得权利人启动证据妨碍排除规则将面临二次举证难以达到证明标准的问题。这与中共中央办公厅、国务院办公厅在《关于加强知识产权审判领域改革创新若干问题的意见》中指出的“完善证据保全制度……加强知识产权领域的诉讼诚信体系建设，探索建立证据披露、证据妨碍排除等规则，合理分配举证责任，适当减轻权利人举证负担，着力破解知识产权权利人‘举证难’问题”① 相悖。而最高人民法院在 2009 年发布的《关于当前经济形势下知识产权审判服务大局若干问题的意见》第十六条明确提出可在知识产权审判中适用优势证据标准，为知识产权保全证据妨碍制度转向优势证据标准提供了依据。对于优势证据标准，通常认为，只要求举证方主张的可能性大于其不可能性即具有优势，即在百分比上大于51%，法官就有理由相信这一待证事实是存在的并可对其作出认定。因此，优势证据标准是法官认定某一待证事实存在必须具备的最低限度，将其引入知识产权保全证据妨碍制度是为减轻被妨碍者的证明责任，以更好地实现《知产证据规定》保障权利人合法权益、达到司法正义的目的。

---

① 《中共中央办公厅 国务院办公厅印发〈关于加强知识产权审判领域改革创新若干问题的意见〉》，载中国政府网，http：//www. gov. cn/zhengce/2018 – 02/27/content_ 5269267. htm，2022 年 4 月 19 日访问。

适用优势证据标准除严格依照相关规定外，由于知识产权保全证据妨碍制度属于特殊适用，还需要相应的配套措施进行额外保障：其一，在判决书的说理部分公开心证过程；其二，保证妨碍行为人受救济的权利。首先，在《证据规定》第八十五条这一法官判断的基础性规定的基础之上，知识产权证据保全妨碍情形的适用还应当符合以下条件：（1）其是在日常生活中反复发生的一种常态现象，具有日常生活中的一种普遍意义上的典型特征；（2）其必须为社会生活中普通常人所普遍体察与感受；（3）经验法则所依据的生活经验，可以随时以特定的具体方式还原为一般常人的亲身感受。其次，法官在对证明妨碍行为人课以不利后果时，需要予以充分释明，告知妨碍行为人其行为已经对案件产生影响，法院将会采取何种措施对妨碍行为人进行制裁。如果案件当事人认为自己的行为不属于证明妨碍行为，需要向法院陈述申辩的，法院应当充分保障其辩论权。同时双方当事人对此意见不同时，应当允许双方进行辩论，不能因为存在妨碍行为而剥夺其陈述权和辩论权。妨碍行为人受救济的权利在现行法律就事后救济渠道有待完善的情形下尤为关键，是优势证据标准成功适用乃至知识产权保全证据妨碍制度正常运作的重要一环。

三、法律后果中公私法制裁手段并行不悖

对于证明妨碍行为，《中华人民共和国民事诉讼法》（2021 年）第一百一十四条规定：“诉讼参与人或者其他人有下列行为之一的，人民法院可以根据情节轻重予以罚款、拘留；构成犯罪的，依法追究刑事责任……（三）隐藏、转移、变卖、毁损已被查封、扣押的财产，或者已被清点并责令其保管的财产，转移已被冻结的财产的……”作为基础性规定，该条款从妨碍民事诉讼正常秩序的角度课以罚款、拘留等强制措施及追究刑法责任，从立法意旨上看，表现出对证明妨碍制度“惩罚”之政策目标的高度重视。但证明妨碍制度设立的目的主要是救济被妨碍当事人受到的侵害，恢复双方之间的平衡状态，而并非仅仅惩罚妨碍行为人，所以《中华人民共和国民事诉讼法》（2021 年）仅从公法角度对证明妨碍行为进行惩罚是有待完善的。《证据规定》第九十五条即对此作出了补充规定，增加了私法层面的不利事实推定的法律后果；而《知产证据规定》第十四条承接于此，对于人民法院已经采取保全措施的证据，当事人擅自拆装证据实物、篡改证据材料或者实施其他破坏证据的行为，致使证据不能使用的，人民法院可以确定由其承担不利后果。构成《中华人民共和国民事诉讼法》（2021 年）第一百一十四条规定情形的，人民法院依法处理。可见我国在立法层面，对于被诉侵权人实施的妨害民事诉讼行为，不因其承担了公法层面的法律后果而导致私法后果的减免已有定论，不容置喙。因此，本案中妨碍行为人“其因转移诉前保全证据已被一审法院处以罚款，在此基础上，一审法院认为被诉侵权产品落入涉案专利权的保护范围，属于对甲机械设备制造公司应承担不利后果的不当扩大”的辩称属实是对于法律的片面理解。

对于擅自实施转移、处分证据保全证物的行为构成对民事诉讼的妨害，人民法院依照《知产证据规定》第十四条对其采取罚款的强制措施，属于公法层面的制裁，体现的是法律对妨害民事诉讼、破坏诉讼秩序的否定性评价。而作出不利事实推定，系建立在行为人在先实施了妨害民事诉讼行为的事实基础之上，体现的是对于“谁主张、谁举证”这一民事诉讼证明基本法则在特定情形下的适当修正。

编写人：最高人民法院司法案例研究院与复旦大学联合培养实习生　黄宸

二、著作权

【导言】

2020年11月11日，第十三届全国人民代表大会常务委员会第二十三次会议表决通过了关于修改著作权法的决定。修改后的《中华人民共和国著作权法》（以下简称《著作权法》）共6章，67条，自2021年6月1日起施行。著作权法此次修改是贯彻落实党中央关于知识产权工作决策部署的重大举措，是深入实施创新驱动发展战略建设社会主义文化强国的重要实践，也是对人民法院知识产权审判特别是著作权司法保护成果的吸收和转化。

1. 增加惩罚性赔偿制度，法定赔偿上限提高到500万元，明确法定赔偿数额下限为500元。著作权法修正案规定，“对故意侵犯著作权或者与著作权有关的权利，情节严重的，可以在按照上述方法确定数额的一倍以上五倍以下给予赔偿”。这一规定与《中华人民共和国民法典》第一千一百八十四条规定的知识产权惩罚性赔偿一脉相承，与《中华人民共和国商标法》（2019年）第六十三条、《中华人民共和国专利法》（2020年）第七十一条、《中华人民共和国反不正当竞争法》（2019年）第十七条基本一致。司法实践中，要坚持以补偿救济为原则，以惩罚性赔偿为补充，在当事人主张适用侵害惩罚性赔偿的前提下，根据著作权惩罚性赔偿适用的构成要件进行论证。

2. 以网络空间为背景，调整作品类型名称，将类电作品改为视听作品。著作权法此次修改，对作品定义和作品类型作了修改。为适应网络传播和视频技术高速发展，解决现行著作权法部分规定难以涵盖新事物、无法适应新形势等问题，修正案将作品类型中的“电影作品和以类似摄制电影的方法创作的作品”修改为“视听作品”；为适应网络同步转播使用作品等新技术发展的要求，修改了对广播权的有关表述。这种变化反映了产业界迅速发展对著作权司法带来的挑战，著作权法对信息网络传播权和广播权的修改，回应了当前较为突出的网络直播著作权侵权问题，当然纠纷的妥善解决还需要实践中具体案例裁判出可操作的要点，逐渐形成共识。

3. 修改合作作品著作权和演员职务表演权利归属。对合作作品的权利归属，著作权法修改汲取了人民法院典型案例的裁判要点："两人以上合作创作的作品，著作权由合作作者共同享有，通过协商一致行使；不能协商一致，又无正当理由的，任何一方不得阻止他方行使除转让、许可他人专有使用、出质以外的其他权利，但是所得收益应当合理分配给所有合作作者。没有参加创作的人，不能成为合作作者。"[①] 这是人民法院著作权司法保护成果对国家法治建设的贡献。关于演员职务表演的权利归属，著作权法修正案规定，演员为完成本演出单位的演出任务进行的表演为职务表演，演员享有表明身份和保护表演形象不受歪曲的权利，其他权利归属由当事人约定。当事人没有约定或者约定不明确的，职务表演的权利由演出单位享有。

4. 坚持国家立法以人民为中心，凸显对阅读障碍者的关爱。此次著作权修法中，增加"以阅读障碍者能够感知的方式向其提供已经发表的作品"为合理使用的法定情形，凸显对残障人士的关爱。著作权法修改中在法条不仅表述上将盲人改为阅读障碍者，并且在合理使用的类型上不再限制作品类型，让阅读障碍者能感知的方式使用作品，这是国家修法以人民为中心，彰显人文关怀和法治的温暖。人民法院在知识产权司法中，也要在具体案件的公正审理中体现司法的人文关怀，让弱势群体得到更多的关爱，有更多的机会享受到多姿多彩的社会主义文化，共享新时代的丰富精神成果。

本编选取2020年人民法院著作权司法优秀案例，涵括"体育赛事直播画面构成电影类作品的认定""体育赛事节目的性质认定""数据权益的权属判断与分类保护""以动物原型作为创作基础的作品独创性认定""音像制品的著作权保护""游戏规则可版权化分析""艺术品收藏者应确保其结集出版的藏品为作者真迹""截取式使用视听作品行为的合理使用认定""网络服务提供者针对反复侵权行为所应采取的必要措施的认定""故意避开或破坏技术措施的侵权行为的认定及法律

① 参见《最高人民法院公报》2012年第9期。

适用”“故意避开或破坏技术措施的侵权行为的认定”“互联网平台适用‘避风港’规则免责的条件”“网络服务提供者‘避风港’规则适用”“惩罚性赔偿的适用以准确的计算基数为前提条件”热点问题，对于正确理解和适用《著作权法》（2020年）具有重要的参考价值。

【《著作权法》第3条 受著作权法保护的作品】

12

体育赛事直播画面构成电影类作品的认定

——信息服务公司诉网络技术公司侵害著作权及不正当竞争案

【基本信息】

1. 裁判书字号

北京市高级人民法院（2020）京民再128号民事判决书

2. 案由：侵害著作权及不正当竞争纠纷

3. 当事人

原告（被上诉人、再审申请人）：信息服务公司

被告（上诉人、再审被申请人）：网络技术公司

第三人：信息技术公司

【基本案情】

中国足球协会依据《国际足联章程》于2005年1月19日颁布了《中国足球协会章程》，其中载明：中国足球协会是唯一代表中国的国际足球联合会会员和亚洲足球联合会会员；在其“资产管理、使用原则”章节中明确规定“本会主要经费来源”包括“出售广播电视转播权收入”“体育业务相关收入”“无形资产许可使用、转让及其他派生收入”“其他合法收入”。

2006 年 3 月 8 日，中国足球协会出具授权书，授权某超联赛公司代理开发经营某超联赛的电视、广播、互联网及各种多媒体版权，某超联赛冠名权、赛场广告权、专项物品供应权，某超联赛形象设计、信息资源、品牌资源等无形资产，某超联赛可能产生的其他权利和资源（不包括参赛俱乐部自身资产所形成的资源）。某超联赛公司可以对上述资源进行全球范围内的市场开发和推广，有权进行接洽、谈判及签署相关协议等，有权经中国足球协会备案后在本授权范围内进行转委托。本授权为中国足球协会对某超联赛资源代理开发经营的唯一授权，有效期为十年。

2012 年 3 月 7 日，某超联赛公司（甲方）与信息服务公司（乙方）签订协议。双方约定，甲方授权乙方在合同期内，享有在门户网站领域独家播放某超联赛视频，包括但不限于比赛直播，录播，点播，延播；上述所提及的门户网站，甲方不得再进行任何形式合作的网站，合同有效期自 2012 年 3 月 1 日起至 2014 年 3 月 1 日止。

2013 年 12 月 24 日，某超联赛公司向信息服务公司出具授权书。该授权书载明，某超联赛媒体资源经中国足球协会授权，由某超联赛公司代理开发经营；某超联赛公司授权信息服务公司在合同期内，享有在门户网站领域独占转播、传播、播放某超联赛及其所有视频，包括但不限于比赛直播，录播，点播，延播。

网络技术公司为×凰网的网站所有者，负责该网站的运营。在×凰网“某超”栏目下，点击“点此进入视频直播间”后，进入“体育视频直播室”，在其预告页面上注明“×凰体育将为您视频直播本场比赛，敬请收看！”字样。信息服务公司对该直播室有涉案两场比赛的实时直播视频进行了公证，该两场比赛的播放页面网址均为×凰网页，且分别显示有 BTV、CCTV5 的标识，在该页面上方还显示有两个返回入口，即“×凰体育”“×视体育”。上述两场比赛，均有回看、特写，场内、场外，全场、局部的画面，以及有全场解说。

信息服务公司起诉网络技术公司侵害其体育赛事节目的作品著作权并构成不正当竞争，请求判令网络技术公司停止侵权、赔偿经济损失 1000 万元、消除影响等。

一审法院查明，信息技术公司系视频网站×视网的经营者，该网站在 2013 年 8 月 1 日转播了涉案赛事。信息技术公司与网络技术公司认可曾因合作关系共建了涉案播放页面。在合作期间，信息技术公司向该域名下的网页推送视频，但之后双方停止合作。就涉案赛事转播的来源，网络技术公司提出系转链接×视网的内容；信息技术公司予以否认，但未就此举证。双方认可该涉案赛事播放的网络地址已无法打开。信息技术公司作为第三人参加诉讼。

【案件焦点】

体育赛事直播节目连续画面的可作品性认定。

【裁判要旨】

北京市朝阳区人民法院经审理认为：体育赛事直播节目所体现的对赛事录制镜头的选择、编排，形成可供观赏的新的画面，是一种创造性劳动，赛事录制形成的画面，构成我国著作权法对作品独创性的要求，应当认定为作品。信息技术公司、网络技术公司以合作方式转播的行为，侵犯了信息服务公司对涉案赛事画面作品享有的著作权中的“其他权利”，判决网络技术公司停止播放某超联赛 2012 年 3 月 1 日至 2014 年 3 月 1 日的比赛、消除影响并赔偿信息服务公司经济损失 50 万元。

网络技术公司不服一审判决，遂提起上诉。二审诉讼期间，信息服务公司表示其仅对涉案比赛直播的公用信号主张权利，不包括评论员对赛事的解说，且明确作品类型是《中华人民共和国著作权法》（2010 年）第三条第六项“电影作品和以类似摄制电影的方法创作的作品”。涉案两场赛事公用信号所承载连续画面既不符合电影类作品的固定要件，亦未达到电影类作品的独创性高度，故涉案赛事公用信号所承载的连续画面未构成电影类作品，判决撤销一审判决，驳回信息服务公司的诉讼请求。

信息服务公司不服二审判决，申请再审。北京市高级人民法院经审理认为：电影类作品与录像制品的划分标准应为独创性的有无，而非独创性程度的高低。电影类作品定义中“摄制在一定介质上”的理解，应结合《中华人民共和国著作权法》（2010 年）第三条、《中华人民共和国著作权法实施条例》（2013 年）第二条的规定从整体、体系上予以解释。二审法院将“摄制在一定介质上”的解释过度限缩了该类作品的内涵和外延。某超联赛赛事公用信号所承载的连续画面的制作存在较大的创作空间，并不属于因缺乏个性化选择空间进而导致表达有限的情形。涉案赛事节目构成《中华人民共和国著作权法》（2010 年）保护的电影类作品，而不属于录像制品，被诉直播行为侵犯了信息服务公司对涉案赛事节目享有的“著作权人享有的其他权利”。

北京市高级人民法院判决撤销二审判决，维持一审判决。

【适用解析】

本案涉及两大争议——电影类作品的“独创性”和“摄制在一定介质上”两项要件的认定，明确提出电影类作品与录像制品的区分依据在于连续画面的制作者是否进行了创作，所形成的连续画面是否具有独创性，二者的划分标准应为独创性的有无，而非独创性程度的高低；对电影类作品定义中的“摄制在一定介质上”则应作广义解释。体育赛事公用信号所承载的连续画面构成电影类作品。

在法律适用上，再审判决还明确区分了著作权法与反不正当竞争法的适用规则，积极回应了体育赛事产业加强体育赛事节目著作权保护的强烈诉求。通过对法律的合理解释与适用，明晰了体育赛事节目的保护规则，在加强权利保护的同时，平衡了体育赛事节目创作者、传播者和社会公众之间的利益，取得了良好的法律效果和社会效果。

本案对《中华人民共和国著作权法》（2010 年）及《中华人民共和国著作权法实施条例》（2013 年）中关于作品、电影类作品的相关规定从立法目的出发，运用文义解释、体系解释等方法作了创新性适用。同时，本案的法律适用前瞻性地契合了第三次修订的《著作权法》第三条关于作品的规定，对于类似案件的审理具有借鉴指导意义。

互联网环境下体育赛事直播节目的版权保护问题是近年来司法实务和学术研讨中的热点问题。相较于其他保护路径，著作权保护是多数权利人首选的保护途径。由于我国著作权法司法适用上的分歧，导致我国对体育赛事节目的版权保护缺乏一致性认识。

本案再审判决对二审判决认定的纠正，前瞻性地契合了 2021 年 6 月 1 日施行的《中华人民共和国著作权法》对作品构成要件的相关规定。本案再审判决不仅解决了多年来体育赛事节目著作权保护的分歧争议，而且为推动立法进程提供了宝贵的实践素材。

一、体育赛事直播节目可版权性争议的由来

从我国近年来司法实践情况来看，关于体育赛事节目著作权保护的最大分歧在于体育赛事节目的可版权性，即体育赛事节目是否构成我国著作权法保护的作品以及构成何种类型的作品，主要有以下三种观点：

第一种观点认为体育赛事节目属于录像制品。在网络公司诉甲公司案中[①]，一审法院认为，涉案全部 64 场完整赛事的电视节目内容，系通过摄制者在比赛现场的拍摄，并通过技术手段融入解说、字幕、镜头回放或特写、配乐等内容，摄制者在拍摄过程中并非处于主导地位，其对于比赛进程的控制、拍摄内容的选择、解说内容的编排以及在机位设置、镜头选择、编导参与等方面，能够按照其意志做出的选择和表达非常有限，因此，该节目所体现的独创性，尚不足以达到构成著作权法所规定的电影类作品的高度，但符合录像制品的规定，应当认定为录像制品。

第二种观点认为体育赛事节目属于作品。在信息服务公司诉网络技术公司案中[②]，一审法院认为，涉案足球赛事录制镜头的选择、编排，形成可供观赏新的画面，是一种创造性劳动，且该创造性因不同的选择、不同的制作，会产生不同的画面效果反映了其创造性。即赛事录制形成的画面，构成我国著作权法对作品独创性的要求，应当认定为作品。在网络公司诉网络电视技术公司等侵犯著作权纠纷案中[③]，二审法院认为，对涉案赛事现场画面进行加工、制作、直播，通过镜头切换、截取画面信息并辅以解说和回顾，付出了创造性劳动，使制作、直播的足球赛事节目具有独创性，属于作品，应受著作权法等法律保护。

第三种观点认为体育赛事节目属于类电影作品。在网络公司诉传媒公司侵害著作权案中[④]，一审法院认为，涉案赛事节目通过多机位的设置，镜头的切换、慢动作的回放、精彩镜头的捕捉、故事的塑造，导播在画面的选择、气氛的营造上具有较大的选择权和主动性，而非按照比赛手册进行照本宣科，充分体现了创作者在其

---

① 北京市石景山区人民法院（2015）石民（知）初字第 752 号民事判决书，载中国裁判文书网，https://wenshu.court.gov.cn/website/wenshu/181107ANFZ0BXSK4/index.html?docId=fe5667b7d415425e9513a8c9001080fb，2021 年 3 月 10 日访问。

② 北京高级人民法院（2020）京民再 128 号民事判决书，载中国裁判文书网，https://wenshu.court.gov.cn/website/wenshu/181107ANFZ0BXSK4/index.html?docId=81622afb074f44e1a4edac4700094f1d，2021 年 3 月 10 日访问。

③ 黑龙江省高级人民法院（2017）黑民终 272 号民事判决书，载中国裁判文书网，https://wenshu.court.gov.cn/website/wenshu/181107ANFZ0BXSK4/index.html?docId=6566ec0d53e44560b945aafe00c4ee2c，2021 年 3 月 10 日访问。

④ 上海知识产权法院（2020）沪 73 民终 581 号民事判决书，载中国裁判文书网，https://wenshu.court.gov.cn/website/wenshu/181107ANFZ0BXSK4/index.html?docId=f3213486198f4200ba8bad18011950c0，2022 年 4 月 19 日访问。

意志支配下的对连续画面的选择、编辑、处理，故涉案赛事节目构成类电影作品。

二、体育赛事直播节目可版权性争议的焦点

上述争议中，最集中最典型的情形发生在对体育赛事直播画面的认定上，不只是讨论体育赛事直播节目属于作品，还是录像制品，而是直接涉及更基础的问题，即体育赛事直播节目是否受著作权法保护。关键的争议有两个方面，一是体育赛事直播节目画面是否满足作品的独创性要件；二是体育赛事直播节目是否满足电影类作品“摄制在一定介质”上的要件。

（一）关于独创性要件

实践中，绝大多数否定体育赛事节目构成电影类作品的案例，主要理由是涉案体育赛事节目的独创性无法达到电影类作品所要求的高度，且多数从体育赛事节目拍摄受赛事本身推进、电视导播要求等限制，体育赛事节目制作人在拍摄时按照其意志作出的选择和表达非常有限的角度进行说理。例如，在网络公司诉信息技术公司侵害作品信息网络传播权及不正当竞争纠纷案中[①]，法院认为，体育赛事的观众主要关注的是比赛的过程、运动员在比赛中的个人表现及团体的技战术运用、比赛的结果等，体育赛事本身不构成作品。在足球比赛中，观众的视线主要跟随的是球的运行轨迹，赛事播放的主线同是如此。关于特写、回看、场外和场内、球员和观众、全部和局部的画面，甚至进球和犯规的慢镜头，只能穿插在比赛进行中的次要环节，如死球状况下等的停顿状态。观众、摄制者、导播关注的是体育赛事本身，其他因素是次要的。对于赛事而言，观众对于在何时看到何种角度拍摄的画面有较为稳定的预期，制作者对镜头的选取是相对稳定的技术性工作。不同的摄制、导播、解说者因人而异，他们有一定水准、一定经验，但在制作节目过程中他们并非处于主导地位，不能控制比赛的进程，对拍摄的机位位置、拍摄的内容、镜头的选择、解说内容、编导参与等能按其意志做出选择和表达非常有限，拍摄体育赛事节目的独创性，尚不足以达到我国著作权法规定的电影类作品的程度，不能构成作

① 上海市闵行区人民法院（2015）闵民三（知）初字第1057号民事判决书，载中国裁判文书网，https：//wenshu. court. gov. cn/website/wenshu/181107ANFZ0BXSK4/index. html? docId＝6d7015228df14cef82b8bddef69111d2，2021年12月29日访问。

品。而在网络公司诉甲公司案中①，再审法院则认为，体育赛事节目构成电影类作品还是录像制品，不能一概而论，应当从是否具有独创性的角度予以分析认定。对于由多个机位拍摄的体育赛事节目，如制作者在机位的设置、镜头切换、画面选择、剪辑等方面能够反映制作者独特的构思，体现制作者的个性选择和安排，具有智力创造性，则可认定其符合著作权法规定的独创性要求。

（二）关于“固定性”要件

网络实时转播的体育赛事节目是否满足“固定性”的要求。有观点认为，我国著作权法所保护的“电影和以类似摄制电影的方法创作的作品”应被“摄制在一定介质上”，也就是将“已固定”作为保护电影作品的前提。② 按照该观点，通过网络传播的体育赛事节目可以区分为两类，一类是传播时已经整体录制完成的体育赛事节目；另一类是传播时尚在直播、尚未整体录制完成的体育赛事节目。后者由于不满足“固定性”要求，故无法作为电影类作品保护。在信息服务公司诉网络技术公司案中③，二审法院则认为，被诉行为系网络直播行为，该过程与现场直播基本同步。在这一过程中，涉案赛事整体比赛画面尚未被稳定地固定在有形载体上，因而此时的赛事直播公用信号所承载画面并不满足电影作品中的固定的要求。对此持反对观点的学者认为，无法从作品定义中得出我国对受保护的作品有固定要求的结论。从我国著作权法立法精神来看，对作品的保护从来不存在固定要求，因为连口述作品也明确地被列为著作权保护的对象。无论是受著作权保护的客体，还是邻接权保护的对象，都是基于某种无形的“成果”，即作品或者不构成作品的版式设计、表演、录制的声音、录制的图像以及广播电视（节目），从理论上讲，这些保护对象的存在方式或物质载体是什么，与它能否享有保护，并没有什么关系，换言之，有没有一个物质

---

① 北京市高级人民法院（2020）京民再127号民事判决书，载中国裁判文书网，https：//wenshu. court. gov. cn/website/wenshu/181107ANFZ0BXSK4/index. html? docId = 611ff26c9542472fa2e6ac4700094ea8，2021年12月29日访问。

② 王迁：《论现场直播的“固定”》，载《华东政法大学学报》2019年第3期。

③ 北京知识产权法院（2015）京知民终字第1818号民事判决书，载中国裁判文书网，https：//wenshu. court. gov. cn/website/wenshu/181107ANFZ0BXSK4/index. html? docId = 176b7def58284b1e8901a8c900108061，2021年12月29日访问。

载体或是否存在事先固定，并不是产生著作权或者邻接权保护的必要前提。[①]

三、体育赛事直播节目画面可以认定为电影类作品

《中华人民共和国著作权法》（2010 年）中规定的“电影作品和以类似摄制电影的方法创作的作品”（电影类作品）来自《中华人民共和国著作权法》（2001 年）。而此概念是由《中华人民共和国著作权法》（1990 年）中“电影、电视和录像作品”修改而来。《中华人民共和国著作权法实施条例》（1991 年）第五条第七项将“摄制电影、电视、录像作品”解释为“指以拍摄电影或者类似的方式首次将作品固定在一定的载体上。将表演或者景物机械地录制下来，不视为摄制电影、电视、录像作品”。根据全国人大常委会法制工作委员会编著的著作权法释义，著作权法作出上述修改的原因在于考虑到以拍摄电影方式制作的那部分电视片、录像片，即如同拍摄电影那样由诸多作者共同创作，并以拍摄电影的步骤制成的电视片、录像片和电影一样属于作品。而复制性地录制他人报告、讲学而制作的电视片、录像片，如同电视台制作先进人物报告会的电视片、录像片，电视大学制作某教授讲课的录像片等不属于作品。根据上述释义，著作权法意义上的录像制品应限于复制性、机械性录制的连续画面，即机械、忠实地录制现存的作品或其他连续相关形象、图像。除此之外，对于在画面拍摄、取舍、剪辑制作等方面运用拍摄电影手法或类似拍摄电影手法录制并反映制作者独立构思、表达某种思想内容，体现制作者独创性的连续画面，则应认定为电影或类电作品。

本案再审判决从法理分析、立法目的以及法条规范等详细分析后认为，作品的独创性源自作者的创作，是否存在创作这一事实行为，只能定性，而无法定量。对于作品的独创性判断，只能定性其独创性之有无，而无法定量其独创性之高低。我国著作权法严格区分著作权与邻接权，著作权基于作者的创作自动产生，邻接权基于传播者的加工、传播行为而产生。著作权法对邻接权单独设置是为了拓展保护，而非限制保护，电影类作品和录像制品分别作为著作权和邻接权的保护客体，其实质性区别在于连续画面的制作者是否进行了创作，所形成的连续画面是否具有独创性。因此，电影类作品与录像制品的划分标准应为独创性之有无，而非独创性之高低。

---

① 张伟君：《从固定要求看我国〈著作权法〉对体育赛事直播画面的保护》，载《中国发明与专利》2019 年第 4 期。

同时，对于电影类作品定义中“摄制在一定的介质上”的规范意义在于摄制者能够证明作品的存在，并据以对作品进行复制传播。同时，著作权法实施条例第二条有关作品的定义仅规定“能以某种有形形式复制”，即作品具有“可复制性”，并未将“固定”或“稳定地固定”作为作品的构成要件。因此，著作权法实施条例第四条有关电影类作品定义中规定的“摄制在一定介质上”并不能等同于“固定”或“稳定地固定”。

《中华人民共和国著作权法》（2020 年）将《中华人民共和国著作权法实施条例》（2013 年）中的作品定义提级规定，在第三条中规定了“作品，是指文学、艺术和科学领域内具有独创性并能以一定形式表现的智力成果”。保留独创性要件的规定为“具有独创性”，而非具有较高独创性。同时，对形式要件限制则更为宽松，仅需要“以一定形式表现”即可。再审判决的认定不仅回应了行业界对体育赛事节目通过著作权法保护的强烈需求，而且与《中华人民共和国著作权法》（2020 年）的相关规定所契合，对妥善审理体育赛事直播节目相关著作权争议提供了有益的借鉴。

编写人：北京市高级人民法院　谢甄珂

【《著作权法》第 3 条　受著作权法保护的作品】

13

体育赛事节目的性质认定

——体育文化公司诉传媒公司侵害录音录像制作者权案

【基本信息】

1. 裁判书字号

吉林省高级人民法院（2020）吉民终 270 号民事判决书

2. 案由：侵害录音录像制作者权纠纷

3. 当事人

原告（上诉人）：体育文化公司

被告（被上诉人）：传媒公司

【基本案情】

体育文化公司经合法授权，依法取得2018～2025赛季某超联赛相关新媒体权及其转授权、维权权利。体育文化公司发现，由传媒公司运营的高清机顶盒电视业务中“分类－体育－足球－某超”项下提供了2019赛季某超联赛第14轮赛事在线点播服务，该行为并未获得体育文化公司的合法授权。体育文化公司认为传媒公司在未经授权的前提下，通过信息网络向公众传播涉案赛事节目视频，严重侵犯了其合法权益。

法院经审理查明：2013年3月5日，中国足球协会出具授权书，授权某超联赛公司代理开发经营某超联赛的电视、广播、互联网及各种多媒体版权等。2015年11月2日，某超联赛公司出具《授权书》，授权体育传播公司拥有2016～2020赛季某超联赛独家全部240场比赛公共信号制作权、中国大陆境内全国卫星电视台和地方卫星电视台独家电视转播权和独家电视产品权等。2019年3月1日至12月1日，体育传播公司授权体育文化公司及其关联机构在中华人民共和国大陆地区（不包括香港、澳门和台湾地区）内，通过体育文化公司及其关联机构控股运营的、控制运营的或与其他主题联合运营的新媒体平台，以任何现行可行的基于新媒体的播出方式，以独家的方式行使“2019赛季某超联赛”相关的新媒体许可权。

公证书后附照片及证物袋内U盘内容显示，电视开启后的界面显示“××传媒”界面，进入主页后，左上角显示“互动××”字样及标识，使用机顶盒遥控器进入“系统设置〉系统信息〉基本信息”，其中运营商信息为“传媒公司”，随后进入“体育”选择“足球”项下“某超”，点击“2019年某超联赛第十四轮……”即可播放涉案足球比赛连续图像，拍摄角度和取景范围随着比赛发展进行了切换和调整，也包括场外和场内、全景和局部、球员和观众、特写、回看等画面的编排和穿插。

【案件焦点】

1. 体育赛事是否构成著作权法所保护的作品；2. 如何认定是否构成侵害信息网络传播权的行为；3. 侵害录像制品信息网络传播权的赔偿数额如何确定。

【裁判要旨】

吉林省长春市中级人民法院经审理认为：第一，关于涉案足球体育赛事节目的性质问题。涉案节目内容为足球体育赛事的连续图像，制作者虽然在比赛过程中进行了拍摄角度的取舍和远近镜头的切换，也采取了跟拍、特写、剪辑、回放等手段和技巧，但在足球比赛中拍摄画面必然主要跟随足球的运动轨迹，受足球比赛规则、赛事实际发展情况、观众需求等因素限制，可以进行智力投入的创作空间比较局限，因此涉案节目内容其中所体现的独创性不足以达到我国著作权法所规定的以类摄制电影的方法创作的作品的标准，属于《中华人民共和国著作权法实施条例》（2013 年）第五条第三项规定的录像制品，即电影作品和以类似摄制电影的方法创作的作品以外的任何有伴音或者无伴音的连续相关形象、图像的录制品。体育文化公司主张涉案节目系以类似摄制电影的方法创作的作品不能成立。

第二，关于体育文化公司诉讼主体资格问题。依据《中华人民共和国著作权法实施条例》（2013 年）第五条第五项的规定，录像制品的首次制作人为录像制作者。经中国足球协会许可的某超联赛公司授权，体育传播公司系涉案足球体育赛事节目的首次制作人，为涉案录像制品的制作者。《中华人民共和国著作权法》（2010 年）第四十二条第一款规定："录音录像制作者对其制作的录音录像制品，享有许可他人复制、发行、出租、通过信息网络向公众传播并获得报酬的权利；权利的保护期为五十年，截止于该制品首次制作完成后第五十年的 12 月 31 日。"据此，体育传播公司作为涉案录像制品的制作者享有信息网络传播并获得报酬的权利。体育文化公司提交的证据能够形成完整的证据链条，可以认定其在经授权的期限、区域内获得涉案录像制品的独占网络信息传播权，有权作为原告提起本案诉讼。

第三，关于传媒公司是否实施侵权行为的问题。《中华人民共和国民事诉讼法》（2017 年）第六十九条规定："经过法定程序公证证明的法律事实和文书，人民法院应当作为认定事实的根据，但有相反证据足以推翻公证证明的除外。"经公证书证实，电视机通过设备与××传媒东盛大街营业厅订购的"××传媒万兆光纤副终端网络机顶盒"连接后，开启界面显示"××传媒"界面，系统设置中的基本信息记载运营商信息为"传媒公司"，在无相反证据的情况下，可以认定传媒公司系该涉案互联网电视业务集成平台的运营者。

《最高人民法院关于审理侵害信息网络传播权民事纠纷案件适用法律若干问题的规定》（2012 年）第三条规定：“网络用户、网络服务提供者未经许可，通过信息网络提供权利人享有信息网络传播权的作品、表演、录音录像制品，除法律、行政法规另有规定外，人民法院应当认定其构成侵害信息网络传播权行为。通过上传到网络服务器、设置共享文件或者利用文件分享软件等方式，将作品、表演、录音录像制品置于信息网络中，使公众能够在个人选定的时间和地点以下载、浏览或者其他方式获得的，人民法院应当认定其实施了前款规定的提供行为。”传媒公司作为该“××传媒”互联网电视业务集成平台的运营者，在该平台“分类－体育－足球－某超”项下向公众提供 2019 赛季某超联赛第 14 轮赛事在线点播服务，使公众可以在个人选定的时间和地点在线观看涉案足球体育赛事，侵害了体育文化公司享有的涉案足球体育赛事录像制品的信息网络传播权，依法应当承担相应的侵权责任。

第四，关于传媒公司责任承担问题。《中华人民共和国著作权法》（2010 年）第四十八条规定：“有下列侵权行为的，应当根据情况，承担停止侵害、消除影响、赔礼道歉、赔偿损失等民事责任；同时损害公共利益的，可以由著作权行政管理部门责令停止侵权行为，没收违法所得，没收、销毁侵权复制品，并可处以罚款；情节严重的，著作权行政管理部门还可以没收主要用于制作侵权复制品的材料、工具、设备等；构成犯罪的，依法追究刑事责任……（四）未经录音录像制作者许可，复制、发行、通过信息网络向公众传播其制作的录音录像制品的，本法另有规定的除外……”传媒公司未经涉案录像制品的权利人许可，通过信息网络向公众传播涉案足球体育赛事节目，体育文化公司要求传媒公司承担停止侵害、赔偿损失的民事责任有事实和法律依据，依法应予支持。

关于侵权数额的确定，《中华人民共和国著作权法》（2010 年）第四十九条规定：“侵犯著作权或者与著作权有关的权利的，侵权人应当按照权利人的实际损失给予赔偿；实际损失难以计算的，可以按照侵权人的违法所得给予赔偿。赔偿数额还应当包括权利人为制止侵权行为所支付的合理开支。权利人的实际损失或者侵权人的违法所得不能确定的，由人民法院根据侵权行为的情节，判决给予五十万元以下的赔偿。”《最高人民法院关于审理著作权民事纠纷案件适用法律若干问题的解释》（2002 年）第二十五条第一款、第二款规定：“权利人的实际损失或者侵权人的违法所得无法确定的，人民法院根据当事人的请求或者依职权适用著作权法第四十八条第二款的规定确定赔偿数额。人民法院在确定赔偿数额时，应当考虑作品类型、合理使用费、侵权行为性质、后果等情节综合确定。”第二十六条规定：“著作权法第四十八条第一款规定的制止侵权行为所支付的合理开支，包括权利人或者委托代理人对侵权行为进行调查、取证的合理费用。人民法院根据当事人的诉讼请求和具体案情，可以将符合国家有关部门规定的律师费用计算在赔偿范围内。”本案中，由于难以确定权利人的实际损失和侵权人的违法所得，本院综合考虑涉案录像制品内容的关注度、知名度、影响力、市场价值、传媒公司经营涉案互联网电视业务集成平台的用户范围、数量、侵权行为的性质、情节，以及原告的维权合理费用等因素，酌情确定本案的赔偿数额。

吉林省长春市中级人民法院依照《中华人民共和国著作权法》（2010 年）第四十八条第四项、第四十九条，《最高人民法院关于审理著作权民事纠纷案件适用法律若干问题的解释》（2002 年）第二十五条、第二十六条，《最高人民法院关于审理侵害信息网络传播权民事纠纷案件适用法律若干问题的规定》（2012 年）第三条、《中华人民共和国民事诉讼法》（2017 年）第六十九条、第一百四十四条的规定，判决如下：

一、被告传媒公司于本判决生效之日起立即停止通过“××传媒”互联网电视业务集成平台传播 2019 赛季中国足球协会超级联赛第 14 轮足球赛事节目；

二、被告传媒公司于本判决生效之日起 10 日内赔偿原告体育文化公司经济损失及维权合理支出共计 3 万元；

三、驳回原告体育文化公司的其他诉讼请求。

吉林省高级人民法院经审理认为：根据已查明的案件事实，结合各方当事人的诉辩主张，本案的二审争议焦点为一审判决确定的赔偿数额是否合理。

经查，体育文化公司提交的某超联赛合作协议中载明 2019 赛季某超联赛版权费为 12 亿元人民币，但因其提交的增值税专用发票抵扣联金额为 5 亿元人民币，即至本案纠纷发生之日止，体育文化公司实付 2019 赛季某超联赛版权费为 5 亿元人民币。在现有证据的基础上，对案涉体育赛事价值的判定应以实付金额 5 亿元人民币为依据。从一审查明的事实可知，体育文化公司获得授权的 2019 赛季中国足球协会超级联赛包括全部 240 场比赛，以及开幕式、颁奖活动在内的所有联赛官方活动。按2019赛季某超联赛版权费为5亿元人民币计算，每场比赛的授权费用大约200万元。因体育文化公司获得授权的范围为中华人民共和国大陆地区（不包括香港、澳门和台湾地区）内，即为其他的31个省级行政区，故每场比赛平均到每个省的授权费用约为64500元。关于体育文化公司提出的传媒公司覆盖用户数863.73万户，侵权范围广的上诉理由。从体育文化公司提交的公证书内容可知，案涉体育赛事在付费点播服务中。而××传媒公司2019年半年度报告所记载的××传媒公司覆盖用户数863.73万户，为全网覆盖户数，付费点播用户范围要小于全网覆盖户数，故上述用户数不能证明××传媒公司的具体侵权范围。《中华人民共和国著作权法》（2010年）第四十九条规定："侵犯著作权或者与著作权有关的权利的，侵权人应当按照权利人的实际损失给予赔偿；实际损失难以计算的，可以按照侵权人的违法所得给予赔偿。赔偿数额还应当包括权利人为制止侵权行为所支付的合理开支。权利人的实际损失或者侵权人的违法所得不能确定的，由人民法院根据侵权行为的情节，判决给予五十万元以下的赔偿。"《最高人民法院关于审理著作权民事纠纷案件适用法律若干问题的解释》（2002年）第二十五条第一款、第二款规定："权利人的实际损失或者侵权人的违法所得无法确定的，人民法院根据当事人的请求或者依职权适用著作权法第四十八条第二款的规定确定赔偿数额。人民法院在确定赔偿数额时，应当考虑作品类型、合理使用费、侵权行为性质、后果等情节综合确定。"本案中，体育文化公司未能提供充分证据证实因××传媒公司侵权所受实际损失，且××传媒公司所获利益亦难以确定。本院在综合分析双方提交的证据的基础上，综合考量涉案录像制品内容的知名度、影响力、体育文化公司获得授权所支付的成本、××传媒公司侵权行为的性质、情节、侵权规模、地域、体育文化公司为制止侵权所支付的合理开支等因素，在法定赔偿限额范围内，酌定××传媒公司赔偿经济损失及合理支出10万元。一审判决赔偿数额不当，本院依法予以纠正。

吉林省高级人民法院依照《中华人民共和国民事诉讼法》（2017年）第一百七十条第一款第二项的规定，判决如下：

一、维持吉林省长春市中级人民法院民事判决第一项；

二、撤销吉林省长春市中级人民法院民事判决第二项、第三项；

三、被上诉人传媒公司于本判决生效之日起10日内，赔偿上诉人体育文化公司经济损失及维权合理支出共计 10 万元；

四、驳回上诉人体育文化公司的其他诉讼请求。

【适用解析】

第一，关于涉案足球体育赛事节目的性质问题。本案原告体育文化公司以涉案体育赛事构成我国著作权法所保护的“以类摄制电影的方法创作的作品”为前提主张信息网络传播权，而经过审理，法院最终将涉案体育赛事认定为“录音录像制品”，保护了录制者所享有的信息网络传播权。虽然都是信息网络传播权，但因权利来源不同，二者之间存在本质区别。在我国，著作权人和录像制品的录制者都享有信息网络传播权，但录制者权是通过著作邻接权制度来进行保护的。邻接权又叫相关权，其产生的原因主要就是其所内涵的非物质性劳动“独创性”不足，并未产生新的作品而不能受到著作权的保护。涉案节目内容为足球体育赛事的连续图像，制作者虽然在比赛过程中进行了拍摄角度的取舍和远近镜头的切换，也采取了跟拍、特写、剪辑、回放等手段和技巧，但在足球比赛中拍摄画面必然主要跟随足球的运动轨迹，受足球比赛规则、赛事实际发展情况、观众需求等因素限制，可以进行智力投入的创作空间比较局限，因此涉案节目内容其中所体现的独创性不足以达到我国著作权法所规定的以类摄制电影的方法创作的作品的标准，属于《中华人民共和国著作权法实施条例》（2013 年）第五条第三项规定的录像制品。按照我国著作权法的规定，录音录像制品的制作者享有该录音录像制品的信息网络传播权，因此体育文化公司实际上是通过行使著作邻接权制度中的录制者权而得到了保护。

第二，关于侵害信息网络传播权的表现形式问题。信息网络传播权是指以有线或者无线方式向公众提供作品，使公众可以在其个人选定的时间和地点获得作品的权利。区别于侵害放映权、广播权的行为方式，按照法律规定，侵害信息网络传播权一般是通过上传到网络服务器、设置共享文件或者利用文件分享软件等方式，将作品、表演、录音录像制品置于信息网络中，使公众能够在个人选定的时间和地点以下载、浏览或者其他方式获得。××传媒公司作为该“××传媒”互联网电视业务集成平台的运营者，在该平台“分类－体育－足球－某超”项下向公众提供 2019 赛季某超联赛第 14 轮赛事在线点播服务，使公众可以在个人选定的时间和地点在线观看涉案足球体育赛事，是典型的侵害体育文化公司享有的涉案足球体育赛事录像制品信息网络传播权的行为，依法应当承担相应的侵权责任。

第三，关于侵害录像制品信息网络传播权的赔偿数额如何确定问题。按照我国著作权法的相关规定，侵权人应当按照权利人的实际损失给予赔偿，或者按照侵权人的违法所得给予赔偿，但因知识产权的特殊性，在司法实践中权利人的实际损失和侵权人的违法所得很难确定，几乎都需要由人民法院根据侵权行为的情节酌定赔偿数额。人民法院在酌定赔偿数额时，需要尽可能地查明与诸多酌定因素相关的事实情况，以此作为酌定的基础数据支撑，能够确定的因素越多，综合得出的赔偿数额越公正合理。本案一审法院考虑到涉案体育赛事节目内涵的“独创性”较低，并不构成作品，且被告经营涉案互联网电视业务集成平台的用户数量较少等因素，酌情确定的赔偿数额 3 万元。在二审阶段，法院查明原告体育文化公司实付 2019 赛季某超联赛版权费为 5 亿元人民币，获得授权的 2019 赛季中国足球协会超级联赛包括全部 240 场比赛，每场比赛的授权费用大约 200 万元，加之授权范围包括 31 个省级行政区，故每场比赛平均到每个省的授权费用约为 64500 元。在此基础上，综合考量涉案录像制品内容的知名度、影响力，侵权行为的性质、情节、规模、地域，为制止侵权所支付的合理开支等因素，在法定赔偿限额范围内，酌定传媒公司赔偿经济损失及合理支出 10 万元。

编写人：吉林省长春市中级人民法院　王欣

【《著作权法》第 3 条　受著作权法保护的作品】

14

数据权益的权属判断与分类保护

——计算机公司、甲科技公司诉网络公司、乙科技公司不正当竞争案

【基本信息】

1. 裁判书字号

浙江省杭州市中级人民法院（2020）浙 01 民终 5889 号民事判决书

3. 案由：不正当竞争纠纷

4. 当事人

原告（被上诉人）：计算机公司、甲科技公司

被告（上诉人）：网络公司、乙科技公司

【基本案情】

两原告共同开发运营的个人微信产品，为消费者提供即时社交通信服务。两被告开发运营的“聚××群控软件”，以 Xposed 外挂技术将该软件中的“个人号”功能模块嵌套于个人微信产品中运行，利用个人微信用户的用户账号数据、好友关系链数据、用户操作数据等个人身份数据和个人行为数据，为购买该软件服务的微信用户在个人微信平台中开展商业运营活动提供帮助。两原告诉称：被告方擅自获取、使用两原告享有数据权益的微信数据，构成不正当竞争。故请求判令两被告停止涉案不正当竞争行为、赔偿经济损失 500 万元并刊登声明为两原告消除影响。两被告辩称：涉案数据的数据内容系网络用户提供的用户信息，微信用户信息所形成的涉案数据应当归用户所有，两原告并不享有任何数据权益，无权就此主张权利；被控侵权软件属于创新性竞争，不应被认定为不正当竞争。

【案件焦点】

1. 两原告对于涉案数据是否享用数据权益，是否有权请求获得损害赔偿；2. 两被告的被诉行为是否构成不正当竞争。

【裁判要旨】

杭州铁路运输法院经审理认为：

首先，本案中两原告主张享有数据权益的涉案数据均为微信用户的个人身份数据或个人行为数据系原始数据，并非微信产品所产生的衍生数据。其次，两原告主张数据权益的涉案数据，可以分为两种数据形态：一是单一原始数据个体；二是数据资源整体。就单一原始数据个体而言，数据控制主体只能依附于用户信息权益，依其与用户的约定享有原始数据的有限使用权。使用他人控制的单一原始数据只要不违反“合法、必要、征得用户同意”原则，一般不应被认定为侵权行为，数据控制主体亦无赔偿请求权。就数据资源整体而言，因系网络平台方经过长期经营积累聚集而成，其应当就此享有竞争权益。如果未经数据控制主体许可规模化破坏性使用其数据资源的，数据控制主体有权要求获得赔偿。

本案中，两被告擅自收集、存储或使用微信平台中作为经营性用户微信好友的其他微信用户的个人数据，将导致微信用户对微信产品丧失应有的安全感及基本信任，减损微信产品对于用户关注度及用户数据流量的吸引力，进而会恶化两原告既有数据资源的经营生态，实质性损害两原告对于微信产品数据资源享有的竞争权益，已构成不正当竞争行为。

基于数字经济“开放、共享、效率”的主要价值取向，数字经济条件下的竞争应允许在他人既有网络产品基础上创新性地开展自由竞争。就本案而言，如果两被告是在合法、适度、用户同意的前提下，合理利用微信产品通过自己的创新劳动开发出新的软件产品且能够给予消费者带来全新体验的，这样的竞争行为难谓不正当。但创新竞争，不能以牺牲其他竞争者对于市场发展及消费者福利的贡献力为代价。本案中，微信产品在国内外拥有巨量的活跃用户，其对于市场的贡献力是显而易见的。被控侵权软件虽然提升了少数经营性用户使用微信产品的体验，但恶化了多数用户使用微信产品的体验，如不加禁止会危及微信产品的整体效能发挥与后续发展，进而会影响到广大消费者的福祉。两被告此种所谓创新竞争活动，在竞争效能上对市场整体而言明显弊大于利，难谓系有效率的竞争，并不具有正当性。

综上，杭州铁路运输法院作出如下判决：

一、两被告立即停止涉案不正当竞争行为；

二、两被告共同赔偿两原告 260 万元；

三、两被告在 × × 网等网站刊登声明为两原告消除影响；

四、驳回两原告其他诉讼请求。

两被告不服一审判决提起上诉，后又撤回上诉。

【适用解析】

《中华人民共和国民法典》第一百二十七条规定："法律对数据、网络虚拟财产的保护有规定的，依照其规定。"除此原则性规定外，我国现行法律中对于数据权益的权属及其保护问题并无具体规定。各类数据权益的权属及其边界划分与保护问题，对于司法实践而言是一个立法暂时缺位、学界莫衷一是颇具争议的问题。但面对当事人的诉争，司法不能拒绝裁判，这需要裁判者在分析各类数据资源构成及其价值贡献的基础上，作出合理判断。

一、网络平台方所控制的单一原始数据的权益边界判断与保护

首先，原始数据是将用户信息作数字化处理后，如实记录或载荷用户信息的电子符号。从数据价值形成的贡献比例分析，原始数据所具有的价值在于其所包含的资讯内容，而不在于其表现形式。用户信息在转换原始数据后虽然可以提升信息的利用效率，但并未提升资讯的内在品质，原始数据采集主体在此过程中虽然付出了一定的劳动，但并未提供创造性劳动成果，原始数据采集主体只能享有其劳动所增加的价值而不是原始数据的全部价值，故数据采集主体只能依附于用户信息权享用有限权益。其次，用户信息主体基于人格权保护的需要，其对于原始数据中所包含的个人信息享有自始至终的控制权。如果赋予原始数据采集主体财产权等独立的权益，任由其自由处置原始数据，用户信息主体对于数据中的个人信息将失去控制，势必危及用户信息主体的人格安全。从人格权保护的目的出发，原始数据的控制权应当归于相关网络用户，而非原始数据的实际控制者（平台方）。最后，鉴于网络用户对于其提供于网络运营者的信息一般不具有财产权，如果赋予原始数据财产权，就会造成用户信息主体与原始数据主体间权利义务比例倒挂，导致权益关系严重失衡。

综上，原始数据采集主体的权益边界，应受限于网络用户对其所提供的用户信息的控制，不能享有独立的财产权等权益，只能依其与网络用户的约定享有对原始数据的有限使用权。在无相关信息提供主体明确授权的情况下，数据控制主体对于单一原始数据所享有的使用权并不具有独占性。擅自使用少量由他人所控制的原始数据，除涉嫌侵犯相关用户信息主体数据权益外，与数据控制主体的数据权益无涉，数据控制主体不能因此主张损失赔偿。

二、网络平台方所控制的数据资源整体的权益边界判断与保护

首先，规模化的数据资源系网络运营者投入大量人力、物力，经过长期经营积累而成。其次，巨量单个原始数据聚合在一起所形成的一定规模的数据资源，能够给大数据分析提供必要的样本，给网络运营者带来开发数据衍生产品获取增值利润的机会空间。此种机会价值虽然并不具有财产价值的属性，但作为一项有商业价值的经营资源已具备了竞争利益的属性，数据汇聚主体应当获取该部分增值贡献的成果，并享有数据资源带来的竞争利益。

综上所述，对于数据汇聚主体享有的数据权益虽然不能给予其物权上的积极保护，但仍应从竞争法层面综合考量擅自使用他人数据资源的行为方式与竞争效果是否符合“合法、必要、有效率”的原则，如果有违反法律情形或在竞争效能上对于市场贡献而言破坏性大于建设性的，应当被认定为不正当竞争的，数据汇聚主体有权要求获得损失赔偿。

本案涉及数据权益归属及数据抓取行为正当性认定等影响互联网产业竞争秩序的热点问题，引发社会广泛关注。本案判决对网络用户、数据控制主体、第三方平台三者间的数据权益关系进行了积极探索，在平衡各相关方权益关系的基础上，厘清了不同数据权益间的权利边界，并提出了数据抓取及其使用行为正当与否的基本判断标准和判断方法。在给予网络平台方权利保护的同时，也对其权利加以必要限制，以防止其滥用权利侵害用户信息权益以及形成数据垄断限制其他经营者的自由创新竞争。本案为构建数据权属规则，完善数字经济法律制度提供了可借鉴的司法例证，对促进数字经济创新发展、健康发展具有积极意义。

编写人：杭州铁路运输法院　沙丽

【《著作权法》第3条 作品的独创性】

15

以动物原型作为创作基础的作品独创性认定

——黄某艳诉食品公司侵害著作权案

【基本信息】

1. 裁判书字号

广西壮族自治区桂林市叠彩区人民法院（2020）桂0303民初638号民事判决书

2. 案由：侵害著作权纠纷

3. 当事人

原告：黄某艳

被告：食品公司

【基本案情】

原告黄某艳系一卡通漫画作家。2017年6月6日，原告黄某艳向广西壮族自治区版权局申请将作品名称为“柯基××”作品进行著作权登记，取得了《作品登记证书》，登记号为桂作登字－2017－J－0015××，作品登记类型为图形作品。作品创作完成时间为2016年12月17日，首次发表时间为2017年1月6日。2017年8月23日，原告在甲网站首次发表部分表情包，其网站昵称为“小小黄××”。其中，在《神秘的礼物》——柯基××日常小漫画中发布一幅名为“啊×!”的柯基××漫画图。上述系列表情包图片均由原告在其作品“柯基××”的基础上进行的动图创作，并进行了发表，下载传播使用量较大。原告与其他多家单位签订合同，将“柯基××”动画形象授权给商家用于市场经营使用。

被告食品公司于2018年3月28日登记成立，经营范围为：食品加工销售、饮品制售、创意食品设计、会议服务、品牌拓展咨询、企业管理服务。“×××手工菓子铺”系被告经营的网店。被告网店销售的主要产品为，用狗、猫、熊等动物卡通头像制成的立体棉花糖礼盒。

2019年4月底，被告经公司商议决定推出“柯基×”立体棉花糖礼盒产品。2019年5月，被告的产品设计师根据从网络搜索下载的柯基×实物照片，开始建档制作“柯基×”棉花糖二维底图，经过MAYA软件制成棉花糖模具所使用的三维效果图，最后根据该三维模型制成“柯基×”立体棉花糖。2019年6月28日，被告的网店正式上线销售上述“柯基×”立体棉花糖礼盒。该礼盒为九宫格正方形纸盒，其中放置有五个“柯基×”狗头棉花糖和四个狗屁股棉花糖。方形纸盒内置一卡片，外加套一黄色底色腰封，该卡片及腰封下端均印制有一“柯基×”头像图。被告将上述产品及包装的照片上传至网店进行销售展示及宣传。

原告认为，被告网店内销售的“柯基×”狗头棉花糖系以原告享有著作权的“柯基××”美术作品为原型进行立体变型制作，其行为侵害了原告对“柯基××”美术作品所享有的著作权，遂向法院起诉，要求被告承担侵权责任。原告为本案诉讼支出交通费、住宿费共计697元、律师费15000元，取证费79元。

【案件焦点】

1. 被告生产、销售涉案“柯基×”立体棉花糖产品的行为，是否侵害了原告对涉案作品所享有的复制权、发行权及信息网络传播权，是否应承担侵权责任；2. 原告要求被告停止侵权、赔偿经济损失及维权合理支出是否有事实和法律依据，应否得到支持。

【裁判要旨】

广西壮族自治区桂林市叠彩区人民法院经审理认为：关于争议焦点一，本案中，原告的作品和被告的产品均系以自然界的柯基犬为实物原型而进行的绘画制作创作，故二者具体表达所呈现出的关于上文所述的柯基犬的基本特征，诸如浑圆的脑袋、三角形的耳朵、黄白相间的条纹毛发、黑色的圆眼睛等，均属于上述“思想领域”的范畴，任何人在对柯基犬进行绘画创作时均可以借鉴、使用，不属于抄袭。

原告的作品和被告的产品均系圆润性脸型，整体感观都具有可爱Q萌的形态特征，此系因原告与被告均采用了对动物卡通化设计的手法进行创作，必然导致最终呈现的具体表达效果雷同。而对于用卡通、Q化的手法进行美术作品创作的表达方式，在动物绘画创作领域早已司空见惯，属于已经进入公有领域的具体表达，不能为某个人或部分人所垄断。原告所称的，关于被告产品与原告作品存在诸多雷同的相似要素不应被认定为系被告抄袭原告作品的结果。被告产品的制作存在客观局限性。被告的网店主要销售的是根据各种猫、狗、熊等动物原型进行卡通创作制成的头像立体棉花糖，诸如柴犬、哈士奇犬、博美犬、英国短毛猫等。包括涉案的柯基犬在内的上述立体棉花糖，其尺寸均系3.5×3.5大小，均为动物头部造型，造型简明，整体感观小巧、可爱、Q萌。因被告在涉案“柯基×”产品推出销售前，其网店的主营内容就是制售猫、狗等动物卡通头像立体棉花糖，故被告基于营销考虑，其制作、销售的涉案“柯基×”产品同样需延续其网店原有销售的卡通动物头像棉花糖的制作风格，即小巧可爱、圆润Q萌。另外，上述立体棉花糖的规格均是统一的，其制作均需经过固定模具成型，模具的尺寸、大小决定了被告在设计、制作涉案“柯基×”头像棉花糖时只能采用简单明快的线条和颜色构图，头、脸的形状也只能是圆润形的。基于上述客观的限制因素，被告的产品在最终成型时所呈现出的整体和细节效果与原告的作品产生雷同的感观具有合理性。被告的产品与原告的作品虽然具有相似性，但被告的产品系其独立设计、创作完成，并非对原告作品的抄袭，具有独创性。故被告制作、销售涉案“柯基×”立体棉花糖的行为不构成对原告对“柯基××”美术作品著作权的侵害。对原告主张被告生产涉案棉花糖产品侵害了其对“柯基××”美术作品复制权、发行权及信息网络传播权的诉讼主张，法院则不予确认支持。

关于争议焦点二，首先，被告应向原告承担停止侵权的民事责任。根据《中华人民共和国著作权法》（2010年）第四十八条的规定，未经著作权人许可，通过信息网络向公众传播其作品的，应当根据情况承担停止侵权、赔偿损失等民事责任。本案中，被告使用原告享有权利的“啊×!”作为其棉花糖产品的外包装腰封和卡片进行网络宣传、销售的行为构成著作权侵权，故原告要求被告立即停止侵权行为、赔偿经济损失及维权合理支出的诉讼请求，符合案件事实和法律规定，法院予以确认支持。

其次，原告诉请的经济损失赔偿数额过高。根据《中华人民共和国著作权法》（2010 年）第四十九条的规定："侵犯著作权或者与著作权有关的权利的，侵权人应当按照权利人的实际损失给予赔偿；实际损失难以计算的，可以按照侵权人的违法所得给予赔偿。赔偿数额还应当包括权利人为制止侵权行为所支付的合理开支。权利人的实际损失或者侵权人的违法所得不能确定的，由人民法院根据侵权行为的情节，判决给予五十万元以下的赔偿。"《最高人民法院关于审理著作权民事纠纷案件适用法律若干问题的解释》（2002 年）第二十五条第一款、第二款规定："权利人的实际损失或者侵权人的违法所得无法确定的，人民法院根据当事人的请求或者依职权适用著作权法第四十八条第二款的规定确定赔偿数额。人民法院在确定赔偿数额时，应当考虑作品类型、合理使用费、侵权行为性质、后果等情节综合确定。"

本案中，原告对其因被告侵权所造成的损失及被告获利均未提供证据证实，法院对原告的实际损失或被告的违法所得均难以确定。故法院根据以下因素对原告主张的损失赔偿进行综合考量：

第一，涉案作品的类型及市场知名度。涉案作品为美术作品，原告提供的授权合同等材料能够证明，涉案作品已经作为商业经营进行市场宣传、营利使用，具有了一定的市场知名度。

第二，涉案作品的发表、传播成本。涉案作品系作者在互联网开发、共享高度发达的时代背景下创作完成，其将涉案作品上传于某平台，使得涉案作品能以较快速度广泛、大量传播，故其发表及传播的成本较低。

第三，被告的侵权情节。被告将被控侵权图片用作产品包装腰封和内置卡片，且将该侵权图片与产品实物放置一起进行拍照，而后上传至网店页面进行产品广告推广、宣传。鉴于被告生产的"柯基×"棉花糖产品与原告的"柯基××"作品存在相似性，被告的行为极易使消费大众对被告的市场经营与原告的权利作品的商业经营产生关联联想，且被告的产品经过明星购买宣传，已经取得较好的市场效应，故被告的侵权行为给原告享有权利的"柯基××"作品的商业价值造成了一定程度的负面潜在影响。综合上述考量因素，法院对原告主张的经济损失赔偿酌情确定为 8000 元。

第四，原告的维权合理支出。原告主张的维权支出为 15776 元。法院认为，原告为本案诉讼聘请了律师，其主张的差旅费数额不高，均属维权支出的合理项目内容。但因原告已在诉前进行了证据保全和调查，其对涉案作品能够获得司法保护的具体程度应有合理预期，故应对律师费成本作出合理估算。因法院对原告主张的经济损失仅酌情确定为8000元，故对原告主张的维权支出的合理费用则酌情确定为5000元。综上所述，原告要求被告停止侵权，赔偿经济损失及合理支出共计1.3万元的诉讼请求，符合案件事实和法律依据，法院予以确认支持。

广西壮族自治区桂林市叠彩区人民法院依照《中华人民共和国著作权法》（2010年）第三条第四项，第十条第一款第五项、第六项、第十二项、第二款，第十一条，第四十七条第七项，第四十八条第一项，第四十九条，《最高人民法院关于审理著作权民事纠纷案件适用法律若干问题的解释》（2002年）第七条、第十五条、第二十五条、第二十六条，《最高人民法院关于审理侵害信息网络传播权民事纠纷案件适用法律若干问题的规定》（2012年）第三条之规定，判决如下：

一、被告食品公司于本案判决生效之日起立即停止使用侵害原告黄某艳享有著作权的美术作品“啊×！”的图片进行相关产品的宣传和销售等的行为；

二、被告食品公司赔偿原告黄某艳包括维权合理支出在内的经济损失共计1.3万元；

三、驳回原告黄某艳的其他诉讼请求。

【适用解析】

独创性是构成作品的实质性要件。独创性针对的系作品的具体表达形式，并不涉及作品内容含义的深浅、意境的好坏等思想层面。独创性并非思想、内容的完全独创，新作品可以使用已有作品的思想、内容信息、创作手法等，只要新作品不是对已有作品进行完全的或实质性的模仿，其就具有独创性。《中华人民共和国著作权法》（2020年）第三条更进一步地明确了“作品”的具体含义，即系在文学、艺术和科学领域具有“独创性”并能以一定形式表现的智力成果。但对“独创性”的具体判定标准仍未明文规定，故司法实践中仍存在较大的裁量余地和伸缩空间。

我国司法实践中，对是否抄袭他人享有著作权作品的判定，普遍遵循的判断规则为“接触+实质性相似”。在具体的个案审理中，判断两个作品是否构成实质性相似，一般应将作品中受著作权法保护的独创性部分与被控侵权作品的相应部分进行比对，通过整体感观、抽象分离等方法进行判定。

经过比对，权利作品与被控侵权作品在客观具体表达上具有相似性，但我国法律并不禁止创作偶合的存在，允许不同的作者在不同的时间内创作出相同或实质性相似的作品并享有各自的著作权，但前提是，这种相同或实质性相似应基于独立创作的完成。

本案中，原告的作品和被告的产品均系以自然界的柯基犬为实物原型而进行的绘画制作创作，故二者具体表达所呈现出的关于柯基犬的基本特征均属于“思想领域”的范畴。因原、被告均采用了对动物卡通化绘画的手法进行创作，必然导致最终呈现的客观表达效果雷同。而对于用卡通、Q化的手法进行美术作品创作，在动物绘画创作领域早已司空见惯，属于已经进入公有领域的具体表达，不能为某个人或部分人所垄断。故被告产品与原告作品存在诸多雷同的相似要素不应被认定为系被告抄袭原告作品的结果。

本案的审理充分发挥了知识产权的司法能动性，在秉持“加强保护”这一基本司法保护定位的前提下，充分考虑了“适度保护”问题，使保护边界与保护强度相适应，为文化产业领域的创新和发展营造良好环境和创造有利空间。本案的审理充分体现了保护知识产权与促进创新、推动产业发展与和谐统一的司法理念。

编写人：广西壮族自治区桂林市叠彩区人民法院　曾臻

【《著作权法》第3条　著作权的客体：视听作品】

16

音像制品的著作权保护

——管理协会诉娱乐中心著作权权属、侵权案

【基本信息】

1. 裁判书字号

江西省吉安市中级人民法院（2019）赣08知民初36号民事判决书

2. 案由：著作权权属、侵权纠纷

3. 当事人

原告：管理协会

被告：娱乐中心

【基本案情】

文化传播公司是《×××的感觉》等135首音像作品的著作权人。管理协会与文化传播公司于2012年3月6日签订了1份《音像著作权授权合同》，约定："……第二条 授权。1. 乙方同意将其依法拥有的音像节目的放映权、复制权（前述二者仅限卡拉OK经营场所）、广播权信托甲方管理，以便上述权利在其存续期间及在本合同有效期内完全由甲方行使。上述权利包括乙方过去、现在和将来自己制作、购买或以其他任何方式取得且有权做此授权的权利。2. 乙方不得自己行使或委托第三人代其行使在本合同有效期内约定由甲方行使的以上权利。唯就广播权的部分，得不受本条款的限制。3. 甲方依本合同取得乙方的授权仅限于在中华人民共和国大陆地区（不含台湾、香港和澳门地区）使用……第四条 权利管理。1. 甲方对乙方的权利管理，是指同音像节目的使用者商谈使用条件并发放使用许可，征集使用情况，向使用者收取使用费，根据使用情况向乙方分配使用费。上述管理活动，均以甲方的名义进行。2. 为有效管理乙方授予甲方的权利，甲方有权以自己的名义向侵权使用者提起诉讼，乙方于合理范围内有义务协助进行诉讼……第九条 合同期限。本合同自2012年1月1日起生效，有效期为三年。至期满前六十日乙方未以书面形式提出异议，本合同自动续展三年之后亦照此办理。"

为简化该合同约定申报音像节目登记表的程序，文化传播公司于同日出具1份《授权委托书》，授权文化传播公司代为向管理协会申报音像节目登记表，音像节目登记表加盖受托人合同专用章即为有效，与委托人申报具有同等法律效力。2015年1月28日，文化传播公司根据《音像著作权授权合同》第九条的约定，同意合同自动顺延三年，直至2017年12月31日。文化传播公司于2017年12月4日出具声明1份，声明其与管理协会签订的《音像著作权授权合同》自动顺延三年，直至2020年12月31日。

2019年6月10日19时，管理协会的委托代理人到娱乐中心以普通消费者的身份进行消费，通过该包房内的音像作品点播机点播了涉案音像作品135首，并用手机对全过程进行实时拍摄，并将拍摄内容制作成了U盘，U盘内容与现场情况相符。管理协会为上述取证行为支付了场所消费费用440元。管理协会为包括本案在内的17件案件诉讼共支付了复印费510元。

另查明，娱乐中心是2015年7月28日成立的个体工商户，经营范围为KTV服务。

【案件焦点】

管理协会对涉案主张权利作品是否享有著作权，其主张被告娱乐中心赔偿损失及赔偿数额是否有事实和法律依据。

【裁判要旨】

江西省吉安市中级人民法院经审理认为：管理协会起诉时向本院提交了社会团体法人登记证书等文件，证实了其系依法成立的音像著作权集体管理组织。管理协会作为经批准成立的音像著作权集体管理组织，依据其与文化传播公司签署的《音像著作权授权合同》，在授权有效期内，有权管理涉案音像作品，并以自己的名义对侵犯涉案音像作品权利的行为提出主张。根据现有证据，管理协会提交的U盘中的涉案音像作品的名称和权利人署名均与文化传播公司制作的同名音像作品内容相同，娱乐中心并未提交相反的证据予以反驳。因此，可以确认管理协会提交的涉案U盘中的音像作品是文化传播公司授权管理协会管理的作品，故管理协会是本案适格的原告。

关于娱乐中心的行为是否构成侵权的问题。著作权及其有关的权益受法律保护，未经相关权利人许可或授权，不得侵犯他人著作权及其相关的权益。管理协会经文化传播公司授权取得涉案音像作品著作权有关的放映权、复制权，娱乐中心在未经相关著作权人许可或管理协会授权的情况下，以营利为目的播放涉案音像作品的事实清楚，应予以确认。娱乐中心辩称其点播系统系合法购买的，但其未提供相应的证据予以证实。因此，娱乐中心在未经管理协会许可的情形下，通过其点唱系统向消费者提供涉案电视音乐作品的KTV服务，侵犯了录音录像制作者管理协会的权利，依法应当承担停止侵权、赔偿损失的法律责任。

关于娱乐中心应否赔偿管理协会的损失及维权费用及赔偿数额如何确定的问

题。我国著作权法对侵权赔偿数额确定的原则是，以权利人的实际损失或者侵权人的违法所得为赔偿依据。权利人的实际损失或者侵权人的违法所得不能确定的，由人民法院根据侵权行为的情节，判决给予 50 万元以下的赔偿。赔偿数额还应当包括权利人为制止侵权行为所支付的合理开支。娱乐中心系 2015 年 7 月 28 日成立的个体工商户，其未到庭发表答辩意见，亦未提交证据，视为其放弃了相应的诉讼权利。鉴于管理协会不能就自己所受损失或娱乐中心违法所得提供相应证据，故综合考虑涉案音乐电视作品的流行程度、娱乐中心的主观过错程度、其 KTV 业务的经营时间、经营规模、侵权时间、经营地所属区域的消费水平等因素，确定管理协会因娱乐中心的侵权行为遭受的经济损失的金额。因此，综合本案实际情况，本院酌定娱乐中心赔偿管理协会经济损失的金额为 20000 元。管理协会因制止侵权所支付的消费费用 440 元、复印费 30 元，合计 470 元属于合理的费用，根据相关法律规定，娱乐中心亦应承担赔偿责任。

江西省吉安市中级人民法院依照《中华人民共和国著作权法》（2010 年）第八条第一款、第十一条、第四十七条第一款第八项、第四十八条第四项、第四十九条，《最高人民法院关于审理著作权民事纠纷案件适用法律若干问题的解释》（2002 年）第二十五条第二款，《中华人民共和国民事诉讼法》（2017 年）第一百四十四条之规定，判决如下：

一、被告娱乐中心于本判决生效之日起立即停止侵权，并从音像作品库点播系统中删除《×××的感觉》等 135 首音像作品；

二、由被告娱乐中心于本判决生效之日起 10 日内赔偿原告管理协会经济损失 20000 元；

三、由被告娱乐中心于本判决生效之日起 10 日内赔偿原告管理协会为制止侵权而支出的合理费用 470 元；

四、驳回原告管理协会的其他诉讼请求。

【适用解析】

一、修正后的著作权法引入惩罚性赔偿和最低赔偿额制度，体现了最严格保护知识产权的价值导向

要实现国家治理体系和治理能力现代化，全面建设社会主义现代化国家，加快我国从知识产权引进大国向知识产权创造大国转变，就必须严格执行惩罚性赔偿和最低赔偿额制度。

在实践中，举证难、周期长、成本高、赔偿低是触及著作权法领域的“疑难杂症”，维权困难会导致一部分权利人对维权抱以消极态度，同时又难以对潜在的侵权者起到震慑作用，当侵权赔偿额无法覆盖维权费用时，某种程度上会造成鼓励侵权的不良后果，修改后的著作权法有望能“毕其功于一役”，根治该“病症”。

修改前的著作权法对侵权赔偿数额确定的原则以权利人的实际损失或者侵权人的违法所得为赔偿依据。权利人的实际损失或者侵权人的违法所得不能确定的，由人民法院根据侵权行为的情节，判决给予 50 万元以下的赔偿。本案中，原告管理协会无法就其所受损失或娱乐中心违法所得提供相应证据，故法院综合考虑涉案音乐电视作品的流行程度、娱乐中心的主观过错程度、其 KTV 业务的经营时间、经营规模、侵权时间、经营地所属区域的消费水平等因素，最后酌定管理协会因娱乐中心的侵权行为遭受的经济损失的金额为 20000 元。

修法后的著作权法提高了法定赔偿额，引入了惩罚性赔偿原则，即对于故意侵权、侵权情节严重的情况，法院可以判决给予权利人的实际损失、侵权人的违法所得、权利人的权利使用费的一倍以上五倍以下的倍数赔偿。同时还将法定赔偿数额的上限从 50 万元提高到 500 万元，并设定了法定赔偿额的下限 500 元。这样的新设计，对可能产生的侵权行为将产生强大的震慑作用，有效遏制侵权行为的发生，权利人维权将不再“得不偿失”。可以预见，这样的修改将有助于化解著作权纠纷引发的大量纠纷，同时与商标法、专利法、反不正当竞争法等知识产权法律步调一致，形成全社会对知识产权侵权的统一打击态势，将更有利于优化线上、线下作品创作、传播、管理、保护的环境。

《中华人民共和国著作权法》（2020 年）第五十四条的修改，体现了国家进一步严厉打击严重恶意侵权行为、显著提高侵权成本、最严格保护知识产权的司法导向，让权利人损失得到充分赔偿，使侵权人无利可图，对社会公众增强法治意识、责任意识，加大知识产权保护力度，具有极强的示范效应。

二、将电影和类电作品修改为视听作品，既与《视听表演北京条约》相衔接，又充分考虑到了影视行业繁荣发展产生的重要权属约定新趋势

在著作权法保护对象上，原著作权法关于“电影作品”的表述源于《保护文学和艺术作品伯尔尼公约》，该公约第2（1）条规定了“电影作品和以类似摄制电影的方法创作的作品”[①]，有学者认为，此处的“cinematographic works”的正确翻译应为“电影以及以类似电影的方法‘表现’的作品”，强调“表现”（expressed）的概念，即指表现形式上类似于电影的作品，并不对摄制的方法或工艺作出任何限定性的要求。[②] 二者在翻译和理解上的差异导致在司法审判中，法院对音乐电视、现场直播的综艺节目、体育赛事节目等在著作权法上的定性意见不一。

《中华人民共和国著作权法实施条例》（2013年）对于电影和类电作品的定义是“摄制在一定介质上，由一系列有伴音或者无伴音的画面组成，并且借助适当装置放映或者以其他方式传播的作品”，主要强调“摄制”。某一作品能否作为电影和类电作品保护主要是看其是否以“摄制”电影的方式完成。本案中的音像作品是指一种由制片人组织演唱者、乐队以及其他表演者进行表演而制作的供电视播出的音乐片。在这类音乐片里，音乐与画面融为一体，营造了鲜明、和谐的视听氛围。著作权法的根本宗旨是鼓励创作，因此只有经过“独立创作”并达到“最低限度智力创造性”标准的劳动成果方能受到知识产权作品的保护。很多音像作品画面的摄制凝结了剧本作者、导演、演员、电脑特技师等诸多人员的智力创作，完全符合“独创性”要求，理应作为作品受到保护。但是，原著作权法采用限定式立法模式，只有符合该法第三条所列举的作品类型才能获得保护，许多视频类作品不得不作为“录像制品”以寻求相邻权获得有限的保护，抬高了保护的门槛，不利于影视行业的蓬勃发展。实际上，世界知识产权组织（WIPO）编写的《伯尔尼公约指南》明确指出，对于此类作品的定义并不考虑电影创作的“种类、长度、制作方式、工艺方法、用途如何”，“不论在哪种情况下，屏幕上所显示的都应当受到同样的保护”。

修改后的著作权法将“电影和以类似摄制电影的方法创作的作品”修改为“视听作品”，既与《视听表演北京条约》相衔接，也充分考虑到了影视行业繁荣

① 商务部网站上公布的《伯尔尼公约》的官方译本将其译为“电影作品或以与电影摄影术类似的方法创作的作品”，原文为“cinematographic works to which are assimmilated works expressed by a process analogous to cinematography”。

② 胡红云：《著作权法中电影作品的界定及作者精神权利的保护——以中日著作权法制度为中心》，载《知识产权》2007年第2期。

发展产生的重要权属约定新趋势。这一修改绝非仅仅表述的变动，还预示着对该作品类型判定方法的变革，实际上在一定程度上扩大了法律保护的影视作品范围。即影视行业，除了电影作品、电视剧作品以外的其他符合作品特征的智力成果，只要具备视听属性，就能够作为“视听作品”得到著作权法的保护。这一修改回应了实践中不同于电影作品和类电作品的音像作品、直播、短视频和网络游戏画面等新型视听作品的保护需求，使得影视行业更多类型的作品有可能作为“视听作品”得以保护，为影视行业新类型作品开辟了法律保护路径，必定会促进影视行业内容创作的繁荣与发展。

此外，原著作权法采用列举式，规定了八类具体的作品类型，同时设定了一个兜底条款，即“法律、行政法规规定的其他作品”，《中华人民共和国著作权法实施条例》（2013 年）则进一步规定了作品的定义。但是在实践中，要求保护的客体是先界定作品类型，还是先界定是否属于作品，意见不统一。同时，近年来新出现的一些作品类型，无法划入法定作品类型，只能进入“兜底条款”，这容易造成是否构成作品的争议甚至导致其无法受到法律保护。修改后的著作权法对于保护对象采用开放式立法模式，对所有“文学、艺术和科学领域内具有独创性并能以一定形式表现的智力成果”均给予保护，即使不在列举的作品类型清单之内也可以获得保护，这样的规定更趋合理，更容易判断和界定，更有前瞻性和预见性，可以将近年来实践中新出现的一些作品类型纳入保护。

这次修法顺应了时代发展的要求，回应了科技和经济社会发展提出的许多挑战，明晰了音像作品创作、传播、使用、管理、保护的法律边界和法律责任，这将有利于影视行业的蓬勃发展。

三、修正后的著作权法增加集体管理组织的调解职能，回应了长期以来社会对集体管理组织的诸多关切

《中华人民共和国著作权法》（2020 年）第八条是著作权集体管理专门条款，明确了著作权集体管理组织的性质即非营利性法人，增加了集体管理组织的调解职能，明确集体管理组织与使用者就使用费率发生纠纷时的解决机制，以及集体管理组织的公示义务和主管部门的监督管理，增加了工作透明度与监管。这是规范著作权集体管理组织健康发展的重要机制，回应了长期以来社会对集体管理组织的诸多关切。

以往的实践中，广大权利人遇到的典型问题就是举证难、维权难、司法审判赔偿低等，现在著作权法规定了惩罚性赔偿，提高了法定赔偿额上限。该法第五十四条还规定了举证妨碍制度，法院为确定赔偿数额，在权利人已经尽了必要举证责任，而与侵权行为相关的账簿、资料主要由侵权人掌握的，可以责令侵权人提供与侵权行为相关的账簿、资料等；侵权人不提供，或者提供虚假的账簿、资料的，法院可以参考权利人的主张和提供的证据判定赔偿数额。

著作权主管部门在查处涉嫌侵权案件时，不但有权询问当事人、调查、现场检查、查阅、复制合同、发票、账簿等有关资料，还有权对涉嫌违法行为的场所和物品，进行查封或扣押。权利人在诉前向法院申请采取财产保全时，还可以申请法院责令作出一定行为或者禁止作出一定行为等措施。这些规定有利于集体管理组织依法加强对会员合法权益的保护，增强了集体管理组织服务会员的底气。体现了国家坚决遏制知识产权侵权行为、加大对侵权行为的惩罚力度、保护创新和发展的决心。通过对权利人的充分保护，在全社会营造“尊重知识、崇尚创新、诚信守法”的良好法治氛围。

编写人：江西省吉安市中级人民法院　张龙飞

【《著作权法》第10条　著作权的内容】

17

游戏规则可版权化分析

——甲科技公司诉乙科技公司等侵犯著作权及不正当竞争案

【基本信息】

1. 裁判书字号

浙江省杭州市中级人民法院（2020）浙01民终7422号民事判决书

2. 案由：侵犯著作权侵权及不正当竞争纠纷

3. 当事人

原告（上诉人）：甲科技公司

被告（上诉人）：乙科技公司

被告（被上诉人）：吕某、林某

【基本案情】

《××之滨》游戏是甲科技公司自主研发、运营的手游，国内知名度高，用户数量庞大。《××之滨》是一款同一服务器的数千玩家共同存在于一张大图中，每个玩家拥有自己的主城与土地，通过搭配武将和武将战法不断战胜土地上的敌方守军，实现领土扩张并获取更多的资源，和同盟成员一起攻城略地，在赛季结束时占领城池，获得一统天下胜利的策略类游戏，是国内知名度极高的策略游戏。《××之滨》游戏中的战法是武将在战斗中可以使用的特殊战斗招式，战法分为武将自带战法和习得战法，武将战法文字描述与武将卡牌有固定对应关系，形成机密联系的有机整体，凝聚了作者的创造力和智力活动，具有独创性。甲科技公司主张乙科技公司开发运营的《××模拟器》抄袭《××之滨》游戏相关文字内容及图片，严重侵犯甲科技公司的著作权，同时也主张《××模拟器》提供队伍配置、模拟对战、阵容评分和模拟配将等功能，与《××之滨》游戏各个赛季相匹配，完全模拟《××之滨》相关游戏内容，玩家使用《××模拟器》会严重缩短游戏产品寿命，给使用者带来不正当优势，严重违背公平、诚信原则和商业道德，破坏了公平竞争的市场秩序，属于不正当竞争行为，吕某、林某应当与乙科技公司承担连带责任。

【案件焦点】

游戏规则能否作为文字作品保护。

【裁判要旨】

杭州互联网法院经审理认为：《××之滨》游戏对武将的选择及战法具体文字表达独创性较高，武将战法选择具有典型性、贴合开荒进攻的要求又契合三国类游戏开荒战法的玩法规则，战法名称及战法说明的概括总结简练、直白，方便游戏玩家记忆、操作又有历史典故，凸显人物的个性特点，故《××之滨》游戏武将战法文字内容中根据三国历史故事并结合三国类开荒战法游戏规则创作而成具有独创性的部分符合著作权法文字作品的要求；甲科技公司享有权利的 154 副卡牌角色图片制作精美、风格典雅，以线条、色彩为主线，并以三国中的历史人物为创作原型，每个角色的外形、衣服、动作、背景、道具等结合角色人物特征进行了细致描绘，角色动作体现出每个角色的性格特点，属于著作权法意义上的美术作品；结合《××模拟器》运行的目的、手段、损害后果等因素，《××模拟器》为玩家提供模拟训练平台是有利于游戏玩家的行为，且××模拟对战系统也系自主研发，其行为并不存在明显的反不正当竞争法上的不正当性或可责性。

杭州互联网法院依照《中华人民共和国侵权责任法》（2009 年）第十五条，《中华人民共和国著作权》（2010 年）第十条、第四十八条第一项、第四十九条，《中华人民共和国反不正当竞争法》（2019 年）第二条之规定，判决如下：

乙科技公司立即停止对甲科技公司《××之滨》游戏 472 条武将战法文字作品、154 副武将卡牌美术作品的侵权行为，乙科技公司就被控著作权侵权行为赔偿甲科技公司 150 万元，并驳回不正当竞争诉请。

甲科技公司、乙科技公司均向杭州市中级人民法院提起上诉。浙江省杭州市中级人民法院经审理后认为：《××模拟器》中涉案 472 条武将战法文字内容包含战法名称、战法类型、有效距离、发动概率、目标类型、战法说明等条目，与《××之滨》的设定完全一致，文义无实质性差别，《××之滨》游戏武将战法文字内容符合文字作品独创性的要求；将《××模拟器》中的武将卡牌形象与《××之滨》的 154 副武将卡牌形象相比，《××模拟器》虽以卡通动漫人物形式呈现不同的表现风格，但未改变两者武将卡牌角色形象相似的本质，构成侵权；《××模拟器》虽客观上存在对《××之滨》的干扰，但上述模式并不像作品或发明专利一样受到专有权利的保护，且此类干扰是所有提供游戏经验、攻略、技巧的行为都具有的，并未超过必要的限度，故亦不能认定乙科技公司的被诉行为违反了公认的商业道德和诚实信用原则，不正当竞争诉请不能成立。

浙江省杭州市中级人民法院依照《中华人民共和国民事诉讼法》（2017 年）第一百七十条第一款第一项之规定，判决如下：

驳回上诉，维持原判。

【适用解析】

关于武将战法等游戏规则能否通过著作权法保护，我国司法经历了一个从完全否定到部分肯定的变迁过程，可版权化之路仍在探索之中。

法院“一涉及游戏规则就一概划到思想的范畴而不予著作权法保护”的观念正在转变。部分学者将游戏设计分为游戏的体验、构成游戏的元素、元素支撑的主题、游戏的改进、游戏机制、游戏中角色、游戏设计团队、如何开发好的游戏、如何推销游戏、设计者的责任等不同模块，几乎涵盖了游戏从底层引擎到外部可视化资源在内的所有内容。由此可知，“游戏设计”是一个可以总揽游戏从内到外，从声效等直接感官因素到世界观、玩法规则等包含逻辑思维因素等设计要素的全称。著作权法已经将游戏设计中部分明显可以保护的部分纳入保护范围，如作为角色形象、游戏场景、游戏大地图的美术作品，作为游戏人物对白、角色简介描述、情节介绍等的文字作品，作为过场动画的影视作品以及作为背景音乐的音乐作品，甚至是作为类电影作品、体现一定剧情发展的游戏整体画面。相对而言，“游戏规则”是“游戏设计”的组成部分，重点体现为玩法规则，玩法规则能否版权化存在争议。

著作权法不保护抽象的思想、方法，只保护对思想的具体表达，是著作权法的基本原则。在许多情况下，作品中的思想与表达的分界点并不十分清晰，也无法实现确定一个划分的基本原则，只能进行个案判断。排除法无疑是一个实践中可以运用的方法，包括创意、素材或共有领域的信息、创作形式、必要场景或有限表达等，都可视为思想、情感、方法而不属于表达。比如，王迁老师指出“节目模式”属于一种节目的制作方法，其本质上仍然属于思想创意的范畴，因此无法获得著作权法的保护。①

游戏设计中的“游戏规则”并不能简单纳入著作权法“思想—表达二分法”中的“思想”，游戏设计中的“规则”仅顶层规则部分可确定被纳入“思想—表达二分法”中的“思想”，其他规则部分则需要具体情况具体分析，且大部分与表达结合的部分均可以通过著作权法进行保护。无论何种作品类型，其实“思想”和“表达”的界限都是模糊的，它们的关系并不是黑与白的关系，而是“量变—质变”的关系，当思想的描述具体到一定程度，那么它就构成了表达；同理，当表达

① 参见王迁：《知识产权法教程》，中国人民大学出版社2021年版，第85页。

抽象到一定程度，它就沦为了思想。笔者认为，考虑到目前网络游戏发展迅猛，某些游戏规则的可版权性尚属于可探讨但需谨慎实践的状态，在部分游戏权利人已经在寻求将游戏规则作为技术方案保护的局势下，似乎也不需要太纠结于“表达”这层表皮，故游戏规则可以作为文字作品保护。

编写人：杭州互联网法院　叶胜男

【《著作权法》第10条　著作权的内容】

18

艺术品收藏者应确保其结集出版的藏品为作者真迹

——王某亮诉黄某海、出版社侵害著作权案

【基本信息】

1. 裁判书字号

江西省高级人民法院（2020）赣民终138号民事判决书

2. 案由：侵害著作权纠纷

3. 当事人

原告（上诉人）：王某亮

被告（上诉人）：黄某海

被告：出版社

【基本案情】

王某凡（1888—1961）系“珠山八友”之一，中国陶瓷美术大师，近代景德镇市杰出陶瓷绘画艺术家，是将国画艺术和诗、书、画、印运用到陶瓷艺术上的杰出代表。黄某海著有《珠山八友瓷画大系》，并由被告出版社出版发行，该书刊登了36件署名为王某凡的作品。原告王某亮（王某凡之孙）认为该36件作品中有17

件作品系假冒品，黄某海及出版社严重侵犯了王某凡的署名权，遂向法院提起诉讼。本案原一审审理过程中，王某亮就涉案的17件作品中的5件题款字迹是否系王某凡字迹向景德镇中级人民法院提起鉴定申请。经甲司法鉴定中心鉴定，该5件作品题款并非王某凡笔迹。景德镇中级人民法院于2017年11月15日作出民事判决，宣判后，原告王某亮及被告黄某海不服，均提起上诉。江西省高级人民法院于2018年8月14日作出民事裁定，以王某凡作品目前具有较高的市场价值，对其真伪的判断应委托国家权威鉴定机构进行，以防止因鉴定问题可能引起的其他严重后果为由将本案发回重审。重新立案后，江西省景德镇市中级人民法院依法委托乙司法鉴定中心就前述5件陶瓷作品题款进行笔迹鉴定，认定并非王某凡笔迹，据此认定该5件陶瓷作品并非王某凡作品。法院判定黄某海构成侵权，应停止侵权并销毁相应图片，赔礼道歉。

【案件焦点】

1. 本案是否违反“一事不再理”原则；2. 陶瓷作品落款笔迹鉴定结论能否认定作品真伪；3. 侵权责任的认定。

【裁判要旨】

江西省景德镇市中级人民法院经审理认为：江苏省南京市中级人民法院的系列案件是黄某海诉王某亮等名誉权纠纷案件。支持黄某海诉请的主要理由为王某亮等在无事实依据下的评价已构成对黄某海名誉权的侵害。本案系著作权权属、侵权纠纷案件。江苏省南京市中级人民法院的系列案件与本案基本事实及诉讼标的均不相同，本案并不违反“一事不再理”原则。

法院依法指定委托乙司法鉴定中心进行鉴定，并就相应检材及比对样本依法组织双方进行了质证。司法鉴定意见是在原告王某亮提出申请，由法院指定委托的情况下依法作出，客观、真实，合法、有效，可以作为认定案件事实根据。

署名权属著作权中的人身权，即在相应作品上表明作者身份，属上作者名字的权利，且保护期是不受限制的。作为艺术品收藏者，若将其藏品进行拍照结集出版，则须具备一定的鉴赏能力，应确保向公众出版展示的作品为作者真迹，若以赝品进行出版，则侵犯了著作权人的署名权。

王某亮、黄某海均不服一审判决，遂提起上诉。江西省高级人民法院经审理认为：本案与黄某海在江苏省南京市中级人民法院的诉讼一为著作权侵权诉讼，另一为名誉权侵权诉讼，其诉讼标的不同；一是确认被诉作品的真伪及是否构成侵权的问题，二是确认刊登或发表的负面评论文章是否有事实根据，是否对黄某海的社会评价产生负面影响构成侵权的问题。即使本案认定涉案5件作品构成著作权侵权，亦不能否定前述名誉权侵权案判决的效力。本案不属于重复立案。

被诉侵权作品画作，系在瓷板、瓷瓶上完成，画面由画、诗、书、印构成，一审鉴定根据画作中书法笔迹的比对，得出被诉侵权王某凡作品与中国陶瓷博物馆馆藏王某凡作品字迹不是出自同一人的笔迹，不是同一人书写的结论；黄某海在2016年4月29日的听证会上曾陈述“珠山八友那时候都是自己题的字，没有人代写的字”，据此，应认定被诉侵权王某凡作品系伪作。黄某海认为题跋系代写，非王某凡亲笔，但对被诉侵权作品的整体又拒绝再次司法鉴定，依据现有证据，认定被诉侵权作品系伪作并无不当。黄某海将涉案被诉作品图片结集出版，并署“王某凡作品”，构成对王某凡署名权的侵犯。一审判令停止侵权，销毁被诉图片正确。

【适用解析】

陶瓷艺术品市场乱象丛生，存在大量冒名大师作品，严重扰乱了市场秩序。对陶瓷艺术品真伪的鉴别，需要极高的艺术素养和鉴赏能力，而普通消费者及收藏者往往难以分别真伪。本案涉及对已故注明陶瓷大师作品真伪的认定，以及艺术品收藏家对藏品结集出版应确保真实性的原则的确认。在目前国内的司法鉴定机构尚不具备从绘画风格和器型鉴定陶瓷艺术品真伪能力的前提下，本案的判决结果为判断陶瓷艺术品真伪提供了一个视角或方式，即鉴定比对陶瓷艺术品上作者题款的笔迹。

一、陶瓷作品著作权保护的特殊性

陶瓷作品兼具绘画、书法及雕塑之特性，其通过外在造型及附着其上的绘画、文字，达到视觉审美的效果。一件陶瓷作品若要纳入著作权法保护范畴，则需其外在造型或附着釉面的绘画具有独创性，且不与社会精神文明、公共利益相悖，能够与同领域或相近领域内的现有的其他物品相区分，且该种区别是让一般人所能够具体感知到的。在著作权法所列举的作品类型中，陶瓷作品可归入美术作品范畴，即通过绘画、书法、雕塑等以线条、色彩或者其他方式构成的有审美意义的平面或立体的造型艺术作品。

作品的呈现依托于陶瓷，并以之为载体。陶瓷作品，通过其特有的外观造型充分展现创作者的思想或情感表达。市场上销售的成品陶瓷作品，以白胎素面形式存在的较少，大多会在陶瓷釉面绘有各种图案和题字落款。画面主题多从民间故事、文学作品中汲取，绘制人物故事；也有从国画中吸收营养，绘制花鸟虫鱼、山水田园等，且多取吉祥富贵之寓意。在多数情况下，陶瓷表面的绘画与书法才是其价值所在，如瓷板画、瓷瓶等。工艺美术大师、陶瓷大师亦多以其瓷画技艺闻名，其构图精巧、笔触细腻，让瓷画灵动有生气。影响作品最终成型的因素有很多。陶瓷作品的最终展现的效果受到创作人的水平、陶瓷器型、烧制工艺等诸多因素的影响，且每一环节因素对最终效果的影响都至关重要。在陶瓷上绘画比普通的纸面绘画难度更大，创作者在创作时需要充分考虑颜料选择、瓷器釉面、器型及表面曲率等因素。在绘画完成后，陶瓷作品还需要经过高温烧制才能最终定型，而炉温过高或过低均会导致陶瓷作品的最终完成效果无法达到创作时的要求。

陶瓷行业内，各创作者之间往往会相互借鉴。判断作品是否具有独创性，需要与市场相似作品进行画面线条、构图、颜色等相比对，一般应采取最低限度的证明标准，即作品的表达形式在创作时具有差异性即可。在陶瓷作品著作权侵权之诉中需要从被诉侵权作品与著作权作品是否构成实质相似以及被诉侵权人能否接触到著作权作品两方面进行举证。

二、名人陶瓷艺术品真伪认定

名家所创作的艺术陶瓷价值较高，在经济利益的驱使下，市场上便会出现仿冒名人作品的行为。当侵权人仿制名家作品进行牟利时，对该作品的真伪判断成为维权的关键。在陶瓷著作权纠纷诉讼中，绘画风格是否能构成判定作品真伪因素，目前尚且存在争议。每个创作者都有其独特的创作个性和习惯，他们在进行创作时会下意识地将其个性和习惯体现在陶瓷作品中。因此，在司法实践中有人主张作品风格相当于创作者的身份识别器，可以通过陶瓷绘画风格进行作品真伪、是否涉及侵权的判断。笔者认为，虽然创作者在进行陶瓷作品创作时对某些符号、笔调、创作要素上具有其特殊偏好，但鉴于所谓的作品风格概念较为抽象，难以界定，故其归纳总结高度依赖于创作者或对之作品有充分熟识度的人员进行，且需要行业内专家学者进行识别，在具体诉讼中需要谨慎把握。创作者在诉讼中主张通过其特有的创作符号来判断对方侵权时，应当承担对该特殊符号为其仅有的举证责任。

若涉诉作品的署名人尚健在，其对自己作品真伪的辨认具有较高的可信度。当涉诉的陶瓷作品署名为已故陶瓷名家时，其真伪的判断，却具有极大的难度。法官自身对于陶瓷的鉴赏能力有限，因此在审理过程中往往需要求助于专家学者及相应的鉴定技术手段。当事人对陶瓷真伪产生争议，向法院申请司法鉴定时，法院现行做法是选择对陶瓷画面的落款进行笔迹鉴定，即通过鉴定涉案陶瓷作品上的字迹是否为署名人字迹来判断作品是否署名人所创作。但仅依据对陶瓷画面进行笔迹鉴定来判断陶瓷作品的真伪存在一定的局限性。现实生活中，名家在创作艺术陶瓷作品时，也存在只负责画面部分，文字落款部分由他人代写的情况。本案中，被告黄某海就曾对字迹鉴定表示异议，认为判断陶瓷作品的真伪应该对其整体进行鉴定，包括对涉诉陶瓷作品的画面风格、构图、绘画细节以及落款等进行全面考虑。但如今对纸质书画作品的鉴定技术已经比较成熟，而陶瓷作品鉴定由于受到器型、颜料、釉质、陶瓷烧制的温度等因素影响，我国现有的鉴定机构对陶瓷作品的鉴定范围一般是对陶瓷价值的评估以及古陶瓷文物鉴定。目前尚无权威性的陶瓷鉴定中心或全国性的陶瓷知识产权评估机构能够进行陶瓷作品著作权、画面风格的鉴定。此时，笔迹鉴定的结论还应结合全案其他证据材料统一把握。

陶瓷行业的国家级大师精于陶瓷绘画，了解业内名家的作品风格，属于陶瓷行业内的专家，对陶瓷绘画的鉴赏力明显高于普通人。在技术手段难以判断涉案陶瓷作品是否侵权时，可以选择向陶瓷大师们征询意见。大师们针对涉诉作品发表的意见，其法律性质如何？有人认为可以归入具有专门知识的人的意见。笔者认为，《中华人民共和国民事诉讼法》（2017 年）第八十二条（2021 年修订后，本条序号及内容无修改）规定当事人可以申请法院通知有专门知识的人出庭，就专业问题提出建议。因此具有专门知识的人必须由一方当事人申请，且必须出庭接受询问。如果在当事人申请后，陶瓷大师愿意出庭就其发表的专家意见接受质询，则可认定其为具有专门知识的人。由于具有专门知识的人“在诉讼中的功能只是单一地协助当事人就有关专门性问题的提出意见或者对鉴定意见进行质证，回答审判人员和当事人的询问、与对方当事人申请的有专门知识的人对质等活动也是围绕着对鉴定意见或者专业问题的意见展开的”[①]，他们在庭审中发表的结论可能会出现偏颇，法官

① 最高人民法院民事诉讼法修改研究小组编著：《〈中华人民共和国民事诉讼法〉修改条文理解与适用》，人民法院出版社 2012 年版，第 198 页。

不能直接引用其意见进行裁判[①]，应当综合全案进行考量。当陶瓷大师们不愿出庭接受质询时，其在接受法院调查时发表的结论意见就不属于法律所规定的具有专门知识的人发表的意见，此时他们发表的专家意见应当属于一般的证人证言，法院将调查问询形成的笔录交由双方当事人质证。

本案中在对争议陶瓷作品无法进行绘画风格进行鉴定的情况下，法院就如何鉴定已过世名家的瓷画作品组织双方当事人进行听证，并最终确定了专家鉴定人选及对瓷画作品进行笔迹鉴定的方式。在笔迹鉴定的对比选材上，法院及相关鉴定机构均非常慎重。首先通过向被署名的已故陶瓷大师王某凡生前工作单位调取其曾留存的文字材料，其次向景德镇国家陶瓷博物馆协调拍摄馆藏的王某凡生前创作的陶瓷作品中题跋落款，将以上两者文字材料进行笔迹鉴定，确定为同一人所书写，再将以上两样文字材料与黄某海结集出版的署名为王某凡的陶瓷作品上题跋落款进行笔迹比对鉴定，确定黄某海收藏的署名为王某凡的陶瓷作品的题跋落款与王某凡生前文字及景德镇国家陶瓷博物馆馆藏的王某凡作品题跋落款并非同一人所书写，据此认定黄某海所收藏的陶瓷作品并非王某凡所创作，从而认定为伪作。通过笔迹鉴定来判断陶瓷作品真伪，是目前较为妥当的方式之一，也为艺术陶瓷市场上真伪认定提供一种视角。

三、艺术品收藏者的行为边界

艺术作品属于比较特殊的权利客体，其作为载体存在两种分离的权利，即物权和著作权。物权即该艺术品原件的所有权，收藏者作为艺术品原件的所有人可以对该艺术品进行占有、使用、捐赠、出售、抵押等；而附着于该艺术品之上的著作权则是法律赋予作者对作品内容使用的控制权，由一系列专有权构成，如发表权、署名权、保护作品完整权、复制权、展览权、改编权、发行权等，既包括财产性权利也包括人身性权利。

美术等作品原件所有权的转移，不视为作品著作权的转移，但美术作品原件的展览权由原件所有人享有。艺术品收藏者虽然拥有藏品原件，但并不能等同于其拥有该藏品的著作权。著作权人的财产性权利的保护期为作者终生及其死亡后五十年，署名权等人身性权利的保护期不受限制，作者死亡后，其著作权中的署名权、修改权和保护作品完整权由作者的继承人或者受遗赠人保护。

---

① 吴汉东：《知识产权中国化应用研究》，中国人民大学出版社2014年版，第591页。

对于著作权保护期内的作品，艺术品原件收藏者对于该作品的印刷图录、网络传播等，需要格外慎重。收藏者基于艺术品原件的流通与使用惯例，以适当的、必要的程度将展览作品用于宣传与图录，应当属于合理使用的范围。[①] 艺术品收藏者对其单个藏品进行拍照的摄影图片，缺乏独创性不能享有著作权，但将其藏品拍照结集汇编成册的图录等出版物，在满足独创性要件的前提下应当受到著作权法的保护。艺术品收藏者将其藏品进行拍照结集出版，虽在一定程度上有利于弘扬中华优秀文化艺术，具有积极意义，但仍应当尊重他人在先权利，取得著作权人的许可并确保著作权人的署名权、修改权和保护作品完整权不被侵害，否则构成侵权。

判断艺术品的真伪及艺术成就高低，对收藏者的鉴赏力具有较高的要求。他们在进行收购藏品时，仍存在收购到伪品的可能性。因此，艺术品收藏者将其藏品进行拍照结集成册出版时，要特别慎重，尤其是藏品的作者已经过世的情况下。其应确保向公众出版展示的作品为作者真迹。若以赝品进行出版，会对作者的社会评价造成不良影响，侵犯了著作权人的署名权，需要承担停止侵害、消除影响、赔礼道歉等民事责任。

编写人：江西省景德镇市中级人民法院　胡志勇　王慧莲

---

① 吕晓晓：《“基弗在中国”藏品展争议背后的法律问题》，载凤凰艺术网，http://art.ifeng.com/2016/1125/3163646.shtml，2021 年 12 月 29 日访问。

【《著作权法》第24条　对作品的合理使用】

19

截取式使用视听作品行为的合理使用认定

——网络公司诉科技公司侵害作品信息网络传播权案

【基本信息】

1. 裁判书字号

北京知识产权法院（2020）京73民终187号民事判决书

2. 案由：侵害作品信息网络传播权纠纷

3. 当事人

原告（被上诉人）：网络公司

被告（上诉人）：科技公司

【基本案情】

原告享有电视剧《××桃花》的信息网络传播权。"××电影" App和"××电影"网站为在线图文电影解说软件，被告为上述软件和网站的运营商，该公司网站首页上标明，"十分钟品味一部好电影"。2018年9月，网络公司代理人在公证员的见证下，使用见证实录浏览器进入"××电影"网站首页，点击"剧集"，再点击"最热门""古装""大陆"，下拉到约第十排，出现《××桃花作品01》图标，作者昵称为"××酱"，观看6.9万人，喜欢501人，豆瓣评分6.4分，介绍文字为：演员甲的仙气和狐狸的灵动，演员乙整容式……，点击进入该"××电影"内容播放页面。经比对，《××桃花》"××电影"图片集（以下简称涉案图片集）共包含图片382张，均截取自涉案剧集第一集，图片内容涵盖涉案剧集第一集视频内容的主要画面，下部文字为被控侵权图片集制作者另行添加。通过"××

电影”软件观看图片集可选择5秒每张、8秒每张等速度进行自动播放，也可以自行点击下一张的方式手动播放。原告认为被告上述行为构成对其信息网络传播权的侵害，故诉至法院，请求判令被告赔偿原告经济损失及合理费用共计50万元，其中经济损失45万元，合理费用包含律师费4万元和公证费1万元。

被告抗辩其行为符合合理使用的条件，不构成侵权。具体理由为：第一，视频播放通常情况下一秒就有24帧画面，“××电影”并非连续使用图片，不会对视频造成直接的侵权，并且“××电影”是图片和文字结合的再创作，核心在文字本身，文字是作者根据视频进行诠释的再创作，并非视频所表达的本身，观众仅观看去掉文字连续播放的图片没有意义。第二，“××电影”的作者看完电影进行文字分享，需要有图片去配合他的文字去做对应的陈述，且如果图片连续播放，300多张图仅能播放几秒钟，对整个视频来说，属于一种合理引用行为。第三，《××桃花》总剧集是58集，其作者仅将上述剧集的第一集换了一个形式，可以说是一个预告片，起到了宣传的作用。

【案件焦点】

1. 截取式使用他人视听作品的行为是否属于提供该视听作品的行为；2. 被控侵权行为是否构成合理使用。

【裁判要旨】

北京互联网法院经审理认为：第一，将视听作品截图制作图片集的行为属于使用该作品的行为。信息网络传播权中规定的向公众提供作品，不应狭隘地理解为是完整的作品，因为著作权法保护的是独创性的表达，只要使用了作品具有独创性表达的部分，即属于作品信息网络传播权的控制范围。本案中，涉案图片集截取了涉案剧集中的382幅画面，这些画面并非进入公有领域的创作元素，而为原涉案剧集中具有独创性表达的内容，因此，提供涉案图片集的行为构成提供作品的行为。

第二，制作包含视听作品主要剧情和关键画面的行为不构成合理使用。合理引用的判断标准并非仅取决于引用比例，而应取决于介绍、评论或者说明的合理需要。就涉案图片集提供的主要功能来看，其并非向公众提供保留剧情悬念的推介、宣传信息，而涵盖了涉案剧集的主要剧情和关键画面，将对原作品市场价值造成实质性影响，难以起到激发观众进一步观影兴趣的作用，不具备符合权利人利益需求的宣传效果。故被告提供涉案图片集的行为已超过适当引用的必要限度，影响涉案剧集的正常使用，损害权利人的合法权益，不属于合理使用。

综上，北京互联网法院判决被告向原告赔偿经济损失3万元。一审判决作出后，被告提起上诉，北京知识产权法院判决如下：

驳回上诉，维持原判。

【适用解析】

《中华人民共和国著作权法》（2020年）第二十四条在《中华人民共和国著作权法》（2010年）第二十二条[①]的基础上进行了修改，不仅吸纳了著作权法实施条例第二十一条的内容作为抽象性整体判断标准，还对部分列举条款进行了修改，同时增加了兜底条款。通过引入抽象性判断要件，与原有的列举式条款相配合，新法构建起更为科学、更具可操作性的合理使用判断标准。[②] 近几年，短视频、自媒体等各种新兴传播载体迅猛发展，视听作品合理使用的边界，成为作品权利人、二次创作者，以及广大自媒体从业者等关注的焦点。在此背景下，著作权法有关合理使用制度的修改及其适用问题颇受关注。

一、《中华人民共和国著作权法》（2020年）对合理使用规定的变化及其理解

《中华人民共和国著作权法》（2020年）第二十四条对合理使用的修改主要体现在两个方面，一是在此前列举式条款的基础上，增加了抽象性判断条件；二是在具体的列举式条款之外，还增加了兜底条款。

第一，关于抽象性判断条件。《中华人民共和国著作权法》（2020年）关于合理使用的抽象性判断条件包括"指明作者姓名或者名称、作品名称""不得影响该作品的正常使用""不得不合理地损害著作权人的合法利益"等。《伯尔尼公约》

---

① 《中华人民共和国著作权法》（2010年）第二十二条第一款第二项规定，在下列情况下使用作品，可以不经著作权人许可，不向其支付报酬，但应当指明作者姓名、作品名称，并且不得侵犯著作权人依照本法享有的其他权利：为介绍、评论某一作品或者说明某一问题，在作品中适当引用他人已经发表的作品。不得影响该作品的正常使用，也不得不合理地损害著作权人的合法利益等。《中华人民共和国著作权法实施条例》第二十一条规定，依照著作权法有关规定，使用可以不经著作权人许可的已经发表的作品的，不得影响该作品的正常使用，也不得不合理地损害著作权人的合法利益。

② 吴汉东、刘鑫：《我国〈著作权法〉第三次修订之评析》，载《东岳论丛》2020年第1期。

和 TRIPS 协定的“三步检验法”标准是指，只能在特殊情况下作出、与作品的正常利用不相冲突，以及没有无理由损害权利人合法利益的情况下，可以对著作权进行例外的限制。美国版权法的“四要素”标准，包括：（1）使用的目的和性质，包括这种使用是具有商业性质或者是为了非营利的教育目的；（2）有版权作品的性质；（3）同整个有版权作品相比所使用的部分的数量和内容的实质性；（4）这种使用对有版权作品的潜在市场或价值所产生的影响。[①] 上述背景往往可作为立法背后的比较法因素供实践参考。

第二，关于兜底条款。合理使用制度是对著作权人已享有著作权的限制，故总体上应限定在特定范围内，有鉴于此，此前关于合理使用的立法对 12 种列举情形进行了封闭式限定。但技术推动的产业发展往往是立法时所不能预见的，在实践过程中，可能会遇到符合合理使用制度价值的新使用形态，故而引发打开此种限定的呼声。例如，《最高人民法院关于充分发挥知识产权审判职能作用推动社会主义文化大发展大繁荣和促进经济自主协调发展若干问题的意见》第八条明确表示“在促进技术创新和商业发展确有必要的特殊情形下”，合理使用判断可吸纳四要素并结合三步检验法来综合考察，通过司法政策的指导性介入来纾解法律闭合难题。[②] 兜底条款的设定回应了这一立法需求，既保持了一定法定性要求的封闭限定，也通过引致性条款缓解立法滞后可能带来的紧张关系。

第三，抽象性判决条件与列举式条款之间的关系。在《中华人民共和国著作权法》（2020 年）修改前，有观点提出，我国合理使用制度采取封闭式的立法技术过于僵化，不能适应数字化和网络技术的发展。[③] 有司法观点认为，合理使用制度的立法本意是在于平衡保护著作权人合法权益与鼓励、促进作品的创作和传播的关系，但由于互联网新兴技术的发展，现有法律列举的 12 种合理使用情形无法完全解决现实需求，因此，以《中华人民共和国著作权法实施条例》（2013 年）第二十一条规定的合理使用要件来衡量某一行为是否属于合理使用，是合乎著作权法立法

① 参见王迁：《著作权法》，中国人民大学出版社 2015 年版，第 318 ~ 321 页。

② 李杨：《著作权合理使用制度的体系构造与司法互动》，载《法学评论》2020 年第 4 期。

③ 李琛：《论我国著作权法修订中“合理使用”的立法技术》，载《知识产权》2013 年第 1 期。

原意与合理使用制度设计初衷的。[①] 在《中华人民共和国著作权法》（2020 年）修改后，对于该问题，笔者认为，法官是法律的适用者，不是法律的创造者，应力求在法律框架内，通过对法律的阐释，缓解成文法滞后性与产业发展之间的紧张关系。在能够通过文义解释，以及对现有文义进行扩大或限缩解释的基础上，结合具体案件解释出符合立法意图的结果，应当优先适用文义解释，慎用超出立法文义射程的目的解释。通过《中华人民共和国著作权法》（2020 年）该条中"在下列情况下使用作品"的文义可见，抽象性判断条件的前提是符合列举的具体情形。因此，按照立法原意，在认定合理使用条件时，抽象性条件和列举条款应当是同时具备、而非选择适用的关系。故在具体案件的处理上，亦需首先评述涉案利用行为是否符合具体列举项规定的范围，然后再根据抽象性条件进行衡量。

二、《中华人民共和国著作权法》（2020 年）背景下视听作品合理使用的裁判思路

首先，需判断被控侵权行为是否落入原作品著作权的控制范围。在实际案例处理过程中，往往存在截取式、片段式使用视听作品的情况，甚至在某些案例中，存在新型的使用形式。例如，在"听音识剧"案[②]中，被告使用了原视听作品中的一段音轨；在"配音秀"案[③]中，被告使用了原视听作品中的一段动态画面等。在原作品与被控侵权行为不完全一致的情况下，仍应适用"接触 + 实质性相似"标准，考察被控侵权行为是否使用了涉案作品具有独创性表达的内容。在本案中，由于被告使用的为视听作品截图，故其抗辩被控侵权行为改变了视听作品原有的表现形式，并非对原视听作品的利用行为。对此，本案裁判认定，侵权不应狭隘地限定为以不改变作品形式使用完整作品的行为，只要再度利用行为使用了原视听作品具有独创性表达的部分，均落入原视听作品著作权控制的范围。该裁判规则消减了有关视听作品中元素版权归属和利用的纷争，对版权市场权利划分和利用起到积极的指导意义。

---

① 参见北京市朝阳区人民法院（2017）京 0105 民初 10028 号民事判决书，载中国裁判文书网，https：//wenshu. court. gov. cn/website/wenshu/181107ANFZ0BXSK4/index. html？docId = cd0c8f603479459bb42ba85700d8ba32，2021 年 12 月 29 日访问。

② 《"听音识剧"是创新还是侵权？法院一审判决：侵权!》，载中国审判网，http：//www. chinatrial. net. cn/news/27928. html，2021 年 3 月 2 日访问。

③ 参见北京互联网法院（2019）京 0491 民初 39992 号民事判决书，载中国裁判文书网，https：//wenshu. court. gov. cn/website/wenshu/181107ANFZ0BXSK4/index. html？docId = 7c16481f335942aeacd6ac3a00090758，2021 年 12 月 29 日访问。

其次，需判断有关合理使用的抗辩是否成立。虽著作权法对合理使用的判断条件已有明确规定，但从法律规定到具体纠纷事实的过程中，判断某一行为是否属于“适当引用”、是否“影响该作品正常使用”、是否“不合理地损害著作权人合法利益”，仍存在较大的诠释空间，司法实践中的裁判标准需要进一步厘清。有关合理使用的司法观点主要分为使用目的、使用手段和使用效果三个方面：关于使用目的，在现有立法框架下，使用目的应仅限于著作权法所列举的 13 项使用范围，仅在极个别案件中存在超出上述范围的裁判，与此同时，不同于“四要素”标准，以公益或营利性为目的的区分并非合理使用成立与否的关键衡量因素。[①] 关于使用手段，引用比例是最常用的衡量方式，包括引用部分占原作品的比例和占二度创作作品的比例，且合理使用的判断标准并非单纯取决于引用比例，决定性因素为引用作品是否出于介绍、评论之必要。关于使用效果，一般从是否影响作品利用和是否损害权利人利益两方面进行考量。同时，对于使用效果的考查，理查德·波斯纳关于司法行为决策理论中的实用主义理论是根据司法判决可能产生效果的利弊权衡作出抉择。[②] 此方法一般需要对社会效果作出实证调查，如根据案件具体情况，通过研究机构就某一行为是否有利于增进社会总福祉进行调研；或者对案件涉及的行业情况、市场主体间利益冲突进行了解和分析，进而作出合乎产业发展和利益平衡的判决。

本案即遵循了上述裁判思路，首先，分析涉案行为的使用目的，认为其并非评论性引用，而是为了在“快餐文化”背景下迎合用户快速消费的需求。其次，从使用手段来看，“××电影”虽绝对引用原作品比例仅占到 0.5%，但该部分内容占据图解图片集的绝大部分内容，超过了合理引用的比例和必要限度。最后，从使用效果上看，一方面，在影响作品正常利用上，本案中，使用的截图包含了具体情节和关键画面，能够实质呈现整部剧集的具体表达，起到了实质性替代作用。另一方面，对于是否损害著作权人合法利益的认定，本案明确指出替代与宣传的关键区别

---

① 被告在视频节目制作中使用了原告摄影作品，被告以使用目的为公益作为抗辩意见，但法院在裁判中未以公益性还是营利性使用作为合理使用成立与否的考虑因素。参见北京知识产权法院（2017）京 73 民终 1068 号民事判决书，载中国裁判文书网，https://wenshu.court.gov.cn/website/wenshu/181107ANFZ0BXSK4/index.html? docId=97d4b89db7df46159f89a8d70012cde8，2021 年 12 月 29 日访问。

② ［美］理查德·波斯纳：《法官如何思考》，苏力译，北京大学出版社 2009 年版，第 37 页。

为包括关键画面的剧透抑或留有悬念。涉案使用行为进行了剧透且未保有悬念，不构成符合著作权人利益的宣传效果，构成对著作权利益的损害。本案中，合议庭亦运用了对裁判效果预先调研的方法，在案件审理过程中，走访调查了影视行业，把握长、短视频产业发展动向，了解视听作品权利人的营利模式和经营痛点，以及二次创作市场的利用需求。在此基础上，合议庭认定，涵盖了视听作品主要剧情和关键画面的利用行为，并非富有悬念的宣传推介，难以起到激发观众进一步观影兴趣的作用，不具备符合权利人利益所需求的宣传效果，并据此认定此种使用行为损害了权利人的合法利益。

总而言之，如何在保护权利的同时，平衡再次创作者、公众使用者之间的利益，司法需要在权利人与公共利益之间找到一个恰当的平衡点。此案为进一步厘清合理使用的具体裁判方法和认定标准做出了有益探索，精准划定了影视市场商业化开发和二次创作的边界，为此类案件裁判作出了规则指引，有利于推进影视产业创新激励和健康发展。

编写人：北京互联网法院　姜颖　颜君

【《著作权法》第 44 条　录音录像制作者的权利】

20

网络服务提供者针对反复侵权行为所应采取的必要措施的认定

——网络公司诉科技公司、传媒公司侵害录音录像制作者权案

【基本信息】

1. 裁判书字号

上海市杨浦区人民法院（2019）沪 0110 民初 21543 号民事判决书

2. 案由：侵害录音录像制作者权纠纷

3. 当事人

原告：网络公司

被告：科技公司、传媒公司

【基本案情】

原告网络公司系涉案短视频 A 录音录像制作者权人，被告科技公司系“今日××”网站及 App 经营者，被告传媒公司系阳光××网的经营者。“葡萄×××”为“今日××”的注册用户。

2017 年 5 月 2 日、3 日，原告投诉用户“葡萄×××”涉嫌侵犯其著作权，要求被告立即下线所有侵权视频，并采取有效措施，杜绝类似情形再次发生，两次发函分别随附了 1 条和 5 条侵权视频链接。同月 10 日，原告再次发函，函中指出：“2017 年 5 月 3 日，我方曾致函你方要求立即下线侵权视频。经了解，函件中所列举的视频均已删除，但所涉账号依然存在大量侵犯我方版权的视频……有鉴于此，我方现再次要求你方立即删除所有侵权视频，对所涉及账号（“葡萄×××”等）做出严肃处理如封停账号等，并采取合理措施杜绝类似情形再次发生。”该函随附了 10 条侵权视频链接。同年 6 月 28 日，网络公司公证发现账号“葡萄×××”仍有含涉案视频在内的多个视频。同年 7 月 24 日，账号“葡萄×××”被封禁（封禁原因：因用户账号违规被封禁，原因是：经核实该账号发布多篇侵版权内容，严重违反账号平台运营规范，账号予以封禁）。

原告网络公司诉称：原告为涉案视频的权利人。被告科技公司的用户“葡萄×××”未经原告许可将侵犯原告享有的录音录像制作者权的视频上传至“今日××”网站及 App，并链接到阳光××网进行传播，被告科技公司未尽到合理的注意义务，构成帮助侵权，侵权视频的播放页显示被告传媒公司，两被告的法人及其他人员基本一致，应承担共同侵权责任。故请求判令：1. 两被告共同赔偿原告经济损失 42000 元；2. 两被告共同赔偿原告为制止侵权行为支付的合理费用 6000 元。

被告科技公司、传媒公司共同辩称：不同意原告的诉讼请求。理由如下：1. 网络公司不是本案适格的原告，无充分证据证明其享有涉案视频的著作权；2. 被告科技公司是网络服务提供商，不应当承担帮助侵权责任。首先，对涉案视频，原告没有履行法定的通知删除义务。原告发给被告科技公司的三个通知中不包含涉案视频，涉案视频形成于通知后，在没有作品链接、权利证明的情况下，不构成有效通知。同时，涉案视频并非由科技公司播放，而是由传媒公司的平台播放，原告从未通知过传媒公司，两被告也仅是合作关系。其次，被告科技公司尽到了网络服务提供商的注意义务，事先提示并设置畅通的投诉渠道，在收到通知后删除了三个通知中的视频，并于2017年7月24日封禁了用户“葡萄×××”，事后也提供了该用户信息。再次，被告科技公司不存在知道或应该知道涉案视频侵权的情形，主观上无过错。涉案视频虽加盖了网络公司水印，但被告科技公司根据现有技术无法对水印进行筛查，也不能根据水印确定权利人，同时涉案视频未放置在显著位置，未经过网站编辑，被告亦未从中获利。最后，即使构成侵权，涉案视频点播量小，播放时间短，原告主张的赔偿金额和律师费过高。

【案件焦点】

1. 网络服务提供者多次收到针对同一网络用户的侵权通知后应采取的必要措施的范围；2. 采取合理必要措施的时间的认定。

【裁判要旨】

上海市杨浦区人民法院生效判决认为，涉案视频系通过机械、光学等科学技术手段，将现场声音、图像记录在磁盘或其他载体上，属于我国著作权法规定的录像制品。根据作品登记证书、涉案视频的播放页面中的标注、涉案视频创作者的《劳动合同》《作品说明》等证据，在被告未提交相反证据的情况下，可以认定原告享有涉案视频的录像制作者权，原告有权提起本案诉讼。

被告科技公司的用户“葡萄×××”未经许可将涉案视频上传至被告科技公司网站，构成侵权。原告在2017年5月2日、3日、10日通知被告科技公司关于其用户“葡萄×××”上传的视频大多为侵权视频的情况，被告科技公司在收到原告多次网络投诉及书面投诉后，知道或者应当知道其用户“葡萄×××”上传的视频多为侵权视频，但被告科技公司怠于对该用户账号采取必要的措施，未尽到合理的注意义务，应当承担相应的帮助侵权责任。涉案视频存储在被告科技公司的网站，用被告传媒公司的网址播放，故对于播放涉案视频两被告系具有共同的意思联络，在被告科技公司多次收到原告的投诉后，可以认定被告传媒公司作为合作方对此情况应该知晓，故传媒公司应与被告科技公司共同承担侵权责任。

由于原告因侵权所遭受的实际损失、两被告因侵权所获的违法所得均难以确定，故本院综合考虑涉案视频的类型、上传时间、知名度、播放次数、被告网站的经营规模、影响力、两被告侵权行为的主观过错程度及侵权行为的存续时间等因素酌情确定赔偿金额。对原告主张的合理费用，原告提交了相应的律师费票据，本院结合原告律师工作量、案件难易程度等因素，对其主张的律师费酌情予以支持。

【适用解析】

本案是一起因网络服务提供者多次收到针对同一网络用户上传的侵权视频后仅删除了被通知侵权的视频，未采取进一步措施而引发的著作权侵权纠纷案件。网络服务提供者多次收到针对同一网络用户上传的侵权通知后，该适用“通知—删除规则”还是“红旗规则”存有争议。若适用“通知—删除规则”则网络服务提供者及时通知即尽到相应义务；若适用“红旗规则”此时网络服务提供者需主动采取相应措施，当然前提是认定其构成“明知或应知”。

“通知—删除规则”和“红旗规则”是平台信息审核义务中的两大基本规则。关于“通知—删除规则”，原《中华人民共和国侵权责任法》第三十六条第二款规定“……网络服务提供者接到通知后未及时采取必要措施的，对损害的扩大部分与该网络用户承担连带责任。”《中华人民共和国民法典》第一千一百九十五条要求权利人向网络服务提供商提供侵权通知时还应提交“侵权的初步证据”，同时将网络服务提供商应采取的必要措施的范围限定为“根据构成侵权的初步证据和服务类型”，强调了要针对网络服务提供商的性质及不同的侵权投诉场景去具体匹配合理的必要措施。关于“红旗规则”，原《中华人民共和国侵权责任法》第三十六条第三款规定：“网络服务提供者知道网络用户利用其网络服务侵害他人民事权益，未采取必要措施的，与该网络用户承担连带责任。”对此《中华人民共和国民法典》第一千一百九十七条将该款中的“知道”改为“知道或应当知道”，增加了网络服务商的主观注意义务。

法院认为，网络服务提供者多次收到针对同一网络用户的侵权通知时，构成“明知或应知”，此时不再适用“通知—删除规则”，而应采取合理的必要措施制止侵权行为的再次发生。同时本案关于必要措施的范围、采取必要措施的时间的认定对类案的审理具有指引作用。

一、网络服务提供者多次收到针对同一网络用户的侵权通知后，若未及时采取合理的必要措施，则构成帮助侵权行为

根据上述规定，网络服务提供者负有通知删除义务，但若网络服务提供者知道（或应当知道）网络用户利用其网络服务侵害他人民事权益，未采取必要措施的，与该网络用户承担连带责任。《最高人民法院关于审理侵害信息网络传播权民事纠纷案件适用法律若干问题的规定》（2012 年）第九条第六项（2020 年修订后，本条内容与序号无修改）将网络服务提供者是否针对同一网络用户的重复侵权行为采取了相应的合理措施作为认定网络服务提供者是否构成应知的考量因素之一。即网络服务提供者多次收到针对同一网络用户的侵权通知时，构成“明知或应知”，此时不再适用“通知—删除规则”，而应采取合理的必要措施制止侵权行为的再次发生。在认定是否构成“明知或应知”时，需考虑两个要件：一是权利人的侵权通知构成著作权法意义上的有效通知；二是同一用户构成重复侵权。关于第一点，根据《信息网络传播权保护条例》第十四条的规定，通知的内容应包含：（一）权利人的姓名（名称）、联系方式和地址；（二）要求删除或者断开链接的侵权作品、表演、录音录像制品的名称和网络地址；（三）构成侵权的初步证明材料。关于第二点，同一用户多次侵犯他人著作权，既包括重复侵害同一作品的著作权，也包括多次侵害不同作品的著作权。

本案中，2017 年 5 月 2 日、5 月 3 日及 5 月 10 日，科技公司通过网站及邮件通知的方式三次向科技公司就用户“葡萄 × × ×”发布的视频进行了著作权侵权投诉，科技公司也对上述具体的侵权视频链接在几日的时间内采取了删除的措施。除了删除具体侵权视频链接的投诉要求，在上述 5 月 3 日的投诉通知中，科技公司还要求科技公司采取有效或者合理措施杜绝类似情形再次发生；在 5 月 10 日的投诉中，更是提出鉴于用户“葡萄 × × ×”在已被投诉并删除了累计多次的侵权视频后又再次上传了更多的侵权视频的情况，明确要求科技公司除删除侵权视频之外，对用户“葡萄 × × ×”作出封禁账号的处理。上述侵权通知包含了权利人的信息、权利视频链接、侵权视频链接等内容可以使科技公司快速对被投诉的内容作出判断，构成著作权法意义上的有效通知。用户“葡萄 × × ×”被投诉后又再次上传了更多的侵权视频，构成重复侵权。

二、合理必要措施应当是技术能力范围内的、能够阻断新的侵权行为发生的措施

网络服务提供者多次收到针对同一网络用户的侵权通知后，根据《中华人民共和国民法典》的规定，网络服务提供者应采取“必要措施”，根据《最高人民法院关于审理侵害信息网络传播权民事纠纷案件适用法律若干问题的规定》（2020 年）规定网络服务提供者应采取“合理措施”。上述规定并未明确规定“必要措施”或者“合理措施”的具体内容，可以认为上述规定并不强制网络服务提供者应采取哪些措施，这是因为不同网络服务提供者管理能力、用户规则不同，用户的侵权行为的方式、性质也不尽相同，故难以做具体的限制。我们认为，在认定合理必要措施的标准时应注意网络服务提供者和权利人间利益的平衡。既不能对网络服务提供者施加不加限制、难以实现的责任，也不能让权利人的权利难以得到有效的保护。因此，合理必要措施应当是网络服务提供者技术能力范围内的、能够阻断新的侵权行为发生的措施。

本案中，科技公司主张其在短短前后 9 天的时间内已就同一用户“葡萄×××”发布的侵权视频进行了三次投诉，从具体的投诉内容来看，该用户在科技公司已对其上传的侵权内容进行删除的情形下，并没有停止发布侵权视频的行为，反而增加了针对同一权利人的侵权内容的上传数量，故应对用户“葡萄×××”采取封禁账号的措施。科技公司抗辩称法律没有规定要对投诉用户进行封禁，如果贸然封禁将极大地损害用户的合法权益。对此本案认为，在用户被多次投诉后仍继续上传侵权视频的情况下，若还要求科技公司一次次地针对每次出现的不同的侵权内容进行查找、比对再至通知并将此程序反复进行，显然对权利人的维权行为过于苛责。此时，科技公司应当采取其技术能力范围内的、能够阻断新的侵权行为发生的必要措施，该措施不要求是对用户进行封号，但须阻断新的侵权行为发生。

三、采取合理必要措施的时间应根据网络服务提供者的管理能力、判断侵权与否以及采取相应合理必要措施的难易程度等因素予以综合判断

目前现行法律及相关司法解释未对采取合理必要措施的时间作出具体的限制，这是因为平台的规模、侵权的表现形式、所采取的具体措施等因素都会影响期限的认定，故难以做具体的限制。同样的，在认定时间期限时应注意网络服务提供者和权利人间利益的平衡，如果期限过长则难以有效保护权利人义务，反之期限过短则对网络服务提供商过于苛责。我们认为，采取合理必要措施的时间应根据网络服务提供者的管理能力、判断侵权与否以及采取相应合理必要措施的难易程度等因素予以综合判断。

本案中，科技公司其已在两个多月后对用户“葡萄×××”进行了封禁，侵权行为已经得到控制。对此本案认为，首先，科技公司是国内具有较大规模的网络服务提供者，具备一定的管理能力。其次，侵权行为为用户上传侵权视频，科技公司短期内多次收到了针对同一用户的侵权通知、且侵权视频上有科技公司 LOGO 和版权声明，故科技公司仅需通过形式审查就能够快速判断该用户所上传的视频是否为侵权视频。最后，科技公司在收到其侵权通知后在数日内将侵权视频予以删除，而采取封禁措施并不会比删除侵权内容更为复杂或者难以操作。综上，科技公司两个多月后才采取封号措施显然属于未及时采取合理必要措施。

编写人：上海市杨浦区人民法院 韩磊 倪贤锋

【《著作权法》第 49 条 技术措施的法律保护】

21

故意避开或破坏技术措施的侵权行为的认定及法律适用

——信息公司诉网络公司著作权权属、侵权及其他不正当竞争案

【基本信息】

1. 裁判书字号

北京知识产权法院（2020）京 73 民终 2140 号民事判决书

2. 案由：著作权权属、侵权及其他不正当竞争纠纷

3. 当事人

原告（被上诉人）：信息公司

被告（上诉人）：网络公司

【基本案情】

原告信息公司诉称：原告系涉案视频节目《×××街舞》第一期（以下简称涉案节目）的出品人之一，依据《授权书》享有涉案节目的独占信息网络传播权，且有权以自己名义或授权第三方以第三方的名义追究非法使用涉案节目侵权者的法律责任。为防止他人通过盗链实现视频播放控制，原告对涉案节目采取了技术保护措施；为获取涉案节目的广告收益，原告在视频内容中设置了片前广告，非会员可在观看片前广告后完整播放涉案节目，会员可免广告直接播放涉案节目。被告未经原告许可通过其运营的"电××视频"，即"×××TV"网络电视应用软件（以下简称涉案软件）向公众提供涉案节目的在线点播，侵害了原告享有的信息网络传播权。被告上述提供涉案节目的行为是通过破坏原告对涉案节目设置的技术保护措施而实现的，根据《中华人民共和国著作权法》第四十八条第六项亦应承担侵权责任。同时，被告通过破坏技术措施的方式只播放涉案节目正片，而未播放片头广告，构成不正当竞争。请求法院判令：1. 被告在"电××网站"的首页、《人民法院报》《中国电视报》《中国青年报》上就被诉行为连续72小时刊登声明，消除影响；2. 被告向原告赔偿经济损失490万元（其中对侵犯著作权的行为主张200万元，对不正当竞争行为主张290万元）及合理开支10万元（包括律师费7万元、公证费3万元）。

被告网络公司辩称：1. 涉案节目不属于受著作权法保护的作品，应属于录像制品，故原告不应以关于作品信息网络传播权的相关规定主张权利；2. 根据原告提交的对涉案行为进行抓包的公证书，可以看出被告是链接到原告的网址提供涉案节目，未将涉案节目存储在自己的服务器中，故被告仅提供涉案节目的链接地址，不属于侵犯信息网络传播权的行为；3. 原告未提交其在互联网智能电视领域享有牌照（许可证）的相关证据，故其在互联网电视领域不享有合法权益，且双方所处业务领域不同，不具有竞争关系；4. 涉案行为并不具有针对性，原告的经济利益亦未因涉案行为受到实际损害，且被告不具有主观过错，未违反《中华人民共和国反不正当竞争法》的相关规定，不构成不正当竞争；5. 原告已经在另案中起诉被告构成不正当竞争，虽然涉案节目不同，但被告的行为性质都是一样的，故本案关于不正当竞争的诉讼请求属于重复诉讼；6. 原告主张的经济损失赔偿金额过高，缺乏事实和法律依据。综上，不同意原告的全部诉讼请求。

法院经审理查明：2018 年，技术公司与通信公司签订《代理授权书》，其中载明技术公司与原告、文化公司共同出品涉案节目，为便于业务开展，授权通信公司作为代理方，通信公司可以代表技术公司签署涉案节目合作协议、委托制作协议，代表技术公司出具授权书，授权时间为永久。

2018 年 2 月 14 日，通信公司、文化公司出具《授权书》，授权书载明：……将涉案节目的信息网络传播权以及行使该信息网络传播权相关的复制权、放映权以及相应增值业务等权利在全球范围内独家授权许可原告永久使用，且享有转授权的权利……原告有权以自己的名义或授权第三方以第三方的名义追究非法使用授权节目侵权者的法律责任。

2018 年 2 月 27 日，原告申请公证处作出的公证书载明：在电视中安装涉案软件和原告电视软件“×××影视”。在“×××影视”客户端中搜索“×××JW”，在搜索结果中选择《×××街舞》第一季 20180224 期并播放，播放完 44 秒片前广告后可以正常观看正片内容。在涉案软件客户端中搜索“×××JW”，在搜索结果中选择《×××街舞》第一季 20180224 期并播放，直接播放涉案节目，未播放片前广告。

2018 年 2 月 27 日，原告申请公证处作出的公证书载明：在某软件中心下载×××shark 软件并安装，按照与上述公证书相同的步骤，在电视端安装涉案软件。打开×××shark设置抓取对象为电视端连接的无线网络，打开涉案软件电视端，搜索“×××JW”，在搜索结果中选择《×××街舞》并播放第一期，在电视端播放的过程中，×××shark 软件同时对播放内容进行抓包，获取涉案节目的播放地址为原告所有的网页。一审庭审中，原、被告均认可涉案软件与“×××影视”播放的涉案节目内容相一致，且涉案软件播放涉案节目的地址来自原告的服务器。

原告提交两份司法鉴定意见书，其中载明，鉴定软件为两个历史版本的涉案软件，鉴定日期分别为 2017 年 11 月 7 日至 2017 年 11 月 20 日和 2018 年 1 月 7 日至 2018 年 3 月 16 日，鉴定意见为“电××视频”应用软件在提供视频服务，播放《××飞刀》《××青春》及《××家丁》时，通过技术手段获得应该只由原告专有视频播放服务程序才能生成的特定密钥 ckey 值、通过技术手段获得应该只由原告专有视频播放后台服务程序才能生成的特定密钥 vkey 值，突破了原告安全防范措施，获取了原告服务器中存储的视频数据。

【案件焦点】

1. 涉案节目是否构成著作权法上的作品；2. 故意避开或破坏技术措施侵权行为的认定及法律适用；3. 故意避开或破坏技术措施侵权行为赔偿数额的认定。

【裁判要旨】

北京知识产权法院经审理认为：关于作品的认定。涉案节目播放过程中包括解说字幕、画面插播、配乐、镜头切换、特写等内容，并围绕特定的赛制运行，故涉案节目主题明确，并通过镜头切换、画面选择与拍摄、后期剪辑和编排等过程完成，其连续的画面反映出创作者的独特视角和个性化的选择与判断，符合独创性的要求，构成以类似摄制电影的方法创作的作品。

关于侵权行为认定及法律适用。首先，根据原告提供的证据可以初步证明其为保护涉案节目著作权采取了技术措施。被告虽主张原告采取的措施不构成技术保护措施且其是通过全网搜索涉案节目的链接从而提供给用户，但未提交相应证据予以证明，应承担相应不利后果。其次，信息网络传播权所控制的行为是信息网络传播行为，该行为是指将作品上传于向公众开放的服务器中的行为，且该种上传行为仅指初始上传行为。本案中，涉案软件播放涉案节目的地址来自原告服务器，被告仅是提供了涉案节目的网络地址，而未实施将作品上传至服务器中的行为，故被告未实施信息网络传播行为，未侵害原告的信息网络传播权。但根据《中华人民共和国著作权法》（2010 年）第四十八条第六项的规定，原告未经被告许可，故意破坏原告为涉案节目采取的技术措施，应当承担相应侵权责任。

关于赔偿数额。原、被告均未能提交充足的证据证明原告因侵权行为所遭受的损失或者被告因侵权行为的获利情况，法院综合考虑涉案节目的上映时间和知名度，原告的经营模式，被告实施侵权行为的情节等因素，酌情确定原告应承担的经济损失赔偿金额。

【适用解析】

本案系因故意避开或破坏技术措施设置深度链接行为而引发的著作权权属、侵权及其他不正当竞争纠纷典型案例。《中华人民共和国著作权法》（2010 年）仅在

第四十八条第六项规定了未经著作权人或者与著作权有关的权利人许可，故意避开或者破坏权利人为其作品、录音录像制品等采取的保护著作权或者与著作权有关的权利的技术措施应当承担的侵权责任。《中华人民共和国著作权法》（2020 年）不仅在第五十三条第六项中保留了前述规定，还另外增加了第四十九条，对技术措施的概念、破坏或避开技术措施的具体情形等进行了规定，为司法实践提供更加详细的、具有可操作性的法律依据。本案虽系适用《中华人民共和国著作权法》（2010 年），但其中关于深度链接的举证责任、法律适用、赔偿数额等方面的认定对于《中华人民共和国著作权法》（2020 年）的适用亦具有指引作用。

一、涉案节目是否构成著作权法上的作品

根据《中华人民共和国著作权法》（2020 年）第三条的规定，本法所称的作品，是指文学、艺术和科学领域内具有独创性并能以一定形式表现的智力成果。独创性（originality）系构成作品的核心要件。“独”是指“独立创作、源于本人”，即该劳动成果既可以是劳动者从无到有独立地创造出来的，也可以是以已有作品为基础进行再创作，而由此产生的保留了原作品基本表达的成果与原作品之间存在着可以被客观识别的并非太过细微的差异。“创”是指作品必须是智力创造成果，即能够体现作者的治理判断与选择，展示作者的个性并达到最基本的创造性要求。[①]

综艺节目根据独创性的有无，可以分别认定为以类似摄制电影的方式创作的作品或录像制品，若综艺节目影像根据文字脚本、分镜头剧本，通过镜头切换、画面选择拍摄、后期剪辑等过程完成，其连续的画面反映出制片者的构思、表达了某种思想内容的，通常应当认定为以类似摄制电影的方式创作的作品。若综艺节目影像系以机械方式录制完成，在场景选择、机位设置、镜头切换上只进行了简单调整，或者在录制后对画面、声音进行了简单剪辑，认定为录像制品。

本案中，涉案节目系经由制作团队策划和编排节目环节，通过设计不同的场景道具、灯光特效和拍摄机位对歌手的舞台表演进行摄影和录音，并对素材进行筛选、剪辑、合成、配乐、调色等后期制作，最终在介质上形成一系列有伴音的连续画面，其最终凝聚了多方面的创造性劳动，体现了创作者独特的视角和极富个性化的选择与判断。原告对素材的拍摄、对拍摄画面的选择以及编排等方面具有较强自

① 王迁：《知识产权法教程》，中国人民大学出版社 2021 年版，第 59～81 页。

主性，故涉案节目具有独创性，属于作品。

二、故意避开或破坏技术措施侵权行为的认定及法律适用

（一）故意避开或破坏技术措施侵权行为的认定

《中华人民共和国民事诉讼法》（2017 年）第六十四条第一款（2021 年修正版的第六十七条第一款）规定：“当事人对自己提出的主张，有责任提供证据。”《最高人民法院关于适用〈中华人民共和国民事诉讼法〉的解释》（以下简称《民诉法解释》）第九十条（2022 年修正版的第九十条）对这一规定进行了细化，“当事人对自己提出的诉讼请求所依据的事实或者反驳对方诉讼请求所依据的事实，应当提供证据加以证明，但法律另有规定的除外。在作出判决前，当事人未能提供证据或者证据不足以证明其事实主张的，由负有举证证明责任的当事人承担不利的后果。”

根据上述举证规则，在原告已证明其采用技术措施达到优势证据标准且被告未提出相反证据的情况下，可以推定被告故意避开或破坏技术措施。

本案中，法院根据原告提供的两份公证书、两份司法鉴定意见书等证据，认定原告在本案被诉行为取证期间，对涉案节目至少采取了在客户端通过专门密钥生成的 ckey 值用以校验客户端身份、由服务器端专门密钥生成的 vkey 值来防止网络文件 URL 被篡改的技术措施。两个历史版本的涉案软件曾通过技术手段获得应该只由原告专有视频播放服务程序才能生成的特定密钥 ckey 值、应该只由原告专有视频播放后台服务程序才能生成的特定密钥 vkey 值，突破了原告安全防范措施，获取了原告服务器中存储的案外视频的数据，且本案被诉行为的取证时间亦在鉴定书鉴定期间内。被告虽主张原告采取的措施不构成技术保护措施，且其采用的技术实现手段具有合法性，但未提交相应证据予以证明，法院依据优势证据原则认定被告未经原告许可，故意避开或破坏原告为保护涉案节目采取的技术措施。

（二）故意避开或破坏技术措施侵权行为的法律适用

1. 故意避开或破坏技术措施是否属于侵害信息网络传播权的行为

根据《中华人民共和国著作权法》（2020 年）第十条第十二项的规定，信息网络传播权，即以有线或者无线方式向公众提供，使公众可以在其选定的时间和地点获得作品的权利，即交互式网络传播行为。要构成交互式网络传播行为，应当具备以下两个条件：该行为应当通过信息网络向公众提供（making available）作品；该行为应

当是“交互式传播行为”，即能够使公众可以在其选定的时间和地点获得作品。[①]

在侵害行为方面，《中华人民共和国著作权法》（2020 年）第五十三条第一项规定，“未经著作权人许可……通过信息网络向公众传播其作品的”构成侵权行为。《信息网络传播权保护条例》（2013 年）第十八条第一项将“通过信息网络擅自向公众提供他人的作品、表演、录音录像制品的”行为规定为侵权行为。《最高人民法院关于审理侵害信息网络传播权民事纠纷案件适用法律若干问题的规定》（2012 年）（以下简称《信息网络传播权解释》）第三条（2020 年修正后，本条内容及序号无修改）规定：“网络用户、网络服务提供者未经许可，通过信息网络提供权利人享有信息网络传播权的作品、表演、录音录像制品，除法律、行政法规另有规定外，人民法院应当认定其构成侵害信息网络传播权行为。通过上传到网络服务器、设置共享文件或者利用文件分享软件等方式，将作品、表演、录音录像制品置于信息网络中，使公众能够在个人选定的时间和地点以下载、浏览或者其他方式获得的，人民法院应当认定其实施了前款规定的提供行为。”

虽前述法律法规已就侵害信息网络传播权的行为进行规定，囿于规范的模糊性和互联网技术的迅速发展，实践中关于侵害信息网络传播权的行为认定标准仍然存在较大分歧，主要包括服务器标准、用户感知标准、实质替代标准等，这一争论集中体现在对深度链接行为性质的认定上。

当前深度链接主要包括目标页面跳转式链接、加框链接和盗链。最初深度链接即从设链网站页面绕过被链网站主页，直接链接到目标网页，此种深度链接只是提供跳转和信息定位服务。加框链接是在前述跳转链接基础上的加框行为，即只链接目标网的一部分内容，通过对该部分内容进行加“框”，使其“嵌”在设链网站的网页或客户端应用上。盗链是直接链接目标网站的目标资源，并直接传输到其设定的网页或客户端上显示。

服务器标准着眼于《信息网络传播权解释》第三条第二款提供行为的定义，即“通过上传到网络服务器、设置共享文件或者利用文件分享软件等方式，将作品、表演、录音录像制品置于信息网络中，使公众能够在个人选定的时间和地点以下载、浏览或者其他方式获得的”行为，从司法解释的角度出发将信息网络传播行为

① 王迁：《知识产权法教程》，中国人民大学出版社 2021 年版，第 191～192 页。

限定为将作品“置于服务器的行为”。无论深度链接的外在表现形式是否使得用户认为作品系由设链者提供，只要作品未存储在设链者的服务器中，则不应认定设链者实施了信息网络传播行为。

用户感知标准是从网络用户的感知出发判断是否侵犯信息网络传播权，如果深度链接行为使得用户认为作品系由设链者提供，即应认定设链者实施了信息网络传播行为，侵犯了著作权人的信息网络传播权。该标准通常考虑深度链接的外在表现形式，至于作品是否存储于设链者的服务器中则在所不论。

实质替代标准认为不能将“提供”行为仅限于“上传到网络服务器”的一种行为方式，还必须合理认定技术发展所带来的其他“向公众提供作品”的行为方式。因选择、编排、整理、破坏技术措施及深度链接行为使得用户的搜索选择或在专题中点选的行为与设链网站上具体视频之间形成了深层对应关系，扩大了作品的域名渠道、可接触用户群体等网络传播范围，分流了相关获得合法授权视频网站的流量和收益，客观上发挥了在聚合平台上向用户“提供”视频内容的作用，产生了实质性替代效果，因此，故意避开或者破坏技术措施的深度链接行为属于侵犯信息网络传播权的行为。

在（2015）京知民终字第559号一案①中，北京知识产权法院梳理了2003年以来相关裁判文书对服务器标准和用户感知标准的选择，认为无论是基于对于著作权法第十条第十二项立法渊源的理解，还是基于司法实践中的做法，对于信息网络传播行为的理解均应采用服务器标准，而非用户感知标准。在（2016）京73民终143号一案②中，北京市海淀区人民法院提出实质替代标准，认为故意避开或者破坏技术措施的深度链接行为属于侵犯信息网络传播权的行为，但二审法院北京知识产权法院认为应当将破坏及避开技术措施行为与深度链接行为分开考虑，信息网络传播行为属于事实认定，如适用实质性替代标准，把损害及获益作为认定信息网络传播行为的依据，则在损害及获益因素发生变化的情况下，即便被诉行为本身并无任何

---

① 北京知识产权法院（2015）京知民终字第559号民事判决书，载中国裁判文书网，https://wenshu.court.gov.cn/website/wenshu/181107ANFZ0BXSK4/index.html?docId=f6cb89720f704f4c9775a7a000eb79a8，2022年3月1日访问。

② 北京知识产权法院（2016）京73民终143号民事判决书，载中国裁判文书网，https://wenshu.court.gov.cn/website/wenshu/181107ANFZ0BXSK4/index.html?docId=b62ef1d44b7a49e1a7f6a7850010feb7，2022年3月1日访问。

变化，对被诉行为性质的认定同样会发生变化。这显然与信息网络传播行为这一事实认定的属性不相契合，故深度链接的认定仍应适用服务器标准。

本案中，北京市海淀区人民法院仍然采用服务器标准，认为信息网络传播权所控制的行为是信息网络传播行为，该行为是指将作品上传于向公众开放的服务器中的行为，且该种上传行为仅指初始上传行为。根据公证书载明的抓包数据，涉案软件播放涉案节目的地址来自原告服务器，原被告对此均不持异议，故可以确认被告仅是提供了涉案节目的网络地址，而未实施将作品上传至服务器中的行为，故被告未实施信息网络传播行为，未侵害原告的信息网络传播权。

2. 故意避开或破坏技术措施的法律适用

《中华人民共和国著作权法》（2020 年）第四十九条规定，除法律、行政法规另有规定外，未经权利人许可，任何组织或者个人不得故意避开或者破坏技术措施。第五十三条亦规定，未经著作权人或者与著作权有关的权利人许可，故意避开或者破坏技术措施的，应当承担相应责任。《信息网络传播权保护条例》（2013 年）第四条规定，为了保护信息网络传播权，权利人可以采取技术措施。任何组织或者个人不得故意避开或者破坏技术措施。第十八条规定："违反本条例规定，有下列侵权行为之一的，根据情况承担停止侵害、消除影响、赔礼道歉、赔偿损失等民事责任……（二）故意避开或者破坏技术措施的……"

虽然著作权人享有的专有权中并未有关于设置技术措施的权利，但随着数字化作品侵权行为越来越多，上述法律法规将故意避开或者破坏技术措施的行为规定为侵权行为，据此，破坏或避开技术措施的行为属于《中华人民共和国著作权法》（2020 年）及《信息网络传播权保护条例》（2013 年）所禁止的行为。但是，侵害信息网络传播权与破坏或者避开技术措施的行为是两类不同性质的侵权行为，不能混为一谈。因破坏或避开技术措施的行为是设置深层链接的前提，对于该行为的禁止亦能客观上达到禁止深层链接行为的后果。因此，适用有关技术措施的相关规定禁止深层链接行为亦是有效救济途径之一。

本案中，北京市海淀区法院在认定被告行为系未经原告许可，故意避开或者破坏原告为保护涉案节目采取的技术措施后，根据《中华人民共和国著作权法》（2010 年）第四十八条第六项（《中华人民共和国著作权法》（2020 年）第五十三条第六项）的规定，认为被告应当承担相应侵权责任。

3. 著作权保护与不正当竞争法律适用

《中华人民共和国反不正当竞争法》（2019 年）第二条第二款规定，本法所称的不正当竞争行为，是指经营者在生产经营活动中，违反本法规定，扰乱市场竞争秩序，损害其他经营者或者消费者的合法权益的行为。第十二条第二款第四项规定，经营者不得利用技术手段，通过影响用户选择或者其他方式，实施其他妨碍、破坏其他经营者合法提供的网络产品或者服务正常运行的行为。

北京市海淀区人民法院及北京知识产权法院均认为，本案中，被告通过故意避开或破坏原告为保护涉案节目采取的技术措施的方式，仅提供涉案节目的正片内容，未提供片前广告，使用户无须观看片头广告，亦无须成为付费会员，即可以免费且完整地观看涉案节目。且原告针对涉案节目获得了较高的广告收益，而涉案行为无疑妨碍和破坏了原告正当商业模式下所提供的网络服务的正常运行，使原告免费提供涉案节目时获得的广告收益直接受损，亦使其增加付费用户的商业目的无法实现，从根本上损害了原告本可获得的经营利益。同时，被告无须为提供涉案节目支付带宽及服务器成本，其实施涉案行为反而会占用原告网站的带宽，亦使原告的经营利益受损。故被告上述行为妨碍、破坏了原告合法提供的网络产品和服务的正常运行，损害了原告正当经营利益的同时，为其自身谋取了不正当利益，扰乱了公平、有序的竞争秩序，构成《中华人民共和国反不正当竞争法》（2019 年）第十二条第二款第四项规定的不正当竞争行为。此外，在适用前述条款足以解决本案纠纷的情况下，法院无须再援引《中华人民共和国反不正当竞争法》（2019 年）第二条对涉案行为进行评判。

然则，故意避开或破坏技术措施的行为是否应适用反不正当竞争法在司法实践中存在不同看法。在（2018）沪 73 民终 319 号案①中，上海市杨浦区人民法院认为，著作权法和反不正当竞争法有其各自的立法政策、保护对象及保护条件。反不正当竞争法对于著作权法起到兜底和补充的作用。在著作权法已对故意避开或者破坏权利人为其作品采取的技术保护措施的行为进行了规定的情况下，不应就同一行为再适用反不正当竞争法的规定。而本案中，一、二审法院虽认为无须援引《中华

① 上海知识产权法院（2018）沪 73 民终 319 号民事判决书，载中国裁判文书网，https：//wenshu. court. gov. cn/website/wenshu/181107ANFZ0BXSK4/index. html? docId = 331bdbd95ffa42cb8e97a9c500d4a7c6，2022 年 4 月 20 日访问。

人民共和国反不正当竞争法》（2019 年）第二条对涉案行为进行评判，但以适用该法第十二条第二款第四项为前提，认为案涉行为同时违反了著作权法和反不正当竞争法，避免向一般条款逃逸。

三、故意避开或破坏技术措施侵权行为赔偿数额的认定

就赔偿数额的认定而言，《中华人民共和国著作权法》（2020 年）第五十四条在保留原第四十九条规定的权利人的实际损失、侵权人的违法所得的基础上，增加了权利使用费的规定，并将法定赔偿数额由原先的五十万元以下更改为五百元以上五百万元以下。

本案中，原告及被告均未能提交充足的证据证明原告因侵权行为所遭受的损失或者被告因侵权行为的获利情况，故法院在综合考虑涉案节目的上映时间、知名度，原告的经营模式，被告实施侵权行为的情节等因素的基础上，酌情确定被告应承担的经济损失赔偿金额。

编写人：最高人民法院司法案例研究院和复旦大学联合培养实习生　刘宇星

【《著作权法》第 49 条　技术措施的法律保护】

22

故意避开或破坏技术措施的侵权行为的认定

——计算机公司诉多媒体公司著作权权属、侵权及其他不正当竞争案

【基本信息】

1. 裁判书字号

上海知识产权法院（2018）沪 73 民终 319 号民事判决书

2. 案由：著作权权属、侵权及其他不正当竞争纠纷

3. 当事人

原告（被上诉人）：计算机公司

被告（上诉人）：多媒体公司

【基本案情】

原告计算机公司诉称：原告通过向版权方支付授权费的方式获得影视作品A的独占信息网络传播权，向用户提供在线观看等服务。为防止他人通过盗链实现视频播放控制，原告对在线视频播放链接采取了加密保护措施；为支付高昂的版权费、宽带费及维护费用，原告在视频内容中设置了片前广告、暂停广告，广告收入是原告经营“××视频”的主要收入来源。被告开发运营的“××影视”网络视频软件未经原告许可，破坏原告视频播放地址加密保护措施，擅自盗链涉案影视作品在原告平台的视频正片播放地址，使用户不需要再访问原告视频网站或下载原告的播放器客户端即可观看涉案影视作品，侵害了原告享有的信息网络传播权。同时，被告播放涉案视频时屏蔽了原告片前、暂停时出现的广告，破解了原告的会员验证机制，导致原告无法获得各类广告的收益和会员费收益，造成原告网站访问量的下降及原告播放器客户端下载安装量的下降，构成不正当竞争。请求法院：1. 判令被告立即停止侵害信息网络传播权，即立即停止破坏原告的网络传播链接加密技术措施，立即停止通过“××影视”客户端向公众在线播放影视作品A；2. 判令被告立即停止不正当竞争行为，即立即停止破坏原告的广告播放机制、停止破坏原告的收费会员身份验证机制，立即停止通过“××影视”客户端向公众在线播放影视作品A时屏蔽片前广告、暂停广告；3. 判令被告向原告赔偿经济损失及合理开支共计500000元（合理费用含公证费1000元、律师费5000元、鉴定费5000元）；4. 判令被告就其不正当竞争行为在《解放日报》或《上海法治报》中缝以外版面刊登声明（声明内容应先由法院审核），消除影响。审理中，原告确认被告已下架涉案作品，故撤回第一、二项诉讼请求。

被告多媒体公司辩称：1. 被告抓取视频的软件应该是开源软件，该软件抓取视频的同时不抓取广告，实质上有屏蔽广告的效果，但因技术人员均已离职无法核实开源软件的名称及其与“××影视”软件的关系，也无法提供后台数据；2. 公证书显示在播放过程中也有跳转至其他视频软件的页面，被告播放的涉案电视剧并不一定链接于原告；3. 原、被告经营范围不同，不存在竞争关系，被告播放涉案视频也没有牟利，被告的行为并非不正当竞争行为；4. 原告的视频是可以免费观看的，被告没有给原告造成损失，合理费用也与本案无关；5. 消除影响的范围应该和造成影响的范围相当，原告的诉请范围过大。综上，请求驳回原告的全部诉请。

法院经审理查明：原告计算机公司成立于1998年11月11日，系视频内容提供商，通过"××视频"网站，"××视频"电脑客户端，安卓、苹果等移动平台客户端，向网络用户提供视频播放服务，并通过设置片前广告、暂停广告等方式收取广告费。

原告经授权获得影视作品A的独占信息网络传播权。在原告"××视频"网站播放影视作品A第1集、第20集、第39集，视频播放中片前、暂停时均有广告，上述视频播放时视频右上角带有"××视频"水印。点击"××视频（v）好莱坞会员广告屏蔽问题说明"，页面显示"××视频播放器嵌入免广告问题：可将××视频播放器嵌入其他公司网站进行视频播放时不弹出广告（站外免广告），广告形式包括并不限于PC端（前贴、暂停、后贴、角标、IVB、中播，以及其他新型广告形式）；移动端（前贴、暂停、后贴，以及其他新型广告形式）。购买免广告服务后，可以满足××视频在您申请应用的网站中播放××视频免广告的要求。费用：VV播放量（万vv）/刊例单价5/3000，费用依次叠加"等内容。

2016年4月5日，电子数据司法鉴定中心接受原告委托，对原告设置的防盗链技术保护措施及其有效性、案外人某公司避开或者破坏原告的防盗链技术保护措施，未经授权获取原告计算机信息系统数据进行司法鉴定。通过测试"××视频"Android手机版应用软件播放的A及其他影视作品剧集，分析可知"××视频"为防止其视频内容被非授权播放，设定视频播放地址的鉴真密钥ckey和视频播放密钥vkey值，用以鉴别视频内容的播放是否得到其授权，没有vkey值或者vkey值不正确、没有ckey值或ckey值不正确，均无法播放相应的视频；这两类密钥无法通过显见的链接地址获得。该鉴定中心据此出具"××视频采取了针对其视频剧集的播放地址加密，并通过密钥鉴真获取视频密钥的技术措施保护其视频剧集的播放地址"的鉴定意见。

被告多媒体公司成立于2003年9月25日，系"××影视"软件开发和运营方。在"××影视"播放器页面搜索栏输入"A"，点击搜索结果进入相关页面，页面显示“A 4.3 分 2726210 人气”，随机播放第 1 集、第 20 集、第 39 集，视频界面显示播放第 1 集时先链接其他视频软件后再链接“××视频”，第 20 集及第 39 集链接“××视频”，上述视频播放时视频右上角带有“××视频”水印，但播放这些视频时没有片前、暂停广告。

【案件焦点】

1. 故意避开或破坏技术措施侵权行为的法律适用；2. 故意避开或破坏技术措施侵权行为的举证责任的分配；3. 故意避开或破坏技术措施侵权行为的赔偿数额的认定。

【裁判要旨】

上海知识产权法院经审理认为：根据法律规定，权利人为保护著作权或邻接权而采取的技术保护措施应当受到保护。关于法律适用，破坏技术措施的行为与侵犯信息网络传播权的行为是两类不同性质的侵权行为，即使上诉人通过破坏技术措施的方式设置链接，破坏技术措施行为的存在并不能够当然得出侵犯信息网络传播权的结论，破坏技术措施的行为属于著作权法规定的违法行为，故应当承担相应的法律责任。

关于举证责任，根据原告提供的证据，可以证明原告已对涉案作品的播放地址加密，并通过密钥鉴真获取视频密钥的技术保护措施保护该视频剧集的播放地址，以控制未经许可接触涉案作品，可以认定原告对涉案作品采取了技术保护措施。虽被告“××影视”软件播放涉案电视剧时有跳转至其他视频软件的页面，但在随后均跳转至“××视频”播放，播放中视频画面亦有“××视频”的水印，故可以认定被告播放的视频链接于原告。被告无法向本院展示其使用何技术手段绕开原告的加密措施直接通过该软件在线播放涉案电视剧，应承担相应的法律后果。

关于赔偿数额，故意避开或破坏技术保护措施和侵犯信息网络传播权的后果都是导致作品传播范围的扩大，对权利人造成的损失基本一致，故可以参照侵犯信息网络传播权的规定确定赔偿数额。

【适用解析】

本案系因故意避开或破坏技术措施，设置深度链接行为而引发的著作权权属、侵权及其他不正当竞争纠纷的典型案例。《中华人民共和国著作权法》（2010 年）仅在第四十八条第六项规定了未经著作权人或者与著作权有关的权利人许可，不得故意避开或者破坏权利人为其作品、录音录像制品等采取的保护著作权或者与著作权有关的权利的技术措施。《中华人民共和国著作权法》（2020 年）第四十九条对技术措施的概念进行了定义，同时规定了违反技术措施的具体情形：1. 不得故意避开或者破坏技术措施；2. 不得以避开或者破坏技术措施为目的制造、进口或者向公众提供有关装置或者部件；3. 不得故意为他人避开或者破坏技术措施提供技术服务。本案虽适用的是《中华人民共和国著作权法》（2010 年），但关于法律适用、举证责任、赔偿数额等方面的认定对于《中华人民共和国著作权法》（2020 年）的适用亦具有指引作用。

一、故意避开或破坏技术措施侵权行为的法律适用

根据《中华人民共和国著作权法》（2010 年）第十条第一款第十二项［《中华人民共和国著作权法》（2020 年）第十条第一款第十二项］及相关司法解释的规定，信息网络传播权是指通过上传到网络服务器、设置共享文件或者利用文件分享软件等方式将作品置于网络中，使公众可以在其个人选定的时间和地点获得作品的权利。因深度链接的设链者并未实施将作品置于网络中的行为，故根据“服务器标准”并不侵害作品信息网络传播权。深度链接是相对普通链接而言的。深度链接和普通链接的区别在于是否要离开设链网站播放、下载第三方网站的内容，深度链接和普通链接的设链者一样都未实施“将作品置于网络中”的行为，而“将作品置于网络中”是信息网络传播权的构成要件之一。故，深度链接的设链者并未实施将作品置于网络中的行为，不构成作品信息网络传播权的直接侵权。

若著作权人为其作品设置了技术措施，此时设链者进行深度链接时需避开或破坏著作权人设置的技术措施。有观点认为，故意避开或破坏技术措施的深度链接行为应视为作品提供行为，进而构成侵害作品信息网络传播权。本案并未采取该观点，本案认为故意避开或破坏技术措施的行为与侵犯信息网络传播权的行为是两类不同性质的行为。关于法律适用，破坏技术措施的行为与侵犯信息网络传播权的行为是两类不同性质的侵权行为，即使上诉人通过破坏技术措施的方式设置链接，破坏技术措施行为的存在并不能够当然得出侵犯信息网络传播权的结论，破坏技术措施的行为属于著作权法规定的违法行为，故应当承担相应的法律责任。《中华人民共和国著作权法》（2010 年）第四十八条（《中华人民共和国著作权法》（2020 年）第五十三条）已明确规定，未经著作权人或者与著作权有关的权利人许可，不得故意避开或者破坏权利人为其作品、录音录像制品等采取的保护著作权或者与著作权有关的权利的技术措施。该条款虽未明确故意避开或者破坏技术措施侵犯了著作权中的哪项权利，但可以明确的是故意避开或者破坏权利人为其作品采取的技术措施是《中华人民共和国著作权法》（2010 年）第四十八条明确禁止的行为，是一种违法行为。

本案中，被告向用户提供“××影视”播放软件，虽然用户在该软件下可以实现对涉案作品的在线观看，但由于在涉案影片的播放中显示了“××视频”相应页面的地址，且“××视频”上确实存在涉案影片，上述事实可以说明原告将涉案作品置于网络中传播，被告仅提供了链接服务，并未实施将作品上传至网络的行为，故不构成对作品信息网络传播权的直接侵权。因原告系合法授权的网站，在原告不构成直接侵权的情况下，被告提供链接的行为亦不构成对作品信息网络传播权的共同侵权。但原告采取了针对其视频剧集的播放地址加密，并通过密钥鉴真获取视频密钥的技术措施保护其视频剧集的播放地址，以控制未经许可接触该视频剧集，被告故意避开或破坏原告为保护涉案作品信息网络传播权而采取的技术措施，导致作品传播范围的扩大，且屏蔽了页面广告、片前广告等内容，应承担违反著作权法的责任。

另外，著作权法、反不正当竞争法有其各自的立法政策、保护对象及保护条件。通过避开或破坏技术保护措施、屏蔽视频网站的广告获得不正当竞争优势的行为，在司法实践中已被确认为违反诚实信用原则和公认的商业道德的不正当竞争行为。但故意避开或破坏技术保护措施的深度链接不应适用反不正当竞争法的规定。反不正当竞争法对于著作权法起到兜底和补充的作用。《中华人民共和国反不正当竞争法》（2019 年）第二条适用的前提是：1. 法律对该种竞争行为未作出特别规定；2. 其他经营者的合法权益确因该竞争行为而受到了实际损害；3. 该种竞争行为因确属违反诚实信用原则和公认的商业道德而具有不正当性或者说可责性。凡是在专门法中已作穷尽性保护的，不能再在反不正当竞争法中寻求额外的保护。即在著作权法已对故意避开或者破坏权利人为其作品采取的技术保护措施的行为进行了规定的情况下，不应就同一行为再适用反不正当竞争法。本案中已对被告故意避开或破坏原告为保护涉案作品信息网络传播权而采取的技术措施是否违反著作权法进行了认定，不应再适用反不正当竞争法。

二、故意避开或破坏技术措施侵权行为的举证责任

出于对举证的担忧，实践中视频网站更倾向于主张侵害作品信息网络传播权而不主张故意避开或破坏技术措施。根据“谁主张，谁举证”“没有证据或者证据不足以证明当事人的事实主张的，由负有举证责任的当事人承担不利后果”的举证规则，在原告已证明其采用技术措施且被告未提出相反证据的情况下，可以推定被告故意避开或破坏技术措施。故，相比侵害作品信息网络传播权，故意避开或破坏技术措施的举证责任并不更高。

本案中，原告提交了鉴定报告，可以证明原告对涉案作品的播放地址加密，并通过密钥鉴真获取视频密钥的技术措施保护该视频剧集的播放地址，以控制未经许可接触涉案作品，可以认定原告对涉案作品采取了技术措施。被告“××影视”软件通过设置深度链接播放涉案视频，在被告无法向法院展示其使用何技术手段绕开原告的加密措施直接通过该软件在线播放涉案电视剧的情况下，可以推定被告故意避开或破坏技术措施。

三、故意避开或破坏技术措施侵权行为的赔偿数额的认定

关于赔偿数额，《中华人民共和国著作权法》（2010 年）并未为故意避开或破坏技术保护措施单独规定赔偿方式。原《中华人民共和国侵权责任法》在确定侵权赔偿的赔偿数额时采用补偿性原则，《中华人民共和国著作权法》（2010 年）在补偿性原则的基础上进一步明确了侵犯著作权赔偿的一般规则，即权利人的实际损失、侵权人的获利和法定赔偿。《中华人民共和国著作权法》（2010 年）第四十八条将故意避开或破坏技术保护措施作为侵犯著作权的一种表现形式，且故意避开或破坏技术保护措施和侵犯信息网络传播权的后果都是导致作品传播范围的扩大，对权利人造成的损失基本一致。故，故意避开或破坏技术保护措施的赔偿数额的确定可以适用著作权侵权赔偿的一般规则。

本案中，由于原告未举证证明其实际损失或被告的违法所得数额，故综合考虑涉案作品的知名度及许可费用、被告的经营规模、主观过错程度、涉案作品通过“××影视”软件播放的“人气”“打分”数等因素，酌定被告赔偿金额。

编写人：上海知识产权法院　杨馥宇

【《著作权法》第53条 侵犯著作权的民事责任】

23

互联网平台适用“避风港”规则免责的条件

——传媒公司、传媒公司分公司诉科技公司、
网络公司侵害信息网络传播权案

【基本信息】

1. 裁判书字号

江苏省高级人民法院（2018）苏民终588号民事判决书

2. 案由：侵害信息网络传播权纠纷

3. 当事人

原告（被上诉人）：传媒公司、传媒公司分公司

被告（上诉人）：科技公司

被告：网络公司

【基本案情】

传媒公司、传媒公司分公司（以下简称两原告）依法享有《××快报》无锡地区新闻的著作权。科技公司、网络公司（以下简称两被告）未经许可，擅自在“今日××”手机新闻客户端中大量使用两原告享有著作权的6篇新闻作品，超出了著作权合理使用的范围，侵害了两原告的著作权，要求两被告停止侵权、赔礼道歉、赔偿经济损失10万元及合理费用。两原告提供报纸原件、职务作品创作合同证明其为适格原告，提供公证书证明两被告的侵权行为，提供相应票据证明为制止侵权支付的合理费用。

被告科技公司请求法院驳回两原告的诉讼请求。其主张：1. 涉案文章非著作

权法意义上的作品，不受保护；2. 涉案6篇被控侵权作品中，2篇是用户上传，其余4篇系科技公司从其他合作方获得授权而链接，依据“避风港”规则，其行为不构成侵权；3. 两原告请求赔偿数额没有依据。科技公司提供“今日××”客户端涉案6篇文章后台信息公证书及其与第三方网站签订的协议，证明其主张。被告网络公司以其非本案适格被告为由，请求法院驳回两原告的诉讼请求。

【案件焦点】

1. 被告的设链行为是否成立；2. 被告能否基于“避风港”规则主张免责；3. 本案赔偿数额的确定。

【裁判要旨】

江苏省无锡市中级人民法院经审理认为：涉案6篇文章属于著作权法意义上的作品。涉案的6篇文章文字表达中不仅包含单纯事实情况，还含有以文艺创作手法创作的新闻评论，该表达属于作者的独创性智力劳动，故并非时事新闻。

对于被控侵权作品而言，网络服务提供者能够证明其仅提供网络服务且无过错的，不认定为侵权；在接到权利人通知后及时删除侵权作品，不承担赔偿责任。本案证据可以证明涉案2篇作品系第三方上传，科技公司仅提供信息存储空间服务；也没有证据证明科技公司明知或应知涉案作品侵权，故在科技公司及时删除涉案作品的情况下，其不构成侵权也无须承担赔偿责任。

对于其余4篇文章，科技公司现有举证只能证明其与第三方网站存在以链接方式进行作品传播的协议，不能证明其确实仅提供链接服务，也无证据证明用户阅读“今日××”客户端中的涉案作品时存在跳转或链接到第三方网站的情形，故不能认定其仅提供链接服务，因此其侵害了该4篇文章的信息网络传播权。

退一步说，即使科技公司确实仅提供链接服务，其也不能完全免责。科技公司与第三方网站签订的设链协议中要求第三方网站对可设链的内容拥有合法的信息网络传播权，但并未要求网站提供此类合法信息网络传播权所涉权利人的清单列表，而仅在合同中要求网站承担知识产权权利瑕疵担保责任，应认定科技公司未尽到相应的审查义务。涉案文章在首部标明的作者单位与第三方网站不一致，基于“今日××”的信息管理能力，这种明显差异应引起其注意从而通过诸如设置关键词等方式将此类作品进行筛选甄别，现科技公司并无证据证明其进行相应操作，故其主观上存在过错，构成应知。另外2篇文章，科技公司主张系通过某网站合法授权而链接。但因其提供的授权协议已过期，故不予采纳。

关于赔偿金额，两原告主张法定赔偿，综合考虑“今日××”的影响力、传播范围及其主观过错等因素，支持赔偿金额10万元。相应律师费和公证费系为制止侵权所支出的合理费用，予以支持。

江苏省无锡市中级人民法院依照《中华人民共和国著作权法》（2010年）第二条第一款、第九条、第十条第十二项、第四十八条第三项、第四十九条，《最高人民法院关于审理侵害信息网络传播权民事纠纷案件适用法律若干问题的规定》（2012年）第三条、第六条，《中华人民共和国民事诉讼法》（2017年）第一百四十二条的规定，判决如下：

一、科技公司于本判决生效之日起十日内赔偿传媒公司、传媒公司分公司经济损失10万元；

二、科技公司于本判决生效之日起十日内赔偿传媒公司、传媒公司分公司合理费用10100元；

三、驳回传媒公司、传媒公司分公司的其他诉讼请求。

科技公司不服一审判决，提起上诉。江苏省高级人民法院同意一审法院裁判意见，判决如下：

驳回上诉，维持原判。

【适用解析】

未经权利人许可而将其作品上传至互联网，上传者的行为构成对权利人信息网络传播权的直接侵权，而对被上传作品设链或保持链接的行为，则为这种未经许可的传播提供了便利。如果设链者对此明知或应知，其设链行为属于间接侵权。互联网平台以“避风港”规则主张不承担赔偿责任，需满足以下条件：一是有充分证据证明其仅进行设链行为；二是对链接对象尽到了必要的审查义务，主观上不存在对被控侵权作品的“明知或应知”。互联网平台仅要求合作方提供知识产权权利瑕疵担保不能认定为尽到了必要审查义务。

一、“避风港”规则及适用条件

《中华人民共和国民法典》实施之前，关于避风港规则的规定主要体现在《中华人民共和国电子商务法》（2018 年）第三十八条、第四十五条，原《中华人民共和国侵权责任法》第三十六条，《信息网络传播权保护条例》（2013 年）（以下简称《条例》）第二十条至第二十三条。《最高人民法院关于审理侵害信息网络传播权民事纠纷案件适用法律若干问题的规定》（2012 年）（以下简称《信息网络传播权解释》）第七条至第十二条（2020 年修订后，以上条文内容及序号无修改）规定了间接侵害信息网络传播权的行为。《中华人民共和国民法典》关于网络侵权“避风港”规则的规定见于第一千一百九十四条至第一千一百九十七条四个条文，其中第一千一百九十四条为网络侵权责任的一般规则，第一千一百九十五条规定了“避风港”规则中的通知权，第一千一百九十六条则规定了反通知权，第一千一百九十七条规定网络服务提供者与网络用户承担连带责任的情形，有学者将该条款视为《中华人民共和国民法典》对红旗标准的规定①。

对司法审判实务界而言，“避风港”规则被视为网络服务提供者的免责事由，其生效需同时具备以下条件：首先，享有“避风港”抗辩权的皆是网络服务提供者，即“避风港”规则在主体上仅适用于提供储存空间或者搜索服务、链接服务的网络服务中间商。其次，从行为特征上看，网络服务提供者的行为应仅限于提供中介服务，处于技术中立、地位中立的位置，并未因其服务对被侵权的作品、表演、录音录像制品进行任何形式的变更、扭曲或因此而从被侵权的作品、表演、录音录像制品中直接获得经济利益。再次，从主观状态而言，网络服务提供者在主观上应无过错，即其对被侵权的作品、表演、录音录像制品网络传播中的侵权事实不“明知或者应知”。最后，网络服务提供者在收到权利人或者服务对象向其提交维权书的场合，应断开相应链接或删除相应的作品。归纳而言，“避风港”规则是网络服务提供者因其行为导致侵害信息网络传播权的行为效应被扩散，而可能构成间接侵权的情况下，可适用的抗辩免责事由。“避风港”规则的前提条件是网络服务提供者之外的第三人实施了直接侵权行为，实质条件则是网络服务提供者在主观上无过错。

二、“设链”行为的性质认定及责任承担

我国著作权法和行政法规对于信息网络传播权的侵权行为的界定逻辑为：先明

---

① 参见杨立新：《网络服务提供者在网络侵权避风港规则中的地位和义务》，载《福建师范大学学报（哲学社会科学版）》2020 年第 5 期。

确权利，再规定侵权行为类型，两者结合确定侵权行为的判断依据。《中华人民共和国著作权法》（2020 年）第四十七条第三项、《条例》第十八条第一项均规定未经著作权人许可，通过信息网络向公众传播/提供其作品，构成侵害信息网络传播权的行为。《信息网络传播权解释》第三条第一款（2020 年修订后，本条内容及序号无修改）进一步重申这一直接侵权行为的构成要件，并在该条第二款对“提供”行为进行细化，列举“通过上传到网络服务器、设置共享文件或者利用文件分享软件”等行为方式，强调互联网技术条件下传播方式具有“交互性”——接受信息一方具有内容、时间、地点的自主选择权，以及传播对象具有“特定性”——接受信息的一方是特定的个人的双重特征。

《信息网络传播权解释》第三条至第六条（2020 年修订后，以上条文内容及序号无修改）规定了直接侵害信息网络传播权的行为，第七条至第十二条则规定了间接侵害信息网络传播权的行为。在互联网时代，链接（又称“超文本链接”）是互联网的核心要素[①]。互联网在技术和商业模式方面的发展给著作权法带来了持续的挑战，其中讨论时间最长、争议最大、形式不断翻新的问题就是对提供链接行为的法律定性。[②] 随着互联网技术发展，侵害信息网络传播权的行为经历了从最初的直接将作品上传至服务器到深度链接及至现下最新的聚合链接的多种发展模式。深度链接这一网络服务行为是否侵害信息网络传播权，应依据是否属于“提供作品”行为这一核心判断标准审查。

（一）作品提供行为的判断标准

对于提供作品行为，即直接侵权行为的解释和认定，目前司法界和学术界主要有三种标准：服务器标准、用户感知标准和实质呈现标准。

服务器标准是将置于服务器作为构成提供行为的唯一标准，只有当作品以上传或分享等方式置于服务器，才是提供行为。关于“服务器”的认定，有观点认为应做宽泛理解，是指“具有网络传输功能的计算机硬件与软件的结合体”[③]。用户感知标准则认为，服务器是一种技术，而技术本身是中立的具有不可规则性，判断行

---

① 王迁：《论提供“深层链接”行为的法律定性及其规制》，载《法学》2016 年第 10 期。

② 王迁：《论提供“深层链接”行为的法律定性及其规制》，载《法学》2016 年第 10 期。

③ 冯刚：《涉及深度链接的侵害信息网络传播权纠纷问题研究》，载《知识产权》2016 年第 8 期。

为的法律性质不应该单纯以技术为标准。用户感知标准强调在用户使用网站服务的过程中，是否能判断出其浏览的作品为该网站所提供。只要用户认为作品是该网站提供，则不论作品是否在该服务器上，皆应被认定为提供作品的行为。实质呈现标准则是指网络服务商未经许可通过加框链接在自己的网页或客户端软件界面上向公众实质呈现他人的版权作品，属于直接利用他人作品的行为，构成直接侵权。[①]

（二）“今日××”设链行为是否构成直接侵权

本案中，被告科技公司主张“今日××”仅根据用户提供的关键词对向其开放端口的其他网站内容进行搜索，然后直接跳转至该第三方网站的相关内容页面，其仅提供搜索服务，属于网络服务提供者。根据科技公司的抗辩内容，其行为属于深度链接行为，即从设链网站页面绕过被链网站主页（home page），直接链接到目标网页的链接方式。根据服务器标准，深度链接并不使作品处于网络传播状态，仅使已处于网络传播状态的作品进一步扩大其传播范围，在此情况下，只要深度链接不对所链接的信息和权利人设定的用户获取信息途径或方式做任何更改，则该链接行为仅为用户找到资源提供了方式和渠道，本质上是增加了用户获取权利人享有信息网络传播权的作品的途径，其链接行为不属于作品提供行为，而是网络服务提供行为，故不构成对信息网络传播权的直接侵权。但是，是否属于真实的设链行为，是需要网络服务提供者进行证明的事实。

本案中，科技公司所提供的证据不足以证明其仅提供链接服务。首先，科技公司提交的公证书中虽然有该4篇文章的后台信息，但是该后台信息显示的URL地址并无与之对应的“今日××”客户端页面显示信息予以佐证，也即公证书中涉案4篇文章的后台信息仅为科技公司的单方陈述内容，无相应证据予以证明。其次，科技公司现有举证只能证明其与第三方网站存在以链接方式进行作品传播的协议，并不能进一步证明其对涉案4篇文章确实仅提供链接服务，而未将涉案文章复制至其服务器中。再次，本案缺乏证据证明用户阅读“今日××”客户端中的涉案作品时存在跳转或链接到第三方网站的情形。最后，两原告否认就涉案作品授权与科技公司签订协议的第三方网站使用，在此情况下，不能认定“今日××”仅对涉案文章进行了设链行为。

① 参见崔国斌：《得意忘形的服务器标准》，载《知识产权》2016年第8期。

此外，根据本案的举证情况，本文向网络服务提供者作出一个提示，在接到权利人的通知后，固然应根据法律规定及时采取的删除、屏蔽、断开链接等必要措施，但出于固定证据的目的，应在采取删除措施前先对网页后台及前台的相关情况进行公证，以防止后续诉讼中因无法提供有效证据而导致无法证明设链行为的后果。

（三）网络服务提供者主观状态判断

因为设链行为客观上帮助了作品在信息网络的传播，故对网络服务提供者存在构成间接侵权的可能性①，对其应进行主观状态上“明知或应知”的审查，即只有在网络服务提供者不存在过错的情况下，才可主张免责。《信息网络传播权解释》第八条第二款规定网络服务提供者无主动审查义务，第三款规定只要网络服务提供者能证明其已采取合理、有效的技术措施仍不能发现侵权行为的，应当认定其不具有过错。第九条则规定了网络服务提供者可能构成主观上的“应知”的七种情形。

主观认知状态的判断不是空中楼阁般的孤立考察，而必须也必然是与行为人的客观能力相结合、相适应的一种法律认定。《信息网络传播权解释》第九条第一款明确了判断“应知”时要结合网络服务提供者应当具备的管理信息能力，笔者认为这贴合了“能力越大，责任越大”的一般性普适原则。从笔者的办案体验及部分学者的观点来看，过错责任原则具有的巨大弹性与包容性，法官可以根据技术的发展、产业形态的变迁，调整不同类型的网络服务提供者注意义务的边界，从而合理分配风险，更好地回应社会发展对侵权法体系所提出的新课题；而关于侵权行为是否如红旗飘扬般明显，则不应作为法院在进行侵权认定时的限制性因素。

本案中，科技公司提供的两家网站的授权许可协议中，均明确可设链转载的内容为两网站“自有版权”的内容。科技公司确认“自有版权”为“合法拥有”之意，也即科技公司在签订协议时即认为两家网站应对可设链的内容拥有合法的信息网络传播权。作为无内容采编、生产许可的“今日××”平台，其与该两家网站建立设链许可协议的目的即获取相关的作品内容，在此目的下，科技公司应起码要求协议对方提供其拥有合法的信息网络传播权所涉权利人的清单列表，而不能仅在合同中要求协议对方网站承担概括性的知识产权权利瑕疵担保责任。同时，基于科技

---

① 对此，也有文章认为在存在内容合作关系的情况下，设链方与被链方构成直接的共同侵权，否定设链方可适用“避风港”规则。参见何琼、吕璐：《聚合性平台深层链接侵权问题研究——以设链方与被链方的关系为进路》，载《电子知识产权》2015 年第 10 期。

公司的管理信息的能力，其完全有能力也应该在设链行为之初进行相关测试筛选，对于作品来源与作者身份存在明显差异的情况进行核查。

2019年3月26日通过的欧盟新版权法《数字单一市场版权指令》（Directive on Copyright in the Digital Single Market）对于网络平台的前置性审查义务进一步严格规范。该法案第17条“上传过滤器”条款要求网络平台采用“有效的内容识别技术”审查用户上传的内容是否含有未经授权的版权内容，一旦后续被发现涉及侵权，网站需为用户的行为承担法律责任。① 该条款实际上突破了“避风港”规则，直接将用户提供作品的直接侵权行为的责任归责于网络平台。而本案中，仅是要求网络平台对于其所提供的内容有符合其信息提供目的、信息管理能力的最基础的预防侵权措施，本身并未违反《信息网络传播权解释》第八条第二款的规定，也有效平衡了著作权权利人与网络服务提供者之间的义务对等性。

三、网络服务提供者侵权赔偿数额考量因素

关于赔偿数额的确定一直是知识产权案件中的难点，如何把握侵权与赔偿之间的合理尺度，既使权利人的合法利益得到充分、有效保护，杜绝“赢了官司输了钱”的倒挂现象，又尊重互联网环境下网络服务提供者所处的信息网络传播的中枢地位，使其充分发挥为大量分散的用户的网络传播行为提供了便利条件这一基本功能，避免阻碍技术的发展，是在审理侵害信息网络传播权案件中的考量重点和平衡难点。此种考量的前提依然是充分尊重著作权利人的合法权益，以促进创新、促进知识生产为核心。

“今日××”作为“一款基于数据挖掘的推荐引擎产品，为用户推荐信息，提供连接人与信息的服务的产品”，其产品特色为“基于个性化推荐引擎技术，根据每个用户的兴趣、位置等多个维度进行个性化推荐，推荐内容不仅包括狭义上的新闻，还包括音乐、电影等资讯”，其公司规模已属于“会影响到几亿用户的平台公司”阶段，并在进一步迈向“需要面对各个不同国家不同的文化和监督的全球平台公司阶段”。“今日××”以特定的算法集合开创有效组织和分发的新业态，但是如果不尊重信息产生的源头，则将产生涸泽而渔的不利后果。对传统纸质媒体作品

---

① 相关内容参见金典：《域外传真 | 重磅！谷歌等互联网巨头抓狂，欧盟新版权法案表决通过》，载微信公众号“知识产权那点事”2019年3月31日，https：//mp. weixin. qq. com/s/Bi2fUFUDhMkAnHcpMY6PBA，2021年12月29日访问。

不加区分地随意使用，不但会造成对内容生产者创新积极性的打击，也会导致新型网络平台应对分散、单独的小权利主体的侵权诉讼的风险和成本的增加，从长远看并不利于整个互联网内容变现模式的发展，更不利于对互联网平台“走出去”全球化目标的实现。同时，对于互联网平台而言，获取内容的有效授权并非不可能完成的任务。

本案中，原告主张法定赔偿时未提供其因科技公司侵权所受损失及科技公司因侵权获利数额。法院综合考虑“今日××”作为新闻集合式浏览媒体这一网络平台的特殊性，其受众更多，影响范围更广，涉案文章通过其平台进行网络传播，在传播速度、传播广度上都远大于其他网络渠道，且其个性化推荐的方式对新闻阅读受众产生的影响也相对更大，科技公司对此主观上具有一定的过错等因素，支持本案赔偿金额10万元。两原告为本案支出律师费和公证费，系为制止侵权所支出的合理费用，也予以支持。

编写人：江苏省无锡市中级人民法院　单甜甜

【《著作权法》第53条　侵犯著作权的民事责任】

24

网络服务提供者“避风港”规则适用

——影视公司诉计算机公司、闫某侵害作品信息网络传播权案

【基本信息】

1. 裁判书字号

河南省高级人民法院（2020）豫知民终404号民事判决书

2. 案由：侵害作品信息网络传播权纠纷

3. 当事人

原告（上诉人）：影视公司

被告（被上诉人）：计算机公司、闫某

【基本案情】

2017年，原告影视公司拍摄制作了涉案现代豫剧电影。同年10月19日，该公司与国内一家大型视频平台公司签订《视频合作协议》，授权该视频平台涉案电影的独家全平台公开播映权及公开传播权。10月25日，案涉电影在该视频平台上线。同年11月1日，影视公司与影业公司签订《宣传发行合同》，约定涉案电影将于2018年5月开始在全国范围内院线发行。11月13日，影视公司发现涉案电影出现在被告计算机公司的视频网站中，网站播放截屏中，有“龙标图案”“公映许可证”。页面边角处显示有“公众号 梨园××”字样，时间：2017年11月13日，点击率图标旁显示数字2.6万。根据计算机公司后台核查，“公众号 梨园××”的实名注册主体名称及运营者均为被告闫某。后该电影未进行院线发行。为此，影视公司将闫某、计算机公司起诉至法院，认为涉案电影有公映许可证，系带龙标电影，龙标就像高高飘扬的红旗，视频网站对龙标电影被侵权的事实应当明知，或在闫某上传时进行主动审查，但计算机公司未进行删除、屏蔽、断开连接等必要措施，亦未进行审查，负有过错。正是因二被告的共同侵权行为，导致涉案电影在网络上广泛传播，以至于电影不能发行，故影视公司将计算机公司及闫某起诉至法院，要求二被告赔偿各项损失300余万元。

【案件焦点】

计算机公司是否侵害影视公司案涉电影的信息网络传播权，应否对闫某的侵权行为承担赔偿责任。

【裁判要旨】

河南省开封市中级人民法院经审理认为：闫某未经许可，上传涉案电影至计算机公司视频网站，公众可根据个人选定的时间、地点，通过信息网络观看涉案影片，其行为构成侵害作品信息网络传播权，应当承担相应的民事责任。

对于本案的焦点计算机公司是否侵害原告涉案电影的信息网络传播权，应否对闫某的侵权行为承担赔偿责任的问题。法院认为，计算机公司不应当承担赔偿责任。首先，涉案电影是由网络用户闫某上传至计算机公司视频平台，并非计算机公司直接提供，故计算机公司在本案中提供的是信息存储空间服务，不构成直接侵权。其次，《最高人民法院关于审理侵害信息网络传播权民事纠纷案件适用法律若干问题的规定》（2012 年）第七条规定了网络服务提供者“教唆、帮助”两种间接侵权行为。本案中，计算机公司既不存在“以言语、推介技术支持、奖励积分等方式诱导、鼓励网络用户实施侵害信息网络传播权行为”，又不存在“明知或者应知其服务的网络用户利用网络服务侵害信息网络传播权，未采取删除、屏蔽、断开链接等必要措施，或者提供技术支持等帮助行为”。根据《最高人民法院关于审理侵害信息网络传播权民事纠纷案件适用法律若干问题的规定》（2012 年）第九条至第十二条的规定，计算机公司未改变服务对象上传的涉案电影内容，没有证据证明其对涉案电影有任何编辑、设计、整理、分类等行为；涉案电影系地方戏曲剧种，首映式在河南省某县进行，宣传时间短、地域窄，知名度不高，感知率较低，不属于被公众明显感知的作品，更不属于热播剧，不适用“红旗原则”；涉案贴片广告与涉案戏曲电影无特定相关性，无法证明计算机公司从播放涉案电影中直接获得经济利益；且其在知晓侵权情况后，及时删除了涉案电影。因此，对涉案电影计算机公司提供的是信息存储空间服务，不构成直接侵权，且其主观上不具有明知或应知的过错，不构成间接侵权，不应承担赔偿责任。

河南省开封市中级人民法院判决如下：

一、被告闫某赔偿原告影视公司经济损失及制止侵权行为所支付的合理开支共计 25 万元；

二、驳回影视公司对计算机公司的诉讼请求。

影视公司不服一审判决，提起上诉，河南省高级人民法院经审理认为：关于计算机公司是否构成侵权及应否承担赔偿责任的问题，计算机公司系被诉侵权行为人闫某利用该公司网络服务实施侵权行为的视频网络平台的网络服务提供者，其未主动对涉案电影进行涉及内容的选择、编辑、修改、推荐，不构成对案涉作品信息网络传播权的直接侵权。计算机公司作为视频网站信息存储空间服务的网络服务提供者，规定了视频网络用户上传视频前需点击同意遵守《视频上传服务规则》，承诺对其上传的视频拥有完整著作权或已获得合法授权，未侵犯任何第三方之合法权益，据此可以认定计算机公司对用户上传作品采取了合理措施。其对视频内容中“龙标”图案、“公映许可证”“国家新闻出版广电总局电影局”等国家版权局发布的版权预警名单外或版权方发送的预警函、通知函外影视作品内容不负主动审查义务。《最高人民法院关于审理侵害信息网络传播权民事纠纷案件适用法律若干问题的规定》（2012 年）第八条第二款、第三款规定，网络服务提供者未对网络用户侵害信息网络传播权的行为主动进行审查的，人民法院不应据此认定其具有过错。网络服务提供者能够证明已采取合理、有效的技术措施，仍难以发现网络用户侵害信息网络传播权行为的，人民法院应当认定其不具有过错。影视公司以计算机公司未对闫某上传内容是否侵犯权利人的信息网络传播权予以主动审查主张计算机公司具有过错的理由不能成立。且计算机公司亦未实施“教唆、帮助”两种间接侵权行为，在知道闫某的侵权行为后立即删除了涉案电影，因此计算机公司依据《最高人民法院关于审理侵害信息网络传播权民事纠纷案件适用法律若干问题的规定》（2012 年）第十三条“通知＋删除”相关规定主张“避风港”规则保护，不承担侵权赔偿责任的理由成立。

河南省高级人民法院判决如下：

驳回上诉，维持原判。

【适用解析】

随着互联网在经济活动和日常生活中扮演着越来越重要的角色，信息网络传播权纠纷案件也呈逐年增加趋势。为平衡网络环境下著作权人、网络服务提供者及社会公众三者的利益，尤其是在保护著作权人相关权利的同时，又不妨碍科学技术的发展及社会公众获取信息自由的权利，既让网络服务提供者承担相应的责任，但又避免使其过重地承担责任，防止不适当妨碍技术的发展创新并为相关互联网产业的发展留下空间。《最高人民法院关于审理侵害信息网络传播权民事纠纷案件适用法律若干问题的规定》（2012 年）（以下简称《信息网络传播权解释》）对侵害信息网络传播权的侵权行为构成、网络服务提供者的教唆侵权、帮助侵权行为及其判定标准作出了具体规定，并对“避风港”规则进行细化，特别是对网络服务提供者构成“应知”的标准、构成侵权的条件等作出了可执行的规定。

本案中，依据《信息网络传播权解释》相关规定，对计算机公司能否适用“避风港”规则，法院主要考虑了 7 个要件，包括主体要件、行为要件、标示要件、客观要件、主观要件、获利要件、删除要件。

1. 主体要件。避风港规则适用的主体只包括提供网络信息存储空间、搜索或者链接服务、自动接入或传输服务的网络服务提供者，若超出以上服务内容，则主体不适格。本案中，计算机公司系为视频网络用户提供信息存储空间服务的网络服务提供者，符合避风港规则适用的主体要件。

2. 行为要件。网络服务提供者并没有单独的直接侵权行为，若是网络服务提供者单方实施了直接侵权行为，则不能适用避风港规则。本案中，涉案电影系计算机公司网络用户闫某自行上传至××视频平台，并非计算机公司直接提供，任何人均可通过注册账号登录上传相关内容，故计算机公司在本案中提供的是信息存储空间服务，不构成直接侵权。

3. 标示要件。网络服务提供者明确标示该信息存储空间是为服务对象所提供，并公开其名称、联系人、网络地址。本案中，计算机公司在侵权投诉指引中明确了其为用户提供包括发布视频在内的相关服务，以及第三方上传涉嫌侵权内容的投诉渠道及联系方式。

4. 客观要件。网络服务提供者只是负责提供存储空间或链接服务，对传送内容不得做任何增删修改等。一般来说，网络服务提供者不会主动修改用户上传作品的内容，但通常会利用技术让上传的作品自动按预先设定格式进行编排，并添上服务提供者的名称、形象标识等，然而对作品的内容并无实质性影响，因此，不构成对上传资料的改动。本案中，计算机公司未改变服务对象上传的涉案电影内容。根据证据显示，涉案视频用户上传视频时，需自行填写标题、分类和标签等信息。信息填写完成提交后，在视频后台页面所显示的标题、分类和标签等信息即为用户原自行填写的信息。本案中，涉案电影由闫某自行上传，视频标题，相关标签等信息为其自行填写、编辑。因此，不能证明计算机公司对涉案电影进行了任何形式的设计、编辑、分类等行为。

5. 主观要件。主观认识上，网络服务提供者只有在对侵权事实不明知也不应知情况下方可适用“避风港”规则。认定网络服务提供者对于网络用户实施的侵权行为是否应知，其核心在于网络服务提供者是否尽到了合理注意义务。该注意义务的限度应充分考虑网络服务提供者系为他人信息传播提供中介服务的特点，在促进网络行业健康有序发展与保护权利人合法权益之间寻找合适的平衡点。根据《信息网络传播权解释》第八条、第九条、第十条、第十二条（2020 年修订后，以上条文内容及序号无修改）的规定，人民法院可以根据侵权事实是否明显，网络服务提供者应当具备的管理信息能力，是否主动对作品进行选择、编辑、推荐等因素，综合认定网络服务提供者是否构成“应知”的情形。本案中，计算机公司不知道也没有合理理由应当知道服务对象上传的涉案电影侵权。一方面，涉案电影虽然获得了发行许可，但事实上并未在院线上映，在涉案视频网站仅是通过关键词搜索到涉案电影的视频，没有证据显示该电影位于首页、其他主要页面或者其他可为服务提供者明显所见的位置，也没有证据显示计算机公司对其推荐或者进行选择、整理、分类等，影视公司也未能举证证明涉案电影属于热播影视作品。另一方面，涉案视频用户上传视频前需点击同意遵守《视频上传服务规则》，承诺对其上传的视频拥有完整著作权或已获得合法授权，未侵犯任何第三方之合法权益，据此计算机公司对用户上传作品已设置了合理的提醒。同时，××视频网站上也公示了侵权投诉指引与侵权投诉及通知指引，提供了相关投诉流程及渠道。据此，计算机公司主观上不具有应知的过错。

对于影视公司认为案涉电影为带“龙标”的电影，带“龙标”的电影就如“高高飘扬的红旗”，应当适用“红旗原则”的观点，法院认为，尽管我国著作权法并未明确何为“红旗原则”，但《信息网络传播权解释》第十二条可以视为对“红旗原则”的规定，以作为网络服务提供者“避风港”规则的例外。即将热播剧影视剧及其他明显感知的视频作品传播情形作为判断网络服务提供者属明知或应知的标准。那么，用户上传所有“龙标”电影到视频网站是不是都适用“红旗”标准，网络服务提供者是否应当明显感知，法院认为答案是否定的。首先，本案中的案涉电影系地方戏曲剧种，首映式在河南省某县进行，宣传时间短、地域窄，知名度不高，感知率较低，仅授权某视频网站播放，未在院线、电视台发行，不属于被公众明显感知的作品，更不属于热播剧。其次，网络服务提供者若以“龙标”图案为识别标准，从而拒绝“龙标”电影作品的网上传播，则会导致“龙标”电影作品的著作权人或经著作权人许可的人，愿意将其享有信息网络传播权的“龙标”电影作品进行网络传播、让公众分享时，亦同样会被拒绝上传。这样，“龙标”电影作品著作权人必将不能正常行使信息网络传播权，此举反而不利于对“龙标”电影作品著作权人或其授权的人的权利保护，也不利于社会公众对信息量的获取。最后，近年间，我国每年有大量电影获得发行许可并取得“龙标”，如果让每个网络服务提供者对这些视频作品鉴别是否有龙标，无疑扩大了网络服务提供者对作品进行主动审查的范围，导致“红旗原则”中的“红旗飘扬”适用范围扩大到“龙标飘扬”，如此会降低“红旗原则”标准。网络服务提供者对网络上的海量信息是否侵权没有主动监控的义务是国际上的普遍认知和做法，让更多的网络服务提供者进入“避风港”应是基本规则，而不是首先适用“红旗原则”。否则，不利于网络经营者科技发展，势必阻碍其向社会公众传播信息的积极性，与社会公众享有获取信息自由、广泛权利的社会公共利益相悖。当然，网络服务提供者应当承担传播良好的道德风尚、传播优秀文化的社会责任，对于涉嫌违反法律、行政法规内容的作品应当负有审查义务，但这是行政管理机关克以网络服务提供者的行政法上的义务，而著作权是私权，权利人更应当积极保护其私权，故与本案涉案电影的传播行为不能相提并论。一个具有较大影响力的网站，对著作权保护不仅不能无所作为，而是要做著作权保护的表率。对于作品权利人关于删除侵权内容或断开侵权链接的通知要及时处理，不能无故拖延。计算机公司在庭审中也认可对于国家版权局近年发布的《重点作品版权保护预警名单》的作品，计算机公司已经建立了预警作品名单库进行保护，对于进入预警名单库的作品禁止用户上传。计算机公司应当根据国家版权局对预警名单的更新与变化，继续坚持对作品版权的保护。

6. 获利要件。网络服务提供者必须是未从服务对象提供作品、表演、录音录像制品中直接获得经济利益。对获利与否的判断，关键在于考察获利与侵权行为之间是否存在直接必然联系，也就是获利是否因侵权行为而产生，或者是获利是否因侵权行为而增加。在当前的信息分享时代，信息存储空间服务提供者提供服务器空间供用户免费上传视频等内容，与社会公众分享，其本身需要一定的数据维护等成本，为维持运营并获取一定的收益，其在网站上投放商业广告，并收取一般性广告费，已成为实践中一种惯常的商业模式。根据《信息网络传播权解释》第十一条第二款（2020 年修订后，本条内容及序号无修改）规定：“网络服务提供者针对特定作品、表演、录音录像制品投放广告获取收益，或者获取与其传播的作品、表演、录音录像制品存在其他特定联系的经济利益，应当认定为前款规定的直接获得经济利益。网络服务提供者因提供网络服务而收取一般性广告费、服务费等，不属于本款规定的情形。”本案中，虽然涉案电影在播放过程中显示有广告，但内容为连锁快餐相关广告，影视公司未证明该广告与涉案戏曲电影存在特定关联性，无法认定计算机公司从播放涉案电影中直接获得经济利益。

7. 删除要件。权利人向网络服务提供者提交符合法律规定的维权通知书，网络服务提供者接到通知书后及时删除侵权作品。《信息网络传播权解释》第十三条规定："网络服务提供者接到权利人以书信、传真、电子邮件等方式提交的通知，未及时采取删除、屏蔽、断开链接等必要措施的，人民法院应当认定其明知相关侵害信息网络传播权行为。"（2020 年修订后，本条文修改成："网络服务提供者接到权利人以书信、传真、电子邮件等方式提交的通知及构成侵权的初步证据，未及时根据初步证据和服务类型采取必要措施的，人民法院应当认定其明知相关侵害信息网络传播权行为。"）根据查明事实，涉案视频网站上设置有侵权投诉指引，且在本案原审一审审理期间，计算机公司收到相关诉讼材料的当天立即删除了涉案电影。

综上所述，法院认定计算机公司符合适用"避风港"规则的适用要件，不应承担赔偿责任。

法院在审理本案时，适用《信息网络传播权解释》（2012 年）相关规定，对提供信息存储空间的网络服务者对于他人利用其服务传播作品的行为是否构成侵权，从网络服务提供者是否改变涉案作品内容、主观上是否具有应知过错、有无直接获利、获悉侵权情况后是否及时删除、断开链接等多个方面，综合认定网络服务提供者是否构成侵权，明确了网络服务提供者"避风港"规则的具体适用，从而平衡各方主体利益，对同类案件的审理具有借鉴意义。

编写人：河南省开封市中级人民法院　胡振芳

【《著作权法》第54条　侵犯著作权赔偿数额的确定】

25

惩罚性赔偿的适用以准确的计算基数为前提条件

——出版社诉咨询公司、咨询公司分公司侵害出版者权案

【基本信息】

1. 裁判书字号

江苏省无锡市中级人民法院（2020）苏02民初635号民事判决书

2. 案由：侵害出版者权纠纷

3. 当事人

原告：出版社

被告：咨询公司、咨询公司分公司

【基本案情】

一、关于涉案图书著作权方面的事实

2019年4月15日，出版社与评价中心签订《版权许可备忘录》一份，约定该出版社对评价中心组织编写并享有著作权的某图书享有专有出版权和信息网络传播权，期限为5年，在约定期限内，评价中心不再另行授权任何第三方出版上述图书及享有信息网络传播权。出版社能够以自己的名义对任何侵权行为独立进行维权，该授权自被授权图书出版之日起生效。

涉案图书定价42元，零售价为标价的八折至八五折。该图书封面左下角贴有防伪标识，内部版权页印有防伪鉴别方法。

二、关于出版社诉称咨询公司分公司侵权方面的事实

2019年8月31日，出版社代理人与公证处公证人员在江苏省无锡市某大厦一

标有咨询公司名称的场所内报名培训课程，支付人民币 990 元及材料费人民币 50 元，取得书籍二本、名片一张等材料，材料费的微信付款截图显示收款人标注为“咨询公司张某”。咨询公司分公司确认其公司有名叫张某的员工。公证所购图书中有图书，但封面无防伪标识，内部版权页无防伪鉴别方法。咨询公司的培训费及听课证的管理条款中载明：1. 按公司总部统一规定的各项课程标准交费，教材由学员自行购买，校区可依实际调整培训计划和内容。

三、关于赔偿损失参考因素方面的事实

1. 财政部 2019 年 5 月 13 日财政新闻显示 439 万人报名参加 2019 年度全国会计专业技术初级资格无纸化考试；2019 年 9 月 9 日财政新闻显示 166 万人报名参加 2019 年度全国会计专业技术中高级资格无纸化考试。

中国注册会计师协会 2019 年 10 月 19 日要闻显示 2019 年注册会计师全国统一考试专业阶段考试有 169.3 万人考生报名参加，涉及 471.5 万科次。

该会计咨询服务公司官网显示，其有 400 家直营校区、100 万学员成功学完就业，已进驻北京、上海、广州、深圳、重庆、成都、合肥等 70 多个城市。

2. 多份公证书显示，在 2018 年 12 月 21 日至 2019 年 9 月 19 日，取证人员分别在上海、湖北省、陕西省、江苏省、江西省等地标有咨询公司名称的场所内，以极低的价格从该场所内工作人员处单独购买或利用报名机会直接获得《经济法基础》《财务管理》《中级会计实务》和《经济法》等多款图书。

3. 2019 年 12 月至 2020 年 11 月，北京互联网法院、福建省福州市中级人民法院、北京市石景山人民法院、上海市浦东新区人民法院等法院作出民事判决，认定咨询公司及其下属分公司、关联公司侵犯出版社著作权，判令其承担 3 万～16 万元的赔偿责任。

4. 2019 年 5 月 16 日，武汉市洪山区、汉阳区文化和旅游局在咨询公司三处分店发现多种会计考试配套书籍。

5. 2019 年 7 月 4 日，出版社指派律师向咨询公司及其子公司发送《律师函》，要求其停止向学员和社会公众提供 2018～2019 年全国注册会计师统一考试辅导教材、2018～2019 年全国会计专业技术资格考试辅导教材的盗版书和电子书的侵权行为。

6. 2019 年 11 月 20 日至 21 日，出版社出具《出版物认定函》，认定成都市双流区综合行政执法局送检的咨询公司下属分公司送检的多款会计考试配套书籍为非法出版物。

7. 咨询公司所提交的文件显示，该集团于2018年5月11日、2019年7月23日发出《关于部分校区教材被查收的警示通知》（以下简称《警示通知》）以及《关于再次重申加强校区教材管理的通知》（以下简称《通知》），《警示通知》中明确公司已有多地多校区被查出并收缴各类教材若干，认为校区被查收的教材中有外购的各类注会、职称教材或辅导教材，多为各校区代学员购买的盗版教材，此行为是公司严令禁止的行为，要求各校区清理教材并安全存放，前台不允许摆放各类教材，更不允许将学生购买的教材置于前台。《通知》中明确近期仍有部分校区有私自存放和售卖非法盗版教材的情况，严重损坏了公司形象及声誉，造成非常恶劣之影响，要求各校区立即清理涉及非法盗版的教材。

四、与本案有关其他方面事实的证据

出版社为本案诉讼支出公证费940元。

咨询公司为设立于2011年7月19日的有限责任公司，其经营范围为会计咨询服务，企业事务代理，税务咨询，企业管理咨询，企业培训，出版物、音像制品、电子出版物的销售及网上销售。

咨询公司分公司为设立于2018年9月20日的有限责任公司分公司，其经营范围为会计咨询服务。

出版社向法院提起诉讼，认为咨询公司属于严重的故意侵权、直接侵权、重复侵权、恶意侵权，请求适用惩罚性赔偿判令该公司及其咨询公司分公司停止侵权，赔偿经济损失10万元及合理开支1万元，并承担本案诉讼费用。

【案件焦点】

咨询公司及其分公司是否应当承担惩罚性赔偿责任。

【裁判要旨】

江苏省无锡市中级人民法院经审理认为：两被告涉案行为侵犯了原告的专有出版权，且属于恶意侵权，但侵权行为发生时施行的著作权法并未规定惩罚性赔偿，同时原告也未提供有效可信的用于计算惩罚性赔偿的基数，在原告实际损失数额、被告违法所得数额或者因侵权所获得的利益、权利许可使用费均无法查明，且在被告不存在未按法院要求提供其掌握的与侵权行为相关的账簿、资料或者提供虚假账簿、资料的情况下，人民法院只能根据侵权行为的情节确定一个较高的赔偿额，而不能依据酌定数额作为计算基数并在此基础上再适用惩罚性赔偿。鉴于本案被告主观具有明显恶意，且存在多次侵权情况，本案确定赔偿数额时对此应当予以考虑。据此，两案均判决两被告停止侵权，咨询公司分公司赔偿原告经济损失及合理费用各 8 万元，咨询公司对咨询公司分公司上述给付义务承担补充清偿责任。

【适用解析】

惩罚性赔偿（Punitive damages），又称示范性赔偿（Examplary damages）或报复性赔偿（Vindictive damages），是为了对侵权行为人作出一种惩罚而对权利人进行的一种赔偿，一般是指由法院作出的超出实际损害数额的赔偿。惩罚性赔偿是加重赔偿的一种原则，一方面可以给予故意侵权人以加重惩罚，以防止其将来重犯，同时达到惩戒潜在侵权人的目的；另一方面也可以避免侵权人通过隐瞒获利证据降低法院酌定赔偿额而赚取超额利润，此外还可以通过经济手段鼓励更多的权利人自觉拿起法律武器维护自身的合法权益，营造良好的守法环境。

我国在 1993 年颁布的《中华人民共和国消费者权益保护法》中首次以特别法的形式确定了惩罚性赔偿制度。以往我国知识产权侵权赔偿多依据“填平原则”而采取补偿性赔偿制度，虽然最高人民法院在司法政策层面经常会出台一系列的政策，大力提倡各地法院提高知识产权侵权的损害赔偿力度，但由于各地赔偿尺度不一、权利人损失难以采信及侵权人获利难以查清、知识产权法官确定判赔额时过于保守等现实因素制约，实践中也更倾向于保守的采用法定赔偿额的方式确定最终的赔偿数额。知识产权侵权诉讼中“赢了官司倒输钱、输了官司却挣钱”的情况时有发生。《中华人民共和国商标法》（2013 年）开始了惩罚性赔偿制度在知识产权领域的适用，各地法院在商标领域也不时会出现一些高额赔偿的判决，但实际上其中有很多判例只是鉴于侵权人侵权规模大、侵权持续时间长、侵权恶意明显等因素而估算或是突破法定赔偿限额之上酌定高额赔偿，并没有直接适用《中华人民共和国商标法》（2013 年）第六十三条第一款第 2 句的加倍条款。此外，侵害著作权、侵害专利权方面的惩罚性赔偿于 2021 年 6 月 1 日开始正式实施。这一情况使得知识产权惩罚性赔偿的适用经验并不丰富，实践中亦存在较多争议和难点。《最高人民法院关于审理侵害知识产权民事案件适用惩罚性赔偿的解释》（2021 年）（以下简称《惩罚性赔偿解释》）的落地很大程度上解决了这一难题，统一了认识，为司法实践操作提供了详细指引。笔者认为惩罚性赔偿的适用应当具备四个条件："故意""情节严重""权利人申请"和"计算基数的确定"。鉴于知识产权各权利之间存在一定差异，下面就以案例所涉及的著作权侵权为例，对上述四要件的理解结合审判实践进行分析。

1. 故意。目前理论界和实务界对于此"故意"应理解为直接故意（明知）还是间接故意（应知）存在着分歧，笔者认为知识产权惩罚性赔偿的主观构成要件应仅限于故意侵权的范畴，而不包括重大过失。理由有三：第一，权利人难以判断。因为作品登记并非取得著作权的唯一手段，现行著作权登记机关对作品的审查仅限于形式审查，登记作品完成时间仅是根据当事人陈述，该登记证书仅是具备一定的公示效力以及可以作为初步证据，在笔者所承办的某著作权侵权系列案件中，多个被告提供了第三方的著作权登记证书，而该证书中的某标志与权利人的作品高度相似，普通民众难以判断谁是李逵，谁是李鬼，一时不慎就成了侵权人。第二，权利本身难以判断。著作权权利种类众多且不断创新扩张，新类型著作权层出不穷，而且著作权法意义上的作品以"独创性"为前提，但是独创性的判断又是仁者见仁、智者见智。第三，侵权与否难以判断。著作权合理使用制度的存在使得一些特殊情况下的侵权与否的判断极为困难，所以《惩罚性赔偿解释》也仅是将"盗版行为"明确规定为"故意"。前述案例中，被告公司在该领域具有较高的知名度和影响力，相关教材、图书等应为其从事培训之所需，其理应对图书正版与否具备较高的辨别能力，理应知晓涉案图书之市场价值，且应就使用正版图书承担适当的社会责任和更高的注意义务，但是其对下属分支机构履行管理职责明显不到位，导致侵犯出版社著作权的行为屡禁不止，甚至可以认为其对侵权行为的发生存在一定程度的纵容，据此应当认定其对于侵权行为的发生明显具有过错。被告公司旗下的涉案分公司所销售的涉案书籍在封面防伪标记、价格等方面与正版存在较大差别，其应当知道所销售的是盗版书籍但仍实施涉案侵权行为，其侵权恶意明显。故，被告公司及其下属涉案分公司的行为符合"故意"的要求。

2. 情节严重。涉案金额大小并非认定"情节严重"的唯一条件，这与侵犯著作权犯罪中"情节严重"存在很大区别。《惩罚性赔偿解释》第四条仅是规定了七种认定情形，并未将权利人实际损失数额、侵权人违法所得数额或者因侵权所获得的利益进行量化，而侵犯著作权犯罪对于“情节严重”在违法所得、非法经营数额或侵权复制品数量方面则有明确的要求。笔者认为，在适用惩罚性赔偿认定侵权人是否构成“情节严重”时，在结合《惩罚性赔偿解释》第四条的同时，还可以从侵权行为持续时间、侵权行为次数、获利数额以及侵权悔过程度、侵权诉讼案件表现等方面进行评判。[①] 本案中，被告公司及其多个下属公司曾因销售盗版书籍而被出版社提起诉讼，其时间跨度长、涉及范围广，其中亦有被生效判决明确认定为侵权行为的情况存在，应当认为再次发生的涉案侵权行为属于重复侵权，且侵权规模较大。此外，被告公司及其下属公司在全国拥有较多学员，而其销售盗版书籍的价格仅为正版书籍价格的五折左右，上述盗版书籍直接侵占原告出版社正版出版物的市场份额并给其造成严重经济损失，应认定为权利人受损巨大，符合“情节严重”要求。

3. 权利人申请。非依权利人请求，法院不得主动适用惩罚性赔偿，而且权利人的请求必须在一审法庭辩论终结前提出，这就要求法官及时行使释明权。对于符合惩罚性赔偿适用条件的案件，提示权利人并积极引导其举证。同时依据《惩罚性赔偿解释》第二条第二款的规定，今后一段时间很有可能会发生权利人在一审生效后，另行提出惩罚性赔偿的诉讼，这将是对“一事不再理”原则的突破，亟待重视。

4. 计算基数的确定。《惩罚性赔偿解释》第五条规定了人民法院在确定惩罚性赔偿数额时，只能依次适用原告实际损失数额、被告违法所得数额或者因侵权所获得的利益、该权利许可使用费的合理倍数作为惩罚性赔偿数额的计算基数。即法院不能以其酌定赔偿额作为计算基数，进而适用惩罚性赔偿。这一规定使得计算基数的确定是适用惩罚性赔偿的最重要条件，也是最难完成的任务。以往司法实践中法院酌定赔偿多的原因就在于权利人对其实际损失数额、侵权人违法所得数额或者因侵权所获得的利益的举证困难。《惩罚性赔偿解释》第五条第三款的规定关于惩罚性赔偿的适用对权利人提出了更高的要求，权利人必须提供相关计算基数的初步合理证据来证明其主张数额的合理性，或者在被告提供相应账簿、资料的情况下，需

---

① 李扬、陈曦程：《论著作权惩罚性赔偿制度——兼评〈民法典〉知识产权惩罚性赔偿条款》，载《知识产权》2020 年第 8 期。

提供证据证明前述资料的虚假性，否则法院无法适用惩罚性赔偿来对侵权人的恶意侵权行为进行赔偿，而只能转为在法定赔偿中适用自由裁量权酌定一个赔偿额，但是这又会增加法官的审理难度和审判风险。本案中，原告出版社提出了适用惩罚性赔偿的要求，被告公司的情节也完全符合“故意”“情节严重”的情形标准，但是由于原告出版社并未提供计算基数，法院无法明确对被告侵权行为适用惩罚性赔偿。最终，法院在综合考虑被告侵权手段、次数，侵权行为的持续时间、地域范围、规模、后果及其侵权人在诉讼中的行为、原告为维权所支付的合理费用等因素的情况下，突破以往判赔标准，依法酌定了一个较高的赔偿额。

总之，知识产权侵权赔偿引入惩罚性赔偿制度之后，法官对于加大故意侵权行为的惩治力度拥有了更多的权利、也更有把握。虽然法律对于惩罚性赔偿的适用明确了若干条件，但是惩罚性赔偿适用条件中有关“故意”“情节严重”等要素条件的明确，完全可以适用到其他知识产权案件的处理中，相关规定的细化使得法官对于制裁故意侵权行为更有底气，法官完全可以通过使用惩罚性赔偿和高额法定赔偿两种赔偿方式构建起对于故意侵权的惩罚网，能够切实起到保护知识产权，严惩故意侵权的保护目的。

编写人：江苏省无锡市中级人民法院　李骏

三、商标权

【导言】

《中华人民共和国商标法》于2019年进行了第四次修正。修改后的《中华人民共和国商标法》（以下简称新《商标法》）自2019年11月1日起施行。

本次修改涉及条文不多，主要围绕遏制商标恶意注册、加大商标专用权保护等方面，力求解决实践中出现的突出问题：

第一，从源头上制止恶意申请注册行为，使商标申请注册回归以使用为目的的制度本源。《商标法》（2019年）第四条第一款修改为："自然人、法人或者其他组织在生产经营活动中，对其商品或者服务需要取得商标专用权的，应当向商标局申请商标注册。不以使用为目的的恶意商标注册申请，应当予以驳回。"该条款的修改实质上增强了商标注册申请人对商标的使用义务，对于恶意注册行为，明确赋予国家知识产权局在注册程序"源头"进行控制及清除的权力，以此来规制商标恶意注册及囤积现象。

第二，突出商标代理机构的义务。《商标法》（2019年）第十九条第三款修改为："商标代理机构知道或者应当知道委托人申请注册的商标属于本法第四条、第十五条和第三十二条规定情形的，不得接受其委托。"维护好商标申请、审查、注册、使用的秩序，商标代理机构责无旁贷，其应该起到良好的引导作用，以遏制相当一部分恶意申请注册商标的行为，净化商标申请与使用环境。

第三，拓宽商标异议、无效宣告提出的主体及理由范围。《商标法》（2019年）第三十三条是关于商标注册异议程序的规定，第四十四条第一款是关于注册商标具有违法情形或者以不正当手段取得注册宣告无效的规定。通过修改这两则关键法条，实质上赋予了《商标法》（2019年）第四条"绝对理由"的效力。用好《商标法》（2019年）第四条，将有效地遏制商标囤积现象。

第四，对代理机构的非正常代理行为、非正常申请行为及恶意诉讼进行行政处罚。《商标法》（2019 年）第六十八条第一款第三项修改为：“（三）违反本法第四条、第十九条第三款和第四款规定的”；增加一款作为第四款：“对恶意申请商标注册的，根据情节给予警告、罚款等行政处罚；对恶意提起商标诉讼的，由人民法院依法给予处罚。”增加行政处罚的规定，才能对代理机构非正常代理行为、非正常申请行为造成实质性打击，从而有效解决恶意起诉等司法滥诉行为。

第五，引入“惩罚性赔偿”措施，提高侵权赔偿标准。《商标法》（2019 年）第六十三条第一款中的“一倍以上三倍以下”修改为“一倍以上五倍以下”；第三款中的“三百万元以下”修改为“五百万元以下”；增加两款分别作为第四款、第五款：“人民法院审理商标纠纷案件，应权利人请求，对属于假冒注册商标的商品，除特殊情况外，责令销毁；对主要用于制造假冒注册商标的商品的材料、工具，责令销毁，且不予补偿；或者在特殊情况下，责令禁止前述材料、工具进入商业渠道，且不予补偿。假冒注册商标的商品不得在仅去除假冒注册商标后进入商业渠道。”依据相关法律规定，侵犯知识产权的损害赔偿额的计算方式包括原告损失、被告获益、许可使用费的合理倍数和法定赔偿四种。这四种计算方式都需要原告提交相应证据，但是原告能提交证明损失的证据是极为有限的，因此判决被告承担的赔偿金额可能难以产生良好的社会和法律效果。此次修改的商标法将法定赔偿额的上限提升至 500 万元，并将惩罚性赔偿额提升至最高 5 倍，应该可以起到更有力的“威慑”作用。

本编选取 15 个案例，涵括“体现历史文化的村落名称作为商标使用的显著性认定”“商标法下联名款商品之“名”的保护”“商标无效后先前使用行为溯及力及商标攀附故意构成商标侵权的认定”“售后混淆构成商标侵权的认定”“商标权滥诉的认定”“故意拆分注册商标突出使用与地理标志商标相同部分构成商标侵权”“外观设计专利权与在先商标权冲突的认定及司法保护”“商标在先使用权的认定”“商标先用权抗辩的行使主体和原有范围的判断”“适用法定赔偿确定商标侵权赔偿数额应考量之因素”“商标恶意重复侵权赔偿数额未必适用惩罚性赔偿”“首次适用证据出示令制度确定损害赔偿数额”“商标侵权赔偿数额如何确定”“惩罚性赔偿主观要件“故意”的认定情形”“热播节目诉前行为保全的判断要件”热点问题，对于正确理解和适用《商标法》（2019 年）具有重要的参考价值。

【《商标法》第10条　不得作为商标使用的标志】

26

体现历史文化的村落名称作为商标使用的显著性认定

——茶叶公司诉国家知识产权局商标权无效宣告请求行政案

【基本信息】

1. 裁判书字号

北京市高级人民法院（2020）京行终3768号行政判决书

2. 案由：商标权无效宣告请求行政纠纷

3. 当事人

原告（上诉人）：茶业公司

被告（被上诉人）：国家知识产权局

第三人：石某某

【基本案情】

诉争商标系第93351××26号“×松”商标，由茶业公司于2011年4月13日提出注册申请，核定使用在第30类的“咖啡、茶、茶叶代用品、冰茶、茶饮料、非医用营养粉、以谷物为主的零食小吃、谷类制品、含淀粉食品、食用芳香剂”商品上，专用期限至2023年12月27日。

石某某向国家知识产权局提出诉争商标应予无效宣告的申请。

国家知识产权局作出《关于第93351××26号“×松”商标无效宣告请求裁定书》。被诉裁定认定：诉争商标的注册未违反《商标法》第十条第一款第七项、第八项，第十一条第一款第一项、第三项以及第四十四条第一款的规定；诉争商标在“茶、茶叶代用品、冰茶、茶饮料”商品上的注册违反了商标法第十一条第一款第二项的规定，予以宣告无效；诉争商标在其余商品上的注册予以维持。

茶业公司不服被诉裁定，提起诉讼。

为证明诉争商标经使用已具有一定的知名度，茶业公司提交了以下主要证据：

1. “×松”产品的实际使用图片；

2. ×松王×山开发投资证明文件；

3. ×松王×山林权及变更证明；

4. 杂志宣传资料、网络媒体宣传资料等；

5. 相关销售合同及凭证等；

6. 部分驳回复审决定书及相关维权资料；

7. 以区域、山头在茶叶商品上命名商标的情况。

8.《中国普洱茶古六大茶山》摘录，记载：“×松古称蛮松，在象明乡境内，属倚邦茶山的范围……×松茶是特级贡茶，仅供皇上享用和作为国礼送外国使臣。×松贡茶主要长在×松王×山……1949 年前，王×山的茶园几乎毁尽，茶园烧后的地用来种粮食。1980 年前后×松王×山香堂人住的老寨因水源枯竭全寨搬迁到山下，现在山上已看不到成片的茶树……新×松村是从王×山顶搬迁下来的……”

9. 云南茶马古道研究会出具的说明、昆明茶叶行业协会出具的说明、云南省农产品加工协会的说明，证明×松茶并非茶叶品种名称。

10. 证明诉争商标系经茶业公司长期使用具有了一定知名度：“×松”冠名的公益活动、茶业公司与部分销售代理商签订的商品代理合同及发货单和发票、对其他近似商标的申请宣告无效的裁定书及维权情况、背×山小组村民的声明等。

【案件焦点】

“×松”茶的历史文化传播、商标性使用和保护、地名正当使用等问题，体现了商标法未作限定的地名商标在司法实践中的新适用。

【裁判要旨】

北京知识产权法院经审理认为：根据茶业公司及石某某提交的某县县志、《中国普洱茶古六大茶山》等证据，古时×松茶主要长在×松王×山，为倚邦著名贡茶。虽然后来茶园被毁、×松老寨原居民搬迁，但并不影响×松贡茶在历史上的知名度。将“×松”使用在“茶、茶叶代用品、冰茶、茶饮料”商品上，属于对茶叶品种、产地等特点的直接描述，不具备显著性。茶业公司提交的证据亦不足以证明诉争商标经使用已与其产生一一对应关系，从而可以区分服务来源。故，诉争商标的注册违反了商标法第十一条第一款第二项的规定。

北京知识产权法院依照《中华人民共和国行政诉讼法》（2017 年）第六十九条规定，判决如下：

驳回茶业公司的诉讼请求。

茶业公司不服一审判决，向北京市高级人民法院提起上诉，请求撤销原审判决和被诉裁定，责令国家知识产权局重新作出裁定，其主要上诉理由是：第一，原审判决认定“诉争商标属于对茶叶品种、产地等特点的直接描述，不具备显著性”错误，×松并非茶叶品种名称，×松茶叶在历史上短暂的知名度不能混同现在的茶叶产地，现在×松村庄不产茶叶，茶业公司在承包王×山后把×松茶叶进行了打造和推广，进而使相关公众知晓该品牌。第二，诉争商标经过长期使用，已取得显著性，与茶业公司形成一一对应关系，形成稳定的市场，应予维持注册。

二审诉讼程序中，茶业公司补充提交了第93351××26号“×松”商标部分驳回通知书及复审决定书、诉争商标销售订单及发票、展览广告、加盟照片及电视台的报道等证据材料，其中复审决定书认定第93351××26号“×松”商标在“茶、冰茶、茶饮料、茶叶代用品”商品上可以初步审定。上述证据用以证明诉争商标并非代表茶叶产地，也非茶叶专用名称，诉争商标经使用已具有较高影响力。

另查，茶业公司在原审诉讼阶段提交的各协会、研究会出具的说明主要记载有：（1）根据行政区划，×松自然村曾名蛮松，现为村民居住村落名称；（2）无论是历史还是现在，×松茶主要源自该村落所在的王×山和背×山；（3）2007 年，茶业公司在云南省勐腊县各级政府的支持下，招商引资，获得王×山和背×山的唯一投资开发权，承包使用林地 40 年；（4）诉争商标申请注册后，经过对该商标的推广和使用，×松自然村才成为知名茶叶产地，之前无人问津，作为茶叶产地的史料记载是清朝年间。

北京市高级人民法院经审理认为：根据相关公众的通常认识，作为茶叶的品种名称，只有普洱茶、乌龙茶、黑茶、白茶等，×松茶本质上是对×松王×山茶、背×山茶的简略称呼，即使历史上×松曾以倚邦茶山脉的“贡茶”产地所记载，但以现在的相关公众通常认知，并佐以各行业协会及研究会出具的说明，×松茶尚不足以认定为茶叶的品种名称。故，原审判决认定“ ×松”使用在“茶、茶叶代用品、冰茶、茶饮料”商品上属于对茶叶品种的直接描述存有不当，应予纠正。

根据记载，×松贡茶主要长在×松王×山，1949 年前，王×山的茶园几乎毁尽，茶园被烧后的地用来种粮食。可见，×松贡茶在历史上的知名度早已不能延及现在的产地及市场。虽然茶类商品及服务通常与相应的地理位置紧密相连，但根据在案事实，在诉争商标申请日前，尤其是茶业公司在 2007 年投资开发王×山和背×山之前，×松（蛮松）仅为一村落名称，并不是相关公众熟知的茶叶产地，相关史料记载仅为觉醒的历史文化，在无×松茶实际产品推向市场并予广泛流通的情况下，相关公众亦不会当然地将×松自然村识别为茶叶产地。

茶业公司于 2007 年承包王×山、背×山后，建立茶园，重新在当地开始茶叶种植和生产，并推动政府对于王×山、背×山的古树进行保护，带动当地经济发展。在此背景下，诉争商标得以申请注册，并经过茶业公司的大力推广和宣传，为社会公众所接受和知晓，继而成为云南普洱的又一山头茶。可见，先有诉争商标进行使用，才有相关公众对×松茶的产地认知，再有×松茶的来源识别。因此，以诉争商标申请注册日为判断标准，“ ×松”商标使用“茶、茶叶代用品、冰茶、茶饮料”商品上，尚不足以被相关公众认知为茶叶产地等特点的直接描述。原审判决相关认定有误，应予纠正。

商标的识别作用在于使用。茶业公司将历史沉浸的×松茶重新推进市场，进入社会公众视野，对×松品牌的盘活并使用作出了贡献，应予倡导。石某某并非×松茶产区茶农，亦非×松品牌使用人，以诉争商标缺乏显著性为由提起无效宣告难谓正当。本案中，诉争商标的注册和使用，赋予了“ ×松”除了村落以外的第二含义，即表征特定茶叶的品质和来源，该含义有别于地名，并指向茶业公司。当然，这并不妨碍“ ×松”自然村的茶农正当使用“ ×松”村落名称。

因此，原审判决和被诉裁定认定诉争商标在“茶、茶叶代用品、冰茶、茶饮料”商品上的注册违反商标法第十一条第一款第二项规定的结论有误，予以纠正。

北京市高级人民法院依照《中华人民共和国行政诉讼法》（2017 年）第八十九条第一款第二项、第三款的规定，判决如下：

一、撤销北京知识产权法院行政判决；

二、撤销国家知识产权局作出的《关于第 93351××26 号“ ×松”商标无效宣告请求裁定书》；

三、国家知识产权局针对第93351××26号“×松”商标重新作出无效宣告请求裁定。

【适用解析】

《中华人民共和国商标法》（2019年）第十条第二款规定，“县级以上行政区划的地名或者公众知晓的外国地名，不得作为商标。但是，地名具有其他含义或者作为集体商标、证明商标组成部分的除外”。该条款对行政区划地名进行商标的注册和使用进行了限制。一方面，县级以上行政区划地名容易使人认为该商标所标志的是产地或提供地，具有地理描述性，通常不会认为指向某个具体的主体，因而缺乏商标应有的显著性；另一方面，县级以上行政区划地名，作为公众知晓的公共资源，若由某一主体以商标私权独占使用，将妨碍同一地区其他主体正当使用该地名的权利。但商标法有关地名条款历经修正，仅对县级以上行政区划的地名进行了注册限制，并未限制县级以下的乡镇、自然村等地名作为商标申请注册。

未作限制的地名是否可以任意申请注册为商标，也不一定。我国商标法第十一条明确，各种缺乏显著特征的标志不得作为商标注册。比如，将著名的风景区地名注册为商标，尤其是国家级的风景区，代表了景区所有的自然文化遗产资源，若将其注册在旅游等相关服务上，易使相关公众将该商标与其指示的景区相联系，难以作为商标识别，可能因为缺乏显著性而不予注册。可见，有些地名，尽管不是县级以上行政区划，但作为已蕴含特定内容的公共资源，也不宜为非关联的主体独占。

近年来，将具有特定文化或生产特色产品的乡镇、自然村等地名申请注册为商标的案件越来越多。一方面，国家发展“商标助农”项目、服务“乡村振兴”政策扶持，通过商标使用实现农民增收，优化营商环境，促进了地域经济发展；另一方面，越来越多的农业经济主体，依靠建立品牌效应，带动农业产业升级，不断提升特色农产品的品牌价值，推进了农业现代化。原先并不知名的地名，可能经过商业推广和使用，成为社会关注的焦点，由此带来的品牌之争也越发激烈。

云南普洱以山头茶出名，山头茶因有历史文化缘由尤受追捧。本案涉及云南省勐腊县的下属自然村“×松”作为商标注册引发的纠纷。×松自然村古称蛮松，现为村民居住村落名称。历史上，蛮松所在的王×山曾作为属倚邦茶山的范围，生产贡茶。1949 年前，王 × 山的茶园几乎毁尽，茶园被烧后的地用来种粮食。自此以后，× 松自然村不再为公众知晓，更没有以茶叶产地为名进入公众视野。2007 年，茶业公司承包王 × 山、背 × 山后，建立茶园，重新在当地开始茶叶种植和生产，并推动政府对于王 × 山、背 × 山的古树进行保护，带动当地经济。在此背景下，本案诉争商标得以申请注册，并经过该公司的大力推广和宣传，为社会公众逐渐接受和知晓，继而成为云南普洱又一知名的山头茶。

“× 松”作为历史上曾经知名的茶品，经过品牌传播和产地开发，不仅富裕了当地村民，也为更多的茶商青睐，出现大量并非产自 × 松村落的茶品出现市场，鱼目混珠，× 松山头信用受到破坏，茶叶市场也更加乱象。诉争商标亦由此被提起无效宣告请求，诉争商标的注册是否属于对茶叶品种、产地等特点的直接描述进而缺乏显著性？是否属于社会公共资源？成为本案的争议焦点。

根据规定，仅有本商品的通用名称、图形、型号的标志，不得作为商标注册。商品通用名称，一般系指为某一范围或某一行业中所共用的，反映一类商品与另一类商品之间根本区别的规范化称谓。根据规定，依据法律规定或者国家标准、行业标准属于商品通用名称的，应当认定为通用名称。相关公众普遍认为某一名称能够指代一类商品的，应当认定为约定俗成的通用名称。被专业工具书、辞典等列为商品名称的，可以作为认定约定俗成的通用名称的参考。约定俗成的通用名称一般以全国范围内相关公众的通常认识为判断标准。对于由于历史传统、风土人情、地理环境等原因形成的相关市场固定的商品，在该相关市场内通用的称谓，可以认定为通用名称。通用名称通常具有广泛性和规范性的特点。

“× 松”作为 1949 年后区划的村落名称，虽然历史上产茶，但无历史延续。除了 2007 年以后作为种植茶叶的地名以及茶品呼叫之外，并无任何工具书、辞典等将“× 松”列为商品名称，× 松茶本质上是对 × 松王 × 山茶、背 × 山茶的简略称呼，即使历史上 × 松曾以倚邦茶山脉的“贡茶”产地所记载，但以现在的相关公众通常认知，并佐以云南茶马古道研究会、昆明茶叶行业协会、云南省农产品加工协会等出具的说明，× 松茶均不足以认定为茶叶的品种名称。

商标法另有规定，仅直接表示商品的质量、主要原料、功能、用途、重量、数量及其他特点的标志不得作为商标注册。判断诉争商标是否属于“仅直接”表示商品的特点，可以从两个方面考虑：第一，相关公众看到该标志的第一认知，即如果相关公众在看到某一标志时，无须想象即能判断出其属于对商品特点的描述，则该标志为直接描述性标志；第二，是否属于同业经营者描述该特点所使用的常用方式。即如果某一标志为同业经营者用来描述此类商品功能、用途等特点的通常使用方式，则该标志为直接描述性标志。

需要强调的是，显著性是商标发挥识别和区分商品来源作用的基本要求。判断标志是否具有显著特征应以事实为依据予以说理，不宜主观臆断。审查商标是否具有显著特征，应当根据商标所指定使用商品的相关公众的通常认识，考虑标志的音、形、义等方面，从整体上进行综合判断。如果一个标志属于表示商品的某特点情形，首先要明确该商品的该特点是不是客观存在，是不是常用的，不能笼统地、不加分析地将商品本身根本没有的特点纳入认定标志显著性范畴。

虽然现在市场上有一部分普洱茶确实来自×松村落，但在诉争商标申请日的当时市场上，并没有"×松"茶。社会公众并不是基于×松村落认知到"×松"茶，而是"×松"注册为商标后通过使用，才使社会公众基于×松茶的质量和口碑才熟悉到×松村落以及其历史源头。虽然"×松"二字在现在茶叶市场，既是商标也是产地，但商标使用在先，产地认知在后。不可否认，×松（古称蛮松）在历史上曾有一段茶品文化，但在1949年后几十年该地一直不盛产茶叶的情况下，沉寂的文化并不能当然推定社会公众仍对其存在产地认知，进而将其仅直接作为茶叶产地特点识别。当然，显著性判决是动态变化的，断诉争商标是否具有显著性，一般以商标申请日时的事实状态为准。核准注册时事实状态发生变化的，以核准注册时的事实状态判断。根据在案证据，"×松"作为商标的识别程度要强于产地识别。正因如此，市场上模仿诉争商标品牌的茶叶泛滥，导致×松茶叶维权更加艰难。

茶业公司将历史沉浸的×松茶重新推进市场，进入社会公众视野，对×松品牌的盘活并使用作出了贡献。从在案证据来看，未能证明当地有其他茶商经营×松茶，虽然×松为当地一自然村，但×松品牌并非该村集体财产，尚不构成社会公共资源。诉争商标的注册和使用，赋予了"×松"除了村落以外的第二含义，即表征特定茶叶的品质和来源，该含义有别于地名，并指向茶业公司。当然，这并不妨碍"×松"自然村的茶农正当使用"×松"村落名称。

本案在裁判过程中，体现了较好的司法指引作用：

一是厘清历史文化与现实茶品的关系。司法不应孤独地翻阅历史，而应把历史文化拉进现实，拉进公众视野，实现其价值。诚然，茶文化传承与传播的最好载体是优质的茶品。由于历史变迁、地域使用调整，“×松”贡茶的历史之名已在社会公众视野中消失。×松地名与茶叶重新相联相知，是政府推动、商标权人投入以及新市场优质茶品的广泛流通的结果，而不是仅有的历史传说记载和认知。

二是正面提出山头茶保护的审理思路。商标的识别作用在于使用，商标的价值在于使用，茶文化的传播也有依于使用。基于此，判断“×松”茶的真正来源识别指向以及诉争商标能否维持有效，直接关系到相关市场的肃清，×松山头信用的维护以及消费者、茶农、合法企业的权利保护。司法对此予以明确，强化了知识产权保护在市场资源配置中的作用，对于推进地方经济发展、优化公平的市场营商环境具有较好的指引。

三是司法保护的利益平衡和权利界定。本案尽管背×山村民集体声明支持商标权人为之维权，但为了防止商标内部使用可能引发的不确定性以及利益不平等，本案不忘对地名商标的正当使用进行明确，对云南普洱山头茶的商标保护过程中的权利界定进行充分论述，对普洱山头茶的命名、地域界定及商标保护问题给出司法指引，系为较好的司法范例。

综上，县级以下行政区划的地名商标，由于法律未作规定，能否正确评判，不仅涉及知识产权的保护，而且对于地域经济的维护、特色品牌的培养尤为重要。只有精准适用商标法相关条款及立法宗旨，才能使商标的功能更好地发挥，市场诚信建设更加完善，品牌价值呈现出更强生命力。

编写人：北京市高级人民法院　孔庆兵

【《商标法》第32条 申请注册商标不得损害他人在先权利】

27

商标法下联名款商品之"名"的保护

——甲公司诉国家知识产权局商标权无效宣告请求行政案

【基本信息】

1. 裁判书字号

北京市高级人民法院(2019)京行终3273号行政判决书

2. 案由:商标权无效宣告请求行政纠纷

3. 当事人

原告(上诉人):甲公司

被告(被上诉人):国家知识产权局

第三人:商贸公司、贸易公司

【基本案情】

诉争商标系第111614××号"YEE××"商标,由科技公司于2012年7月4日提出注册申请,于2015年9月14日获准注册,核定使用在第25类的"服装;鞋(脚上的穿着物);婴儿全套衣;游泳衣;内裤;帽;袜;内衣;围巾;皮带(服饰用)"商品上。

2015年12月22日,甲公司针对诉争商标向原国家工商行政管理总局商标评审委员会(以下简称商标评审委员会)提出无效宣告请求,理由系"YEE××"是甲公司联合知名跨国公司在先推出的联名款球鞋商标,其在诉争商标的申请日前已经构成使用在先并有一定影响的商标。诉争商标的注册已经违反了《商标法》第三十二条关于不得抢注他人使用在先并有一定影响商标的规定。同时损害了××West先生的姓名权。

商标评审委员会经审查作出《关于第111614××号商标无效宣告请求裁定书》(以下简称被诉裁定),认定:甲公司提交在案证据中较少涉及该公司的“YEE××”等商标在与诉争商标核定使用的商品相同或类似商品上已在先使用并具有较高知名度的事实。因此,在案证据难以认定诉争商标的注册构成“以不正当手段抢先注册他人已经使用并有一定影响商标”之情形。甲公司提供的专辑唱片介绍、媒体报道等大部分证据反映的均是对××West先生的介绍、报道及知名度情况,未反映“Yee××”作为××West先生别名的知名度情况,在案证据不足以证明“Yee××”系××West先生的别名,且在诉争商标申请日之前在中国大陆地区通过宣传使用已具有较高知名度并为相关公众广泛知晓。因此,尚无充分理由认定诉争商标的注册损害了甲公司所主张的在先姓名权。故裁定:诉争商标的注册予以维持。

甲公司不服被诉裁定,向北京知识产权法院提起诉讼,称一审诉讼期间,诉争商标的注册人经转让变更为商贸公司。

另查,××West先生曾获得2004世界音乐大奖最佳男歌手新人奖,第47届格莱美十项提名,2008年格莱美八项提名并获得最佳说唱专辑、最佳说唱歌手、最佳说唱歌曲、最佳说唱组合,还获得同年全英音乐奖“最佳国际男歌手奖。2009年,××West先生与某品牌合作推出一款高帮球鞋“××air Yee××”,其中的“Yee××”系××West先生的昵称、绰号。“××air Yee××”球鞋采取限量发售形式,曾被评为该品牌2009年最受追捧的鞋,也有报道称其为极品潮鞋、最热门鞋款等。

【案件焦点】

1. 作为联名款产品名称组成部分的“YEE××”能否被认定为在先使用并具有一定影响的商标;2. 诉争商标的注册是否损害了某某·韦斯特(××West)先生基于其昵称“Yee××”享有的姓名权。

【裁判要旨】

北京知识产权法院经审理认为:从甲公司提交的证据来看,大部分证据显示都以“Kanye”或“某某·韦斯特”指代××West先生,部分亦有将其称呼为“侃爷”的情况，几乎没有看到以“Yee××”指代××West先生的情形，上述证据无法得出“Yee××”作为××West先生的艺名和昵称在中国具有一定的知名度、为相关公众广为知晓且已经与其建立了稳定对应关系的结论。故，在案证据不足以证明诉争商标的注册损害了甲公司主张的在先姓名权。

从甲公司提交的某百科、网页报道等在案证据来看，“××air Yee××”等系列鞋款是知名运动鞋品牌推出的高端限量运动鞋款，采取限量发售的销售模式，销售量及发售地均有限制，受众范围较小，且很多证据显示的时间点系在2012年7月4日即诉争商标申请日之后，故上述证据不足以证明在诉争商标申请日之前，甲公司已将“YEE××”作为商标使用在鞋、服装等商品上并有一定影响，因此诉争商标的注册并未构成“不得以不正当手段抢先注册他人已经使用并有一定影响的商标”的情形。

北京知识产权法院判决：驳回甲公司的诉讼请求。

甲公司不服一审判决，提起上诉。北京市高级人民法院经审理认为：根据在案大量的宣传、报道证据，可以认定“××air Yee××”运动鞋作为××West先生与某品牌合作的联名款产品，在诉争商标申请日之前在中国具有较高的知名度。“YEE××”标志能够起到区分商品来源的作用，并具有一定影响。“YEE××”标志在诉争商标申请日之前，已经构成在鞋商品上在先使用并有一定影响的商标。诉争商标标志与“YEE××”标志相同，且申请注册在鞋（脚上的穿着物）、服装、袜等与“YEE××”标志使用的鞋商品相同或者高度关联的商品上，在无合理解释的情况下，难谓巧合。考虑到“YEE××”标志在先的知名度以及商贸公司、贸易公司在宣传中将诉争商标与××West先生相联系，可以认定诉争商标的注册容易产生混淆误认或者与××West先生相联系。因此，诉争商标的注册构成以不正当手段抢先注册他人已经在先使用并有一定影响的商标之情形。原审法院对此认定有误，予以纠正。

“Yee××”系××West先生的别名和昵称。在诉争商标申请日之前，国内媒体对××West先生进行了大量的报道。××West先生为知名的音乐制作人、说唱歌手，其单曲和专辑获得诸多音乐奖项，其个人也获得诸多荣誉。××West先生与多个品牌相继推出联名款产品，且产品的知名度较高，媒体对产品进行介绍时，同时提及“Yee××”系××West先生的昵称或别名，由此足以让相关公众清楚知晓“Yee××”与××West先生之间的对应关系，××West先生或“Yee××”的知名度也因此从音乐娱乐领域扩大到鞋等领域。诉争商标注册在鞋（脚上的穿着物）、服装、袜等商品上，容易使相关公众认为标记有诉争商标的商品系经过××West先生的许可或者与××West先生存在特定联系，故诉争商标的注册损害了××West先生的姓名权。原审法院对此认定有误，予以纠正。

北京市高级人民法院判决：撤销原审判决和被诉裁定，责令国家知识产权局重新作出裁定。

【适用解析】

本案中，甲公司依据商标法第三十二条的规定，在无效理由中既主张××West先生对其昵称“Yee××”的姓名权，同时也主张“Yee××”作为××West先生与其他品牌合作推出球鞋的名称，构成在先使用具有一定影响的未注册商标。现具体分析如下：

一、联名款商品之“名”可作为识别商品来源标志的判断

（一）商标和商品名称的关系

商标与商品名称均属于商业标志，但两者具有不同的功能。商标是用以识别商品来源进而区别商品的提供者。商品名称是用以区别不同商品。商标作为商品提供者和消费者之间的媒介和桥梁，权利人通过申请注册商标可获得专有权利。商品名称通常由于系识别商品的，若被专人垄断则可能导致公共话语权的垄断。但是，商品名称也可以进行细致划分，分为任意名、规定名和通用名。[①] 对于任意名而言，不同于商品通用名称，任意名可以具备商标意义上的显著特征，从而具有成为注册商标或者未注册商标的“基因”和“潜质”。当然，最初为任意名的商品名称，也可能因使用和市场等原因而成为通用名称。因此，商品名称与商标并非相互排斥的关系，特定条件下的商品名称可以成为商标。

（二）联名款商品之“名”成为未注册商标的判断

联名合作，特别是跨界联名合作已经成为一种较为普遍的商业模式。之所以出现该种商业模式，主要是飞速发展的社会，消费者对于产品的体验消费需求不断增

---

① 林华：《注册商标与商品名称的冲突》，载《中华商标》2008年第3期。

长，原有以功能定位的产品即使可以在品质和效用上满足需求，但却不能满足人们的情感需求。此时，即需要一种新的物质载体出现，以整合原本毫不相干的元素，使之相互渗透融合，以适应人们新的生活态度与审美品位，给人们带来纵深的产品体验。联名款商品的具体形式包括：第一，品牌之间合作。不同品牌携手合作共同推出联名产品。在标识上体现为合作品牌或商标的联合。第二，设计师之间的合作。设计师之间的联名，多是基于设计师本身具有较高知名度，个性化设计风格较为突出，设计师共同设计推出某款产品，设计师联名在标识上一般体现为设计师名字的联合。第三，品牌和知名人物之间的合作。跨界合作在此种联名中较为常见，知名人物多是为社会公众所普遍知晓的人士，比如明星、时尚博主等。品牌和知名人物的联名不同于单纯的品牌代言，联名的知名人士多是参与合作产品设计和市场营销。品牌和知名人士联名在标识上一般体现为品牌和知名人士的个人名字。

联名款商品代表双方合作，叠加产生更高的市场关注度、更强的消费吸引力，凭借合作双方在各自领域的优势及影响力，能够获得更多产品受众以拓展消费群体，实现合作双方的共赢。联名款商品名称在构成上属于复合标识，分别代表合作双方。作为联名款商品的部分组成之“名”能否起到识别商品来源的作用，有观点认为，联名款商品中也分主次，产品制造商系主品牌，而与之联名“跨界”的品牌、设计师、知名人士的名称仅能被识别为主品牌之下产品系列的名称，不能起到识别商品来源的作用。笔者认为，上述观点值得商榷。联名款商品系合作双方共同推出，消费者通过该名称可以知晓商品提供者系联名的合作双方。换句话说，当联名款商品取得较高知名度时，市场形成的商誉应当归属于合作双方，而不能归属于单独一方。产品制造商虽然在产品成本投入上更高，但通过协议可以获得更多的收益，这与商誉虽属于合作双方并不矛盾。此外，联名款商品中部分之“名”，由于代表着某一合作方，当双方结束合作后，仍可以与其他品牌合作，特别是知名人士联名的情形。后续其他品牌和知名人士携手联名，推出的商品中仍继续使用知名人士的姓名，也可以印证联名款产品部分之“名”可以相对独立存续，该部分之“名”具有唯一指向时，形式上虽为商品名称，实质上已经具备识别商品来源之作用。

“在先使用并有一定影响的商标”系对未注册商标保护的规定。有学者将我国商标法中的未注册商标体系归纳为：未注册驰名商标、未注册普通商标和被代理人、被代表人商标。[①] 未注册商标属于未注册普通商标，其能够受到商标法的保护需要满足以下两个方面的条件：（1）在诉争商标申请日之前，作为商标使用且能够发挥识别商品来源的作用。商标由商标标志及其所代表的商品信息共同构成，是商标标志和商品信息的混合物和统一体。商标标志及其所代表的商品信息均是商标的必要构成要素，缺乏任何一方面均不构成商标。只要商标标志与商品信息在消费者头脑中已经实际结合，商标就已经实际形成，其就能够实际发挥商品识别的功能，商标使用人也就对这种商标具有了客观的利益，他人未经许可的混淆性使用客观上就会影响商标使用人的利益。[②]（2）在诉争商标申请日之前，经过在相关商品上持续宣传、使用使之具有一定影响。商标的形成即商标标志与商品信息的结合不是一蹴而就，而是持续、大规模地使用。尽管未注册商标还未达到驰名商标的程度，但必须已经经过使用具有一定影响。

对于联名款商品之“名”是否构成未注册商标的判断，需要考虑联名款商品的特殊性。与普通款商品相对比，联名款商品存在以下特点，以鞋子为例，第一，多采用限量发售形式。由于联名款商品是商家推出的特别款产品，为了保证其关注度和市场价值，通常不会采取定量发售的方式，确保稀缺性从而可以获得较高的市场价值。第二，多采用特别设计，区别于普通款商品，使得联名款商品能够在功能之外，满足收藏的需求。这是联名款商品的附加价值。第三，销售价格较高。联名款商品的市场营销通常也区别于普通产品，可能仅在指定销售商铺和指定期间销售。因此，联名款商品虽然在销售绝对数量上通常不能与普通商品相媲美，但基于上述特点，联名款商品的知名度往往会更高。联名款商品的名称一般由指代合作双方的标志组合而成，故产品在市场上获得的知名度和美誉度也应归属于合作双方，当联名款商品的知名度足够高时，代表合作各方的标志均可以发挥识别商品来源作用。

具体到本案，甲公司主张知名歌手、音乐制作人某某·韦斯特（××West）先生与某品牌公司推出的联名款“YEE××”鞋的名字构成在先使用并具有一定影响的商标。根据在案证据，2009年，××West先生与某品牌公司合作，联名设计推出“××air Yee××”运动鞋。由于××West先生本人在音乐领域具有较高知

---

① 王太平：《我国未注册商标保护制度的体系化解释》，载《法学》2018年第8期。

② 王太平：《我国未注册商标保护制度的体系化解释》，载《法学》2018年第8期。

名度，某品牌公司也系知名的运动鞋生产商，“××air Yee××”这款运动鞋上市之前即受到国内媒体的较高关注，正式上市销售后受到相关公众的追捧，其采取的限量销售模式也引发了相关公众的争相购买。2012年，××West先生与某品牌公司再次联名设计推出“××air Yee××2”运动鞋，继续采取限量销售模式，引发全球鞋迷，包括中国鞋迷的追捧。“××air Yee××”被相关媒体称为极品潮鞋、最酷运动鞋等。部分媒体报道该款鞋时也称之为“Yee××球鞋”“Yee××2”“Air Yee××”。因此，根据在案大量的宣传、报道证据，可以认定“××air Yee××”运动鞋作为××West先生与某品牌公司合作的联名款产品，在诉争商标申请日之前在中国已具有较高的知名度。“YEE××”标志能够起到区分商品来源的作用，同时，亦可以认定“YEE××”标志经过在鞋商品上持续的联名合作，已经具有一定的影响。值得注意的是，××West先生结束与某品牌公司合作后又与其他品牌合作推出了“YEE××”系列运动鞋，足见“YEE××”可以独立发挥识别商品来源的作用，而不依赖于其他品牌合作方。基于上述分析，可以认定“YEE××”标志在诉争商标申请日之前，已经构成在鞋商品上在先使用并有一定影响的商标。

诉争商标标志与“YEE××”标志相同，且申请注册在鞋（脚上的穿着物）、服装、袜等与“YEE××”标志使用的鞋商品相同或者高度关联的商品上，在无合理解释的情况下，难谓巧合。诉争商标的注册容易产生混淆误认或者与××West先生相联系。因此，诉争商标的注册构成以不正当手段抢先注册他人已经在先使用并有一定影响的商标之情形。

二、某某·韦斯特（××West）对其昵称“Yee××”享有姓名权的认定

商标授权确权行政案件中，基于姓名权主张在先权利的案件不在少数，对于外国人姓名权的保护达成了共识性的判断标准。2020年修订的《最高人民法院关于审理商标授权确权行政案件若干问题的规定》第二十条规定，当事人主张诉争商标损害其姓名权，如果相关公众认为该商标标志指代了该自然人，容易认为标记有该商标的商品系经过该自然人许可或者与该自然人存在特定联系的，人民法院应当认定该商标损害了该自然人的姓名权。当事人以其笔名、艺名、译名等特定名称主张姓名权，该特定名称具有一定的知名度，与该自然人建立了稳定的对应关系，相关公众以其指代该自然人的，人民法院予以支持。根据上述司法解释，自然人的姓名权既包括真名，也包括笔名、艺名、译名等。根据上述司法解释的规定，判断诉争商标的注册是否损害自然人的在先姓名权，通常需要具备以下要件：其一，该特定名称在我国具有一定的知名度、为相关公众所知悉；其二，相关公众使用该特定名称指代该自然人；其三，该特定名称已经与该自然人之间建立了稳定的对应关系。

商标权作为一项财产属性的知识产权权利，与注册商标权形成权利冲突的在先民事权利，不论是人身权还是财产权，其中必然应包含或多或少的具体财产权利益。因此，商标法中的在先权利应主要指向财产权，以及指向包含财产属性的人身权。但是值得注意的是，《中华人民共和国民法典》施行之前，姓名权在民事法律中属于人身权，其是否具有财产属性的人身权并不明确。《中华人民共和国民法总则》第一百一十条第一款规定，自然人享有生命权、身体权、健康权、姓名权、肖像权、名誉权、荣誉权、隐私权、婚姻自主权等权利。《中华人民共和国民法通则》第九十九条第一款规定，公民享有姓名权，有权决定、使用和依照规定改变自己的姓名，同时禁止他人干涉、盗用、冒用公民的姓名。因此，在《中华人民共和国民法典》之前的民事基本法律中关于姓名权的相关规定均是将其作为纯人身权予以规定，而基于人身权的属性，是不能授权他人使用或者授权他人行使。虽然《最高人民法院关于审理商标授权确权行政案件若干问题的规定》实质上保护了姓名权中包含的财产权益，但在民事基本法中还未得以明确。《中华人民共和国民法典》对姓名权的规定作出了修改，第一千零一十二条规定，自然人享有姓名权，有权依法决定、使用、变更或者许可他人使用自己的姓名，但是不得违背公序良俗。根据该条规定，姓名权不仅包含自己决定、使用、变更的权能，同时还可以许可他人使用自己姓名的权能，这意味着姓名权不再是纯粹的人身权，其可以包含财产性权益。《中华人民共和国民法典》对于姓名权的规定，使得商标法对在先姓名权保护的依据得以充分和完善。姓名权包含了财产属性的附着和关联才能够成为商标法上的在先权利而得到保护，否则难以成为商标法上的在先权利给予保护。

具体到本案，“Yee××”系××West先生的别名和昵称。在诉争商标申请日之前，国内媒体对××West先生进行了大量的报道。××West先生为知名的音乐制作人、说唱歌手，其单曲和专辑获得诸多音乐奖项，其个人也获得诸多荣誉。如前所述，××West先生与多个品牌相继推出联名款产品，且产品的知名度较高，媒体对产品进行介绍时，同时提及“Yee××”系××West先生的昵称或别名，由此足以让相关公众清楚知晓“Yee××”与××West先生之间的对应关系，××West先生或

“Yee××”的知名度也因此从音乐娱乐领域扩大到鞋等领域。诉争商标注册在鞋(脚上的穿着物)、服装、袜等商品上，容易使相关公众认为标记有诉争商标的商品系经过×× West先生的许可或者与×× West先生存在特定联系，故诉争商标的注册损害了×× West先生的姓名权。

编写人：北京市高级人民法院　亓蕾

【《商标法》第47条　宣告注册商标无效】

28

商标无效后先前使用行为溯及力及商标攀附故意构成商标侵权的认定

——甲教育公司诉投资公司、乙教育公司侵害商标权案

【基本信息】

1. 裁判书字号

河南省高级人民法院（2020）豫知民终263号民事判决书

2. 案由：侵害商标权纠纷

3. 当事人

原告（被上诉人）：甲教育公司

被告（上诉人）：投资公司、乙教育公司

【基本案情】

丙教育公司是第×××××74号注册商标“××教育”、第×××××72号注册商标“××学校”的权利人，第×××××74号注册商标的注册日期为2014年3月21日，有效期至2024年3月20日，第×××××72号注册商标的注册日期为2014年8月14日，有效期至2024年8月13日，核定使用商品/服务项目均为第41

类“教育；组织文化或教育展览；流动图书馆；图书出版；录像带发行；录像带制作；俱乐部服务（娱乐或教育）；体操训练；动物园；为艺术家提供模特”。2018年12月12日，丙教育公司变更公司名称为甲教育公司。2019年5月29日，第×××××74号注册商标、第×××××72号注册商标注册人名义变更为甲教育公司。2019年6月3日，甲教育公司申请公证处对两家教育机构的门店、室内情况进行拍照并出具（2019）豫邓证内民字第××××号、（2019）豫邓证内民字第××××号公证书。2019年8月7日，甲教育公司申请公证处对乙教育公司在某网站上发布招聘信息的事实进行公证，公证处出具公证书。

投资公司是第××××××71号注册商标“××教育”的权利人，该商标的注册日期为2017年2月21日，有效期至2027年2月20日，核定使用商品/服务项目为第41类“教育；安排和组织培训班；培训；组织教育或娱乐竞赛；书籍出版；提供在线音乐（非下载），健身指导教程；俱乐部服务（娱乐或教育）；电子书籍和杂志的在线出版；在计算机网络上提供在线游戏”。2017年2月21日，投资公司将该商标授权给科技公司使用，科技公司授权丁教育公司使用该商标，丁教育公司授权乙教育公司使用该商标，授权时间为2017年2月21日至2027年2月20日，授权范围为中国全国境内，许可使用商品/服务项目包括“教育；安排和组织培训班；培训；组织教育或娱乐竞赛；书籍出版”。

2018年6月14日，国家工商行政管理总局商标评审委员会作出裁定，对投资公司第××××××71号“××教育”商标予以无效宣告。2018年8月1日，投资公司向北京知识产权法院起诉请求撤销上述裁定，2019年8月26日，北京知识产权法院作出行政判决，驳回投资公司的诉讼请求。投资公司不服该判决上诉至北京市高级人民法院，2019年12月30日，北京市高级人民法院作出行政判决维持原判。

【案件焦点】

1. 注册商标被宣告无效的先前使用行为是否构成商标权侵权；2. 无效商标被许可使用人商标权侵权的判断依据。

【裁判要旨】

河南省南阳市中级人民法院经审理认为：

关于投资公司是否侵犯甲教育公司的商标权的问题。《中华人民共和国商标法》

（2019 年）第四十七条规定，依照本法第四十四条、第四十五条的规定宣告无效的注册商标，由商标局予以公告，该注册商标专用权视为自始即不存在。宣告注册商标无效的决定或者裁定，对宣告无效前人民法院做出并已执行的商标侵权案件的判决、裁定、调解书和工商行政管理部分做出并已执行的商标侵权案件的处理决定以及已经履行的商标转让或者使用许可合同不具有追溯力。但是，因商标注册人的恶意给他人造成的损失，应当给予赔偿。本案中，投资公司第××××××71 号“××教育”商标已被国家工商行政管理总局商标评审委员会予以无效宣告，在本案审理过程中，北京市高级人民法院生效行政判决对该无效宣告予以维持，该无效宣告对于该注册商标无效之前的使用许可合同不具有追溯力，但因商标注册人恶意给他人造成的损失，应当给予赔偿。本案中判断投资公司第××××××71 号“××教育”商标被宣告无效前的使用行为是否构成侵权，应当考虑以下两个方面，一是投资公司主观上是否存在恶意；二是投资公司使用第××××××71 号“××教育”商标是否容易导致混淆误认。本案甲教育公司第×××××74 号“××教育”商标注册在先，投资公司在相同或类似服务上申请注册并使用与第×××××74 号“××教育”商标在文字构成、呼叫等方面相近的标识，具有主观上的恶意，且容易导致混淆误认，构成对甲教育公司第×××××74 号“××教育”商标的侵害。

关于乙教育公司是否侵犯甲教育公司的商标权的问题。乙教育公司主张其使用的“××教育”商标是第××××××71 号“××教育”商标，且是经过合法授权使用，本院认为，判断乙教育公司是否侵犯甲教育公司的商标权，应当考虑乙教育公司在使用“××教育”商标的过程中，是否具有攀附甲教育公司商标权的故意。乙教育公司在其店面门头上使用“北京××教育”，且（2019）京方正内经证字第×××××号公证书显示，乙教育公司在某网站发布的招聘信息页面中使用与甲教育公司第×××××74 号“××教育”商标相同的商标，容易导致混淆或误认，具有攀附甲教育公司商标权的故意。同时乙教育公司注册本公司企业名称的行为也构成不正当竞争，依法应承担停止侵权、赔偿经济损失等相应的民事责任。

河南省南阳市中级人民法院依照《中华人民共和国商标法》（2019 年）第七条、第五十七条、第六十三条，《中华人民共和国民事诉讼法》（2017 年）第一百五十二条的规定，判决如下：

一、投资公司、乙教育公司于本判决生效之日起立即停止侵犯甲教育公司第×××××74号注册商标专用权的行为；

二、乙教育公司于本判决生效之日起立即停止侵犯甲教育公司企业名称权，并于本判决生效之日起三个月内变更企业名称，变更后的企业名称中不得再保留有“××教育”字样；

三、投资公司、乙教育公司于判决生效之日起十日内赔偿甲教育公司损失50000元；

四、驳回甲教育公司的其他诉讼请求。

河南省高级人民法院经审理认为：根据《中华人民共和国商标法》（2019年）的规定，注册商标的专用权，以核准注册的商标和核定使用的商品为限。未经商标注册人的许可，在同一种商品上使用与其注册商标近似的商标，或者在类似商品上使用与其注册商标相同或者近似的商标，容易导致混淆的以及销售侵犯注册商标专用权的商品的均属侵犯注册商标专用权。类似商品，是指在功能、用途、生产部门、销售渠道、消费对象等方面相同，或者相关公众一般认为其存在特定联系、容易造成混淆的商品。商标近似，是指被控侵权的商标与权利人的注册商标相比较，其文字的字形、读音、含义或者图形的构图及颜色，或者其各要素组合后的整体结构相似，或者其立体形状、颜色组合近似，易使相关公众对商品的来源产生误认或者认为其来源与权利人注册商标的商品有特定的联系点。认定商标近似应以相关公众的一般注意力为标准，既要对商标进行整体比对，也要对商标主要部分进行比对，比对应当在比对对象隔离的状态下分别进行。判断商标是否近似，应当考虑请求保护注册商标的显著性和知名度。本案中，投资公司在相同或类似服务上申请注册并使用与甲教育公司的第×××××74号“××教育”商标在文字构成、呼叫等方面相近的标识，具有主观上的恶意，容易造成混淆，构成对甲教育公司第×××××74号“××教育”商标的侵害。乙教育公司在其店面门头上使用“北京××教育”，且在某网站发布的招聘信息页面中使用与甲教育公司第×××××74号“××教育”商标相同的商标，容易导致混淆或误认，具有攀附甲教育公司商标权的故意。

河南省高级人民法院依照《中华人民共和国民事诉讼法》（2017年）第一百七十条第一款第一项的规定，判决如下：

驳回上诉，维持原判。

【适用解析】

本案属于典型的商标行政、民事交叉案件。被告投资公司于 2017 年 2 月 21 日申请并使用第×××××71 号“××教育”商标，该商标于2018 年6 月 14 日被国家工商行政管理总局商标评审委员会宣告无效，投资公司不服向北京知识产权法院提起行政诉讼，北京知识产权法院驳回诉讼请求，其后上诉至北京市高级人民法院。同年，甲教育公司以侵犯商标权向河南省南阳市中级人民法院提起诉讼，因行政案件正在审理中，河南省南阳市中级人民法院中止审理。北京市高级人民法院驳回投资公司诉讼请求后，河南省南阳市中级人民法院恢复审理。本案中，投资公司的先前使用行为及乙教育公司的使用行为是否侵犯甲教育公司商标权是该案的审理重点。

一、投资公司商标被宣告无效的先前使用行为是否侵权

（一）商标宣告无效对商标注册人的法律效力

《中华人民共和国商标法》（2019 年）第四十七条第一款、第二款规定：“依照本法第四十四条、第四十五条的规定宣告无效的注册商标，由商标局予以公告，该注册商标专用权视为自始即不存在。宣告注册商标无效的决定或者裁定，对宣告无效前人民法院做出并已执行的商标侵权案件的判决、裁定、调解书和工商行政管理部分做出并已执行的商标侵权案件的处理决定以及已经履行的商标转让或者使用许可合同不具有追溯力。但是，因商标注册人的恶意给他人造成的损失，应当给予赔偿。”

依照本条规定，商标被宣告无效后该商标自始不存在，其商标专用权自始没有法律约束力，此时注册商标的所有人因行使商标专用权所获得的利益属于不当得利。但为了避免法院作出并已经执行的判决、裁定、调解书、工商行政管理部门作出并已执行的商标侵权案件的处理决定因商标被宣告无效处于不稳定状态，为了保护他人因信赖法院判决、裁定、调解书、工商行政部门作出的决定所实施的商标的使用、许可、转让等行为，本条款在规定宣告注册商标无效的情况下商标专用权自始不存在的同时，又规定“宣告注册商标无效的决定或者裁定，对宣告无效前人民法院做出并已执行的商标侵权案件的判决、裁定、调解书和工商行政管理部分做出并已执行的商标侵权案件的处理决定以及已经履行的商标转让或者使用许可合同不具有追溯力”，以此维护司法机关、行政机关权威，保障消费者和生产、经营者的利益。但是，如果商标注册人在申请商标注册或者使用注册商标时主观上存在恶意，明知其申请注册或者使用的商标侵害他人在先权利，则无效商标注册人值得保护的信赖利益便不复存在，因此规定了“但书”条款，即“因商标注册人的恶意给他人造成的损失，应当给予赔偿”，以此体现公平正义原则，维护社会主义市场经济的健康发展。

（二）先前使用行为构成商标权侵权的成立条件

《中华人民共和国商标法》（2019 年）第四十七条第二款规定，因商标注册人的恶意给他人造成的损失，应当给予赔偿。本条是商标宣告无效后的先前使用行为是否侵犯他人在先权利的判断依据。其适用应当考虑以下两点：

一是商标注册人主观上是否具有恶意。“恶意”是对侵权责任人侵权行为的主观状态的描述，具有道德上的可责性，不仅是明知行为会侵犯他人的商标权仍然为之，更是对该侵害事实的漠视或积极追求。审理中对恶意的主观状态的认定要与全案证据结合起来，以外在表现反映主观状态。

二是商标注册人的使用行为是否容易导致混淆误认的判断规则。实践中，对于混淆误认的认定在行政授权确权案件和民事侵权诉讼中有所区别。行政授权案件中应当考虑被异议商标核定使用的所有商品类别，只要在任一商品上存在混淆可能性，被异议商标便不应准予。也就是两商标共存于同一种或类似商品或服务上易使相关公众认为商品或服务具有相同的来源或者其来源之间具有密切的联系，此时即构成混淆误认，依照《中华人民共和国商标法》（2019 年）第三十条规定予以无效宣告。在民事侵权诉讼中，则仅考虑被诉标识实际使用的商品类别。未经商标注册人的许可，在同一种商品上使用与其注册商标近似的商标，或者在类似商品上使用与其注册商标相同或者近似的商标，容易导致混淆的，以及销售侵犯注册商标专用权的商品的均属侵犯注册商标专用权。因此，实践中会出现在行政案件中认定构成混淆误认，但是民事侵权诉讼中可能认定实际使用的商品不会与原告混淆误认。在认定先使用行为时容易导致混淆误认时，应注意区分两种识别标准。

（三）本案对先前使用行为构成侵权的认定

本案中对商标被宣告无效前的使用行为是否容易导致混淆误认的判定，依据《中华人民共和国商标法》（2019 年）第五十七条关于侵犯注册商标专用权情形之规定，以区别于行政授权确权诉讼的标准对类似商品和商标近似进行了详细的分析。法院考虑请求保护注册商标的显著性和知名度，结合商品功能、用途、消费对象、字形、读音、含义或者图形的构图及颜色等进行了判断，由客观外在反映主观上是否具有恶意，判断是否容易造成混淆。法院综合认定为，投资公司在相同或类似服务上申请注册并使用与甲教育公司的第×××××74号“××教育”商标在文字构成、呼叫等方面相近的标识，具有主观上的恶意，容易造成混淆，构成对甲教育公司第×××××74号“××教育”商标的侵害。

二、乙教育公司的使用行为是否构成侵权

（一）商标宣告无效后无效商标被许可人侵权的法律依据

《中华人民共和国商标法》（2019年）第四十七条规定对商标被宣告无效后的商标转让或者使用许可合同不具有追溯力。对因商标注册人的恶意给他人造成的损失，应当给予赔偿。因此，在商标被宣告无效后，被许可人一般不因商标无效而被有效商标权人主张侵权。即便被许可人恶意使用，因该条文只规制商标注册人，故被许可人也不应当受该条文规制。但如果商标被许可人实际上侵犯了有效商标注册人的商标专用权的，应当依法承担责任。

《中华人民共和国商标法》（2019年）第五十七条规定：“有下列行为之一的，均属侵犯注册商标专用权：（一）未经商标注册人的许可，在同一种商品上使用与其注册商标相同的商标的；（二）未经商标注册人的许可，在同一种商品上使用与其注册商标近似的商标，或者在类似商品上使用与其注册商标相同或者近似的商标，容易导致混淆的；（三）销售侵犯注册商标专用权的商品的；（四）伪造、擅自制造他人注册商标标识或者销售伪造、擅自制造的注册商标标识的；（五）未经商标注册人同意，更换其注册商标并将该更换商标的商品又投入市场的；（六）故意为侵犯他人商标专用权行为提供便利条件，帮助他人实施侵犯商标专用权行为的；（七）给他人的注册商标专用权造成其他损害的。”对于被许可人侵犯有效商标权人权利的，应按照本条关于侵犯注册商标专用权的几种情形进行规制。本案中，乙教育公司是否侵犯甲教育公司注册商标专用权的判断标准是是否构成相同或者近似商标侵权，因涉案商标均为服务商标，在判断其侵权表现时与商品商标有所不同，本案中主要涉及攀附故意是否构成商标侵权。

（二）认定商标权侵权时攀附故意评价标准

为了利用知名商品的影响力牟利，实践中常存在对有一定知名度商品进行“搭便车”的行为，但并非每种搭便车行为均会侵犯他人商标权。

在一些情况下，商标声誉攀附行为不构成商标权侵权，但在有些情况下商标攀附行为被商标侵权行为所涵盖，这种案件中攀附者对商标的使用既构成对商标的攀附，又将该商标作为一种区别产品来源的标识性标志使用，此时的商标攀附构成商标权侵权。因此，在认定攀附故意是否构成商标权侵权时，需要判断该攀附行为是否具有使相关公众对商品的来源产生误认或者认为其来源与权利人注册商标的商品有特定的联系的效果。

（三）本案对商标攀附故意构成商标权侵权认定

依据《中华人民共和国商标法》（2019 年）第五十七条第二项之规定，投资公司与乙教育公司签订的商标授权书是对第××××××71 号“××教育”商标的授权，且该商标被宣告无效。但由于关于无效商标恶意在先使用行为不能规制被许可人，同时乙教育公司在其店面门头上使用“北京××教育”，已经超出了投资公司的原授许可范围，具有明显的攀附甲教育公司的故意。同时乙教育公司在某网站发布的招聘信息页面中使用与甲教育公司第×××××74 号“××教育”商标相同的商标，容易导致公众混淆或误认，具有攀附甲教育公司商标权的故意，根据《中华人民共和国商标法》（2019 年）第五十七条的规定，构成对甲教育公司注册商标专用权的侵犯。

编写人：河南省社旗县人民法院　贺小莉

【《商标法》第 57 条　侵犯注册商标专用权的行为】

29

售后混淆构成商标侵权的认定

——甲食品公司诉乙食品公司侵害商标权案

【基本信息】

1. 裁判书字号

河南省高级人民法院（2020）豫知民终 74 号民事判决书

2. 案由：侵害商标权纠纷

3. 当事人

原告（被上诉人）：甲食品公司

被告（上诉人）：乙食品公司

【基本案情】

甲食品公司成立于2002年9月，于2013年4月，向原国家工商行政管理总局商标局申请并经核准注册图形商标第105×××××号，此图形为真人图像商标。此后，乙食品公司于2017年9月申请并经核准注册图形商标第209×××××号，此图形为卡通图像商标。前后两个商标均是“采××的小姑娘”的图像商标，且两个商标核准使用的商品类别均为第30类。甲食品公司经营多年，投入大量人力、物力、财力宣传该商品，在市场上取得良好效果，已成为河南省知名商品。

乙食品公司成立于2012年5月，朱某某于2011年7月28日向原国家工商行政管理总局商标局申请并经核准注册了乙食品公司名称“××”的图形商标，核定使用商品第30类。2018年6月，国家知识产权局颁发第470×××××号外观设计专利证书，载明该外观设计名称为标贴（香菇酱），设计人为朱某某，瓶贴中使用的图片为秦某某申请登记的美术作品“采××的小姑娘”。该美术作品与甲食品公司的卡通图形商标中小姑娘图片整体上一致，而在头巾颜色、衣服、右手位置等细节方面略有不同。

2019年年初，甲食品公司业务人员发现南阳、驻马店、许昌、周口等市区及县城乡镇超市、副食店销售乙食品公司生产的以该公司名称命名的“××”牌香菇酱，该产品瓶贴上的卡通人物图像与甲食品公司的“采××的小姑娘”卡通图像商标极为相似，且标签也与甲食品公司的产品标签近似。但是乙食品公司所售香菇酱瓶体上多个部位明显标准“××”“××食品”等注册商标，且乙食品公司香菇酱是两瓶一起包装销售，总价7元多，而甲食品公司香菇酱单瓶销售，一瓶10元。因甲香菇酱和乙香菇酱同为一类产品，在超市货架上两种产品摆放在一起，不仔细观察，容易造成混淆，引起消费者误认。

【案件焦点】

1. 乙食品公司是否侵犯了甲食品公司注册商标专用权；2. 乙食品公司产品标

识与甲食品公司的注册商标是否形成混淆。

【裁判要旨】

河南省南阳市中级人民法院经审理认为：甲食品公司成立于2002年，该公司所在的A县系香菇产区，香菇酱系该公司的主要产品，该公司申请注册的第105×××××号以及第209×××××号图形商标，经过甲食品公司持续、有效的宣传，在相关公众当中形成了良好的品牌形象和美誉度，印刷有采××的小姑娘图片的香菇酱，已成为识别甲食品公司产品的显著标识之一。乙食品公司位于B县，与A县同属南阳市辖县，该公司于2012年成立，主要产品同样是香菇酱。2018年8月，乙食品公司法定代表人秦某某对美术作品《采××的小姑娘》申请登记，国家版权局根据《作品自愿登记试行办法》的规定，对该美术作品予以登记。虽然经整体比对，该作品与甲食品公司第105×××××号以及第209×××××号图形商标有所差异，但图片中的整体元素是相同的：均是年龄较小的女孩子，均梳两条辫子、均戴头巾、均背背篓等，乙食品公司将该美术作品使用在其生产的香菇酱的瓶贴上，明显有利用甲食品公司及其注册商标在市场及相关公众中的良好品牌形象和声誉“搭便车”的故意，易造成相关公众的混淆和误认。根据《中华人民共和国商标法》（2019年）第五十七条的规定：“有下列行为之一的，均属侵犯注册商标专用权：（一）未经商标注册人的许可，在同一种商品上使用与其注册商标相同的商标的；（二）未经商标注册人的许可，在同一种商品上使用与其注册商标近似的商标，或者在类似商品上使用与其注册商标相同或者近似的商标，容易导致混淆的；（三）销售侵犯注册商标专用权的商品的；（四）伪造、擅自制造他人注册商标标识或者销售伪造、擅自制造的注册商标标识的；（五）未经商标注册人同意，更换其注册商标并将该更换商标的商品又投入市场的；（六）故意为侵犯他人商标专用权行为提供便利条件，帮助他人实施侵犯商标专用权行为的；（七）给他人的注册商标专用权造成其他损害的。”《最高人民法院关于审理商标民事纠纷案件适用法律若干问题的解释》（2002年）第十条规定：“人民法院依据商标法第五十二条第（一）项的规定，认定商标相同或者近似按照以下原则进行：（一）以相关公众的一般注意力为标准；（二）既要进行对商标的整体比对，又要进行对商标主要部分的比对，比对应当在比对对象隔离的状态下分别进行；（三）判断商标是否近似，应当考虑请求保护注册商标的显著性和知名度。”因此，乙食品公司在相同商品上使用与注册商标近似的图案，构成对甲食品公司注册商标专用权的侵害。

河南省南阳市中级人民法院依照《中华人民共和国商标法》（2019 年）第五十七条、第六十三条，《最高人民法院关于审理商标民事纠纷案件适用法律若干问题的解释》（2002 年）第十条的规定，判决如下：

一、乙食品公司于本判决生效之日起停止侵害甲食品公司第 105×××××号、第 209×××××号注册商标专用权的行为；

二、乙食品公司于本判决生效之日起十日内赔偿甲食品公司经济损失 10 万元；

三、驳回甲食品公司的其他诉讼请求。

河南省高级人民法院经过二审，维持原判，同意一审法院裁判意见。

【适用解析】

随着市场的进一步规范和知识产权保护的加强，以往明显的假冒注册商标的侵权如卖假烟、假酒等行为逐渐减少，而类如售后混淆这类“搭便车”的行为逐渐增多，给商标权的保护带来了新的挑战。而本案的争议的主要问题是乙食品公司的外观设计和甲食品公司的商标是否近似，售后混淆是否属于商标法上的“混淆”，能否构成商标侵权。

一、近似商标侵权中存在混淆可能性是必要的构成要件

《中华人民共和国商标法》（2019 年）第五十七条第二项规定：“未经注册商标人的许可，在同一种商品上使用与其注册商标近似的商标，或者在类似商品上使用与其注册商标相同或者近似的商标，容易导致混淆的。”该条明确表明了近似商标侵权的认定存在两个认定关键，即商标近似和存在混淆。但是商标近似和混淆可能性在认定商标侵权的过程中，两者是否存在内含关系或者认定顺序等存在争议。

在认定商标侵权过程中，商品相似性和混淆可能性关系大体上有三种立法例：一是以美国商标法为代表的混淆可能性吸收相似性的标准，该标准是以混淆可能性作为商标侵权的标准，而商标的相似性只是混淆可能性的一个测量因素；二是以日本商标法为代表的混淆可能性内化于相似性的标准，该标准是以相似性作为商标侵权的标准，但经过判例的发展，混淆可能性已经内化于相似性认定过程中；三是以欧盟商标法为代表的以相似性为基础而以混淆可能性为限定条件的标准。该标准将相似性标准作为混淆可能性的前提条件。[①]

总体而言，我国采用的是以相似性为基础而以混淆可能性为限定条件的商标侵权判断标准。具体而言，在商标和商品相同的情况下，商标保护是绝对的，在商标专用权保护范围之内，不需要混淆可能性作为商标侵权的构成要件。但是，在商标或者商品其中一种存在相似或类似的情况下，必须明确界定商标专用权的保护边界，就需要混淆可能性作为商标侵权的构成要件，限制商标保护的过度扩张。

在本案中，甲食品公司商品和乙食品公司商品同是香菇酱，判断是否存在商标侵权，首先要认定的是商标是否存在近似。根据《最高人民法院关于审理商标民事纠纷案件适用法律若干问题的解释》（2020 年）第十条的规定，商标近似应当按照以下原则进行判断：（1）以相关公众的一般注意力为标准；（2）既要进行对商标的整体比对，又要进行对商标主要部分的比对，比对应当在比对对象隔离的状态下分别进行；（3）判断商标是否近似，应当考虑请求保护注册商标的显著性和知名度。甲食品公司的香菇酱经过长期的宣传，在河南乃至全国都享有一定的知名度，而乙食品公司将该美术作品使用在其生产的香菇酱的瓶贴上。经整体比对，乙食品公司的"采××的小姑娘"作品与甲食品公司第 105××××号以及第 209××××号图形商标虽然有所差异，如头巾颜色、衣服、右手位置等细节方面略有不同。但图片中的整体元素是相同的：均是年龄较小的女孩子，均梳两条辫子、均戴头巾、均背背篓等。因此，乙食品公司香菇酱的瓶体包装设计与甲食品公司商标具有相似性。

二、混淆可能性的判断

商标相似并不必然存在混淆的可能性。因此，在进行相似性判断之后，需要对混淆可能性进行判断。在商标法规定中，并没有说明"混淆"的具体含义。《最高人民法院关于审理涉及驰名商标保护的民事纠纷案件应用法律若干问题的解释》（2020 年）第九条第一款规定，足以使相关公众对使用驰名商标和被诉商标的商品来源产生误认，或者足以使相关公众认为使用驰名商标和被诉商标的经营者之间具有许可使用、关联企业关系等特定联系的，属于商标法第十三条第二款规定的"容易

---

① 参见王太平：《商标侵权的判断标准：相似性与混淆可能性之关系》，载《法学研究》2014 年第 6 期。

导致混淆”。该条款虽然是认定驰名商标的混淆问题，但是一般可以认为该条款为商标法中的“混淆”认定提供了一定的标准。另外，《最高人民法院关于审理商标民事纠纷案件适用法律若干问题的解释》（2020 年）第八条规定：“商标法所称相关公众，是指与商标所标识的某类商品或者服务有关的消费者和与前述商品或者服务的营销有密切关系的其他经营者。”综上，法律条文并没有对“混淆”进行严格的限定，只要足以使相关公众对被诉商标和商品来源产生误认，就构成“混淆”。

混淆可能性要根据相关公众的一般注意力进行判断。换言之，混淆可能性的判断并非考察法庭环境中法官是否容易发生混淆，而是考察市场环境中的消费者是否容易发生混淆。与商标近似性判断采用的客观标准有所不同，混淆可能性更多地是通过主观上予以界定。而混淆可能性的判断也不是单一的要素，而是要综合考量多种因素进行判断。在商标侵权涉及的混淆可能性的认定中，要根据案件的具体情况，综合考虑商标的显著性、商品的相同和相似程度、侵权人的主观意图、消费者的注意程度、销售渠道及销售价格等多种因素来作出裁量。

三、售后混淆构成商标侵权的认定

所谓售后混淆，又称为旁观者混淆，是指消费者在最初提供商品的环境之外观察该商品，并且与其他相似产品相混淆。亦即购买或潜在购买商品的消费者并没有发生混淆，当消费者购买之后，旁观者在看到该商品时极有可能会发生混淆。相对于传统的商标混淆，售后混淆将混淆的时间和对象都向后延伸，混淆的时间并不局限于购买过程中，包括购买之后，混淆的对象也从一般消费者扩展到潜在的消费者。售后混淆扩张了商标混淆的范围，将更多的商标侵权行为包含在内，但是售后混淆的前提条件依然是商标的相同或者相似。

一般在售后混淆的商标侵权案件中，被侵权商品具有较高的知名度，侵权人主观上具有攀附的故意，销售与被侵权商品具有类似商标的商品。在初端销售场合，实际消费者能够用较低的价格购买具有相似商标的商品，甚至在长期的使用过程中，形成了对侵权商品的消费习惯，最终会淡化公众心中被侵权商品商标的显著性。同时，对于潜在的消费者而言，如果一旦造成混淆，便会对被侵权商品的质量等特征产生误解，从而使被侵权商品长期以来辛苦经营的良好形象和商誉受到损害。因此，基于商标法保护商标专用权、保障经营者的权益和维护市场经济秩序的立法理念，售后混淆行为构成商标侵权的应当予以规制。

在司法实践中，对于售后混淆行为是否构成商标侵权行为，存在两种不同的意见。一种观点认为，售后混淆构成商标侵权，混淆的后果并不应当仅限于消费者购买产品时所造成的混淆后果，倘若一种行为会造成混淆可能性的，也应当列入混淆后果。[①] 另一种观点认为，售后混淆并不构成商标侵权，我国商标法第五十七条规定中涉及的“混淆”，就应是指基于生产者、销售者的“误导”而使消费者产生的“直接混淆”，而不应扩大到售后混淆等范畴，如对“混淆”作扩大解释，则不符合立法的本意。[②]

笔者同意第一种观点，售后混淆构成商标侵权，而这种商标侵权实质上还是对于“混淆”的认定。售后混淆也是“混淆”的一种类型。对于传统混淆而言，售后混淆最为明显的外在特征是侵权标识客观上的近似性、产品类别、销售渠道存在重合和产品价格存在差异。首先，侵权标识客观上的近似性是认定商标侵权的前提，虽然侵权标识和被侵权商标并不完全相同，局部些许构成元素的位置、颜色或者排列组合有所调整，但是整体上大致相同，让消费者乍一眼看去容易产生误认。其次，产品类别的相同和销售渠道的重合，易导致消费者群体的重合。这也在一定程度上表现出侵权者主观上具有攀附知名商标的故意。另外，虽然内行购买者会经过仔细辨认不会产生误认，但是以内行购买者的标准来认定混淆是不合理的，应以“公众”即施以一般注意力的普通购买者为标准，而他们会产生误认。最后，侵权者往往以产品价格存在差异作为抗辩理由，但产品价格差异并不是认定混淆可能性的决定性因素。一般而言，产品越贵，消费者的注意程度越高，产品越便宜，消费者的注意程度越低。但是当脱离了销售场合时，潜在消费者就无法从价格方面对两者进行区分，不明内情的消费者很容易造成误认。因此，售后混淆更注重从一般公众和潜在商品客户角度而非内购买者角度来认定“混淆”，从而保障注册商标权人的利益。

本案中，乙食品公司在香菇酱瓶体上多个部位明显标注“××”“××食品”

---

① 上海浦东新区人民法院（2016）沪0115民初86694号民事判决书，载中国裁判文书网，https：//wenshu. court. gov. cn/website/wenshu/181107ANFZ0BXSK4/index. html？docId＝8f2722a1809a45378e6da91901252535，2021年12月29日访问。

② 广州知识产权法院（2018）粤73民终1530号民事判决书，载中国裁判文书网，https：//wenshu. court. gov. cn/website/wenshu/181107ANFZ0BXSK4/index. html？docId＝7bdf71afe26c413ebadba9d000f7282c，2021年12月29日访问。

等注册商标，与甲食品公司香菇酱文字标识显著不同。另外，乙食品公司的香菇酱销售方式与产品价格与甲食品公司也明显不同，乙食品公司产品为两瓶一起包装销售，定价为7、8元，而甲食品公司产品一瓶定价10元。两者在销售模式上的不同并不会导致直接消费者对乙食品公司和甲食品公司的香菇酱产生混淆，根据一般社会公众的注意力为标准，当商品定价明显不同时，直接消费者并不会对商品的来源产生混淆误购。而乙食品公司也是据此作为主要理由进行抗辩的。

但是作为一般的消费者而言，对于在同一货架中，摆放相同的产品香菇酱，而且两者外包装基本相同，这表明了商品类别和销售渠道基本混同，这其实在售前已经给消费者造成了混淆，但是这种混淆在于利用已有的著名商标来吸引消费者的目光。在消费者来到货架前时，由于乙香菇酱采用两瓶一起的包装方式，且两瓶一起的售价比甲香菇酱的售价还要低，消费者已经认识到两者的不同。但是，在价格方面的悬殊，很有可能造成消费者误认为价格较高的产品扩张进入了低价市场，或者是价格较高产品的一种促销模式，而消费者自己会认为自己购买带了便宜货或特价货。另外，由于香菇酱的定价一般在10元左右一瓶，消费者不会予以过高的注意程度，也有可能在销售时造成混淆。

另外，乙香菇酱最易导致和甲香菇酱混淆的场合是售后混淆。因为，当乙香菇酱脱离了销售场合时，没有了固定的组合包装和销售价格的提醒，其他潜在的消费者看到乙香菇酱很容易会误认为是具有著名商标的甲香菇酱。如果潜在的消费者进行购买，由于产品质量的差异，可能会导致消费者对著名商标产品产生不良印象，也会导致甲食品公司的商誉受损。同时，侵权商品与被侵权商品如果长期共存，于被侵权商品的固定购买者而言，商标的显著性会降低，从而会淡化知名商标，不利于商标专用权的保护。总之，乙食品公司将该美术作品使用在其生产的香菇酱的瓶贴上，明显有利用甲食品公司及其注册商标在市场及相关公众中的良好品牌形象和声誉“搭便车”的故意，易造成相关公众的混淆和误认。综上，乙食品公司构成对甲食品公司注册商标的侵权。

编写人：河南省南阳市中级人民法院　张亚楠

【《商标法》第 57 条　侵犯注册商标专用权的行为】

30

商标权滥诉的认定

——商贸公司诉医药公司、医药公司甲药店侵害商标权案

【基本信息】

1. 裁判书字号

广西壮族自治区高级人民法院（2020）桂民终 124 号民事判决书

2. 案由：侵害商标权纠纷

3. 当事人

原告（上诉人）：商贸公司

被告（被上诉人）：医药公司、医药公司甲药店

【基本案情】

商贸公司成立于 2018 年 8 月 10 日。科技公司于 2018 年 4 月 21 日注册取得“宝婴”商标专用权，有效期至 2028 年 4 月 20 日。该注册商标核定使用商品/服务项目为第 3 类：洗面奶；洗洁精；化妆品；牙膏；空气芳香剂。2019 年 6 月 27 日国家知识产权局出具《商标转让证明》，核准该商标转让注册，科技公司完成向商贸公司转让“宝婴”商标专用权的流程，受让人商贸公司于 2019 年 6 月 27 日起享有该商标专用权。

2019 年 8 月 27 日，商贸公司指派公司员工在医药公司甲药店购买了被诉侵权产品“百夫乐”牌婴宝护肤抑菌膏一支，该产品包装盒注明生产企业为生物技术公司，委托方为医疗用品公司。商贸公司则委托化妆品公司生产宝婴维肤膏，将“宝婴”商标用于宝婴维肤膏包装盒上。

2019年10月，商贸公司向法院提起诉讼，要求医药公司、医药公司甲药店承担侵害本公司商标权连带赔偿责任。

另查明，商贸公司在本案中作为证据提交的一组《商贸公司销售单》中，仅有商贸公司盖章和仓库人员签名，均没有收货人签名确认，而且商贸公司主张宝婴维肤膏已在市场销售却没有相应纳税记录，亦没有其他宝婴维肤膏已在市场销售的客观证据进行证实，因此不能确认使用“宝婴”商标的商品已在市场上进行销售。

【案件焦点】

如何认定商标权滥用行为。

【裁判要旨】

广西壮族自治区崇左市中级人民法院经审理认为：商贸公司于2019年6月27日才通过受让取得“宝婴”商标，而且没有证据证实使用“宝婴”商标的商品已在市场上进行销售。至商贸公司提起本案诉讼，该商标持续使用尚不到半年，时间较短。商贸公司也未能举证证明存在对涉案商标进行过广告宣传。

本案中，被告虽在其销售产品包装盒上使用了涉案商标的主要组成部分“婴宝”字样，但该包装盒上标有“婴宝”字样的同时亦将“百夫乐”商标与其一并使用，加之作为商标构成要素的“婴宝”二字本身不具有显著性和较高知名度，消费者在看到“婴宝”字样时不易将之与商贸公司的“宝婴”商标联系在一起。

从与本案相关的系列案件的证据中可以确定，在目前的市场上，“婴宝”为多个获得生产许可的企业共用的一个标识，早于原告“宝婴”标识的使用。原告对于“婴宝”字号的知名度理应知晓，其在明知或应知上述客观事实的情况下，在取得“宝婴”商标专用权后，诉至法院要求“婴宝”相关系列产品停止销售，其主观意图、市场行为及后果均具有不正当性，故被告并未侵犯原告的商标专用权，无须停止销售及赔偿损失。

在被控侵权产品存在商标、“婴宝”字样及生产者企业名称等多个标志的情况下，消费者在购买产品时，更多的是依据商标、生产厂家来区分商品的来源，即相关公众施以一般的注意力，包装盒上仅使用了缺乏显著性的“婴宝”字样，并不足以导致消费者对涉案商品的来源造成混淆。故，商贸公司主张被告侵犯其注册商标专用权，没有事实和法律依据，本院不予支持。一审法院判决驳回原告商贸公司的诉讼请求。

原告商贸公司不服一审判决，提起上诉。广西壮族自治区高级人民法院经审理认为：虽然被诉产品与“宝婴”商标核定使用商品构成类似，但被诉标识与“宝婴”商标不构成近似，因为：第一，从涉案标识的构成要素看，被诉“婴宝”与涉案“宝婴”均为文字标识，两者字体不同、位置顺序亦不相同，以相关公众的一般注意力为标准，两者不具有相似性。第二，从被诉侵权行为人的主观状态看，商贸公司认可被诉产品于2016年开始在市场上已有生产销售，而各被诉侵权产品的包装盒上，均标明各自的注册商标、生产厂家、地址、生产许可证等，各市场经营主体主观上不具有造成与上诉人的“宝婴”注册商标相混淆的不正当意图。第三，从混淆误认情况看，商贸公司尚未将其“宝婴”注册商标商品投入市场进行销售，相关公众在市场上并未接触到相关产品，便无法将该商标与注册人及其商品的产生特定联系，也就无法发挥区别商品或服务来源的作用。相反，“婴宝”标识已用于其儿童维肤、护肤领域的生产、销售，相关消费者对婴宝护肤产品具备一定的认知与识别。以一般消费者的注意力标准判断，不会将“婴宝”产品与商贸公司的“宝婴”产品相联系，不足以产生混淆或误认。

综合本案情形判断，商贸公司提起本案诉讼的行为已超出了正当维权的界限，系对注册商标专用权和民事起诉权的滥用。一是商贸公司明知标有“宝婴”标识的被诉产品于2016年开始已在市场生产销售，但是其在2019年6月27日受让涉案注册商标后，短短几个月的时间即提起近百起诉讼，主观恶意明显。二是商贸公司并未将其涉案注册商标商品投入市场，被控侵权行为并未产生侵占其商品市场份额的损害后果，也没有证据证实因被控侵权行为所产生的实际经济损失，且商贸公司明知可通过只起诉被诉侵权产品生产公司从而制止其侵权行为的情况下，却选择以销售被诉侵权产品的药店、母婴店在全区各地开展系列诉讼索赔，明显具有通过制造系列诉讼获取多重赔偿的意图，实质是通过司法诉讼来谋求不当利益。三是商贸公司通过大量重复诉讼行使诉权的行为，直接或间接地影响涉诉的企业无法正常开展其他生产经营活动，也极大地浪费了有限的司法资源。因此，商贸公司的行为构成恶意诉讼，对商贸公司借用司法资源以商标权牟取不正当利益之行为，本院依法不予保护。

综上，法院认定被上诉人的销售行为没有侵犯上诉人的注册商标专用权，上诉人请求判令被上诉人承担停止侵权，赔偿经济损失等民事侵权责任，均没有事实和法律依据，判决如下：

驳回上诉，维持原判。

【适用解析】

本案属于滥用注册商标专用权而引发的恶意诉讼，为系列诉讼案件当中的一件。本案原告至少发起“宝婴”商标侵害商标权纠纷 75 件，其取得“宝婴”文字商标所有权后，即在崇左市、来宾市各销售“宝婴”系列产品的药店、母婴用品店调取相关证据，并认为这些生产“宝婴”系列产品的企业和销售“宝婴”系列产品的药店、母婴用品店侵害其商标所有权，以此提起大批量侵害商标权纠纷诉讼，且均被受理法院判决驳回。上诉至广西壮族自治区高级人民法院后也均被驳回。75 件案件中，有 124 家被告，其中被诉侵权产品生产公司 34 家，销售被诉侵权产品药店 75 家、母婴用品店 15 家，商贸公司合计主张赔偿经济损失 127 万余元。

涉及商标权滥用的案件中一般有多个诉讼请求，包含多种不同性质的法律关系，在审判实践中常存在法律适用、民事责任确定等难题。前述 75 件涉“宝婴”商标系列案例作为数据分析样本，结合本案一审、二审的裁判理由及判决结果，可以梳理分析民事诉讼中商标权滥用的相关特征，为从源头上解决问题提供有益参考。

一、商标权滥用的认定

法律的公平性要求恪守利益平衡原则，在知识产权保护领域，利益平衡既是宽严适度这一司法政策的体现和要求，又是整个知识产权制度的重要基点。一方面，立案登记制给恶意诉讼留下可乘之机，导致滥用诉权案件大批涌入法院。商标权滥用认定比较复杂，商标法及相关司法解释没有明确规定。受理这类案件的法官要耗费大量时间精力去审理分析案件事实、导致挤占有限的司法力量，损害知识产权司法救济及时性，进而降低了司法激励社会创造和生产功能的发挥。另一方面，原告也借助滥诉排挤打压竞争对手，增加其竞争成本，非法削弱其竞争力，以实现自身利益最大化。《中华人民共和国民法典》第一千一百八十五条规定，故意侵害他人知识产权，情节严重的，被侵权人有权请求相应的惩罚性赔偿。《中华人民共和国民法典》施行后，滥诉人可能利用该条规定，通过要求惩罚性赔偿方式，获取更多非法利益。因此，对滥诉的界定和遏制，更为必要。

识别商标权滥用的行为边界，关键在于相关法律法规是否明晰。但是在侵害商标权纠纷案件中，哪些情形符合商标权利人主观“恶意”及客观“滥用”，在现行法律法规中只有原则性规定。在审判实践中总结归纳“恶意”“滥用”商标权利的基础上，应该明确相关认定标准。例如，认定“恶意”可以从商标权利人不正当使用商标、故意起诉获得非法利益、造成被告产生经济损失、影响市场经济秩序范围等方面考虑。认定“滥用”还可以考虑商标权利人是否重复、规模化运用诉讼权利，并形成职业化特征。这些识别都应基于涉案商标适用的商品或服务范围进行综合判断。

商标权保护范围应以其权利基础的正当性为边界①，超过了正当权利范围的诉讼行为，就不应该受到法律保障。认定民事诉讼中商标权滥用的行为边界，亦应该以正当性为基础进行综合判断。我国已逐步走向知识产权创造强国，在审理侵害商标权纠纷案件过程中，要创新工作理念，主动排查涉案商标权利的正当性，尽快统一商标权纠纷虚假诉讼、恶意诉讼的裁判标准。

有效使用也是确定商标权保护范围边界的重要依据，根据证据分析推断商标的有效使用程度，根据商标有效使用的不同情形提供合理适度的保护，是审判理念中已经达成的共识。在真实的商业活动中具体持续的使用商标，才应确认为有效使用。如果在主办法官在审理案件中发现商标权利人已经存在滥用诉权的可能性，在审核商标已经“使用”的证据时就要十分慎重，这些证据材料内容很有可能存在虚假成分。假如“使用”行为没有其他有效证据相互印证，就不应该予以采信。

综上，对商标权滥用的认定可以把握两条准则：一是恶意利用权利，企图通过商标权的排斥力将竞争对手赶出市场；二是未将其涉案注册商标商品投入市场，而是试图通过批量式诉讼获得侵权赔偿。

二、商标权滥用的行为表现

（一）受害者多为中小企业或个体工商户

商标权利人滥用诉权的对象会故意选择中小企业或个体工商户，这种选择比较好理解，因为这些群体法律意识、维权意识相对较低，知识产权保护理念相对欠

---

① 蔡伟：《商标权保护范围应以其权利基础的正当性为边界》，载《人民司法（案例）》2019 年第 35 期。

缺。这类案件起诉后，部分被告应诉能力、举证能力较差，很少委托律师等专业诉讼代理人参加诉讼，也不知如何收集提交有效的抗辩证据。而且一些被告也不知道自己是否已经侵权，收到应诉材料后宁愿息事宁人，主动向主办法官沟通申请调解，同意向滥用商标权利人进行赔偿。这种不知道正确维权的受害者，误解了商标权的保护范围和力度，客观上纵容了商标权滥用这个灰色领域进一步发展壮大。

（二）商标权滥用投入成本低、危害大

滥用商标权利人为获取巨额利益，往往通过“广撒网”的方式进行收集证据和批量起诉，诉讼对象众多，则容易引发群体性社会事件。在前述案例中，原告商贸公司诉讼成本相对较低，“宝婴”商标未有证据证实已在市场上推广使用，而且原告收集证据的方式也比较简单，只是在各地药店、母婴店购买标注有“婴宝”字样的产品，就认为已收集到明确的侵权证据。在这 75 件案件中，以商贸公司主张每个被告赔偿金额 1 万元和每个案件赔偿维权费 500 元计算，如果商贸公司胜诉，这批案件将可能获得 127 万余元赔偿，还不包括商贸公司在这 75 件案件以外另行提起侵害商标权纠纷诉讼可能获得的赔偿金。

一个不知名的商标通过诉讼有可能获得上百万元的赔偿，说明了在侵害商标权纠纷诉讼中，通过低成本的恶意、大批量起诉可能会获得巨大经济利益，这种非法利益也引诱权利人产生恶意行使商标权利的动机。

（三）恶意商标权利人具有隐蔽的职业化特征

笔者曾与多位长期审理知识产权案件的法官交流，他们在审理多宗侵害商标权纠纷案件后经分析发现，部分市场经营主体已经把滥用商标权利作为主要业务。一些商标权利人常年从事商标注册、转让等相关业务，比较了解相关法律知识，擅长商标权滥用的手段。

首先，滥用商标权利人分别注册公司，利用这些公司通过申请注册、受让等方式分别取得显著性和知名度较弱的注册商标后，不是以正当商业使用为目的，而是企图通过投诉、起诉等手段获取不正当利益。随后，这些人逐渐形成团伙，而且这些团伙成员都有可能是取得某个商标权利的权利人。因为某些地区审判人员审理复杂知识产权案件的机会相对较少，恶意商标权利人认为某些地区法院对商标权滥用的认定把握不严，故意选择这些地区提起批量诉讼，图谋通过这些不正当方式提高胜诉概率。如果胜诉获得巨额赔偿或成功削弱对手的竞争力，这个注册商标就有继续利用的价值。如果败诉，现在注册成立公司非常便利，这些团伙成员就会换个新的公司，利用其他注册商标再次起诉相关市场经营主体。

（四）缺乏显著性和知名度的商标超范围主张权利

一些注册商标因为缺乏使用、宣传，没有获得社会大众认知，其商标显著性程度较弱，但部分商标权利人故意无视商标显著性程度，主张不管商标显著性程度强弱都要放在同样程度的法律保护范围，这种观点明显是错误的。显著性体现在商标所指代的产品或服务当中，在识别产品或服务的效果上体现出价值区别，显著性越强的商标，其表现形式越丰富、多样。许多显著性较弱的商标仅为某种通用名称或描述性词汇，如果禁止其他市场经营主体的正当使用，将会影响合理的市场竞争，也违背了商标保护理念。

《中华人民共和国商标法》（2019 年）第九条第一款规定，申请注册的商标，应当有显著特征，便于识别，并不得与他人在先取得的合法权利相冲突。法律作出这种限制既是为了避免商标权的过度扩张，同时也是为了防止公共资源被特定商标权人不当占用，确保商标权的保护范围和强度与其显著程度和知名度相适应。[①]

在审理知识产权案件中，对商标保护规定和限定的范围应根据案情不同而有所区别，需要分析确定商标的显著性、知名度和保护范围的关系。根据前述案例已查明的案件事实，“宝婴”商标用于核定使用商品特别是婴儿护肤品上的显著性较弱，亦没有证据证明该商标已经正当使用并取得较高的知名度。法院通过审判及时制止“宝婴”商标权利人滥用诉权的不正当行为，维护了公平诚信的知识产权保护理念。

三、商标权滥用的规制对策

我国从顶层设计当中已经充分意识到知识产权滥用的危害性。我国法律明确规定禁止权利滥用，如何在知识产权司法保护新理念下加强商标权益保护，防止商标权滥用行为，是当前审判工作中要解决的现实问题。

（一）应明确规制商标权滥用不仅限定于注册取得

商标权的取得方式分为原始取得和继受取得。其中，商标权的原始取得细分为注册取得、使用取得、混合取得三种方式，而商标权的继受取得又细分为转让取得

---

① 钱小红、曹佳音：《商标侵权纠纷中相关问题研究》，载《人民司法（案例）》2019 年第 35 期。

和继承取得两种方式。

商标权利取得方式的差异，导致涉及的法律范围亦有所区别。《中华人民共和国商标法》（2019 年）第四条规定，不以使用为目的的恶意商标注册申请，应当予以驳回。其针对的是商标恶意抢注行为，明确了主观恶意情况下注册取得商标权的处理方式。2021 年 6 月 3 日，最高人民法院发布了《关于知识产权侵权诉讼中被告以原告滥用权利为由请求赔偿合理开支问题的批复》，该司法解释的出台，对于知识产权失范行为的处理有了部分明确规定，被告主张因原告滥诉诉权产生的诉讼成本可以依法得到支持，进一步规制了权利滥用。

但是，对于除了注册取得以外获得商标权利的情况，即使是恶意取得并且滥用商标权利，现行法律法规也没有明确的认定和处罚依据。例如，本文分析的案例查明，“宝婴”商标是案外人注册后向受让人商贸公司商标权，商贸公司属于转让取得商标权利。在案件审理过程中，即使发现原告商贸公司进行恶意诉讼，滥用“宝婴”商标专用权，除了驳回诉讼请求以外，很难找到明确的法律依据对商贸公司进行处罚。

无论商标的原始注册是否恶意，对于后续的受让和使用行为的合法性判断，都应当基于相关行为人的主观状态和行为的正当性进行分析，不能因为商标申请人有恶意就直接认定受让人有恶意。商标申请人没有恶意，也不能说明商标使用的后续行为就必然善意。因此，有必要进一步通过立法、司法解释等方式，完善确认经各种方式取得商标权利后，商标权利人滥用诉权的相关处罚方式，提高规制滥用商标权利的可操作性，对这些问题形成合理的解决方案。

（二）探索商标权滥用的规制方法

1. 合理分配商标权滥用案件中原、被告的举证责任。为防止商标权利人通过批量诉讼滥用商标权利，主办法官可以适用“谁主张，谁举证”的证据规则，要求权利人提供能证明注册商标经过有效使用，并已经存在相当显著性和知名度的相关材料。如果没有确凿证据，商标权利人就应承担举证不能的法律后果。同时，针对一些小企业、个体工商户被告举证能力较弱的情况，应当灵活运用证据规则，引导当事人基于日常生活经验提交不存在侵权的相关证据。这种合理分配举证责任的情形，可以表明民事审判对商标权滥用行为的抑制效力，降低恶意权利人不切实际的胜诉预期。

2. 探索商标权滥用惩罚性赔偿机制。司法保护本身要创新工作理念，对商标权滥用这种错误的行为进行精准打击，让恶意商标权利人感受到真正的震慑。惩罚举措不仅要考虑保护知识产权的必要性，还要考虑知识产权被滥用的危害性。除了道德方面的谴责之外，还要对商标权滥用行为进行惩罚，行政、司法部门应依法确定惩治范围。《最高人民法院关于审理侵害知识产权民事案件适用惩罚性赔偿的解释》（2021 年）已经明确了被告侵害原告知识产权应该适用惩罚性赔偿的情形，对于原告故意滥用商标权利侵害被告合法权益的情形，也应该予以规制，完善知识产权保护范围。

3. 加强涉及商标权滥用相关法律知识普法宣传。商标客体是无形的，涉及商标权滥用的案件具有侵权行为隐蔽性、造成损失价值难以确定等特点，非法律专业人员很难对相关行为进行准确判断。针对商标权滥用行为，应充分发挥法院审判的权威性作用，通过运用各种媒体宣传平台，加强对中小企业和个体工商户进行知识产权法律知识宣传，帮助相关市场经营主体防范法律风险，提升社会大众的商标权利意识及应对能力，引导社会大众提高警惕，不断压缩恶意滥用商标权利人的活动空间，建立起防范商标权滥用的“防火墙”。

4. 提升部分地区知识产权审判人员综合业务能力。民事诉讼中审查商标权滥用的具体过程，应该在保障商标权利人合法权益的情况下进行，同时也要为法官的自由裁量权留下充分的施展空间。但是，各地知识产权法官对法律法规的认识及审判经验的积累都有所差别。包括商标权滥用在内的知识产权纠纷存在难以认定的特点，应该有针对性地完善部分地区知识产权审判人员、辅助人员培养机制，强化西部地区各级法院知识产权业务培训，提升知识产权审判人员的整体素质。业务素质、审判经验提高后，面对知识产权恶意诉讼，法官才能游刃有余地合理调整商标权利人、被诉侵权人及社会公共利益之间的平衡关系。

5. 建立打击商标权滥用对接机制。要充分发挥注册商标的正当作用，应该进一步深化知识产权审判方面的改革，加大知识产权审判与行政审批机关的强效对接机制，探索健全涉及商标权利恶意诉讼的线索移送方式：如果法院经审理查明，权利人没有使用涉案注册商标的正当意图，仅是将商标作为牟取不法利益的“工具”，待相关裁判文书生效后，法院应当及时将商标权滥用线索移送当地知识产权管理部门，由知识产权管理部门对恶意使用商标情况进行核查，恶意情节严重的，报请国家知识产权局撤销其注册商标，并且将恶意商标权利人纳入失信“黑名单”。通过部门联动、各司其职，努力化解商标权滥用这项“顽疾”。

编写人：广西壮族自治区扶绥县人民法院　谢文彬

【《商标法》第57条　侵犯注册商标专用权的行为】

31

故意拆分注册商标突出使用与地理标志商标相同部分构成商标侵权

——粮食协会、×米公司诉食品公司、超市公司侵害商标权案

【基本信息】

1. 裁判书字号

湖北省武汉市江汉区人民法院（2019）鄂0103民初9313号民事判决书

2. 案由：侵害商标权纠纷

3. 当事人

原告：粮食协会、×米公司

被告：食品公司、超市公司

【基本案情】

2008年7月28日，经商标局核准，京山县某协会注册取得了第52513××号“京山×米”商标（证明商标），核定使用商品为第30类：米。2018年，京山撤县设市，原京山县的行政区域为京山市的行政区域。2019年，经核准，涉案商标注册人变更为原告粮食协会。

2008年至2019年，粮食协会制定了《“京山×米”证明商标使用管理规则》，该规则规定了涉案商标的使用条件、使用申请程序、被许可使用人的权利和义务、商标的管理和保护等方面，其中规定原材料种植地域仅限于京山市的孙×等镇。

2014 年 12 月 24 日，粮食协会审议通过了《保护“京山×米”品牌的行业自律公约》，该公约规定企业申请使用“京山×米”证明商标，必须按照《“京山×米”证明商标使用管理规则》的规定，由粮食协会审核批准，并签订《“京山×米”证明商标使用许可合同》，严格按照合同约定条款生产、宣传、销售京山×米，规范使用“京山×米”证明商标标识；授权企业加工“京山×米”产品的原料稻谷来源只限于京山市境内种植的“洋西早”“鉴真2 号”“鄂中5 号”3 个优质水稻品种，产品要符合湖北省地方标准：DB42/T235 标准。

2018 年 4 月 20 日，粮食协会许可×米公司使用涉案商标和“京山×米中国地理标志”，×米公司在使用涉案商标期间，取得了一系列荣誉（2017 年度粮油加工企业 50 强，2018 年农业农村部颁发“农业产业化国家重点龙头企业”证书），并获准使用“京山×米中华人民共和国地理标志保护产品专用标识”。2019 年 5 月至 7 月，×米公司的代理人发现食品公司在超市公司咸宁店内出售“阿×嫂京山×米”产品，并且在公司的官网上展示其产品，在咸宁地区制作多幅广告牌宣传其产品。为此粮食协会、×米公司将食品公司、超市公司诉至法院。

另查明，2012 年 1 月 7 日，经商标局核准，食品公司注册取得了第 88349××号“阿×嫂”商标，核定使用商品为第 30 类，包括：米。2017 年 5 月 14 日，经商标局核准，食品公司注册取得了第 185550××号“阿×嫂京山×米”商标，核定使用商品/服务项目为第 30 类，包括米，以米为主的零食小吃。食品公司委托生产“阿×嫂京山×米”产品的单位是米业公司，该公司担任粮食协会的副会长、秘书长，产品产地为湖北荆门。

还查明，2004 年，国家质量监督检验检疫总局发布 2004 年第 198 号公告，批准从即日起对京山×米实施原产地域保护。

湖北人民出版社于 1990 年 10 月出版的《京山县志》载明，×米是孙×区所产稻米的简称。与其他地方出产的稻米相比，明显表现为腹白小，干、整、熟、白，青艮如玉等特点。×米在历史上享有盛名，曾进贡给皇帝食用。相传明嘉靖皇帝的“御膳”就是选用×米做饭，称为“御米”。“洋西早”原名湖南条，曾有农民从湖南带回种子约半斤，经两年试种后，米质与原产地无异，遂逐户传开，普及孙×地区。

2018 年 8 月 17 日，人民网刊载一篇名为《京山×米：品牌响万里香》的文章，写到“青梗如玉，腹白极小，颗粒细长，光洁透明。这就是水稻种不可多得的珍品—×米。‘×米长，三颗米来一寸长，×米弯，三颗米来围一圈，×米香，三碗吃下赛沉香’在湖北省京山市，这首当地儿歌描绘的正是×米之妙”。

【案件焦点】

1. ×米公司是否为本案适格的当事人；2. 两被告的行为是否构成商标侵权；3. 如两被告的行为构成商标侵权，应承担何种民事责任。

【裁判要旨】

湖北省武汉市江汉区人民法院经审理认为：有侵犯注册商标专用权行为引起纠纷的，商标注册人或者利害关系人可以向人民法院起诉。商标法规定的利害关系人包括注册商标使用许可合同的被许可人，普通使用许可合同的被许可人经商标注册人明确授权，可以提起诉讼。本案中，原告粮食协会系涉案商标的商标专用权人，有权提起诉讼。原告×米公司与原告粮食协会签订了《“京山×米”证明商标使用许可合同》，并经原告粮食协会明确授权，可以提起诉讼。

未经商标注册人的许可，在同一种商品上使用与其注册商标近似的商标，或者在类似商品上使用与其注册商标相同或者近似的商标，属侵犯注册商标专用权的行为。销售侵犯注册商标专用权的商品的，也属于侵犯注册商标专用权。

涉案商标“京山×米”由地名“京山”加来源“×”加种类“米”构成，是地理标志证明商标。涉案商标的名称含有地域限制，“京山”原指县级行政区域京山县，后变更为京山市。涉案商标的名称含有来源限制，《京山县志》载明“×”即孙×，×米即京山县孙×区所产稻米的简称，历史上久负盛名，称为“御米”，具有腹白小，干、整、熟、白，青艮如玉等特点。涉案商标含有品种限制，对产于孙×的米的品种限于“洋西早”“鉴真二号”“鄂中5号”3个品种。《京山县志》、人民网及其他报刊对“京山×米”的特点及历史来源均作了详细的描述。可见，“京山×米”商标作为证明商标的显著性，不仅用于证明产品种植的原产地来源、产品的特定品质，更承载了丰富的自然地理文化和人文故事。因此对“京山×米”注册商标的使用应有严格的限制，为此粮食协会作为涉案商标的专用权人，制定了完整的涉案商标使用管理规则和自律公约，要求符合条件的协会会员才能使用该涉案商标。

本案中，原告×米公司与被告食品公司经营范围中都含有“米”，×米公司使用的“京山×米”商标与食品公司使用的“阿×嫂京山×米”商标国际分类均为第30类，上述两枚商标均有相同字体部分“京山×米”，因此被告食品公司在使用其注册的“阿×嫂京山×米”商标时就应当规范使用其商标。涉案商标“京山×米”经原告×米公司使用，获得了一系列荣誉，且经商标局、国家质量监督检验检疫总局等机构颁发了“原产地域产品专用标志”“京山×米地理标志保护产品专用标志证书”“中国地理标志”，享有极高的知名度，本案被告食品公司作为同行，明知涉案商标的使用情况，却不加以避让，反而将其注册的“阿×嫂京山×米”商标进行拆分，在被控侵权产品包装袋正面上端排列较小的“阿×嫂”字样，在包装袋正面中间纵向排列字体较大并占据整个包装袋五分之四的面积“京山×米”字样，并在该包装袋背面上部分分两列书写“阿×嫂”“京山×米”字样，同时引用《京山县志》和人民网的文章内容“本产品产于×米之乡——湖北京山……×米香，三碗吃下赛沉香”，包装袋背面下部注明生产产地为湖北荆门，生产企业是粮食协会的副会长米业公司，上述拆分使用第185550××号“阿×嫂京山×米”商标的行为不规范，其突出使用“京山×米”易使公众产生混淆，误认为食品公司生产的“阿×嫂京山×米”与“京山×米”之间存在某种特定的联系。被告食品公司在某仓储咸宁店的广告牌上方使用字体略小、横向排列的“阿×嫂”字样，在广告牌中部使用字体略大、横向排列的“京山×米”字样，在其官网上宣传其侵权产品，其行为均是通过拆分第185550××号“阿×嫂京山×米”商标、改变字体大小，用以突出“京山×米”字样，易使相关公众产生误认，以为食品公司生产的“米”与“京山×米”之间存在关联。食品公司生产的米与原告×米公司生产的米属同类产品，食品公司虽注册了第185550××号“阿×嫂京山×米”商标，但其未规范使用该枚商标，在未经“京山×米”商标注册人的许可情况下，拆分使用其注册的第185550××号“阿×嫂京山×米”注册商标，与涉案商标“京山×米”相近似，容易造成消费者的误认，食品公司的行为构成侵犯注册商标专用权。被告食品公司辩解两原告应向商标局提出商标异议，不应向法院起诉，法院认为，根据《最高人民法院关于审理注册商标、企业名称与在先权利冲突的民事纠纷案件若干问题的规定》（2008年）第一条第二款的规定，原告以他人使用在核定商品上的注册商标与其在先的注册商标相同或者近似为由提起诉讼的，人民法院应当根据民事诉讼法的规定，告知原告向有关行政主管机关申请解决。但原告以他人超出核定商品的范围或者以改变显著特征、拆分、组合等方式使用的注册商标，与其注册商标相同或者近似为由提起诉讼的，人民法院应当受理。本案中，被告食品公司拆分使用“阿×嫂京山×米”商标，与“京山×米”地理标志商标构成近似，两原告根据上述规定，向法院提起诉讼并无不妥。被告食品公司辩解“阿×嫂京山×米”生产产地为京山，生产企业是粮食协会的副会长米业公司，在产品包装袋上未使用商标局、国家质量监督检验检疫总局等机构颁发的“京山×米”的地理标志专用标识，因此不构成侵权，法院认为食品公司作为同类生产企业，明知涉案商标的使用有严格的产地、品种、授权企业许可使用的限制，在未取得涉案商标注册人授权许可使用的情形下，而仍在包装袋上拆分使用其“阿×嫂京山×米”注册商标，突出“京山×米”字样，目的就是借助涉案商标的影响力，销售其公司的产品，其“搭便车”的行为最终误导消费者，损害“京山×米”的声誉，导致“京山×米”地理证明商标丧失其在市场的份额，降低公众对“京山×米”的认可度，减损“京山×米”地理证明商标的商业价值。被告超市公司咸宁店生产的侵犯注册商标专用权的产品，亦构成侵权行为，其行为后果由超市公司承担。

根据《最高人民法院关于审理商标民事纠纷案件适用法律若干问题的解释》（2002年）第二十一条第一款的规定，人民法院在审理侵犯注册商标专用权纠纷案件中，可以判决侵权人承担停止侵害、赔偿损失、消除影响等民事责任。故，两原告主张被告食品公司、超市公司停止侵权行为，应予以支持。消除影响的范围应考虑涉案商标的声誉受影响的范围，被告食品公司生产的“阿×嫂京山×米”的销售区域主要在咸宁地区，应在咸宁市级报刊上予以说明。被告食品公司在其官网及某仓储公司咸宁店的外墙广告牌存在侵权行为，应予删除或拆除。鉴于被告食品公司在咸宁市某大道的户外广告牌并无不当，故对两原告要求拆除该广告牌的诉讼请求，不予支持。

关于赔偿金额，因两原告未能举证证明其因侵权所受到的损失或者食品公司的侵权获利，法院综合考虑涉案侵权行为的性质及影响、侵权时间、涉案商标知名度，结合原告粮食协会与原告×米公司签订的商标许可合同，酌定食品公司赔偿两原告经济损失15万元。原告×米公司与知识产权运营公司签订的《知识产权维权服务委托协议》约定，原告某×米公司向知识产权运营公司支付的10万元维权服务费，包含对“阿×嫂京山×米”注册商标无效程序的提起、侵权事实调查、行政查处、法院诉讼等部分，法院结合本案中两原告为制止侵权行为开展调查取证、法院诉讼等事实，酌定原告×米公司为制止本案侵权行为所支付的维权服务费为5万元，加上两原告还购买被控侵权产品的费用234元，合计50234元，应由被告食品公司承担。

湖北省武汉市江汉区人民法院判决如下：

一、被告食品公司立即停止侵害原告粮食协会的第52513××号“京山×米”商标的注册商标专用权的行为，即停止在被诉侵权产品包装袋上、网店上使用侵害“京山×米”商标标识的行为；

二、被告超市公司立即停止侵害原告粮食协会的第52513××号“京山×米”商标的注册商标专用权的行为，即停止销售被诉侵权产品；

三、被告食品公司立即拆除位于某仓储公司咸宁店的户外广告牌；

四、被告食品公司在湖北省咸宁市级报刊上刊登声明（内容交法院审核），以消除影响；

五、被告食品公司赔偿原告粮食协会、原告×米公司经济损失（含合理费用）共计200234元；

六、驳回原告粮食协会、原告×米公司的其他诉讼请求。

【适用解析】

一、地理标志证明商标具有特殊性

从我国早期立法来看，对地理标志保护主要采取的是商标立法模式，法律规范散见于《中华人民共和国商标法》《中华人民共和国商标法实施条例》和《集体商标、证明商标注册和管理办法》，但涉及地理标志的内容不多，在法律适用上存在模糊地带。如《中华人民共和国商标法》（2019年）全文仅有一条涉及地理标志，即第十六条，而且该条阐述的是“地理标志”概念及恶意的不予注册，内容原则且抽象。在《中华人民共和国商标法实施条例》（2013年）中也只出现了一条，即第四条，阐述的内容是地理标志可以作为集体商标或证明商标注册，符合条件的可准许使用。而《集体商标、证明商标注册和管理办法》注重的是集体商标、证明商标的注册和管理要件，对地理标志的法律适用规范未予着墨。

根据上述法律法规的规定，地理标志作为证明商标注册的必须是对商品具有监督能力的组织，证明商标的注册人不能在自己提供的商品上使用该商标，而由该组织以外的单位或个人使用，因此地理标志证明商标的注册人与使用权人是分离的。地理标志证明商标的所有权人与使用权人的分离，是否会影响诸多使用权人获得赔偿的权利？上述法律法规并未明确规定。根据《中华人民共和国商标法实施条例》（2013 年）第四条第二款、《集体商标、证明商标注册和管理办法》（2003 年）第十八条第一款的规定，凡符合证明商标使用管理规则条件的，在履行规则规定的手续后，就可以使用证明商标，注册人不得拒绝办理手续，因此独占或排他使用许可方式不能成为地理标志证明商标的使用许可方式，而只能是普通使用许可方式。《最高人民法院关于审理商标民事纠纷案件适用法律若干问题的解释》（2020 年）第四条规定普通使用许可的被许可人经注册人明确授权，可以提起诉讼。结合案例来看，“京山×米”地理标志证明商标的注册人是组织，是不得使用该商标的，那么该地理标志证明商标的价值提升依赖于使用权人，需要使用权人商标使用过程中持续地积累品质和声誉，并不断地通过创新使用地理标志证明商标，丰富地理标志证明商标的自然和文化内涵，传承文明。地理标志证明商标的权益受损，必然挤兑使用权人来之不易的发展空间，降低其市场份额，损害使用权人的经济利益，毁损其品牌形象，因此使用权人应有获得相应赔偿的权利。地理标志证明商标的特殊性不影响使用权人的利益。

二、使用自己的注册商标能否成为侵权的免责事由

《中华人民共和国商标法》（2019 年）第十六条规定，商标中有商品的地理标志，而该商品并非来源于该标志所标示的地区，误导公众的，不予注册并禁止使用，但是已经善意取得注册的继续有效。荆门市与咸宁市均位于湖北省境内，均属湖北省地级市，荆门市下辖沙洋县、钟祥市、京山市、宝山区等。在本案中，对比涉案商品与侵权产品的产地：“京山×米”标注的产地为荆门京山，“阿×嫂京山×米”标注的产地为湖北荆门；注册时间：“京山×米”地理标志证明商标注册在先，且已享有一定知名度，“阿×嫂京山×米”商标注册在后；注册商标分类：“京山×米”与“阿×嫂京山×米”核定使用商品分类均为第 30 类；产品标准：“京山×米”产品标准 DB42/T235，“阿×嫂京山×米”产品标准 GB1354；使用方式：“京山×米”证明商标完整使用，“阿×嫂京山×米”商标被拆分使用，其中

“京山×米”字体占据包装袋五分之四的面积，“阿×嫂”字样小，在购买时容易忽略；从其他使用方式看：“阿×嫂京山×米”产品包装袋引用了人民网和《京山县志》的内容“本产品产于×米之乡——湖北京山……×米香，三碗吃下赛沉香”，并且注明生产加工企业为粮食协会的副会长单位米业公司。食品公司注册“阿×嫂京山×米”商标在后，不仅未避让注册在先的“京山×米”地理标志证明商标，反而通过拆分其注册商标，突出使用“京山×米”字样，在生产产地标注为湖北荆门后，通过引用《京山县志》及人民网等报刊内容和标注生产单位为注册人的某会员单位等方式，误导相关公众，易使相关公众产生混淆，误认为食品公司与粮食协会有特定的关系，误认为产地为湖北荆门的“阿×嫂京山×米”就是产地为荆门京山的“京山×米”。

食品公司的注册行为是我国商标法所禁止的行为，《最高人民法院关于审理注册商标、企业名称与在先权利冲突的民事案件若干问题的规定》（2020年）第一条第二款规定，可申请行政主管机关解决。食品公司拆分其注册商标并突出使用与地理标志证明商标相同文字的行为，适用《最高人民关于审理商标民事纠纷案件适用法律若干问题的解释》（2020年）第一条第一项的规定，属于侵犯他人注册商标专用权的行为。因此，食品公司在后注册含有地理标志的“阿×嫂京山×米”商标、而其产品并非来源地理标志地区，且不符合地理标志证明商标使用管理规则条件，在未办理规定手续并获注册人许可下，拆分其注册商标并突出使用与“京山×米”地理标志证明商标相同文字的显著性标记行为，有明显攀附意图，不能成为侵权责任的免责理由。

三、惩罚性赔偿中“恶意”的理解与法律适用

国务院机构改革前，我国地理标志的行政管理以工商、质监和农业三部门为主，三部门分别就地理标志产品颁发了地理标志标识。食品公司辩解使用自己的注册商标，没有使用地理标志标识，委托生产单位为米业公司，产品来源于京山，其辩解是否成立，其行为能否被认定为恶意侵权行为？第一，京山市与咸宁市均位于湖北省境内，地理位置接近，食品公司与×米公司企业经营范围中均含“米”类生产经营，具有同行竞争关系，应知晓“京山×米”地理标志证明商标。第二，食品公司注册“阿×嫂京山×米”商标在后，且对注册商标中含有京山×米字样缺乏正当理由。第三，食品公司对“阿×嫂京山×米”的产地虽明确标注湖北荆门，但其引用《京山县志》和人民网及其他报刊对“京山×米”的描述时，将“本产品产于×米之乡——湖北京山”放在首句。第四，食品公司委托生产“阿×嫂京山×米”的公司担任了粮食协会副会长、秘书长，两公司签订了加工合同，食品公司理应知晓使用“京山×米”地理标志证明商标的使用管理规则和产品标准。第五，食品公司是农产品生产企业，知晓颁发的地理标志标识。《中华人民共和国商标法实施条例》（2013年）第四条第二款规定，以地理标志作为证明商标注册的，其商品符合使用该地理标志条件的自然人、法人或者其他组织可以要求使用该证明商标，控制该证明商标的组织应当允许。综合以上因素，食品公司具有事先知晓“京山×米”地理标志证明商标，并且通过签约能深入接触该商标，仍在后注册“阿×嫂京山×米”同类商标，拆分并突出使用自己注册商标中与“京山×米”相同文字的显著性标记行为，其商品又不符合《中华人民共和国商标法实施条例》（2013年）第四条第二款中规定的“地理标志条件”的情形，因此其主观上有明显攀附地理标志证明商标意图，存在侵权恶意。食品公司的行为不仅侵犯了商标专用权，也损害了消费者的利益，有损市场竞争秩序，也是反不正当竞争法所规定的不正当竞争行为。由于我国立法把拆分并突出使用与他人商标相似部分的行为纳入商标法规制之中，因此本案未对食品公司的不正当竞争行为再适用反不正当竞争法，而是在商标法中一并予以评判，适用商标法的惩罚性条款，对食品公司加大了侵权赔偿数额。本案判决时尚无惩罚性赔偿的细化规则，因此本案通过对食品公司的主观恶意侵权要件的分析，归纳出“事前知晓＋深度接触＋在后注册＋突出使用＋正当使用”的裁判规则，探索性适用了商标法的惩罚性赔偿，与2021年3月3日起施行的《最高人民法院关于审理侵害知识产权民事案件适用惩罚性赔偿的解释》所体现的精神相契合，该裁判规则具有前瞻性，可供同类案件予以借鉴。

四、如何更好地保护地理标志

地理标志保护，不仅是对产品的保护，也是对该地区经济、自然、人文、生态价值的保护。随着《中华人民共和国政府与欧洲联盟地理标志保护与合作协定》的正式签署，地理标志产业经济将逐步成为拉动地方特色经济创新发展的重要引擎。在出现诸多不良商家为牟取高额利益，搭“物以稀为贵”的便车，实施侵犯地理标志行为的同时，也出现了权利人借助品牌效应，违反地理标志管理规定滥用权利，损害地理标志声誉的行为。司法为实现保护知识产权与防止权利的滥用的价值导向，需从以下方面厘清地理标志的权利边界：

（一）商标的显著性与地理标志的垄断性的关系

《中华人民共和国商标法》（2019 年）第十条第二款规定，县级以上行政区划的地名不得作为商标，但是地名具有其他含义或者作为集体商标、证明商标组成部分的除外。第十一条规定，仅有本商品的通用名称、图形、型号的，仅直接表示商品的质量、主要原料、功能、用途、重量、数量及其他特点，其他缺乏显著特征的，不得作为商标注册。《集体商标、证明商标注册和管理办法》（2003 年）第七条规定，以地理标志作为集体商标、证明商标注册的，应在申请书件中说明该地理标志所标示的商品的特定质量、信誉或者其他特征。通过上述规定可以看出，地理标志注册为集体、证明商标的，仍须有显著性，并且要有特定的质量或独特的工艺。如果仅按照第十条的规定，直接将地名注册为地理标志商标，将会在该地区形成垄断，抑制该地区经济发展。可见，地理标志注册为商标的，仍须符合商标法的规定，具有显著性，否则与地理标志集体、证明商标需具有的特定标准这一规范相冲突，导致显著性愈低的地理标志集体、证明商标的垄断性反而愈强。

（二）地理标志的公有性与商标的私有化差异

《中华人民共和国商标法》（2019 年）第三条规定，集体商标，是指以团体、协会或者其他组织名义注册，供该组织成员在商事活动中使用，以表明使用者在该组织中的成员资格的标志。证明商标，由对某种商品或服务具有监督能力的组织所控制，而由该组织以外的单位或者个人使用于其商品或者服务。根据上述规定，地理标志集体、证明商标的注册人通常是该地区的团体、协会或其他组织，不具有营利性质，管理着可供该地区生产经营者的共同享有的地理标志资源。而商品商标具有私有属性，注册人注册商标通常是以提升产品的品质来达到增长其财富的目的，具有营利性。将地理标志注册为证明商标或集体商标，适用商标法的规定，必然带来商标的一般性与地理标志的特殊性冲突，注册人或管理人一旦追逐地理标志的营利性，将会发生地理标志私有化的情形。

“京山×米”地理标志证明商标案件中，被告食品公司委托生产加工的案外人米业公司，同时也是协会的副会长单位，其特殊身份就引起了学术界的讨论。同样的，在地理标志集体商标中，类似情形则表现得更为明显。《中华人民共和国民法典》在第一百二十三条将地理标志作为知识产权的权利人的专有权利，是彰示性条款，但对于其保护仍须在立法、司法上加强。

编写人：湖北省武汉市江汉区人民法院　喻瑛

【《商标法》第58条　将他人注册商标、未注册的驰名商标作为企业名称中的字号使用的行为】

32

外观设计专利权与在先商标权冲突的认定及司法保护

——酿酒厂公司诉啤酒公司等侵害商标权案

【基本信息】

1. 裁判书字号

山东省高级人民法院（2021）鲁民终18号民事判决书

2. 案由：侵害商标权纠纷

3. 当事人

原告（被上诉人）：酿酒厂公司

被告（上诉人）：酒业公司

被告：啤酒公司、张某某

【基本案情】

酿酒厂公司拥有以下经中国商标局核准的第3336×××号“×力”、第G1005×××号“Heineken”、第G1181×××号、第8098×××号、第3310×××号、G1004×××号图形商标注册商标专用权。

被告啤酒公司成立于2016年8月1日，注册资本为1000万元人民币，股东为张某某。被告酒业公司成立于2010年11月30日，注册资本为3000万元人民币。

2017年9月20日，被告啤酒公司、张某某（甲方）与被告酒业公司（乙方）

签订《合作加工协议》，协议约定：以甲方授权，乙方加工生产、甲方自行销售的形式合作；甲方负责提供营业执照、商标注册证、商品流通许可证等相关文件的复印件，出具加工委托书，甲方委托乙方加工的产品及其品牌、名称、商标以及包装设计等应符合《中华人民共和国商标法》及相关法律法规的有关规定，如有违规，由甲方承担法律责任及损失；甲方提供生产材料易拉罐及纸箱需达到国家标准，符合乙方生产要求、符合法律法规并经乙方认可的包装材料，包装材料由甲方制作提供给乙方，乙方不得在甲方生产计划外使用甲方包装材料。

2018 年 2 月 28 日，被告张某某向国家知识产权局申请了 201830077 × × ×.4 号外观设计专利，并于 2018 年 5 月 25 日获得授权，该外观设计为啤酒包装盒。产品外包装盒为绿色，标有较大的“Hainak”“HainaKen”“啤酒公司监制”“国家知识产权局专利号 20173048 × × × ×.3”字样。该产品为银色易拉罐，中间部分为绿色跑道状图样，中间有红色五星以及标有“HainaKen”字样的深绿色条幅。跑道图样上部用较小字体标明“QINGDAO × ×LI”，下部标有“QINGDAOHAINAKENBEER”。

另查明，被告张某某于 2017 年 6 月 7 日在国家工商管理总局商标局申请注册了第 19705 × × × 号“海纳啃 Hainaken”商标，并曾在国家工商管理总局商标局申请“Hainaken”“嘿内恳”“喜十力”“Hainaken”图形、“A × 力”等商标。

【案件焦点】

在专利权有效的情况下，能否在民事侵权案件中请求法院判令被告停止实施其专利。

【裁判要旨】

山东省青岛市中级人民法院经审理认为：被控侵权产品及宣传材料上多处使用“HAINAKEN”及“Hainaken”标识，该标识与原告第 G1005 × × × 号“Heineken”商标相比，无论是字母的排列组合还是读音都极为相似；被控侵权产品上使用的绿色跑道形标识与原告第 G1181 × × × 号、第 8098 × × × 号、第 3310 × × × 号、G1004 × × × 号图形商标相比，无论是形状、色彩还是设计要素亦极为相似，容易使相关公众对产品的来源产生误认，构成商标法意义上的近似。

被告啤酒公司成立于 2016 年，作为专业啤酒生产企业，其对于原告已经具有较高知名度的字号应当具有合理避让的义务，被告以“ × 力”作为字号，并对其产品进行生产销售，极易使相关公众将被告产品误认为是原告产品或者与原告存在特定联系，造成混淆，其主观上具有过错；被控侵权产品系被告啤酒公司与酒业公司共同生产，且产品上标有被告啤酒公司的企业名称，结合被告酒业公司宣传单上对“××酿酒公司”所做的宣传，法院认为，被告酒业公司主观上亦存在过错。被告啤酒公司和酒业公司的行为侵犯了原告的商标权并构成不正当竞争，应当承担停止侵权、赔偿损失的民事责任。

关于原告要求被告张某某不得实施侵害原告商标权及字号的ZL201830077×××.4号外观设计专利权的诉讼请求，法院认为，被告生产产品的外包装与该外观设计极为近似，且该外观设计中使用了与原告商标近似的标识，如不禁止其使用将会损害原告的合法权利，故本院对原告的该诉讼请求予以支持。

【适用解析】

本案是一起在商标侵权及不正当竞争案件中直接判令停止实施侵害他人外观设计在先权利的创新性案件。近年来，知识产权审判着力强化民事诉讼在特定民行交叉纠纷解决中的引导作用，在先权利人以被告取得并行使外观设计权损害其合法在先权利为由，直接向法院提起民事诉讼，在被告侵权事实成立的情况下，法院根据被告诉请和案件具体情况，直接判令被告停止实施被诉外观设计。本案运用了诚实信用、保护在先权利、维护公平竞争等原则作出判决，及时制止了以专利有效性掩盖侵权实质的行为，充分发挥了知识产权司法保护的主导作用，有利于进一步打破我国知识产权中“民行二元分立”的诉讼结构。

一、专利权与在先商标权相似性判断

在我国，外观设计专利权和商标权同属于知识产权，但分别涉及不同的知识产权领域。外观设计专利权由专利法予以保护，商标权由商标法予以保护，二者保护的客体不同，但又存在部分相同的表现形式，例如都包含对图案的保护。两者保护范围存在交叉，因此在实践中不可避免地会出现外观设计专利权与商标权相冲突的问题。当同一件商品中的外观设计专利权和商标权分别属于不同的权利人时，两者将会产生实际的权利冲突。冲突造成的相对严重的后果是当外观设计专利权与在先商标发生混淆时，会误导相关公众认为本专利权由商标权人所有、本专利产品来源与在先商标的商品来源相关等。

根据《最高人民法院关于审理商标民事纠纷案件适用法律若干问题的解释》（2020 年）第九条第二款规定，商标近似“是指被控侵权的商标与原告的注册商标相比较，其文字的字形、读音、含义或者图形的构图及颜色，或者其各要素组合后的整体结构相似，或者其立体形状、颜色组合近似，易使相关公众对商品的来源产生误认或者认为其来源与原告注册商标的商品有特定的联系”。外观设计专利与在先商标中含有的相关设计的相同或者相似的认定，原则上适用商标相同、相似的判断标准。

在实践当中，对于外观设计专利与在先商标权的认定时通常会考虑以下三个因素：

第一，涉案专利产品所对应的商品与在先商标所使用的商品应当属于相同或相近种类，这主要考虑二者的功能用途或涉案专利产品与在先商标所服务的对象是否相同或相近。需要注意的是，如果在先商标为驰名商标，因其知名度和影响力较大，在权利冲突的判断时，所在商品的种类要视具体情况适当放宽。

第二，涉案专利包含与在先商标相同或相似的设计内容。对在先商标与涉案专利进行相同或相似性认定时，仅就在先商标与涉案专利中与商标权客体对应的部分进行对比，而并非将在先商标与涉案专利外观设计整体进行对比。《中华人民共和国专利法》（2020 年）第二条第四款对于外观设计专利的定义为“外观设计，是指对产品的整体或者局部的形状、图案或者其结合以及色彩与形状、图案的结合所作出的富有美感并适于工业应用的新设计”。其中就包含了对于局部外观设计的保护。

第三，涉案专利的实施是否会误导相关公众或造成相关公众将涉案专利产品的来源误认为是在先商标权人的产品或与之相关，损害商标所有人的相关合法权利或者权益。判断是否误导相关公众或导致相关公众对商品来源产生混淆是判断与商标权相冲突的重要条件。

综上所述，在有关外观设计与商标权相冲突的判断中，不能因涉案专利包含有在先商标的图案就简单地得出二者存在权利冲突的结论，更重要的是应当判断涉案专利在实施过程中是否会使相关公众将涉案专利产品与在先商标权的商品的来源相混淆，或者联想到使用涉案专利产品的来源与在先商标所有人之间存在某种特定联系。在具体案件中还应当考虑涉案专利的自身商标、在先商标的知名度和显著性，以及两者在涉案专利中的位置，综合得出结论。在没有证据证明在先商标的知名度和显著性的情况下，如果涉案专利外观设计的部分区域虽然包含有与在先商标相近的图案，但在更显著的位置已标明其自身商标或显著性标识，足以表明涉案专利产品的服务来源于专利权人，而不会使相关公众将其误认为来源于在先商标权人，则不会导致涉案专利与在先商标权相冲突。结合案例来看，本案中外观设计专利与在先商标权产品均用于酒类生产的包装，且被控侵权产品及宣传材料上多处使用“HAINAKEN”及“Hainaken”标识，该标识与原告第 G1005 × × × 号“Heineken”商标相比，无论是字母的排列组合还是读音都极为相似；被控侵权产品上使用的绿色跑道形标识与原告第 G1181 × × × 号、8098 × × × 号、3310 × × × 号、G1004 × × × 号图形商标相比，无论是形状、色彩还是设计要素亦极为相似，容易使相关公众对产品的来源产生误认。故，而本案中被告的外观设计专利与原告商标权构成相似。

二、解决在先权利冲突的路径

解决知识产权权利冲突要坚持保护在先权利、维护公平的竞争秩序，司法裁判应对违背诚实信用原则，以欺诈、仿冒、引人误认或误解等方式利用他人市场信誉、经营优势来获取不正当经济利益、竞争能力的行为予以规制。

《中华人民共和国专利法》（2020 年）第二十三条第三款规定，授予专利权的外观设计不得与他人在申请日以前已经取得的合法权利相冲突。《最高人民法院关于审理专利纠纷案件适用法律问题的若干规定》（2020 年）第十二条对于《中华人民共和国专利法》（2020 年）第二十三条第三款所称的合法权利进一步明晰，指出“合法权利”包括就作品、商标、地理标志、姓名、企业名称、肖像，以及有一定影响的商品名称、包装、装潢等享有的合法权利或者权益。并且根据该规定第十一条“人民法院受理的侵犯专利权纠纷案件，涉及权利冲突的，应当保护在先依法享有权利的当事人的合法权益”的规定，在出现外观设计专利权与在先权利相冲突的情况下，冲突纠纷解决的原则是保护在先权利。《专利审查指南》第四部分第五章规定了外观设计专利权无效的事由，“一项外观设计专利权被认定与他人在申请日（有优先权的，指优先权日）之前已经取得的合法权利相冲突的，应当宣告该项外观设计专利权无效”。结合《中华人民共和国专利法》（2020 年）第二十三条的规定可见，保护在先权利，是外观设计专利授权的实质条件，也是无效宣告请求的法定理由之一。在本案中，啤酒公司的外观设计专利与酿酒厂公司的商标权产生冲突时，根据保护在先权利原则，酿酒厂公司的在先商标权应当获得保护。

保护在先权利原则一直是我国司法实践在遵循的原则。例如，在饮料厂与食品公司商标权纠纷案件[①]中，最高人民法院再审时认为饮料厂虽主张其享有合法的外观设计专利权，并无攀附恶意，但食品公司自 2007 年开始就持续大量使用了涉案的包装、装潢，具有了较高的知名度，而饮料厂主张的外观设计专利系在后取得，且基于食品公司涉案包装、装潢的知名度，饮料厂作为同业经营者理应知晓该包装、装潢，却仍然使用与食品公司涉案包装、装潢高度近似的包装、装潢，其行为难为正当。

在酒业诉食品工业公司侵害商标权纠纷案[②]中，一审法认为知识产权本质上是消极权利而非积极权利，食品工业公司享有外观设计专利权仅意味着其可以禁止他人使用该外观设计，却并不意味其可以以任何方式使用该外观设计，相应地，也并不意味着其对该外观设计的使用必然不会构成对他人权利的侵害。就外观设计专利权而言，其保护的是富有美感的工业产品的设计，而非该设计所具有的区分商品或服务来源提供者这一功能。外观设计专利权人对其外观设计的使用如客观上起到区分商品或服务来源的作用，则即便专利权人享有该外观设计专利权，其亦可能构成对他人注册商标专用权的侵犯。

在制药公司诉商贸公司商标侵权及不正当竞争案[③]中，一审法院认为，制药公司的字号在糖尿病医疗领域已为中国相关公众所知悉，具有较高的知名度，后续经营者在申请注册企业名称时，应当对制药公司的文字主动避让。而被告邱某某却将制药公司商标核心部分“×和”作为企业字号，申请成立与其注册商标核定使用商品并无关联的“×和医疗器械公司”，使在后企业名称中的字号与在先注册商标发生冲突，法院最终判令被告变更企业名称及禁止在中国大陆境内使用。

---

① 最高人民法院（2019）最高法民申 5270 号民事判决书，载中国裁判文书网，https：//wenshu. court. gov. cn/website/wenshu/181107ANFZ0BXSK4/index. html？docId = fa045e3194f14c79afe8ab9200c371e7，2022 年 4 月 19 日访问。

② 最高人民法院（2017）最高法民再 234 号民事判决书，载中国裁判文书网，https：//wenshu. court. gov. cn/website/wenshu/181107ANFZ0BXSK4/index. html？docId = 9f01ba51be4a45cc8762aa8f01128edb，2022 年 4 月 19 日访问。

③ 广东省高级人民法院（2017）粤民辖终 469 号民事判决书，载中国裁判文书网，https：//wenshu. court. gov. cn/website/wenshu/181107ANFZ0BXSK4/index. html？docId = bb699e93fc544254b378a82a00a3eea2，2022 年 4 月 19 日访问。

知识产权各权利间存在冲突是常见现象，拥有合法的知识产权权利基础，未必就可随意行使该项知识产权。知识产权来自国家权力设定，其对应权利的正当行使，以不侵犯他人的合法权利为前提和基础。在知识产权司法实践中，除了秉持保护在先权利原则之外，也应当根据个案情况充分利用诚实信用原则、公平竞争原则及利益衡平原则等，具体评判不同合法权利冲突中的是非关系。既要保护知识产权人合法在先权利，也要合理关注使用人的利益和社会的公共利益，使各方的利益得到充分保护和有效平衡。

三、发挥知识产权司法保护的主导作用

专利权的授权、确权程序自成体系、独立运行。我国专利法规定了“民行二元分立”的诉讼架构，即权利人主张被告侵犯其专利权，被告往往向专利复审委员会另行提起宣告专利权无效的请求，而审理专利侵权纠纷的法院无权审查专利权的效力，通常中止诉讼，等待专利复审委员会的审查结果；对于专利复审委的审查结果，当事人又可以进行行政诉讼，这就导致专利侵权民事纠纷案件循环诉讼情况突出，审理周期较长。也就是说，一项有效的专利权在民事法律关系中被充分尊重，对专利的瑕疵或有效性的质疑交由专利无效行政程序予以处理，民事侵权案件审理法院一般不会对有效的专利权进行限制。正是由于专利权的这一特点，假如被告利用侵害他人商标、装潢等合法权利的外观专利来实施侵权行为，往往以其专利权有效且民事诉讼程序不能否定或限制其专利权为由进行抗辩，企图以专利权的有效性来掩盖其侵权行为。

在现行的“民行二元分立”的诉讼框架结构下，为了提高专利侵权诉讼的审理效率，缓解审理周期长的问题，《最高人民法院关于审理侵犯专利权纠纷案件应用法律若干问题的解释（二）》（2020 年）第二条设计了“先行裁驳、另行起诉”的制度，但也依旧是需要行政程序前置的。而在本案中，山东省青岛市中级人民法院转变了行政程序当然优先或者必须前置的传统思维，在先权利人酿酒厂公司以被告啤酒公司取得并行使外观设计专利权损害其合法在先权利为由直接向法院提起民事诉讼，经审查被告侵权的事实成立后，根据原告酿酒厂公司的诉请和案件具体情况，判令被告停止实施被诉外观设计专利。该判决创新性地在外观设计专利仍然有效的前提下，避开外观设计是否需要停止的判断，在外观设计未被行政程序宣告无效的前提下，判决被告立即停止实施侵害原告商标权的行为，间接达到了令被告停止实施外观设计的效果，及时制止了以专利有效性掩盖侵权实质的行为，充分发挥了知识产权司法保护的主导作用。此外，在陈某忠诉茶叶公司等纠纷案①中，人民法院也充分发挥司法的主导作用，依法认定民营企业对其商业标识享有在先权利，明确对非善意取得的商标排他权不予保护，及时维护市场的公平竞争秩序，有力地保障民营企业的知识产权和正常生产经营。

知识产权司法保护具有明确规则、终局权威的优势。发挥知识产权司法保护的作用已经是我国当下知识产权保护的主导方针和政策，本案的判决显示出法院正在用实际行动逐步打破我国知识产权中行政与司法二分的诉讼结构。知识产权治理体系的完善是推进国家治理体系现代化目标的实践举措，是国家应对新一轮科技革命和产业发展的重要改革方针，有助于释放我国创新主体的活力，构成我国知识产权强国建设的基础。商标和外观设计专利是知识产权的重要内容，在通过司法程序解决两者冲突时，应当秉持我国商标法和专利法保护在先权利、激励创新的理念，保护权利人的合法权益。此外，也建议在申请和审查阶段，通过在外观设计与审查机关之间建立信息共享制度，使得专利局跟商标局能够共享数据库，同时设立外观设计专利申请和商标注册申请相互可用的国内优先权制度，在制度和审查上能更好地阻止恶意侵权的发生。

编写人：最高人民法院司法案例研究院与复旦大学联合培养实习生　李茜

---

① 最高人民法院（2019）最高法民申3431号民事判决书，载中国裁判文书网，https://wenshu.court.gov.cn/website/wenshu/181107ANFZ0BXSK4/index.html?docId=4f3b5f535295478fa7eeab910115d82e，2022年4月19日访问。

【《商标法》第59条　商标的在先使用】

33

商标在先使用权的认定

——网络公司诉科技公司侵害商标权案

【基本信息】

1. 裁判书字号

江西省九江市中级人民法院（2018）赣04民初189号民事判决书

2. 案由：侵害商标权纠纷

3. 当事人

原告：网络公司

被告：科技公司

【基本案情】

原告网络公司成立于2013年04月18日，系有限责任公司。经营范围包括：技术推广服务，软件开发，信息系统集成服务，网站建设；社会经济咨询；销售：电子产品。被告科技公司成立于2015年11月20日，系有限责任公司。经营范围包括：计算机软硬件及周边产品技术研发、技术推广服务，技术转让、技术咨询，信息系统集成服务，网站建设，社会经济咨询，成果转让；商务信息咨询；企业管理咨询；投资咨询（除证券、期货、保险、金融）；计算机软件及辅助设备（除计算机信息系统安全专用产品）、通信设备及相关产品、电子产品、服装鞋帽、化妆品、汽车用品、皮具箱包、工艺礼品、眼镜、日用百货、珠宝首饰销售。

原告是第199755××号“×店××”商标的注册权人，注册商标核定使用商品/服务项目为第35类：广告；商业信息；特许经营的商业管理；进出口代理；拍卖；替他人推销；替他人采购（替其他企业购买商品或服务）；市场营销；电话市场营销；为商品和服务的买卖双方提供在线市场。注册有效期自2017年7月7日起至2027年7月6日止，商标申请日期为2016年5月16日。依据原告提供的网页公证书显示，被告在其经营网站“www. ×pu× ×. com”的网页页面左上角处，使用了带有“×铺××”字样、“黄色圆圈内蓝白手相握”图形、“www. ×pu× ×. com”字体网址及“Z”字形图案文字组合而成的标识。

原告提出诉讼请求：1. 判令被告立即停止使用“×铺××”标识，并销毁带有“×铺××”字样的产品宣传资料、网店页面展示等易造成客户混淆的产品及网站标识；2. 判令被告向原告赔偿商标侵权所遭受的损失共计30000元；3. 判令被告承担原告维权所支出的诉讼费用及其他费用。

被告辩称：1. 被告的网界页面标识与原告的商标差异巨大，不具有近似性。首先，被告网界页面标识“×铺××”由图形+文字+字母+网址构成，并非原告所述仅是“×铺××”四个字，而原告的商标为图形商标“×店××”，主要是文字+字母+网址构成，也并非“×店××”四个字。其次，二者直观感受颜色不同，图形构成也不同，原告核心的域名和图形E字母被告没有使用，被告的网页标识存在很多不同的元素，仅文字部分存在部分近似。最后，被告的网页标识突出显示握手图形，和“你身边的网店转让专家”，明显与原告的商标不构成近似性。2. 即便认为原告商标和被告标识中文部分具有近似性，由于被告商品的特殊性，也不容易导致混淆。被告与原告都从事网络在线服务市场，网站是一种具有特殊性的商品或服务，网站使用对象首先看到的是整体网站界面，而不是关注网站的标识。涉案的两个网站具有明显的区别，两个网站从排版、色彩，显示比例来看都不一样，而且被告的网站上特别加上了企业名片，显示企业名称为科技公司，网络标识在整个网页中仅占很小的位置，不会导致相关公众对原告和被告的网站造成混淆。3. 被告标识中“×铺”两个字表明的是其网站服务的内容、用途是店铺交易、店铺买卖，“××”表明的是网站的服务质量，根据《中华人民共和国商标法》第五十九条的规定，属于正当使用，原告无权禁止。4. 被告使用“×铺××”相关图形作为网站页面标识早于原告申请注册商标的时间，且进行了著作权登记，拥有在先使用权，不具有侵犯原告注册商标专用权的主观故意，属于正当使用，不构成侵权。被告于2016年4月26日注册“www. ×pu× ×. com”网站，开始以“×铺××”相关图形为网界页面，且对“×铺××”进行了版权登记。而原告注册的与本案有关的商标申请注册时间为2016年5月16日，注册成功时间为：2017年7月7日，晚于被告使用“×铺××”的时间。

【案件焦点】

商标在先使用权如何认定。

【裁判要旨】

江西省九江市中级人民法院经审理认为：被告公司在其经营的网站页面中使用被控侵权带有“×铺××”字样标识的行为是否侵犯了原告的商标权。商标是商品的生产者、经营者在其生产、制造、加工、拣选或者经销的商品上或者服务的提供者在其提供的服务上采用的，用于区别商品或服务来源的，由文字、图形、字母、数字、三维标志、声音、颜色组合，或上述要素的组合，具有显著特征的标志，是用来区别一个经营者的品牌或服务和其他经营者的商品或服务的标记。本案中，原告系第199755××号“×店××”商标的注册商标专有权人。根据《中华人民共和国商标法》（2013年）第五十七条的规定，未经商标注册人的许可，在同一种商品上使用与其注册商标相同或近似的商标，或者在类似商品上使用与其注册商标相同或者近似的商标，容易导致混淆的，属侵犯注册商标专用权的行为。原告依法有权在核准使用的商品上独占使用该注册商标，并有权禁止他人在相同或类似的商品及服务上使用相同或类似的标识。

具体到本案，首先，被告公司使用被控侵权标识与原告注册商标核定使用的商品或服务项目是否相同或者类似。《最高人民法院关于审理商标民事纠纷案件适用法律若干问题的解释》（2002年）第十一条第一款规定，商标法规定的类似商品，是指在功能、用途、生产部门、销售渠道、消费对象等方面相同，或者相关公众一般认为其存在特定联系、容易造成混淆的商品。该司法解释第十二条进一步明确，人民法院依据商标法的规定，认定商品或者服务是否类似，应当以相关公众对商品或者服务的一般认识综合判断；《商标注册用商品和服务国际分类表》《类似商品和服务区分表》可以作为判断类似商品或者服务的参考。本案中，被控侵权标识用于被告经营的从事网店中介服务的网站，在《商标注册用商品和服务国际分类表》中属于第35类商品中的3503群组（为商品和服务的买卖双方提供在线市场），落入原告案涉第 199755 × ×号注册商标核定使用服务项目范围，可以认定被告使用被控侵权标识用于与原告公司类似商品及服务项目当中。

其次，被告公司在其经营的网站上使用带有“×铺××”字样的标识与原告公司 199755 × ×号注册商标是否近似。依据《最高人民法院关于审理商标民事纠纷案件适用法律若干问题的解释》（2002 年）第九条和第十条的规定，认定被控侵权标识与主张权利的注册商标是否近似，应当视所涉及商标或其构成要素的显著程度、市场知名度等具体情况，在考虑和对比文字的字形、读音和含义，图形的构图和颜色，或者各构成要素的组合结构等基础上，对其整体或者主要部分是否具有市场混淆的可能性进行综合判断。认定商标相同或者近似应按照以下原则进行：（一）以相关公众的一般注意力为标准；（二）既要进行对商标的整体比对，又要进行对商标主要部分的比对，比对应当在比对对象隔离的状态下分别进行；（三）判断商标是否近似，应当考虑请求保护注册商标的显著性和知名度。本案中，虽然被告在其经营的网站页面中使用的带有“×铺××”等相应文字、图形、字母组合而成的标识，经过了一定的艺术化处理，但该被控侵权标识“×铺××”四个字以大号醒目字体标注，构成了被控侵权标识的主要部分，相关公众可以很容易地识别出“×铺××”文字。该被控侵权标识与原告公司 199755 × ×号注册商标的“×店××”字体和艺术构成虽各有不同，但均将“×铺××”和“×店××”中文文字作为商标标识的主要部分突出使用，通过对比两组文字，除“铺”与“店”字存在不同外，其他文字完全一致，而“铺”与“店”均含有出售商品的铺面和商店的意思，“×铺××”和“×店××”所表达的整体文意近乎相同，按照相关公众的一般注意力及理解能力标准，容易对该被控侵权标识的来源产生误认或者认为其与原告公司注册的 199755 × ×号商标存在特定关系。

另外，参照国家工商行政管理总局商标局商标评审委员会制定的《商标审查及审理标准》中“商标审查标准”第三部分“商标相同、近似的审查”，第四项“商标近似的审查”第一小项“文字商标审查”第三点：“中文商标由三个或者三个以上汉字构成，仅个别汉字不同，整体无含义或者含义无明显区别，易使相关公众对商品或者服务的来源产生混淆的，判定为近似商标”和第三小项“组合商标的审查”第一点：“商标汉字部分相同或近似，易使相关公众对商品或者服务的来源产生混淆的，判定为近似商标”。被控侵权标识与原告公司注册的 199755 × ×号商标均为组合商标或标识，主体汉字部分仅一字之差，且整体文字含义并无明显的差别，易使相关公众对商品或者服务的来源产生混淆，应属于近似情形。综上所述，被告公司未经许可，在与原告公司第199755××号注册商标核准使用商品和服务类别相同的商品和服务上使用与该注册商标近似的标志，并且足以导致消费者混淆误认，已经构成对原告公司注册商标专用权的侵害。

对于被告公司抗辩其使用案涉“×铺××”标识作为经营网站页面展示的时间早于原告申请注册商标的时间，并且其获得了“×铺××”相应美术作品的著作权，其应享有在先权利。《中华人民共和国商标法》（2013年）第五十九条第三款规定，商标注册人申请商标注册前，他人已经在同一种商品或者类似商品上先于商标注册人使用与注册商标相同或者近似并有一定影响的商标的，注册商标专用权人无权禁止该使用人在原使用范围内继续使用该商标，但可以要求其附加适当区别标识。该条款规定对受保护的在先使用的未注册商标规定了一定的限制条件：首先，在先使用的未注册标识必须在他人申请商标前已经具有一定市场影响的商标；其次，在先使用的未注册商标只能在原使用范围内继续使用；最后，注册商标专用权人可以要求在先使用的未注册商标附加适当区别标识，以免发生混淆，造成消费者误认。

具体到本案，原告公司第199755××号注册商标申请日期为2016年5月16日，而被告公司“×铺××”标识美术作品创作完成时间为2016年5月20日，首次发表时间为2016年5月23日，著作权作品登记时间为2016年10月21日，被告取得“×铺××”标识著作权即与本案商标侵权纠纷无关，且其著作权权利开始日期也在原告公司申请案涉注册商标日之后，不符合保护在先使用权的相关规定。被告公司主张其已先于2016年4月26日注册“www.×pu××.com”网站时开始使用被控侵权标识，但依据被告公司提交的“×铺××”标识的《作品登记证书》显示，该标识创作完成时间为2016年5月20日，晚于原告公司申请案涉注册商标之日，即便依据被告公司的主张，其最先使用被控侵权的“×铺××”标识，系在其注册“www.×pu××.com”网站之日2016年4月26日，也仅比原告申请注册案涉商标之日2016年5月16日早20天，而依据常理及生活经验，商家的信誉及影响力需要通过一定的客户体验及时间积累方能建立，在短短20天的时间内很难想象被告能将被控侵权标识的推广达到一定影响，即在某一区域内为相关领域的消费者所熟知的程度。另外，国家倡导创新发展，鼓励扶持自有品牌的创立，涉案注册商标权利人经过诚实经营获得较大市场知名度，故对涉案注册商标权应给予充分保护，而被告公司并未提交充足的证据证明被控侵权标识在原告申请案涉商标之日前已经具有一定市场影响，具有较大的市场知名度。被告提交的证据也仅显示其在原告申请案涉商标之后对其标记有被诉侵权标识的平台进行了市场推广，无法达到佐证其被控侵权标识在原告申请涉案商标之日前已经具有一定市场影响的证明效果，故本院对被告主张的其享有在先使用权的抗辩，不予认可。综合上述分析，本院认为被告在其经营的网站页面中使用被控侵权的标识，足以造成相关公众的混淆，即构成商标法意义上的侵权，依法应承担相应的民事责任。

江西省九江市中级人民法院依照《中华人民共和国商标法》（2013 年）第五十六条、第五十七条、第五十九条第三款、第六十三条，《中华人民共和国民事诉讼法》（2017 年）第六十四条，《最高人民法院关于审理商标民事纠纷案件适用法律若干问题的解释》（2002 年）第九条、第十条、第十一条、第十二条之规定，判决如下：

一、被告科技公司立即停止使用侵害原告网络公司享有的第 199755 × × 号“×店××”注册商标专用权的行为；消除带有“×铺××”字样的产品宣传资料、网店页面展示等易造成客户混淆的产品及网站标识。

二、被告科技公司于本判决发生法律效力之日起十五日内赔偿原告网络公司侵权经济损失及为维权支出的合理费用共计 15000 元。

三、驳回原告网络公司的其他诉讼请求。

【适用解析】

根据《中华人民共和国商标法》（2019 年）的相关规定可知，我国采取商标注册制度，由申请在先者取得注册商标专用权，有权排斥他人在相同或类似商品上使用与注册商标相同或近似的商标，以防止相关公众的混淆误认。而对于商标注册我国则是实行自愿注册原则，理论上又承认了未注册商标的合法性，因此在现实经济生活中就产生了注册商标和未注册商标两种不同的商标形式。在两种形式的商标产生冲突时，如若执行绝对的注册商标保护制度，则未注册商标使用人则可能随时面临“抢注”行为带来的商标侵权风险，这对于在先使用且有一定影响的未注册商标的使用人明显不公平。故，《中华人民共和国商标法》（2019 年）第五十九条第三款明确规定了商标在先使用权制度。目的在于维护诚实信用原则、保障公平合理的理念，保护因已经实际在先使用而产生识别作用的商标，平衡在后商标注册人和在先商标使用人之间的利益冲突，保护公平竞争的市场秩序。故，商标在先使用权的行使并非无所限制。根据《中华人民共和国商标法》（2019 年）第五十九条第三款的规定：“ 商标注册人申请商标注册前，他人已经在同一种商品或者类似商品上先于商标注册人使用与注册商标相同或者近似并有一定影响的商标的，注册商标专用权人无权禁止该使用人在原使用范围内继续使用该商标，但可以要求其附加适当区别标识。”商标在先使用权的行使应当符合以下条件：

一、在商标注册人申请商标注册之前，未注册商标使用人已经在先使用

此处强调“在先”与“使用”两点。关于“在先”时间点的问题，司法实践中存在争议。一种观点认为，应当适用“两个先于”标准，即主张商标在先使用的当事人一方，其使用行为不仅要早于商标的注册时间，还应早于商标注册人的实际使用时间。因为，如果商标注册人在申请日之前已实际使用该商标，主张商标在先使用的当事人一方即使仅在原有范围内使用，亦无法避免市场混淆的后果，从而丧失了主张不侵权抗辩和继续使用的正当性基础。另一种观点认为，对于善意先使用者而言，在先使用时间仅要求先于商标注册时间。适用“两个先于”标准，过于严苛。比如，商标注册人实际使用商标时间早于主张商标在先使用的当事人，但由于地域阻隔、商标注册前知名度较小等原因，主张商标在先使用的当事人对于商标注册人的实际使用行为无从知晓，从而使用了相同或近似商标，并获得一定影响力。在此种情况下，允许注册商标权人对其行使停止侵害请求权和损害赔偿请求权，显然不符合商标在先使用抗辩制度设立的宗旨。

笔者支持第二种观点，首先，《中华人民共和国商标法》（2019 年）第五十九条第三款仅明确了“商标注册人申请商标注册前”这一时间点，并未要求必须先于商标注册人实际使用。商标在先使用权制度设立主要调整的是在先使用未注册商标与注册商标善意共存的问题，并无意调整或涵盖商标注册人申请注册商标前也实际使用商标的情况。其次，如果商标注册人在申请商标注册前也实际使用了相关商标，实际上涉及两个未注册商标之间的冲突问题。因我国商标法律规定对未注册商标保护设立了门槛，除“恶意抢注”外，未注册商标需具有一定影响力才能得到保护，而有一定影响力的未注册商标的排他力也不是绝对的，在此情形下，不应简单地以使用时间的先后判断是否可以使用在先使用权。即使没有《中华人民共和国商标法》（2019 年）第五十九条第三款规定的规定，已有的法律规定也可以解决上述问题。故，在司法实践中对于商标在先使用的时间点要求不必如此严格，早于商标注册时间即可。

关于“使用”的认定，笔者认为这种使用应当是实质性使用而不是象征性使用，应当是持续性使用而不是间歇性使用；这是对使用人的使用时间的要求，如果不具备这一条件，就没有“在先使用”，也无法产生在先使用权，并以此作为侵害商标权的抗辩事由。需要注意的是，使用不仅限于现有使用人的使用，如果曾经发生过业务承继关系的，现有使用人作为承继人的使用当然可能性作为本条件中的使用。被承继人先前的使用应当视为现有使用人的使用。换言之，在先使用商标的使用时间以该商标首次商业使用的时间为准。另外，在先使用人必须在其商品上连续使用该商标所谓连续使用，就是指在先使用人在其商品上连续不中断地使用该商标。如果在先使用人在他人注册商标的申请日之前曾有使用事实，但无正当理由而中断使用的，不得继续使用该商标。理由在于：第一，商标在先使用权作为注册原则的例外，是为了保护在先使用人的利益，如果在先使用人的使用已经中断，其就该商标不再享有任何利益，自再无保护的必要。第二，如果只是曾有使用事实，在先使用人在他人商标注册后仍可以重新使用，将会从根本上动摇商标注册制度，不利于保护商标注册人的利益。第三，在使用中断后允许重新使用，不利于维护正常的公平竞争关系和维护消费者的利益。所谓正当理由，是指非因使用人主观上的原因而中断使用。若有正当理由中断使用的，不视为缺乏连续使用这一条件。如在先使用商标所使用的商品为季节性造成商标中止使用。

二、在先使用的商标与注册商标相同或者近似，且使用商品或服务相同或者类似

在通常情形下，如果在先使用的商标与注册商标在商标图样上不构成相同或者近似，或者使用商品不属于相同或者类似商品，则使用人当然有权继续使用甚至申请注册该商标。在先使用的商标与注册商标构成使用在相同或类似商品上的近似商标，才是商标在先使用权制度适用的前提。

三、在先使用的商标必须具有一定影响

有一定影响的商标是指已经使用了一定时间，因一定的销售量、广告宣传等而在一定范围的相关公众中具有知名度，被视为区分商品来源的商业标识。“有一定影响”是一个较为抽象的概念，是对在先使用商标知名度的要求。在司法实践中，可以参考驰名商标的认定因素，如商标的持续使用时间、相关公众对商标的知晓情况、商标宣传的时间、程度、地域范围等因素。在认定“有一定影响”时需注意的是，一是审查标准不宜过高。首先，商标的价值源于使用，商标在先使用权设立的出发点在于利益平衡，弥补商标注册制度的缺陷。其次，商标的功能在于识别，在先商标的使用人若能够在一定范围内将其商标与商品或者服务建立联系，获得消费者认同，那么在该范围内先使用商标与后注册商标也不易发生混淆。再次，商标在先使用权的设立是限制商标专用权的行使，而不能阻却商标注册或者宣告商标注册无效，其效力位阶并不高，在认定时对“一定影响”的要求也不应过高。最后，商标在先使用权是一种商标侵权抗辩事由，而非专有排他权利，其权利范围被限定在原有范围内，在多数情况下，并不会对后注册商标的商业发展产生较大影响，作用仅是在于让先商标使用人免于侵权责任。综合以上几点，在认定“一定影响”要件时判断标准不宜过高。二是“一定影响”的考察对象应当是一定区域范围内的一般公众。首先，不应当以一个人的认知水平为判断标准；其次，对具有一定影响的认知应以一般公众的认知水平为标准，这是因为知识产权专业人员的感知应当比相关公众要高一层次，其对知识产权的认识肯定比普通公众要深刻，这也就意味着知识产权专业人员就知识产权保护很有可能给出过于苛刻的条件，而商标的应用更多的是通过具体的商品服务于相关公众。

四、在先使用必须出于善意

《中华人民共和国商标法》（2019 年）的条文中，并没有明确规定商标在先使用的行使必须以善意为前提。商标在先使用权的设立原本就是基于诚实守信原则与保障公平的法制理念，以平衡商标先使用人与后注册商标权人之间的利益，而“善意”应当是商标在先使用权制度中的应有之义。

民法上的善意，通常是指非因自己的过失而不知情。商标使用中的善意应当是商标使用行为没有任何欺骗的意图，也没有任何借用他人已取得的良好信誉的意图。因此，在先使用人的善意，首先是指该使用人将某标记作为商标使用时非因自

己的过失而不知道他人已经在相同或者类似商品上实际使用与该标记相同或者近似的商标。其次，由于注册商标专用权以其核定使用的商品或者服务为限，当该注册商标构成驰名商标时，在先使用人将与该商标相同或者近似的商标使用在非类似商品或者服务上，并产生误导公众的后果，则该在先使用人的使用难谓“出于善意”。当注册商标的图样构成著作权法意义上的作品时，在先使用人将该图样作为商标使用于非类似商品或者服务上，除非在先使用人能够证明其对所使用的图样享有正当权利，否则也不能证明其使用出于善意。

五、在原使用范围内继续使用

“原使用范围”应当从三个方面理解：第一是原地域范围。后商标注册人注册商标取得商标专用权后，先商标使用人继续使用商标的地域范围应当限制在原地域范围内，不得随意扩大使用的地域。至于原地域范围如何确定，应当结合“一定影响”标准来判断。由于现今电子商务快速发展，对于通过电商平台进行网络销售的形式如何确定地域范围则需更多司法实践经验来总结。第二是原商标形式范围。先商标使用人得以继续使用的商标仅限于其在先使用的商标，不得擅自改变商标，使其更易与后注册商标混淆。而如果在先商标使用人改变其在先使用的未注册商标是为了更好地与在后注册商标相区别，对于这样的情况应当允许。第三是原商品或服务范围。先商标使用人应当在原商品或服务范围内使用商标，不得擅自将商标使用至其他近似商品或服务范围内。

六、满足商标专有权人的附加适当标识请求权

因在先使用的商标与注册商标相同或者近似，且使用商品或服务相同或者类似，可能使公众对商品或服务来源产生误认或混淆，损害商标权人的商标专有权，为了平衡双方利益，《中华人民共和国商标法》（2019 年）第五十九条第三款赋予了商标专有权人要求先使用人附加适当标识的请求权，在商标专有权人提出该请求权后，先商标使用人应当为在先商标附加适当标识，以方便公众识别、辨认，否则先商标使用人不得行使商标在先使用权，不得继续使用其商标。值得讨论的问题是，若商标专有权人未提出附加适当标识的请求，先商标使用人是否应当主动承担防止混淆的义务？笔者认为是肯定的，商标在先使用权的行使应当以不侵害在后注册商标权利及消费者权利为前提，但在商标法中未明确规定在先使用人的主动防混淆义务，期待在后续司法解释中有所体现。

商标在先使用权是商标侵权的抗辩事由之一，对于以上各项条件的达成应当由提出此抗辩事由的一方予以举证。

编写人：江西省九江市中级人民法院　罗乐　刘子熙

【《商标法》第 59 条　商标的在先使用】

34

商标先用权抗辩的行使主体和原有范围的判断

——钟某诉包子店侵害商标权案

【基本信息】

1. 裁判书字号

浙江省宁波市中级人民法院（2020）浙 02 民终 4652 号民事判决书

2. 案由：侵害商标权纠纷

3. 当事人

原告（上诉人）：钟某

被告（被上诉人）：包子店

【基本案情】

原告系第 232902××号、第 249505××号“包子××”注册商标专用权人，第 232902××号商标申请时间为 2017 年 3 月 24 日，有效期自 2018 年 3 月 14 日起至 2028 年 3 月 13 日止，核定使用商品为第 30 类，蛋糕、面包、包子、年糕、馒头、花卷、谷类制品、面粉、食用淀粉、调味品；第 249505××号商标申请时间为 2017 年 6 月 22 日，有效期自 2018 年 6 月 21 日起至 2028 年 6 月 20 日止，核定使用服务第 35 类，广告、特许经营的商业管理、通过网站提供商业信息、替他人推销等。原告从事馒头、包子、油条等生产培训为一体综合性中央厨房，在广东省东莞市某镇开设了店铺。第 232902××号注册商标的初审公告日为 2017 年 12 月 13 日，第 249505××号注册商标的初审公告日为 2018 年 03 月 20 日。

包子××公司成立于 2014 年 12 月 1 日，经营范围：餐饮管理、餐饮服务。该公司法定代表人张某结系第 14203××4 号、第 14203××5 号“BAOZI ××”注册商标专用权人，第 14203××4 号商标申请时间为 2014 年 3 月 19 日，有效期自 2015 年 8 月 28 日起至 2025 年 8 月 27 日止，核定使用商品第 30 类咖啡、谷粉制食品、糕点、面条等；第 14203××5 号商标申请时间为 2014 年 3 月 19 日，有效期自 2015 年 9 月 28 日起至 2025 年 9 月 27 日止，核定使用服务为第 43 类，餐馆、快餐店、咖啡馆、茶馆等。包子××公司系第 250295××号商标专用权人，申请时间为 2017 年 6 月 27 日，有效期自 2018 年 6 月 28 日起至 2028 年 6 月 27 日止，核定使用服务第 43 类，流动饮食供应、茶馆、餐厅、快餐馆等。张某结委托案外人于 2014 年 6 月完成“包子××”标识设计，该图案由上方竖起双手大拇指的圆脸厨师形象与下方“包子××”“BAOZI ××”文字组成。2014 年 7 月，张某结开设包子店，销售包子、花卷、馒头、粥等早餐，并将上述标识用在店铺门头上。2015 年 9 月起，包子××公司在宁波地区发展加盟商，并陆续获得 2016 年浙江省餐饮业十大品牌、2018 年浙江市场消费者满意品牌单位、2018 年及 2019 年宁波餐饮行业成长之星、全国消费者放心品牌、全国行业十佳诚信品牌等荣誉，在宁波地区具有较高知名度。2017 年 5 月，包子××公司委托设计公司设计了包子××的图案标识，并于 2017 年 6 月起逐步使用在加盟合同书页眉、加盟店门头、塑料袋等处。

2019 年 7 月 24 日，被告经营者檀某生与包子××公司签订《特许经营授权合同》，檀某生加盟“包子××专卖店”特许经营体系，包子××公司授权檀某生使用第 14203××5 号注册商标，并收取基本管理费每月 300 元等。同日，包子××公司出具《商标使用授权书》，授权檀某生使用第 250295××号商标。2019 年 7 月 31 日，檀某生注册个体工商户（本案被告）经营上述包子××加盟店。2019 年 12 月 11 日，原告向公证处申请证据保全公证，同日，公证人员随同原告的委托代理人王某来到被告开设的“包子××”店铺，王某以普通消费者的名义购买了包子等商品，公证人员全程进行了现场监督并进行了拍照，公证人员与王某将购买的商品带回公证处密封。公证处就上述过程出具了公证书。公证书所附照片显示：被告店铺的门头、售卖的南瓜粥外包装、工作人员帽子和围裙上均印有包子××的图案标识。此次公证消费10元。

在2017年3月之前包子××公司在宁波地区发展加盟商3家，在2017年3月至6月之间，包子××公司在宁波地区发展加盟商5家，均有书面加盟合同，被告陈述在2017年12月13日前有宁波地区签约加盟商133家。包子××公司法定代表人2014年7月2日的微信朋友圈照片显示当天包子××公司新加盟商的门头编号是NO.00×。另，自2017年至今，包子××公司门店在宁波发展到400余家。

【案件焦点】

被告使用包子××图案标识的行为是否侵害了原告第232902××号、第249505××号的商标权。

【裁判要旨】

浙江省宁波市鄞州区人民法院经审理认为：被告的行为不构成商标侵权，理由如下：首先，被告是包子××公司的特许经营加盟商，将包子××图案标识使用在店铺门头、工作人员帽子及围裙、部分商品外包装，其使用行为系一个整体，即提供餐饮服务，不宜将其拆分为多个单独使用行为，部分商品外包装上使用第251295××号标识也应视为其服务商标使用的合理延伸，故被告的行为属于核定使用服务第43类流动饮食供应，而非粥类商品或门头广告的使用行为，被告经第250295××号商标注册人包子××公司授权在饮食供应类别使用上述商标，使用方式未超出核定使用服务项目，其使用行为合法。其次，第251295××号商标对文字“包”“×”进行了艺术加工，设计时间为2017年5月，当时原告正在申请注册“包子××”文字商标，原告的商标在宁波地区未进行使用，包子××公司不具有模仿、攀附原告商标知名度的侵权恶意，包子××的图案商标与原告文字商标“包子××”在字形上具有明显差别，包子××公司经营的“包子××”品牌经过多年使用在宁波地区已具有一定规模及影响力，而原告据其陈述仅在广东省东莞市某镇开设2家店铺，在宁波或浙江地区均未经营，故第251295××号商标的使用并不会对原告的“包子××”文字商标产生混淆的法律后果。即使被告使用的第251295××号商标与原告“包子××”商标构成近似，包子××公司法定代表人张某结自2014年7月起在店铺门头上使用含有“包子××”文字的图标，经演变至现今的第251295××号标识，其呼叫名称均为“包子××”，包子××公司对“包子××”文字标识亦具有在先使用权，其授权被告使用的行为亦属于在先权利的合理使用，不构成对原告商标权的侵犯。最后，在后注册的商标在共同的核定商品或服务或类似的商品或服务上使用与在先已注册商标相近似的商标标识应善意规范使用，注意避免引起混淆；同时，在后注册的商标也应容忍在先使用有一定影响的未注册商标使用人在原使用范围内继续使用该商标。由此，浙江省宁波市鄞州区人民法院判决驳回原告钟某的诉讼请求。

原告钟某不服一审判决，提起上诉。浙江省宁波市中级人民法院经审理后作出如下判决：

驳回上诉，维持原判。

【适用解析】

本案涉及《中华人民共和国商标法》（2019 年）第五十九条第三款的规定："商标注册人申请商标注册前，他人已经在同一种商品或者类似商品上先于商标注册人使用与注册商标相同或者近似并有一定影响的商标的，注册商标专用权人无权禁止该使用人在原使用范围内继续使用该商标，但可以要求其附加适当区别标识。"该法条所对应的商标先用权抗辩是指商标在先使用人因为其对某特定商标善意的在先使用行为，而具有对抗商标注册人对其提出商标侵权指控的消极权利。关于包子××公司作为商标的在先使用人当然可依法享有，而作为其特许经营加盟商是否拥有，商标先用权抗辩的原有范围如何判定。

一、在先使用未注册商标的功能与价值

在先使用的有一定影响的未注册商标，一方面是在先使用人以诚实信用的商业劳动，积极使用在先未注册商标，从而使得该标识具备识别功能、质量保障功能、广告宣传功能和商誉承载功能，并由此产生该未注册商标的一定商誉，所以对未注册商标先用权的保护实质上是民法诚实信用原则的体现。另一方面，商标的价值源于使用，通过未注册商标的使用提高了消费者对商标认知的广度及深度，从而获得附着在此商标上有一定影响的商誉，所以从消费者认知角度，它也体现了相当数量消费者对未注册商标认知的时间成本、机会成本等以及对应的识别认知收益，如果对此部分在先已产生的相当数量的消费者认知，因在后商标的注册而予以否定，实际上不利于消费者利益，是一种相关消费者已付成本和已得收益的浪费；另外，商标的功能在于识别，当消费者将有一定影响的在先商标与商标使用人提供的商品或者服务固定地联系在一起，则在一定范围内在先商标与在后商标共存的事实也不会造成相关消费者的混淆。商标法对未注册商标先用权的保护目的是平衡商标注册人与商标在先使用人之间的利益，以弥补通过商标注册行为即能获得垄断性商标专用权的商标注册制度存在的缺陷。

二、被告是商标先用权抗辩的行使主体

商标先用权抗辩的构成要件包括：（一）具有在先使用商标的事实；（二）在先使用的商标与注册商标相同或近似，与注册商标核定使用的商品或服务类别相同或近似；（三）在先使用的商标应具有一定的影响。依据本案案情，包子××公司成立于2014年12月1日，经营范围：餐饮管理、餐饮服务。该公司法定代表人张某结系第14203××4号、第14203××5号“BAOZI ××”注册商标专用权人，两商标申请时间均为2014年3月19日，前者核定使用商品第30类咖啡、谷粉制食品、糕点、面条等，后者核定使用服务第43类，餐馆、快餐店、咖啡馆、茶馆等。张某结于2014年6月完成“包子××”标识设计，该图案由厨师形象与下方“包子××”“BAOZI ××”文字组成。2014年7月，张某结开设包子店，并将上述包含“包子××”文字的标识用在店铺门头等处。2015年9月起，包子××公司在宁波地区发展加盟商，并获评2016年浙江省餐饮业十大品牌等，在区域内有相当知名度。以上事实均发生在原告申请注册涉案第232902××号、第249505××号“包子××”商标之前。因此该事实对应符合上述先用权抗辩的三要件，商标注册人申请商标注册日和使用日之前，在先使用人包子××公司对该未注册商标的使用，就已经具有一定影响。且包子××公司的字号“包子××”“BAOZI ××”注册商标及最初的标识设计中“包子××”中文字样均可证明其在包子店铺的经营与服务中在先使用“包子××”未注册商标标识。

包子××公司作为在先使用人当然可依法享有，而作为其特许经营加盟商的被告也应享有，理由是：首先，商标法、反不正当竞争法均体现了对未注册商标的保护，未注册商标属于实体意义上的民事法益。先用权抗辩的结果是可在原有范围内继续使用，其核心在于在原使用未注册商标的范围限定，本质上是继续发挥在先未注册商标标识原来识别商品或服务来源的功能，延续标识原有的商誉。只要未实质改变该识别功能，在市场经济下应允许使用人主体的适当变化，这有利于未注册商标作为市场经营资源的正当流转，优化市场资源配置，有利于社会总体福祉。其次，本案的在先使用人包子××公司在其最初使用阶段，2015 年 9 月起就在宁波地区发展多家加盟商，并许可使用该标识。依据《商业特许经营管理条例》第三条的规定，未注册商标可作为企业标志，属于特许人的经营资源，特许人可合法将其拥有的包括未注册商标的经营资源许可被特许人使用。故，包子××公司一方面在先使用方式上存在特许经营许可商业模式，另一方面被特许的加盟方使用未注册商标亦是其在先使用的合理使用范围，加盟方的使用亦未实质改变该识别功能，对外均是统一标识的包子××公司加盟店。故，本案被告作为此类被特许的加盟方，虽然是在原告涉案商标注册之后加盟的，也因属于涉案在先使用的未注册商标合理范围的使用者而享有该先用权抗辩。

三、本案原使用范围的判断

商标法规定在先的使用人在原使用范围内可继续使用该商标。原有范围的判断涉及时间界限、地域范围及商标使用方式三个维度。首先，原有范围的“原有”应当结合在先使用人的善意来认定，虽然先用权抗辩的存在以早于商标注册人申请商标注册前为必要条件，但在该申请日至在后注册商标的初步审查公告日之间的时期内，本案的在先使用人并不知道存在在后商标的申请，对该未注册商标的善意使用事实上处于持续状态，商标影响力也在动态变化，故当后注册商标在商标初步审查公告日公之于众时，可推定在先使用人将在该日期知晓在后商标的注册申请，此时应是其“原有范围”的合理时间界限。本案中，原告涉案第 232902××号注册商标的初审公告日为 2017 年 12 月 13 日，第 249505××号注册商标的初审公告日为 2018 年 03 月 20 日。而在此初审公告日之前，2017 年 6 月，包子××公司已将第 251295××号标识逐步使用在加盟合同书页眉、加盟店门头、包装袋等处。故，在“原有范围”的合理时间界限内，包装袋处第 251295××号标识的使用承续了在先使用人未注册的“包子××”标识，属于先用权的“原有范围”。其次，判断“原有范围”的地域范围及商标使用方式，应以在先使用人使用其未注册商标的具体商业方式及未注册商标商誉所及的范围为主要判断依据，使用范围并非简单等同于使用规模、使用地点，应作个案判断，在本案中主要考量因素为未注册商标使用的地域范围和商业使用方式。本案在处理时特别注意到包子××公司在先使用方式除了自营店之外，还存在较多地区加盟商的加盟经营模式（在原告涉案第 232902××

号注册商标的初审公告日2017年12月13日前在宁波地区已签约加盟商133家，对比之下，原告在此时间后在广东省东莞市石龙镇开设了2家店铺)，上述加盟经营模式，有效扩大了该未注册商标在区域内的影响力，在原告商标注册申请日之前，在先使用人就已获评2016年浙江省餐饮业十大品牌，就可证明其在该区域内有相当知名度，故其未注册商标影响所及合理地域范围及该加盟经营使用方式，均应属于“原使用范围”。故，被告作为在先使用人包子××公司的加盟受许可人，有权继续在其“原使用范围”继续使用该标识。

编写人：浙江省宁波市鄞州区人民法院　苏家成

【《商标法》第63条　侵犯商标专用权的赔偿数额】

35

适用法定赔偿确定商标侵权赔偿数额应考量之因素

——科技公司诉五金水电批发部、莫某圣侵害商标权案

【基本信息】

1. 裁判书字号

广西壮族自治区高级人民法院（2020）桂民终1404号民事判决书

2. 案由：侵害商标权纠纷

3. 当事人

原告（上诉人）：科技公司

被告（被上诉人）：五金水电批发部、莫某圣

【基本案情】

1999 年 8 月 21 日，实业公司经国家工商行政管理总局商标局[①]核准注册第 13053××号商标（经续展注册的有效期至 2029 年 8 月 20 日），核定使用商品类别为第 19 类。2000 年 3 月 14 日，实业公司经国家工商行政管理总局商标局核准注册第 13732××号商标（经续展注册的有效期至 2030 年 3 月 13 日），核定使用商品类别为第 19 类。2004 年 12 月 7 日，原告科技公司受让了实业公司的上述注册商标。2014 年 8 月 7 日，原告科技公司经国家工商行政管理局商标局核准注册第 106701××号商标（注册有效期限自 2014 年 8 月 7 日起至 2024 年 8 月 6 日止），核定使用商品/服务项目为第 17 类。原告科技公司具有良好的经济收益，其商标品牌及产品获得了多项重大荣誉，在国内具有较高的市场知名度和产品美誉度。另，广东省高级人民法院（2014）粤高法民三终字第 775 号民事判决书认定原告科技公司第 13053××号、第 13732××号商标确属在市场上享有较高声誉并为相关公众所熟知的商标，认定为驰名商标。

被告五金水电批发部成立于 2019 年 2 月 20 日，经营性质为个体工商户，经营者为莫某圣，主营范围为水管及配件、五金器材批发与零售。2019 年 7 月 17 日，某区市场监督管理局接原告投诉后，对该店依法进行检查。在该店查获 259 根涉嫌侵犯原告注册商标权的管材，该局依法采取扣押强制措施，查扣了上述产品。经原告鉴定，该 259 根管材并非原告生产或授权生产，属假冒原告科技公司注册商标的产品。该局认定被告存在销售侵犯原告注册商标专用权商品的行为，并作出《行政处罚决定书》。《行政处罚决定书》记载“本案违法经营额的计算依据：本案当事人（五金水电批发部）在经营过程中既没有建立进销货台账也没有在经营过程中建立收支账册；同时根据当事人提供的进货单据，计算得出当事人的违法经营额为 4620 元”。原告科技公司认为被告侵害其注册商标专用权，遂向法院提起诉讼，请求认定两被告销售假冒原告第 106701××号注册商标产品的行为侵犯原告注册商标专用权，两被告应立即停止上述侵权行为，并连带赔偿原告经济损失及因调查处理其侵权行为所支付的调查费、律师费等合理维权费用共计人民币 15 万元。

---

① 2018 年 3 月，《深化党和国家机构改革方案》将国家知识产权局的职责、国家工商行政管理总局的商标管理职责、国家质量监督检验检疫总局的原产地地理标志管理职责整合，重新组建国家知识产权局，由国家市场监督管理总局管理。

【案件焦点】

商标权人所举证的商标许可使用费是否都可参照以确定商标侵权赔偿数额，在何种情况下可适用法定赔偿确定商标侵权的赔偿数额，以及适用法定赔偿如何确定赔偿数额。

【裁判要旨】

广西壮族自治区贺州市中级人民法院经审理认为：关于本案被告是否构成侵犯商标权的问题。原告科技公司通过受让或依法申请注册方式在核定使用范围内享有第13053××号、第13732××号、第106701××号商标专用权，其合法权益应受法律保护。在没有原告授权的情况下，被告五金水电批发部销售的塑料管材与原告第106701××号商标核定使用的商品为同类商品，被告五金水电批发部销售的管材上的商标标识与原告第106701××号注册商标相同，足以让相关公众对商品的生产商和来源产生误认。被告未经合法授权，也未能提交证据证明其销售侵权产品的合法来源，依据《中华人民共和国商标法》（2019年）第五十七条第三项的规定，被告的销售行为侵犯了原告注册商标专用权，根据《最高人民法院关于审理商标民事纠纷案件适用法律若干问题的解释》（2002年）第二十一条的规定，依法应承担停止侵害、赔偿损失的民事责任。

关于赔偿损失的数额问题，根据《中华人民共和国商标法》（2019年）第六十三条第一款的“侵犯商标专用权的赔偿数额，按照权利人因被侵权所受到的实际损失确定；实际损失难以确定的，可以按照侵权人因侵权所获得的利益确定；权利人的损失或者侵权人获得的利益难以确定的，参照该商标许可使用费的倍数合理确定。对恶意侵犯商标专用权，情节严重的，可以在按照上述方法确定数额的一倍以上五倍以下确定赔偿数额。赔偿数额应当包括权利人为制止侵权行为所支付的合理开支”及第三款“权利人因被侵权所受到的实际损失、侵权人因侵权所获得的利益、注册商标许可使用费难以确定的，由人民法院根据侵权行为的情节判决给予五百万元以下的赔偿”的规定，由于本案现有在案证据材料未能清楚证明原告因被告侵权所受到的损失或被告因侵权所获利润，故一审法院综合考虑被侵权商标的知名度和影响力、被告侵权行为的性质、经营规模、经营时间、经营范围、侵权后果，原告为制止侵权行为所需合理费用等因素，酌定赔偿数额为13000元（包括经济损失及合理费用）。另，根据《中华人民共和国民法总则》第五十六条的规定，本案相应的赔偿责任应由被告五金水电批发部、莫某圣承担。综上所述，一审法院判决被告五金水电批发部立即停止销售侵犯原告科技公司第 106701 × ×号商标商品的行为；被告五金水电批发部、莫某圣赔偿原告科技公司 13000 元；同时驳回了原告科技公司的其他诉讼请求。

原告科技公司不服一审判决，提起上诉。

广西壮族自治区高级人民法院经审理认为：根据《中华人民共和国商标法》（2019 年）第六十三条第一款的规定，侵犯商标专用权的赔偿数额，按照权利人因被侵权所受到的实际损失确定；实际损失难以确定的，可以按照侵权人因侵权所获得的利益确定；权利人的损失或者侵权人获得的利益难以确定的，参照该商标许可使用费的倍数合理确定。对恶意侵犯商标专用权，情节严重的，可以在按照上述方法确定数额的一倍以上五倍以下确定赔偿数额。赔偿数额应当包括权利人为制止侵权行为所支付的合理开支。《最高人民法院关于审理商标民事纠纷案件适用法律若干问题的解释》（2002 年）第十三条规定，人民法院依据商标法第六十三条第一款的规定确定侵权人的赔偿责任时，可以根据权利人选择的计算方法计算赔偿数额。二审期间，上诉人明确选择以权利人因被侵权所受到的实际损失或直接参照涉案商标许可使用费作为确定赔偿数额的依据。上诉人主张赔偿经济损失及合理开支共计 15 万元包括被上诉人销售侵权产品挤占的上诉人的市场份额、上诉人品牌形象和市场声誉的损失以及上诉人为制止侵权行为所支付的合理开支。二审法院认为，上诉人提交的证据无法证明其被挤占的市场份额及所遭受的商誉损失，故无法确定上诉人因被侵权所遭受的实际损失。上诉人提交的涉案商标《商标使用许可合同》，是上诉人与电气公司签订的，而本案被上诉人是地处乡镇的一家个体工商户，二者在经济实力及所处地域的经济发展程度上均存在较大差异，如参照该许可使用合同约定的许可费确定本案赔偿数额，将会造成有失公平的判决结果。此外，上诉人认为被上诉人属于恶意侵权，应按赔偿数额的一倍至五倍对其进行惩罚，因上诉人对此未提交相关证据予以证实，故不予支持。根据《中华人民共和国商标法》（2019 年）第六十三条第三款的规定“权利人因被侵权所受到的实际损失、侵权人因侵权所获得的利益、注册商标许可使用费难以确定的，由人民法院根据侵权行为的情节判决给予五百万元以下的赔偿。”由于本案现有在案证据材料无法证明上诉人因被侵权所受到的实际损失，提交的商标许可使用合同亦不具有可参照性的情况下，一审法院酌定赔偿数额及合理开支共计 13000 元并无不当。综上，二审法院驳回科技公司的上诉请求，维持一审判决。

【适用解析】

侵害商标权纠纷案件中，对于商标权人损失数额的确定，往往因缺乏侵权受损、非法获利或者可参照使用许可费的证据而适用法定赔偿。2002 年施行的《最高人民法院关于审理商标民事纠纷案件适用法律若干问题的解释》第十六条第一款、第二款规定："侵权人因侵权所获得的利益或者被侵权人因被侵权所受到的损失均难以确定的，人民法院可以根据当事人的请求或者依职权适用商标法第五十六条第二款的规定确定赔偿数额。人民法院在确定赔偿数额时，应当考虑侵权行为的性质、期间、后果，商标的声誉，商标使用许可费的数额，商标使用许可的种类、时间、范围及制止侵权行为的合理开支等因素综合确定。"对法定赔偿的具体适用问题予以明确。2020 年 12 月 23 日《最高人民法院关于审理商标民事纠纷案件适用法律若干问题的解释》进行了修改，其第十六条关于法定赔偿的适用条件以及赔偿数额确定的考量因素均有变化。

一、历史沿革

《中华人民共和国商标法》（2001 年）第五十六条第一款、第二款规定法定赔偿适用的前提为"侵权人因侵权所得利益，或者被侵权人因被侵权所受损失难以确定"。2013 年修正时将适用法定赔偿的前提条件修改为"权利人因被侵权所受到的实际损失、侵权人因侵权所获得的利益、注册商标许可使用费难以确定的"，并将法定赔偿上限提升至三百万元，《中华人民共和国商标法》（2019 年）将法定赔偿上限再次提升至五百万元。但随着 2013 年商标法的修订，最高人民法院并未立即对 2002 年施行的《最高人民法院关于审理商标民事纠纷案件适用法律若干问题的解释》作出相应的修改，导致《最高人民法院关于审理商标民事纠纷案件适用法律若干问题的解释》与《中华人民共和国商标法》规定有些脱节，造成审判实践中有一定的适用困难，比如本案在认定"商标许可使用费难以确定"后，以法定赔偿进行赔偿数额认定时，则完全不适用该司法解释第十六条规定，而是直接援引其法条精神。又如，有些案件在适用时，避免对该司法解释第十六条第一款规定进行引用。《最高人民法院关于审理商标民事纠纷案件适用法律若干问题的解释》（2020

年）第十六条第一款、第二款规定经修改为“权利人因被侵权所受到的实际损失、侵权人因侵权所获得的利益、注册商标使用许可费均难以确定的，人民法院可以根据当事人的请求或者依职权适用商标法第六十三条第三款的规定确定赔偿数额。人民法院在适用商标法第六十三条第三款规定确定赔偿数额时，应当考虑侵权行为的性质、期间、后果，侵权人的主观过错程度，商标的声誉及制止侵权行为的合理开支等因素综合确定”。不仅与《中华人民共和国商标法》（2019 年）的相关规定相衔接，更完善了确定法定赔偿数额的相关因素。

二、适用法定赔偿之前提条件

根据《中华人民共和国商标法》（2019 年）第六十三条的规定，法定赔偿是在“权利人因被侵权所受到的实际损失”“侵权人因侵权所获得的利益”或者“注册商标使用许可费”难以确定的前提下才能适用的计算标准。《最高人民法院关于审理商标民事纠纷案件适用法律若干问题的解释》（2020 年）第十六条关于法定赔偿的适用前提在原有司法解释的基础上，增加了注册商标使用许可费难以认定的情形，与《中华人民共和国商标法》（2019 年）的规定相统一。

二审期间，本案原告明确选择以权利人因被侵权所受到的实际损失或直接参照涉案商标许可使用费作为确定赔偿数额的依据。由于商标权利人举证证实其实际损失或者侵权人非法获利情况的难度较大，而商标许可使用合同对于作为商标权利人的原告而言较为容易举证，故普遍会对此提交证据，在此种情况下，是否对原告的举证就一并予以采纳？“注册商标使用许可费难以确定”又应该如何理解？笔者认为，在此类案件中，一方面，由于商标许可使用合同是由商标权利人的原告作为合同主体进行签订的，对于商标使用许可费的真实性、客观性需要原告进一步举证，实践中通常要求商标权利人提供许可使用合同的备案证明以及许可使用合同实际履行的票据凭证等予以佐证，否则不予认定。另一方面，若商标权人所提交的商标许可使用合同的签订对象，与涉诉被告在经济实力以及所处地域的经济发展程度均存在较大差距，或者商品许可使用的商品与被控侵权商品价值存在较大差异时，其提交的商标许可使用合同就不具有可参照性，对商标许可使用合同所约定的商标许可使用费也不应采纳，该情形可认定为“注册商标使用许可费难以认定”的情形。本案原告提交的涉案商标《商标使用许可合同》，是原告与电气公司签订的，而本案被告是地处乡镇的一家个体工商户，二者在经济实力及所处地域的经济发展程度上均存在较大差异，如参照原告主张的许可使用费确定本案赔偿数额，将有失公平，故原告所举证据不具有可参照性，应认定为“注册商标使用许可费难以认定”的情形。

原告主张赔偿经济损失包括被告销售侵权产品挤占的原告的市场份额、原告品牌形象和市场声誉的损失。其所主张的品牌形象和市场声誉的损失并不属于实际损失范畴，故可以不予考虑。那原告所主张的被告销售侵权产品挤占其市场份额是否属于“权利人因被侵权所受到的实际损失”呢？根据原告所主张，其认为根据查处的侵权商品数量，被告至少挤占了其21664.80元的市场份额，计算方式为被查处的侵权产品数量乘以其注册商标商品的单价。《最高人民法院关于审理商标民事纠纷案件适用法律若干问题的解释》（2020年）第十五条规定，因被侵权所受到的损失，可以根据权利人因侵权所造成商品销售减少量或者侵权商品销售量与该注册商标商品的单位利润乘积计算。原告所主张之被查处侵权商品数量并非被告已销售侵权商品数量，以此也不能得出原告有因被告侵权行为所造成的商品销售减少量，因此本案原告的实际损失、被告的非法获利以及注册商标使用许可费情况均无法查明。

法定赔偿方式可以根据当事人的请求或者法院依职权适用，本案原告虽未提出适用法定赔偿，但在其未能对所主张之损失数额举证的情况下，法院应依职权采用法定赔偿方式对其应获赔偿数额进行认定，不能以其对损失举证不能而驳回诉请。

三、确定法定赔偿数额应考虑之因素

根据《最高人民法院关于审理商标民事纠纷案件适用法律若干问题的解释》（2020年）第十六条第二款的规定，适用法定赔偿确定赔偿数额时，应当综合考虑的因素包括侵权行为的性质、期间、后果，侵权人的主观过错程度，商标的声誉及制止侵权行为的合理开支等。相较于原司法解释，删除了“商标使用许可费的数额，商标使用许可的种类、时间、范围”因素，增加了对“侵权人的主观过错程度”的考量。如上文所述，在现行商标法中，侵犯商标专用权的赔偿数额，可以参照商标许可使用费的倍数合理确定。新修改的司法解释为与商标法相对应，将“注册商标使用许可费难以确定”作为法定赔偿适用的前提之一。因此，“商标使用许可费的数额，商标使用许可的种类、时间、范围”，就应该作为商标权人直接请求损失赔偿的参考依据，而非法定赔偿应考量的因素。避免了在注册商标使用许可费难以确定的情况下，是否还需参照其确定法定赔偿的实践困惑。此后，本案类似情形就可直接适用新修改的《最高人民法院关于审理商标民事纠纷案件适用法律若干问题的解释》（2020 年）第十六条第一款、第二款的规定进行确定。

考虑侵权行为的性质应看被告在侵权环节中所处的地位，从事的是制造、销售还是其他环节以及经营规模大小；从生活常识分析被控侵权商品的市场需求程度、获利大小；原、被告之间的市场竞争情况，被告的侵权行为对原告的营业额和利润影响大小；是否对公众生命健康安全存在重大威胁等。考虑商标的声誉因素，既要看商品的知名度，也要看侵权行为造成混淆的可能性大小，以及是否造成严重后果。侵权人的主观过错程度在于其是否尽到注意义务，是否存在侵权的故意，是否存在重复侵权行为等。本案被起诉的对象是作为销售终端的以个体工商户，经营规模不大，被控侵权商品价格和利润率都不高，未销售的侵权商品根据当事人提供的进货单据，计算得出当事人的违法经营额为 4620 元，被告五金水电批发部工商登记注册日期为 2019 年 2 月 20 日，提供的被控侵权商标进货时间为 2019 年 6 月 19 日、2019 年 6 月 25 日、2019 年 6 月 30 日，被行政部门查处的时间是 2019 年 7 月 17 日，有证据能证实的侵权行为持续时间并不长，造成的危害后果也不大。被告五金水电批发部购进侵权产品，虽有相关收据，但无正规发票，无法提供卖家的联系方式，也未建立进销货台账，被告五金水电批发部主观上存在明显过错。对于此类案件，为了从源头上遏制侵权现象，一方面，应鼓励商标权人尽可能地向处于侵权行为源头的侵权商品制造者主张权利，从源头制止侵害其商标权的行为；另一方面，法院在商标侵权案件中应区分侵权行为的性质，正确合理地确定侵权人应承担的法律责任，积极引导商标权人从侵权产品的制造环节制止侵权行为。同时，适用法定赔偿确定赔偿数额时，应当将权利人为制止侵权行为所支付的合理费用列入赔偿范围。“合理费用”可包括律师费、公证费和调查取证费、交通食宿费用、诉讼材料印制费以及权利人为制止侵权或诉讼支付的其他合理费用等，对费用的必要性和合理性应进行审查。本案原告科技公司前期聘请知识产权代理公司进行侵权调查，诉讼中聘请律师作为诉讼代理人，并提供了相关证据证实其维权支出。综合上述因素考虑和全案的情况，法院最终确定本案赔偿数额包括经济损失及为制止侵权行为支付的合理费用共 13000 元。

在审判实践中，侵害商标权纠纷案件还存在大量针对小商品的批量诉讼，根据该类案件特点，笔者认为，可以综合侵权行为的性质、侵权产品的价值和利润率、被诉侵权人的经营状况、侵权人的主观过错程度、权利人在关联案件中的获赔情况等因素确定赔偿数额。鼓励商标权人直接针对被诉侵权产品制造环节溯源维权，对于被诉侵权产品的零售商，应当实事求是依法确定其应承担的法律责任。

编写人：广西壮族自治区贺州市中级人民法院　傅媛

【《商标法》第63条　侵犯商标专用权的赔偿数额】

36

商标恶意重复侵权赔偿数额未必适用惩罚性赔偿

——鲁某喜、实业公司诉刘某英、顾某昌侵害商标权案

【基本信息】

1. 裁判书字号

河南省高级人民法院（2021）豫知民终69号民事判决书

2. 案由：侵害商标权纠纷

3. 当事人

原告（被上诉人）：鲁某喜、实业公司

被告（上诉人）：刘某英

被告：顾某昌

【基本案情】

鲁某喜是第133××78号、133××79号、1396××77号“玉×”图文商标权人，许可实业公司使用。实业公司长期以来一直生产经营“玉×”床垫系列产品，深受消费者喜爱，拥有非常好的市场知名度和商誉，2010年被评为河南省著名商标。刘某英及案外人朱某某长期从事“精品玉×”生产与销售，曾被工商部门2次

处罚，2018 年经郑州市中级人民法院调解赔偿原告 11.5 万元，但是被告刘某英仍然通过被告顾某昌销售假冒玉×床垫，属于重复侵权且情节严重，理应承担惩罚性赔偿，请求法院判令被告刘某英、顾某昌停止侵权并惩罚性赔偿 50 万元。

【案件焦点】

本案的赔偿数额是否应当适用惩罚性赔偿。

【裁判要旨】

河南省郑州市中级人民法院经审理认为：在本案发生之前，刘某英曾因生产销售被控侵权“精品玉×”床垫行为先后于 2012 年、2014 年被工商行政部门查处处罚，于 2018 年被鲁某喜及实业公司起诉到法院，后达成赔偿 11.5 万元并停止侵权的调解协议。前述侵权行为发生后，刘某英仍然继续从事生产销售“精品玉×”床垫的侵权行为，属于故意重复侵权，应对其实施惩罚性赔偿。因此，一审法院综合考虑刘某英侵权行为的时间跨度、主观恶意深度、可获取利等因素，确定刘某英赔偿鲁某喜及实业公司经济损失共计 40 万元。

河南省郑州市中级人民法院判决如下：

一、刘某英立即停止生产、销售，顾某昌立即停止销售侵害鲁某喜第 133××78 号、第 133××79 号“玉×+YU××+图”组合商标、第 1396××77 号“玉×”文字商标专用权的床垫商品；

二、刘某英于本判决生效之日起十日内赔偿鲁某喜、实业公司经济损失 40 万元；顾某昌于本判决生效之日起十日内支付鲁某喜、实业公司维权费用 1 万元；

三、驳回鲁某喜、实业公司的其他诉讼请求。

刘某英不服一审判决，提起上诉。河南省高级人民法院经审理认为：关于一审判决的赔偿数额是否适当的问题，刘某英因生产销售“精品玉×”床垫行为曾先后两次被工商行政部门查处处罚，且在被诉商标侵权案件调解、赔偿后仍继续从事生产销售“精品玉×”床垫的侵权行为，故意重复侵权，属于法律规定的恶意侵犯商标专用权，情节严重的情形。根据《中华人民共和国商标法》（2019 年）第六十三条第三款的规定，权利人因被侵权所受到的实际损失、侵权人因侵权所获得的利益、注册商标许可使用费难以确定的，由人民法院根据侵权行为的情节判决给予五百万元以下的赔偿。综合考虑刘某英的经营规模、侵权行为的时间跨度、主观恶意深度、可获取利益、被诉侵权产品的销售价格、实业公司的合理维权费用等因素，一审法院酌情确定刘某英赔偿鲁某喜及实业公司经济损失共计 40 万元并无不当，本院予以维持。关于刘某英上诉称涉案侵权商品系前次诉讼遗留库存、一审判决系重复惩罚，一审判决赔偿数额过高的理由不能成立，不予支持。

河南省高级人民法院判决如下：

驳回上诉，维持原判。

【适用解析】

一、惩罚性赔偿语境下“恶意”的理解、认定及其证明

由于商标法关于惩罚性赔偿的规定早于民法典，而民法典在编纂时有意使用“故意”而没有使用“恶意”的表述，表明民法典实际上已经明确将“恶意”修订为“故意”。且《最高人民法院关于审理侵害知识产权民事案件适用惩罚性赔偿的解释》（2021 年）第一条第二款规定，本解释所称故意，包括商标法第六十三条第一款和反不正当竞争法第十七条第三款规定的恶意。第三条规定，对于侵害知识产权的故意的认定，人民法院应当综合考虑被侵害知识产权客体类型、权利状态和相关产品知名度、被告与原告或者利害关系人之间的关系等因素。对于第二款所列的情形，人民法院可以初步认定被告具有侵害知识产权的故意。因此，商标法还关于惩罚性赔偿的规定的“恶意”一词，均宜解释为“故意”。

传统民法对“故意”的解释有意思主义与观念主义之别。意思主义认为，故意是指行为人不仅应认识到其行为的侵权结果，还应对该结果的发生持有追求或放任的心理状态，即故意应包括认识因素和意志因素。认识到侵权结果并追求其发生的，为直接故意；认识到侵权结果并放任其发生的，为间接故意。观念主义则认为，只要行为人对其行为的侵权结果有预知，即构成故意。即便行为人不希望该侵权结果发生并自信能够避免，但最终未能防止侵权结果发生的，仍属“故意”范畴。可见，观念主义下的“故意”不仅包括直接故意和间接故意，还包含了过于自信的过失这一过错状态。但是，与直接故意和间接故意相比，过于自信的过失这一过错状态在道德上的应受谴责性相对较弱，且该类行为相对于惩罚措施的供给弹性相对更小，惩罚性赔偿对其的阻吓效果不明显，不宜适用惩罚性赔偿。因此，在惩罚性赔偿语境下，“故意”不宜采观念主义而宜采意思主义之解释。

间接故意与直接故意既具有相同的认识因素——均认识到其行为具有造成侵权结果的可能性，又具有部分相同的意志因素——侵权结果的发生均不违反其意志。就此而言，直接故意与间接故意都是暗含了蓄意（deliberate）的一种有意识的心理状态，均属于蓄意而为、明知故犯。这种蓄意因素体现出行为人对他人缺乏一种起码的尊重，因而在伦理上被当作相同的事物予以对待。两者的区别仅在于，间接故意对侵权结果漠不关心，放任其发生；直接故意则积极追求侵权结果之发生。直接故意与间接故意的区别仅涉及对侵权后果的心理状态（积极追求还是消极放任）。由于直接故意与间接故意均是蓄意行为且难以区分，两者在道德上具有几乎相同的可责难性，相对于惩罚均具有较高供给弹性，故在适用惩罚性赔偿方面宜同等对待。因此，惩罚性赔偿语境下的“故意”不仅包括直接故意，还包括间接故意。

构成故意侵犯商标权，就认识因素而言，要求行为人在其实施侵权行为时不仅知道他人具体商标权的存在，还知道其行为具有侵犯该商标权的高度可能性。坚持“具体认知”标准对于正确适用惩罚性赔偿非常重要。随着现代科技的发展，产品的复杂程度越来越高。认识因素可以通过客观化的证据予以证明，商标权人需要提供证据证明被诉侵权人在实施被诉侵权行为之时实际知道，或者事实如此明显以致可以推定其应当知道，具体商标权存在及侵权的高度可能性。在司法实践中，需要根据个案具体情况综合判断侵权事实是否明显进而可以推定侵权人知道其行为可能构成侵犯他人商标权。根据司法经验，可以考虑的事实包括：被告及其关联公司或者股东是否曾经被行政裁决或者司法裁判认定为侵犯诉争的具体商标权；商标权人是否曾经通知或者警告被告侵犯诉争的具体商标权或者寻求过临时禁令救济；被告是否曾经寻求购买或者许可诉商标但未成功等。

就意志因素而言，故意侵权要求行为人希望侵权后果发生或者对侵权后果毫不在意。对于意志因素，同样可以通过客观化的证据予以证明。一般而言，故意的意志因素可以考虑如下事实：是否有意或者至少鲁莽地仿制、抄袭商标权人的产品；在实施被诉侵权行为前或者被诉之前对其是否侵犯他人商标权做过认真分析；认识到其行为可能侵犯他人商标权后是否曾采取规避设计、停止生产销售等补救措施。

实际上，认识因素和意志因素所涉及的事实往往是相互关联的，除被告及其关联公司或者股东重复侵权、多次侵权等显属故意侵权的特殊情况外，“故意”侵权的认定在绝大多数情况下均是多个事实因素综合判断的结果，需要综合考虑全案相关事实才能作出评价。本案中，刘某英因生产销售“精品玉×”床垫行为曾先后两次被工商行政部门查处处罚，且在被诉商标侵权案件调解、赔偿后仍继续从事生产销售“精品玉×”床垫的侵权行为，其主观上明知自己的行为是侵犯他人商标权的行为但仍然积极实施，希望侵权行为发生，属于多次故意侵权、重复侵权，具备侵权故意的认识因素和意志因素。

二、惩罚性赔偿语境下“情节严重”的理解、认定及其证明

我国当前商标权侵权赔偿设立了“情节严重”这一客观要件。这一要件体现了立法者对惩罚性赔偿制度适用的谨慎态度：仅仅故意侵权尚不足以判处惩罚性赔偿，还需要该故意侵权行为“情节严重”。所谓情节严重，一般是指事件的发展演变过程在时间、程度、范围、后果等方面的影响恶劣。对于商标权侵权行为而言，判断是否属于情节严重需要从该侵权行为发生、发展、诉讼及终结的整个过程加以审视，考察其侵权行为的持续时间、地域范围、规模、后果，侵权人在诉讼中的行为等因素所造成的消极影响。这些因素大致可以分为如下方面：（1）侵权行为的主观情节，例如故意抄袭仿冒、反复侵权、多次侵权、明显侵权等，因侵权被行政处罚或者法院裁判承担责任后，再次实施相同或者类似侵权行为；（2）侵权行为的客观影响：侵权规模大、持续时间长、对商标权人的损失巨大或侵权获利巨大等；（3）诉讼行为的诚信程度，是否有掩盖侵权行为、逃脱责任的举动，例如故意抗拒证据保全、拒不执行文书提供命令、伪造、毁坏或者隐匿侵权证据等；（4）以侵害知识产权为业；（5）侵权行为可能危害国家安全、公共利益或者人身健康；（6）其他可以认定为情节严重的情形。

作为一个裁量性的法律要件，“情节严重”赋予了法官判处惩罚性赔偿时的裁量权。法官应该根据当事人的诉讼请求，综合全案证据予以考量。

三、损害数额的精细计算的理解及适用

《中华人民共和国商标法》（2019 年）第六十三条以及《最高人民法院关于审理侵害知识产权民事案件适用惩罚性赔偿的解释》（2021 年）第二条规定，原告请求惩罚性赔偿的，应当在起诉时明确赔偿数额、计算方式以及所依据的事实和理由。第五条规定，人民法院确定惩罚性赔偿数额时，应当分别依照相关法律，以原告实际损失数额、被告违法所得数额或者因侵权所获得的利益作为计算基数。该基数不包括原告为制止侵权所支付的合理开支；法律另有规定的，依照其规定。前款所称实际损失数额、违法所得数额、因侵权所获得的利益均难以计算的，人民法院依法参照该权利许可使用费的倍数合理确定，并以此作为惩罚性赔偿数额的计算基数。由以上规定可以看出，法定赔偿作为惩罚性赔偿计算基础的兼容模式已经被放弃，而惩罚性赔偿制度与法定赔偿作为侵权损害赔偿数额相互平行、相互独立的赔偿方式得以确立。更重要的是，损害数额精细计算作为商标法惩罚性赔偿制度适用的要件正式确立。因此，商标法惩罚性赔偿原则上应以商标权人的实际损失或者侵权人侵权所得或者商标合理许可费为基础，根据具体情节确定适当的惩罚倍数，这就要求作为计算基础的损失、获利或者和商标合理许可费应该尽量准确确定。如果计算基础不准确，在乘以惩罚性倍数之后，惩罚性赔偿的计算偏差会等倍扩大，会造成赔偿和获益的比例失调，违背惩罚性赔偿制度的初衷。

商标法惩罚性赔偿是在特定条件下，考虑侵权行为的主观恶性和客观情节及其负面影响，根据特定基数（商标权人的因侵权收到的实际损失或者侵权人因侵权的实际获利或者商标合理的许可费），乘以合理的倍数，确定赔偿数额。惩罚性赔偿必须建立在确定的基数前提下，缺乏基数，则无所谓惩罚性（倍数）。惩罚性赔偿通过惩罚性倍数发挥其威慑阻吓和预防效应。如果商标侵权具有主观故意且情节严重，但侵权损失无法精细计算，那么因缺少适用商标法惩罚性赔偿的条件，就不能适用惩罚性赔偿确定侵权损失赔偿数额。在这种情况下，确定损失赔偿数额应适用法定赔偿，将主观故意和情节严重作为法定赔偿判赔数额的参考因素。

根据现行商标法的规定，法定赔偿则是在缺乏证据，无法确定商标权人因侵权造成的损失或者侵权人因侵权获得的利益，又在无许可费可以参照的情况下，情非得已的最后选择。法定赔偿的显著功能在于，在损害赔偿数额因缺乏证据无法确定时，法院通过考虑案件具体情况酌情确定赔偿数额，从而克服证明和计算困境。在确定法定赔偿数额时，被侵害权利的类型、侵权行为的性质和情节等，均为确定法定赔偿数额的考虑因素。所谓被侵害的权利类型，包括商标权（注册商标、未注册商、驰名商标）。所谓侵权行为的性质，包括故意侵权还是过失侵权、相同侵权还是等同侵权、假冒侵权还是一般侵权。所谓侵权行为的情节，包括侵权规模、次数、危害性以及诉讼中的行为表现（是否妨害证明、抗拒命令）等。可见，在缺乏证据因而适用法定赔偿方式确定赔偿数额时，侵权行为的主观恶性和客观情节及其负面影响等因素均应纳入考虑。此时，法官在法律规定的最高限额内，根据个案行使裁量权确定赔偿数额，这种裁量幅度巨大的法定赔偿在特定情况下已经实际承担起了惩罚性赔偿的功能。由于法定赔偿在确定赔偿数额时已经考虑了恶意或者故意侵权、情节严重等因素，故据此确定的赔偿数额已经具有惩罚性因素。此时，再以该法定赔偿数额为基数，给予数倍的惩罚性赔偿则会导致惩罚的倍数效应叠加，造成惩罚过当。因此，原则上不应以法定赔偿为基数确定惩罚性赔偿。

本案中，刘某英因生产销售“精品玉×”床垫行为曾先后两次被工商行政部门查处处罚，且在被诉商标侵权案件调解、赔偿后仍继续从事生产销售“精品玉×”床垫的侵权行为，故意重复侵权，属于法律规定的恶意侵犯商标专用权，情节严重的情形，但其侵权获利和商标权人的损失无法查清，更无法精细计算。因此，关于本案的损失赔偿数额不能适用惩罚性赔偿，而应适用法定赔偿，但鉴于刘某英的恶意侵权、重复侵权、多次侵权行为，酌定判决较高的40万元赔偿。该案中的法定赔偿数额已经包含了惩罚性的因素。

为了防止法定赔偿的滥用，同时克服损害赔偿计算必须百分百精确的机械思维，司法实践曾提出以裁量性方式计算损害赔偿的方法。该方法被称为“裁量性赔偿”，以区别于“法定赔偿”。裁量性赔偿的适用场景是，虽有一定的证明损害赔偿数额的证据，能够大致确定赔偿数额，但是损害赔偿的具体数额仍难以具体确定。此时，法官在计算赔偿所需的部分数据确有证据支持的基础上，可以根据案情运用裁量权确定计算赔偿所需的其他数据，酌定公平合理的赔偿数额。这实际上是在损害赔偿计算出现困难时，以简化计算的方式确定实际损失或者侵权获利。这种裁量性赔偿不是法定赔偿，而是基于实际损失或者侵权获利的赔偿。对于这种以裁量性方式确定的实际损失或者侵权获利，可以作为惩罚性赔偿的计算基数。

编写人：河南省郑州市中级人民法院　薛永松

【《商标法》第 63 条　侵犯商标专用权的赔偿数额】

37

首次适用证据出示令制度确定损害赔偿数额

——信息公司诉甲网络公司、乙网络公司侵害商标权及不正当竞争案

【基本信息】

1. 裁判书字号

上海知识产权法院（2019）沪 73 民终 130 号民事判决书

2. 案由：侵害商标权及不正当竞争纠纷

3. 当事人

原告（上诉人）：信息公司

被告（上诉人）：甲网络公司

被告（被上诉人）：乙网络公司

【基本案情】

信息公司系“×舞”“×舞 OL”商标的商标权人，上述商标核定使用在计算机网络上提供在线游戏等，信息公司的《×舞 OL》自 2013 年 8 月起开始运营。2014 年该游戏收入 5300 多万元，2015 年收入 1.1 亿元，截至 2018 年该游戏下载量共计 4363 万次。2015 年起，信息公司在各大网站、视频平台投放《×舞 OL》广告。

被控侵权游戏《梦幻×舞》由乙网络公司、甲网络公司运营，该游戏与《×舞 OL》游戏在类型上相同，均为炫舞类游戏。《梦幻×舞》游戏著作权登记证书显示，该游戏首次发表日期为 2016 年 1 月 15 日。《梦幻×舞》在 37 家平台上运营。截至一审判决前，《梦幻×舞》游戏下载次数 300 多万次。《×舞 OL》《梦幻×舞》

的盈利模式均为销售道具、服装。此外，针对《×舞 OL》游戏，有不同昵称的网络用户在不同的游戏下载平台上发布了共计 16 组完全相同的用户评论，用户评论内容主要为游戏玩家的用户体验。

信息公司主张甲网络公司、乙网络公司的行为构成商标侵权和虚假宣传，请求法院判决停止侵害，并赔偿损失 300 万元。

【案件焦点】

商标侵权赔偿数额的确定。

【裁判要旨】

上海市普陀区人民法院判决甲网络公司、乙网络公司立即停止侵犯信息公司注册商标专用权的行为，并赔偿信息公司经济损失 20 万元及合理开支 5 万元。

信息公司、甲网络公司均不服一审判决，提起上诉。上海知识产权法院针对信息公司上诉主张一审判赔金额过低的上诉请求，向甲网络公司和乙网络公司分别发送了证据出示令，要求提供有关道具的销售数量和收入，以及其他可以证明该游戏获利的证据。乙网络公司拒绝提交有关被控侵权游戏获利的证据，甲网络公司所提交的证据不能真实反映该游戏的营收。上海知识产权法院认为，信息公司已经尽力举证，而与侵权行为相关的证据由甲网络公司、乙网络公司掌握，法院以证据出示令的方式责令甲网络公司、乙网络公司提交有关被控游戏营收的证据，但甲网络公司、乙网络公司未能提交反映真实营收情况的证据，存在刻意隐瞒游戏收入的主观故意。综合考虑信息公司商标的知名度及其游戏的营收额均较高、被控游戏的下载数量巨大、侵权的主观故意程度较高，以及网络游戏利润率较高等因素，充分把握有关证明妨碍制度的内涵，改判乙网络公司、甲网络公司赔偿信息公司经济损失 300 万元。

【适用解析】

在商标权人已经尽力举证，且因侵权获利的有关财务数据主要由侵权人掌握的情况下，可通过证据出示令的方式责令侵权人提供，侵权人不提供或者提供虚假证据的，可以参考权利人的主张和提供的证据判定赔偿数额。

基于知识产权权利的无形性，侵权行为的隐蔽性，知识产权诉讼的专业性、技术性等特点，在知识产权诉讼中，维权当事人通常难以获得证据，对其因侵权所受到的实际损失难以举证。我国民事诉讼证据规则只规定了新产品制造方法的专利案件实行举证责任倒置。实际上，知识产权诉讼中尚存在很多实际由侵权人掌握或控制、权利人无法获取的证据。因权利人事实上难以获取此类证据，也就难以证明侵权事实及损害事实，法院的判决结果自然与权利人主观期望差距较大。这也是知识产权案件“举证难、赔偿低”的根本原因之一。

“举证难、赔偿低”问题的根本解决，不在于替权利人举证或者简单地提高法定赔偿数额，而应当是完善符合知识产权诉讼特点的举证规则。证据出示令制度在我国民事诉讼法司法解释、商标法、专利法司法解释中均已有一定的体现，在满足一定条件下，权利人如无法获取相关证据的，可以申请法院责令侵权人提供与侵权行为相关的账簿、资料。在知识产权诉讼中，许多情况下权利人无法提供充分证据并非因为其未尽力举证，而是因为侵权人实施了证明妨碍行为。此时，若仍仅依照“谁主张，谁举证”的一般举证责任规则，由权利人承担不利后果，将会阻碍对案件事实的正确认定。因此，应通过证据出示令制度对举证责任做出有利于权利人的调整，促使侵权人提供证据，协助案件事实的发现。由于证据出示令制度与证明妨碍规则的相关规定在诸多法条中均有所规定，各法条之间的表述也或多或少地有所不同，这就形成了一定的解释空间，正确理解与适用证据出示令制度存在挑战。本案为商标侵权纠纷，在确定损害赔偿数额时适用了证据出示令制度，是积极探索证据出示令制度要求下的具体司法实践，值得深入分析与讨论。

《最高人民法院关于适用〈中华人民共和国民事诉讼法〉的解释》（2022 年）（以下简称《民事诉讼法解释》）第一百一十二条规定，书证在对方当事人控制之下的，承担举证证明责任的当事人可以在举证期限届满前书面申请人民法院责令对方当事人提交。申请理由成立的，人民法院应当责令对方当事人提交，因提交书证所产生的费用，由申请人负担。对方当事人无正当理由拒不提交的，人民法院可以认定申请人所主张的书证内容为真实。《最高人民法院关于民事诉讼证据的若干规定》（2019 年）（以下简称《民事诉讼证据规定》）第四十八条及《最高人民法院关于知识产权民事诉讼证据的若干规定》（2020 年）（以下简称《知识产权证据规定》）第二十四条、第二十五条均对证据出示令制度进行了类似规定。综合上述表述来看，适用证据出示令制度的构成要件有三：其一，证据在对方当事人的控制之下；其二，经当事人申请，法院责令对方当事人提交；其三，对方当事人无正当理由拒不提交。若满足以上要件，则法院可以推定申请人就该证据所涉证明事项的主张成立。

具体到商标侵权纠纷中赔偿数额的确定问题，《中华人民共和国商标法》（2019 年）第六十三条第二款进一步规定，人民法院为确定赔偿数额，在权利人已经尽力举证，而与侵权行为相关的账簿、资料主要由侵权人掌握的情况下，可以责令侵权人提供与侵权行为相关的账簿、资料；侵权人不提供或者提供虚假的账簿、资料的，人民法院可以参考权利人的主张和提供的证据判定赔偿数额。从《中华人民共和国商标法》（2019 年）第六十三条第二款的表述来看，适用证据出示令制度有四个要件：其一，权利人已经尽力举证；其二，与侵权行为相关的账簿资料主要由侵权人掌握；其三，法院责令侵权人提供与侵权行为相关的账簿、资料；其四，侵权人不提供或者提供虚假的账簿、资料。与民事诉讼法的相关规定进行比对，不难发现，《中华人民共和国商标法》（2019 年）第六十三条的主要不同在于，一方面增加了权利人尽力举证的要求，另一方面则略去了“无正当理由拒不提交”的表述。对于不同法条间的表述差异，应从体系解释的角度实现逻辑自洽。相较于民事诉讼法的一般规定，知识产权法针对损害赔偿数额的认定属于具体规定，其目的在于根据知识产权诉讼的特点对举证责任进行调整，促使侵权人提供证据协助案件事实的发现。因此，在进行法律解释时应以此为出发点，维护法律的体系性。以下将以《中华人民共和国商标法》（2019 年）第六十三条第二款所规定的构成要件为线索展开讨论。

根据《中华人民共和国商标法》（2019 年）第六十三条第二款的规定，在商标侵权纠纷中为确定赔偿数额而适用证据出示令制度的首要前提是权利人已经尽力举证。要求权利人尽力举证，是对“谁主张，谁举证”的一般举证责任的遵循，同时可由此判断是否有其他证据可以证明待证事实，而侵权人所掌握的证据对证明待证事实是否具有不可替代性。若权利人可通过其他证据证明待证事实而未尽力举证，此时仍应依照一般举证责任分配规则要求权利人进行举证，而不应直接适用证据出示令制度要求侵权人举证，否则将过度减轻权利人的举证责任，与举证规则的一般原理背道而驰。只有当权利人尽力举证后，仍无法证明待证事实，侵权人所掌握的账簿、资料对证明待证事实具有不可替代性，若侵权人拒不提供将导致案件事实不清、真伪不明时，才应适用证据出示令制度，根据知识产权诉讼的特点对举证责任进行适当调整，准确认定赔偿数额，解决“举证难、赔偿低”的问题。

与侵权行为相关的账簿、资料主要由侵权人掌握，是适用证据出示令制度的另一要求。若侵权人并不掌握相关的账簿、资料，即便责令也无法使侵权人凭空产出证据，此时不应对侵权人过分苛责。因此，适用证据出示令制度时，权利人应提交证据证明相关账簿、资料主要由侵权人掌握，或者证明侵权人负有法定、约定或依习惯设置、保管相关账簿、资料的义务。例如，根据《中华人民共和国会计法》（2017 年）的相关规定，国家机关、社会团体、公司、企业、事业单位和其他组织必须依法设置会计账簿，并保证其真实、完整。因此，若侵权人为企业法人，可据此认定侵权人掌握其侵权行为的相关账簿、资料，以适用证据出示令制度。

是否适用证据出示令制度，应由人民法院根据案件的具体情况作出决定，人民法院可以责令侵权人提供与侵权行为相关的账簿、资料。对于证据出示令制度的程序，民事诉讼法的相关规定与《中华人民共和国商标法》（2019 年）第六十三条第二款略有不同，前者要求承担举证证明责任的当事人书面申请，若申请理由成立则人民法院应当责令对方当事人提交证据，后者则表述为人民法院可以责令侵权人提供与侵权行为相关的账簿、资料。二者虽有表述上的不同，但实际上殊途同归，都是在赋予法院根据案件具体情况决定是否发送证据出示令的权力。前者站在权利人申请的节点上，若法院认定申请成立，则应当责令侵权人提供证据，后者则是站在法院发送证据出示令的节点，法院可以根据权利人的申请是否成立，决定是否责令侵权人提供证据，若法院发出了证据出示令，则说明权利人此前的申请成立。而法院判断申请理由是否成立的依据，则如前文所述，应判断权利人是否已经尽力举证，与侵权行为相关的账簿、资料是否主要由侵权人掌握。

最后，《中华人民共和国商标法》（2019 年）第六十三条第二款对“侵权人不提供或者提供虚假的账簿、资料”的规定，相较于民事诉讼法的相关规定，缺少了“无正当理由”之表述。从利益取舍的角度来看，若提交证据将使当事人或相关人遭受重大不利益，使证据持有人履行提供证据义务的成本远高于提供证据查明案件事实时各方所得收益，此时应允许证据持有人不提供证据，以降低制度的实施成本，避免得不偿失。例如，当侵权人所掌握的账簿、资料因不可抗力而损毁、灭失时，取回或复原相关证据的成本过高，且难以实现，故不应适用证据出示令制度。

这一原理在商标侵权纠纷中同样适用。值得注意的是，相关证据涉及商业秘密并非侵权人拒不提供证据的正当理由。根据《民事诉讼法解释》第九十四条的规定，涉及商业秘密的证据可由法院调查收集。法院可以在对商业秘密采取保护措施的条件下责令侵权人提供账簿、资料，不进行公开出示与公开质证，并要求诉讼参与人履行保密义务，防止商业秘密的泄露，从而降低侵权人的义务成本，促使其提交证据，协助案件事实的认定。

在证据出示令制度下，若法院已责令侵权人提交提供与侵权行为相关的账簿、资料，侵权人仍无正当理由拒不提供或提供虚假的账簿、资料的，则构成证明妨碍，应承担相应的法律效果。对于证明妨碍行为的法律效果，《中华人民共和国商标法》（2019 年）第六十三条第二款规定，人民法院可以参考权利人的主张和提供的证据判定赔偿数额。《民事诉讼法解释》第一百一十二条所规定的法律效果则表述为“人民法院可以认定申请人所主张的书证内容为真实”。《民事诉讼证据规定》第四十八条、《知识产权证据规定》第二十五条对证明妨碍行为法律效果的规定均与《民事诉讼法解释》第一百一十二条相似。根据体系解释，《中华人民共和国商标法》（2019 年）所规定的法律后果应与民事诉讼法的相关规定保持一致，因此《中华人民共和国商标法》（2019 年）第六十三条第二款中的“参考”一词也应解释为认定申请人所主张证据内容为真实，即推定证据内容不利于持有人，权利人的主张成立。

由于权利人通常无法获取侵权人所掌握的相关账簿、资料的具体内容，因此对于侵权人获利数额的主张往往是通过较为笼统与模糊的估算，所主张的赔偿数额难以与侵权人的实际获利完全一致。但是，鉴于相关账簿、资料由侵权人掌握，若权利人所主张的赔偿数额过高，侵权人只需提交其相关账簿、资料等证据便能很容易地反驳权利人的主张。如果侵权人即便知道权利人所主张的赔偿数额并不准确，仍拒绝提供其所掌握的账簿、资料等证据，根据经验法则，可以推断侵权人实际上认为出示相关账簿、资料只会带来更加不利的后果，宁愿法院推定权利人的主张成立也不愿出示证据。因此，在证据令出示制度下，若人民法院已责令侵权人提交证据，侵权人可以提交相关账簿、资料而拒绝提交时，可以推定权利人的主张成立，由侵权人承担拒不出示相关证据的不利后果，从而最大限度地接近案件事实，维护权利人的合法权益。

在本案中，损害赔偿数额的确定适用了证据出示令制度。首先，权利人信息公司一方面提交了《×舞 OL》近年游戏运营收入、游戏下载量、游戏宣传广告等证据，另一方面尽力提交了《梦幻×舞》的游戏下载平台、下载次数、盈利模式等公开数据与材料作为证明其所主张赔偿数额的证据。由于被控侵权产品为网络游戏，游戏内虚拟物品消费的特性，决定了侵权人因侵权行为所获得的收入与利润的确切数据无法从公开渠道获得，侵权人所掌握的账簿、资料对案件事实的认定具有不可替代性。因此，可以认为权利人已满足尽力举证的要求。其次，甲网络公司与乙网络公司均为企业法人，根据《中华人民共和国会计法》的相关规定，应认定其掌握与侵权行为相关的账簿、资料。对此，上海知识产权法院适用证据出示令制度，以证据出示令的方式责令甲网络公司、乙网络公司提交有关被控游戏营收的证据。然而，乙网络公司拒不提交任何证据，甲网络公司所提交的证据不能真实反映被控游戏的营收情况。乙网络公司作为被控游戏的运营方，理应掌握相关游戏的收入数据，但其拒不提供，存在刻意隐瞒游戏收入的主观故意，构成证明妨碍，应承担相应的不利后果。因此，上海知识产权法院在乙网络公司拒不提交任何营收证据，以及甲网络公司未提交完整营收证据的情况下，将乙网络公司、甲网络公司赔偿信息公司经济损失的金额由 20 万元提高到了 300 万元。

本案是上海法院在知识产权案件中首次适用证据出示令制度确定损害赔偿数额。该制度是贯彻落实《上海市高级人民法院关于加强知识产权司法保护的若干意见》有关积极探索证据出示令制度要求的具体措施。在知识产权案件中使用证据出示令，是对证明妨碍规则的具体运用，也是加强知识产权司法保护、优化营商环境以及切实保障权利人合法权益的又一重要举措。

编写人：上海知识产权法院　范静波　陈蕴智

【《商标法》第63条　侵犯商标专用权的赔偿数额】

38

商标侵权赔偿数额如何确定

——企业发展公司诉熟食店侵害商标权案

【基本信息】

1. 裁判书字号

黑龙江省鸡西市中级人民法院（2019）黑03民初88号民事判决书

2. 案由：侵害商标权纠纷

3. 当事人

原告：企业发展公司

被告：熟食店

【基本案情】

企业发展公司于2010年10月7日经国家商标局核准，取得了第63137××号注册商标专用权，核定使用商品为第29类：死家禽、板鸭、鱼制食品、豆腐制品等，注册有效期至2020年10月6日。

企业发展公司于2012年10月28日经国家商标局核准，取得了第79360××号注册商标专用权，核定使用商品为第29类：肉、腌肉、死家禽、板鸭、鱼制食品、豆腐制品等，注册有效期至2022年10月27日。

2016年1月6日，原告经核准受让取得第63137××号、第79360××号注册商标专用权。

2019年8月26日，公证处出具了公证书，载明：2019年7月15日11时30分，本处公证人员谷某、蔺某和企业发展公司代理人刘某来到熟食店，刘某购买鸭头 2 个，共计消费 10 元。刘某使用手机微信转账，商家拒绝出具收据。至 2019 年 7 月 15 日 11 时 32 分止，刘某的消费过程结束。消费过程由本公证人员现场进行了保全并制作了《现场工作记录》，兹证明公证书所记载的上述过程均在公证员监督下进行，与现场发生的情况相符。公证书附件系依据拍照数据打印所得。照片显示，熟食店匾额为黑底白色 × ×鸭标识，其中右侧门玻璃上、送餐卡以及包装袋标有“ × ×鸭”字样。

经比对，原告认为被告使用在其门店匾额、门店装潢、送餐卡以及包装袋的 × ×鸭标识，与原告享有商标专用权的第 63137 × ×号、第 79360 × ×号商标近似。

原熟食店注册于 2016 年 2 月 15 日，系个体工商户，经营范围为熟食专门零售服务。

【案件焦点】

本案赔偿数额应如何确定。

【裁判要旨】

黑龙江省鸡西市中级人民法院经审理认为：因被告答辩过程中认可存在侵权事实，构成商标侵权，并愿意承担相应的民事责任，本案的争议焦点在于被告应如何承担侵权责任。由于熟食店已注销，故应由经营者王某承担停止侵权、赔偿损失的民事责任。

关于赔偿数额应如何确定的问题，原告企业发展公司未举证证明其因熟食店侵权所遭受的损失以及熟食店由此所获取的利益，请求人民法院参考涉案商标的市场知名度，依法确定赔偿数额。本院结合以下因素综合考虑赔偿数额：熟食店的侵权主观故意程度、投资规模、侵权行为性质、经营地点规模与时间、行业正常市场利润、相关市场消费者客源以及企业发展公司注册商标知名度等。关于企业发展公司为制止侵权行为所实际发生的公证费用，符合相关法律规定，本院予以支持。关于律师代理费，本院审查其关联性、必要性以及合理性综合予以考虑。

【适用解析】

一、《中华人民共和国商标法》（2013 年）关于侵害商标权数额确定相关规定

《中华人民共和国商标法》（2013 年）第六十三条规定，侵犯商标专用权的赔偿数额，按照权利人因被侵权所受到的实际损失确定；实际损失难以确定的，可以按照侵权人因侵权所获得的利益确定；权利人的损失或者侵权人获得的利益难以确定的，参照该商标许可使用费的倍数合理确定。对恶意侵犯商标专用权，情节严重的，可以在按照上述方法确定数额的一倍以上三倍以下确定赔偿数额。赔偿数额应当包括权利人为制止侵权行为所支付的合理开支。人民法院为确定赔偿数额，在权利人已经尽力举证，而与侵权行为相关的账簿、资料主要由侵权人掌握的情况下，可以责令侵权人提供与侵权行为相关的账簿、资料；侵权人不提供或者提供虚假的账簿、资料的，人民法院可以参考权利人的主张和提供的证据判定赔偿数额。权利人因被侵权所受到的实际损失、侵权人因侵权所获得的利益、注册商标许可使用费难以确定的，由人民法院根据侵权行为的情节判决给予三百万元以下的赔偿。

《最高人民法院关于审理商标民事纠纷案件适用法律若干问题的解释》（2002年）第十三条规定，人民法院依据商标法第五十六条第一款的规定确定侵权人的赔偿责任时，可以根据权利人选择的计算方法计算赔偿数额。第十四条规定，商标法第五十六条第一款规定的侵权所获得的利益，可以根据侵权商品销售量与该商品单位利润乘积计算；该商品单位利润无法查明的，按照注册商标商品的单位利润计算。第十五条规定，商标法第五十六条第一款规定的因被侵权所受到的损失，可以根据权利人因侵权所造成商品销售减少量或者侵权商品销售量与该注册商标商品的单位利润乘积计算。第十六条规定，侵权人因侵权所获得的利益或者被侵权人因被侵权所受到的损失均难以确定的，人民法院可以根据当事人的请求或者依职权适用商标法第五十六条第二款的规定确定赔偿数额。人民法院在确定赔偿数额时，应当考虑侵权行为的性质、期间、后果，商标的声誉，商标使用许可费的数额，商标使用许可的种类、时间、范围及制止侵权行为的合理开支等因素综合确定。当事人按照本条第一款的规定就赔偿数额达成协议的，应当准许。第十七条规定，商标法第五十六条第一款规定的制止侵权行为所支付的合理开支，包括权利人或者委托代理人对侵权行为进行调查、取证的合理费用。人民法院根据当事人的诉讼请求和案件具体情况，可以将符合国家有关部门规定的律师费用计算在赔偿范围内。

二、《中华人民共和国商标法》（2019年）关于侵害商标权赔偿数额确定相关规定

《中华人民共和国商标法》（2019年）第六十三条规定，侵犯商标专用权的赔偿数额，按照权利人因被侵权所受到的实际损失确定；实际损失难以确定的，可以按照侵权人因侵权所获得的利益确定；权利人的损失或者侵权人获得的利益难以确定的，参照该商标许可使用费的倍数合理确定。对恶意侵犯商标专用权，情节严重的，可以在按照上述方法确定数额的一倍以上五倍以下确定赔偿数额。赔偿数额应当包括权利人为制止侵权行为所支付的合理开支。人民法院为确定赔偿数额，在权利人已经尽力举证，而与侵权行为相关的账簿、资料主要由侵权人掌握的情况下，可以责令侵权人提供与侵权行为相关的账簿、资料；侵权人不提供或者提供虚假的账簿、资料的，人民法院可以参考权利人的主张和提供的证据判定赔偿数额。权利人因被侵权所受到的实际损失、侵权人因侵权所获得的利益、注册商标许可使用费难以确定的，由人民法院根据侵权行为的情节判决给予五百万元以下的赔偿。

《最高人民法院关于审理商标民事纠纷案件适用法律若干问题的解释》（2020年）第十三条规定，人民法院依据商标法第六十三条第一款的规定确定侵权人的赔偿责任时，可以根据权利人选择的计算方法计算赔偿数额。第十四条规定，商标法第六十三条第一款规定的侵权所获得的利益，可以根据侵权商品销售量与该商品单位利润乘积计算；该商品单位利润无法查明的，按照注册商标商品的单位利润计算。第十五条规定，商标法第六十三条第一款规定的因被侵权所受到的损失，可以根据权利人因侵权所造成商品销售减少量或者侵权商品销售量与该注册商标商品的单位利润乘积计算。第十六条规定，权利人因被侵权所受到的实际损失、侵权人因侵权所获得的利益、注册商标使用许可费均难以确定的，人民法院可以根据当事人的请求或者依职权适用商标法第六十三条第三款的规定确定赔偿数额。人民法院在适用商标法第六十三条第三款规定确定赔偿数额时，应当考虑侵权行为的性质、期间、后果，侵权人的主观过错程度，商标的声誉及制止侵权行为的合理开支等因素综合确定。当事人按照本条第一款的规定就赔偿数额达成协议的，应当准许。第十七条规定，商标法第六十三条第一款规定的制止侵权行为所支付的合理开支，包括权利人或者委托代理人对侵权行为进行调查、取证的合理费用。人民法院根据当事人的诉讼请求和案件具体情况，可以将符合国家有关部门规定的律师费用计算在赔偿范围内。

三、结合商标法以及司法解释可以看出：

1. 确定侵权人的赔偿责任时，可以根据权利人选择的计算方法计算赔偿数额。

2. 因被侵权所受到的损失，可以根据权利人因侵权所造成商品销售减少或者侵权商品销售量与该注册商标商品的平均单位利润乘积计算。

3. 侵权所获得的利益，可以根据侵权商品销售量与侵权商品平均单位利润乘积计算，该商品单位利润无法查明的，按照注册商标商品的单位利润计算。

4. 权利人的损失或者侵权人获得的利益难以确定的，参照该商标许可使用费的倍数合理确定。

5. 惩罚性赔偿制度，规定对恶意侵犯商标专用权情节严重的，可以在权利人因侵权受到的损失、侵权人因侵权获得的利益或者商标使用许可费的一倍到五倍的范围内确定赔偿数额。

6. 赔偿数额应当包括权利人为制止侵权行为所支付的合理开支。这里所说的合理开支，包括权利人所支付的用于制止侵权行为的交通费、调查费、鉴定费、适当的律师费及其他合理费用。

7. 法院酌情在500万元以下确定赔偿数额，法院可以根据当事人的请求或者依职权规定确定赔偿数额时，因考虑侵权行为性质、期间、后果、商标的声誉、商标使用许可费数额、商标使用许可的种类、时间、范围及制止侵权行为的合理开支等因素。

四、司法实践中商标侵权赔偿数额确定通常有以下几种方法：

1. 被侵权人在被侵权期间因被侵权所受到的损失，包括被侵权人为制止侵权行为所支付的合理开支。

2. 侵权人在侵权期间因侵权所获得的利益。

3. 法定赔偿额：侵权人因侵权所得利益，或者被侵权人因被侵权所受损失难以确定，当事人没有达成协议的，人民法院可以根据当事人的请求或者依职权，根据侵权行为的情节判决给予500万元以下的赔偿。

五、综合比较上述方法

（一）被侵权人因为侵权而受到的损失的适用

人民法院在审理商标侵权案件确定赔偿数额时，首先会考虑权利人受到的实际损失。但在司法实践中，权利人很难对因侵权行为所遭受的实际损失进行举证，存在着举证难的现实情况。同时这种方法在实务中是难以适用的。因为任何一种商品都是有生命周期的。商品销量下降有很多种因素，造成被侵权商品的销量下降，原因是多方面的，不能简单地认为是因侵权造成的。所以在市场经济杠杆调节下被侵权人的产品销量的升降，在一定程度上与侵权人是没有必然关系的。因此，在实务中目前很少看到按这种方式计算赔偿数额。

（二）侵权人因侵权获得的利益的适用

实际损失难以确定的，便需进一步考虑侵权人因侵权获得的利益。而侵权人所获得的利益的证据完全是侵权人掌握的，在实践中权利人很难提供证据证明侵权人获得的利益情况，且侵权人往往也不会提供侵权相关的账簿、资料等对自己不利的证据。对于侵权人因侵权获得的利益，按照常规的做法，在一般情况下，应该是对侵权人的财务状况进行审查核算就能得出的。但是在实务中，不管是被侵权人所委托的律师，还是司法机关，几乎不可能取得侵权人的完整、真实的财务记录信息；另外，此方法也有一定的硬伤，试想一下侵权人很可能并没有实际的获利，例如侵权刚开始就被发现，所有的货物还没有销售出去或者销售量非常小，还不够前期的包装等费用。在这种情况下的获利就十分有限。此时依据侵权人因侵权获得的利益起诉脱离实际，很可能被侵权人所得到的数额都不值得去起诉，因为和起诉的成本相比，可能与最后得到的结果是大相径庭。

（三）法定赔偿的适用

法院将涉案商品价值纳入赔偿数额确定的因素，使侵权行为人的侵权成本增加，从而达到有效防止侵权、制止侵权行为的目的，从而保护权利人的合法权益。解释规定了法定赔偿的使用情况，是在“因被侵权所受到的实际损失、侵权人因侵权所获得的利益、注册商标使用许可费均难以确定的”情况下都无法计算时才适用。

综上所述，侵权人因侵权获得的利益的适用和法定赔偿的适用在司法实务中比较常见一些。需要说明的是，无论哪种方法，都应该包括被侵权人为制止侵权行为所支付的合理费用，此处所说的合理开支包括：（1）调查费；（2）公证费；（3）差旅费；（4）律师费；（5）其他为制止侵权的合理费用。无论是哪种计算方法，合理开支都应该包含在内，司法实务中也会得到支持。

编写人：黑龙江省鸡西市中级人民法院　洪明

【《商标法》第63条 侵犯商标专用权的赔偿数额，《最高人民法院关于审理侵害知识产权民事案件适用惩罚性赔偿的解释》第1条 适用惩罚性赔偿的主观构成要件】

39

惩罚性赔偿主观要件“故意”的认定情形

——科技公司、通讯公司诉甲电器公司等侵害商标权及不正当竞争案

【基本信息】

1. 裁判书字号

江苏省高级人民法院（2019）苏民终1316号民事判决书

2. 案由：侵害商标权及不正当竞争纠纷

3. 当事人

原告（被上诉人）：科技公司、通讯公司

被告（上诉人）：甲电器公司、乙甲电器公司、麦某亮

被告：电子商务公司

【基本案情】

原告科技公司于2010年4月21日申请注册“小×”商标，于2011年4月28日核准注册，核定使用商品为第9类。2016年11月27日，科技公司受让第8522×××号“××JIA×家”商标，该商标核定使用商品为第11类，其产品包括电饭煲、保温杯、电磁炉、落地扇、空调、电暖器等。

2010年12月，原告科技公司申请在第9类商品上注册商标，于2012年7月获

准注册。2015 年 5 月，原告科技公司申请在第 11 类商品上注册商标，于 2017 年 1 月获准注册。2014 年 5 月，原告科技公司及其关联公司共同申请在第 11 类上注册“智 ×”商标，于 2015 年 6 月获准注册。2014 年 12 月，原告科技公司在第 9 类上申请注册“智 ×”商标，于 2016 年 2 月获准注册。

2011 年 11 月 23 日，被告甲电器公司申请注册“小 × 生活”商标，于 2012 年 10 月 27 日初步审定公告。科技公司对初步审定公告的该商标提出异议，国家商标局于 2015 年作出准予注册的决定，注册号为第 10224 × × × 号，核定使用商品为第 11 类。2018 年 8 月，国家商评委作出关于第 10224 × × × 号“小 × 生活”商标无效宣告请求裁定书，因为评委不能排除“小 × 生活”商标的注册行为具有借助他人知名品牌进行不正当竞争或牟取非法利益的意图，该注册行为不仅有悖于诚实信用原则，而且扰乱了正常的商标注册管理秩序，有损于公平竞争的市场秩序，因而裁定对第 10224 × × × 号商标予以无效宣告。

以某平台指数查询小 × 手机与其他品牌手机的数据对比，小 × 手机在 2011 年 8 月 16 日正式发布当天，其搜索量和关注度明显增长，并在一段时间内高于其他品牌手机。

原告的手机销售收入呈连年大幅增长的趋势，其中 2012 年度的销售收入约为 2011 年度的 20 倍，2013 年度、2014 年度均为前一年度的 2 倍以上。两原告年均纳税额均超亿元。

原告的小 × 手机发布后，报纸、期刊及网络媒体均对原告及其手机进行了宣传报道。自 2013 年起，原告持续在中央电视台的春节联欢晚会开场前投放广告，并在 2017 年获得春节联欢晚会广告“标王”位置。在中央电视台的《新闻联播》节目中，先后 3 次报道有关原告及其产品的新闻。原告及其关联公司在多种媒介发布广告、赞助电影，其广告费支出也呈连年上升趋势，并迅速达到亿元量级。

自 2011 年以来，原告及其品牌、法定代表人先后获得多项荣誉，特别是在 2011 年、2012 年获得的各项荣誉。众多公司、个人在不同类别上申请注册大量与原告的“小 ×”商标近似的商标，国家商标局在原告提出异议后均作出不予注册的决定，国家商评委作出宣告商标无效的决定。众多公司、个人销售侵犯原告“小 ×”商标的商品，构成民事侵权甚至刑事犯罪，被法院判决停止侵权、赔偿损失甚至承担刑事责任。

2018 年 11 月 1 日，原告以公证方式从被告甲电器公司经营场所直接购得压力锅、电磁炉等产品共 4 箱（24 台）。被告甲电器公司经营场所楼顶安装有与其公司名称相同大小的“小×生活电器”标牌；经营场所内摆放有展板，展板上方为“小×生活”文字，中部为“我们只做生活电器中的艺术品”宣传语；展厅内堆放有大量已包装的产品；所购产品的包装箱和产品上均标注“小×生活”商标，外包装箱上标注“小×生活 为品质而生”文字，电磁炉的产品型号为××001；小×生活电器选购目录上印有“我们只做生活电器中的艺术品”宣传语。

原告以公证方式，先后在不同购物平台上的多家专卖店购得挂烫机、电饭煲、电风扇等商品。

被告公司的网站（www. 小×生活电器 . com），网页风格类似电商平台网站，网页显示其店铺名称为“小×生活电器旗舰店”，展示有集成灶、电磁炉、电饭煲等产品。在该网站点击“关于我们”链接，跳转至网址为 www. xiao××68. com 的网页，网页内容仍为“小×生活电器旗舰店”，其中有关于实体批发和网络分销两种经营模式的相关内容，包括批发条件、结算方式、付款方式、招商对象、分销价格、售后服务等条款。

被告乙电器公司在手机微信公众号上注册有“小×生活之家”官方账号，介绍其是小×生活直营产品零售体验店，也是×粉的交流聚集场所。被告甲电器公司、乙电器公司的官方网站及该微信公众号均使用了橙、白配色。

截至 2018 年 10 月 24 日，被告甲电器公司曾提出 97 项商标注册申请，其中既包括以“生活小×”“小×生活”“×× LIFE”“智×米家”“智×生活”在不同类别的申请。

被告麦某亮系被告乙电器公司的原股东和法定代表人，也是丙电器公司的控股股东，其与被告甲电器公司法定代表人麦某军为直系亲属和一致行动人，同时作为被告甲电器公司的员工并代表该公司对外签订商标使用许可合同和合作协议，指定由其个人银行账户收款；在原告以公证方式向被告甲电器公司购买被控侵权产品时，也提供其个人银行账户作为收款账户。制造、销售被控侵权产品的行为均以被告甲电器公司、乙电器公司的名义进行，未以被告麦某亮个人名义进行，“小×生活电器 . com”“xiao××68. com”域名也是被告乙电器公司用于其网站经营。

法院另查明，被告电子商务公司成立于 2010 年，注册资本为 20000 万元，经营范围包括电子商务系统，计算机软件及硬件的技术开发、设计、制作、销售，数据库及计算机网络服务等。其网站系其提供技术支持和服务的电子商务网站。被告电子商务公司提供的证据证实，被控侵权产品已从前述专卖店下架。

【案件焦点】

被告是否适用惩罚性赔偿。

【裁判要旨】

江苏省南京市中级人民法院经审理认为：被告甲电器公司、乙电器公司未经原告许可，在电磁炉等产品上使用与原告的“小×”商标近似的标识，侵犯了原告的注册商标专用权。两被告使用“小×生活——为品质而生”“我们只做生活电器中的艺术品”宣传语及橙白配色，是引人误解的虚假宣传行为，构成不正当竞争。被告甲电器公司注册、乙电器公司使用“小×生活电器.com”“xiao××68. com”的行为，侵犯了原告的“小×”注册商标专用权。

原告的案涉“小×”商标在被告申请注册“小×生活”商标前已达驰名程度，具有较高的市场知名度、美誉度和影响力，具有较强的显著性。被告甲电器公司侵权的意图明显，其从原告注册、使用“小×”商标后即模仿该商标，申请注册“小×生活”商标，其后又申请注册原告已注册的“×家”等商标，使用与原告宣传语近似或基本相同的宣传语，使用与原告配色相同的配色，申请与原告商标近似的域名，从2017年2月起即制造、销售被控侵权产品；被告乙电器公司虽注册成立的时间较晚，但其与被告甲电器公司间存在股东、法定代表人和业务上的关联关系，两被告全面模仿原告及其商标、产品，企图使相关公众误认为其与原告间存在某种特定的联系或商标许可使用关系，并且实际已使用造成混淆。两被告的侵权行为具有极为明显的恶意，情节极为恶劣，所造成的后果亦十分严重，应当适用惩罚性赔偿。

江苏省南京市中级人民法院判决如下：

一、被告甲电器公司、乙电器公司于本判决生效之日起十日内赔偿原告科技公司、通讯公司经济损失5000万元及为制止侵权行为支出的合理开支414198元；

二、被告麦某亮对被告甲电器公司、乙电器公司的前项赔偿责任承担连带责任。

江苏省高级人民法院经审理认为：在确定具体的惩罚倍数时还需考虑以下事实

和相关因素：2018 年 8 月 8 日涉案“小×生活”注册商标被国家商评委宣告无效，2019 年 9 月 9 日北京知识产权法院作出行政判决，驳回甲电器公司的诉讼请求。2019 年 6 月 12 日一审法院对本案作出判决，而科技公司、通讯公司一、二审提供的证据显示，直到二审期间，甲电器公司、乙电器公司仍在持续宣传、销售被控侵权商品，具有明显的侵权恶意。

【适用解析】

本文就惩罚性赔偿中“故意”的理解与法律适用展开分析。

2021 年 3 月 2 日，最高人民法院发布《关于审理侵害知识产权民事案件适用惩罚性赔偿的解释》（以下简称《知识产权惩罚性赔偿司法解释》）。2021 年 3 月 15 日，最高人民法院发布《侵害知识产权民事案件适用惩罚性赔偿典型案例》①。本案作为典型案例，对惩罚性赔偿中的主观要件“故意”有了新的解读方式。

首先，根据《知识产权惩罚性赔偿司法解释》第一条第二款的规定，本解释所称故意，包括商标法第六十三条第一款和反不正当竞争法第十七条第三款规定的恶意。因此，《知识产权惩罚性赔偿司法解释》第一条中所提到的“故意”，应当与商标法、反不正当竞争法中的“恶意”的衡量标准具有一致性，作相同的解释。

其次，对于“故意”是否包括间接故意，学界持有不同的观点，实务界认为其应当包括间接故意。关于“故意”的解释，主要有两种学说。一种是“意思主义”，即行为人不仅要知道侵权导致的结果，还要证明行为人对后果发生持有追求或放任的态度。另一种是“观念主义”，即行为人对结果所持的心理状态应当从其行为来判断，只要证明行为人认识到了侵权结果发生的可能性，就可以证明其存在“故意”的主观状态。史尚宽先生指出：“这两种看法的主要区别在于：依意思主义，行为人不独知其行为之结果，而只需有欲为之意，依观念主义，则以有行为结果之预见为已足。”② 根据广东省深圳市中级人民法院《关于知识产权民事侵权纠纷使用惩罚性赔偿的指导意见（试行）》第六条的规定：本意见所指“故意”，是指侵权人主观上明知自己的行为会导致侵权结果的发生，而希望或放任这种结果发

---

① 《侵害知识产权民事案件适用惩罚性赔偿典型案例》，载最高人民法院网，https://www.court.gov.cn/zixun-xiangqing-290651.html，2022 年 4 月 19 日访问。

② 史尚宽：《债法总论》，中国政法大学出版社 2000 年版，第 112 页。

生。侵权人因过失导致侵权的，一般不构成“故意”。该规定表明，在实务中，法院采取了“意思主义”，其不仅要证明行为人需认识到侵权后果可能发生，还需证明其存在希望或放任的心理状态，即从侧面证明，法院认为惩罚性赔偿中主观要件“故意”应包括直接故意和间接故意。

在学界中，王利明教授认为，“所谓故意，就是指明知而且追求行为结果的发生，既不包括应当知道（重大过失的情形），也不包括间接故意。明知的特点在于，行为人不仅知道知识产权的存在，而且知道自己的行为会侵害他人的权利”[①]。而朱晓峰教授虽认为应当提高惩罚性赔偿适用的主观过错标准，但仅仅应当排除由于过失所造成的损害结果，并不区分直接故意或间接故意。他认为，“从惩罚性赔偿的目的与规则适用的效用来判断，由于惩罚性赔偿适用的主要目的是通过制裁和威慑来实现社会控制，所以对于主观过错为故意的行为人而言，由于其侵害行为属于明知故犯，所以从行为规则的指引功能来看，该行为具有可避免性和可预防性，而通过惩罚性赔偿规则的适用，才能够最大限度地发挥该制度的社会控制功能。对于过失行为，尽管它们确实在不同程度上违反了注意义务，但是由于行为人在主观上并不追求相应损害结果的发生，对其适用惩罚性赔偿进行制裁，属于‘过度震慑’，淡化了惩罚性赔偿制度的效率原则”[②]。

最后，“故意”作为一种主观状态，其认定需要通过一定的外在表现形式。参考《知识产权惩罚性赔偿司法解释》第三条第一款的规定，对于“故意”的认定，人民法院应当结合被侵害知识产权客体类型、权利状态和相关产品知名度、被告与原告或者利害关系人之间的关系等因素综合考虑。除此之外，《知识产权惩罚性赔偿司法解释》第三条第二款也规定了表现出行为人“故意”为之的具体行为类型，即被告经原告或者利害关系人通知、警告后，仍继续实施侵权行为的；被告或其法定代表人、管理人是原告或者利害关系人的法定代表人、管理人、实际控制人的；被告与原告或者利害关系人之间存在劳动、劳务、合作、许可、经销、代理、代表等关系，且接触过被侵害的知识产权的；被告与原告或者利害关系人之间有业务往

---

① 王利明：《论我国民法典中侵害知识产权惩罚性赔偿的规则》，载《政治与法律》2019 年第 8 期。

② 朱晓峰：《功利主义视角下惩罚性赔偿规则的完善》，载《吉林大学社会科学学报》2017 年第 6 期。

来或者为达成合同等进行过磋商，且接触过被侵害的知识产权的；被告实施盗版、假冒注册商标行为的；其他可以认定为故意的情形。

除上述规定外，根据最高人民法院发布的《侵害知识产权民事案件适用惩罚性赔偿典型案例》，认定“故意”的具体情形还包括：

（一）注册相似驰名商标或抢注驰名商标

在本案中，江苏省高级法院认定一审法院查明的以下事实：被告甲电器公司抢注与原告相似的驰名商标“小×生活”，并且在其多处的经营场所、网站等适用该注册商标；被告甲电器公司除了抢注与原告相似的商标“小×生活”之外，还多次围绕科技公司的“小×”“×家”等商标，反复在多类商品上注册。除此之外，江苏省高级人民法院在二审中还认为，甲电器公司在一审判决作出之后，依然宣传销售其公司产品，具有明显的侵权故意，构成惩罚性赔偿中所要求的主观要件。

该案一审法院认为，被告甲电器公司在科技公司发布手机，引起广泛关注后，注册“小×生活”商标，并在其多处的经营场所、网站等适用与科技公司相类似的产品理念、宣传语及配色，属于故意注册相似知名商标，攀附原告驰名商标的声誉，具有明显的侵权故意，因而适用惩罚性赔偿。

（二）同行业经营者使用相似商标且时间较长

在资源公司诉贸易公司侵害商标权纠纷案①中，一审法院认为，被告作为与羊毛等产品有紧密联系的服装经营者，应当知晓原告资源公司的商标知名度，而仍在其经营场所使用几乎与原告商标无差别的类似商标，且使用时间较长，因而认定其具有主观故意。

在照明公司诉塑料制品公司侵害商标权纠纷案②中，塑料制品公司作为与照明公司的同行业经营者，其应当知晓照明公司的商标知名度而仍使用与其类似的商标且时间较长，因而认定其具有主观故意。

---

① 北京知识产权法院（2015）京知民初字第1677号民事判决书，载中国裁判文书网，https：//wenshu. court. gov. cn/website/wenshu/181107ANFZ0BXSK4/index. html？docId = b0e285dc87fb4d3685a1a8f100e27dd0，2022年4月19日访问。

② 广东省高级人民法院（2019）粤民再147号民事判决书，载中国裁判文书网，https：//wenshu. court. gov. cn/website/wenshu/181107ANFZ0BXSK4/index. html？docId = 65c55207c612429ba3e2ac24014c1243，2022年4月19日访问。

（三）在被行政处罚或刑事处罚后，仍然实施侵权行为

在股份公司诉徐某华等侵害商标权纠纷案[①]中，法院认为，徐某华曾因销售假冒的股份公司的白酒被处以行政处罚和刑事处罚，其后续仍然实施侵权行为，且被告在相同的产品上使用了与原告几乎类似的商标，且产品的款式、颜色以及商标的标识位置几近相同，属于全面模仿、抄袭原告商标，具有较强的主观恶意。

在某公司诉阮某强等侵害商标权纠纷案[②]中，阮某强曾因假冒注册商标前后三次被处以行政处罚，仍继续实施侵权行为，认定其主观恶意较强。

综上所述，人民法院认为商标侵权案件所要求的主观构成要件“故意”包括直接故意和间接故意。并且，人民法院不拘泥于法条规定本身，从原告商标的知名度、其行业影响力、被告所处行业、行为延续性，以及原被告之间的联系等多角度来认定被告是否具有侵权故意。

我国知识产权惩罚性赔偿制度日臻完善，最高人民法院出台《知识产权惩罚性赔偿司法解释》一方面是落实我国高速发展阶段对加强知识产权保护的要求，贯彻新发展理念；另一方面是落实落细惩罚性赔偿制度的实践需要，是保证惩罚性赔偿制度能够用好用到位的重要举措。[③] 本案在《知识产权惩罚性赔偿司法解释》已有规定的基础上，拓宽了认定主观要件“故意”的表现形式，认为行为人的故意是一种内在的主观状态，在民事诉讼中查明难度较大，往往只能通过客观证据加以认定。[④]《知识产权惩罚性赔偿司法解释》的出台为各个法院适用惩罚性赔偿提供了法律依据，有利于进一步加强知识产权保护，完善知识产权惩罚性赔偿制度，切实阻碍侵犯知识产权的行为，符合我国新发展理念的内在要求。

编写人：最高人民法院司法案例研究院与对外经济贸易大学联合培养实习生　齐天怡

---

① 浙江省杭州市中级人民法院（2020）浙01民终5872号民事判决书，载中国裁判文书网，https://wenshu.court.gov.cn/website/wenshu/181107ANFZ0BXSK4/index.html?docId=f6c920313bac4298a816ac7e00a053ae，2022年4月19日访问。

② 浙江省温州市中级人民法院（2020）浙03民终161号民事判决书，载中国裁判文书网，https://wenshu.court.gov.cn/website/wenshu/181107ANFZ0BXSK4/index.html?docId=495201a4c57043259f31ac0c00c895b6，2022年4月19日访问。

③ 林广海，李剑，秦元明：《〈关于审理侵害知识产权民事案件适用惩罚性赔偿的解释〉的理解和适用》，载《人民司法》2021年第10期。

④ 林广海，李剑，秦元明：《〈关于审理侵害知识产权民事案件适用惩罚性赔偿的解释〉的理解和适用》，载《人民司法》2021年第10期。

【《商标法》第65条　诉前保全措施】

40

热播节目诉前行为保全的判断要件

——影视公司与甲文化公司、乙文化公司诉前行为保全案

【基本信息】

1. 裁判书字号

北京知识产权法院（2016）京73行保复1号民事裁定书

2. 案由：诉前行为保全

3. 当事人

申请人（复议被申请人）：影视公司

被申请人（复议申请人）：甲文化公司、乙文化公司

【基本案情】

"the Voice of ××"节目是荷兰某公司独创开发的以歌唱比赛为内容的真人选秀节目，在其授权下，第1~4季"×××声音"由甲文化公司于2012年至2015年制作播出。据某公司的授权，影视公司取得2016年1月28日至2020年1月28日独占且唯一的在中国大陆使用、分销、市场推广、投放广告、宣传及以其他形式开发"×××声音"节目的相关知识产权。据此，影视公司认为甲文化公司在未经授权的情况下，擅自使用"×××声音"（后更名为"2016×××声音"）节目名称和有关标识宣传、推广和制作第5季"×××声音"节目、乙文化公司协助甲文化公司组织和主办全国校园海选等，已构成对其享有的未注册驰名商标权和知名服务特有名称权益的侵犯，且"2016 ×××声音"计划将于今年6月录制节目并定于7月播出，一旦涉案被控侵权节目录制完成并播出，将会造成难以弥补的损害后

果，故请求法院责令甲文化公司和乙文化公司立即停止相关侵权行为。

【案件焦点】

某公司向法院提出的诉前行为保全申请是否符合民事诉讼法的规定。

【裁判要旨】

北京知识产权法院经审理认为：本案属于法院主管且北京知识产权法院对本案具有管辖权。影视公司作为某公司相关知识产权的独占被许可人，有权提出本案保全申请。甲文化公司存在使用第 G10983××号、第 G10893××号注册商标及构成侵权的可能性；“×××声音”和“The Voice of ××”被认定为电视文娱节目及其制作服务类的知名服务特有名称，某公司拥有有关节目名称权益，以及甲文化公司和乙文化公司构成不正当竞争，均亦存在较大可能性。鉴于涉案被控侵权节目马上将进行录制和播出，故本案具有紧迫性。本案采取保全措施，符合损害平衡性，且没有证据证明责令停止涉案行为将会损害社会公共利益，影视公司也提交了相应担保。综上，本案满足采取诉前行为保全的构成要件。

【适用解析】

该案例涉及商标侵权及不正当竞争纠纷案件采取诉前行为保全的判断标准问题。因“×××声音”节目具有较高的知名度，且该案是自北京知识产权法院成立以来首例采取诉前行为保全措施的案件，故该案受到社会各界的广泛关注。彼时，《最高人民法院关于审查知识产权纠纷行为保全案件适用法律若干问题的规定》尚未颁布实施，该案例为上述司法解释第六条第五项所述“时效性较强的热播节目正在或者即将受到侵害”的情况紧急情形以及难以弥补的损害的判断奠定了实践基础。

一、诉前行为保全的性质

行为保全，是指在终审判决作出前，法院责令当事人作出一定行为或者禁止其作出一定行为。

从诉前行为保全的制度设计来看，诉前行为保全作为一项程序性保障措施，其性质可以定性为特别诉讼程序，因为其虽然形式上存在对立的双方当事人，但是在启动诉前保全审查程序后，法院并非必须组织法庭辩论质证，法院的审查也只是形式审查，不涉及当事人权利义务的最终裁定，显然有别于普通诉讼程序。该案中，被申请人质疑法院对案件事实上进行了实体认定，对此法院复议后指出：《中华人民共和国民事诉讼法》第一百零一条（2021 年修订后，现为第一百零四条）所规定的利害关系人在提起诉讼或者申请仲裁前可以向法院申请采取保全措施，实质上是一种程序救济性权利。采取保全措施，是基于对胜诉可能性、实施的紧迫性、损害平衡性以及是否损害公共利益等诸多因素综合考量后而采取的程序上的临时措施，与诉讼案件实体审理具有本质区别。而所谓胜诉可能性，是法院根据现有证据，并结合程序性临时措施的特点所作出的可能性判断，这显然有别于实体审理后的确定性认定。因此，在诉前行为保全申请审查阶段，胜诉可能性并不必然排除保全申请人败诉或者保全被申请人胜诉的可能性。原裁定仅仅是基于现有证据做出的初步判断，并进而采取的临时保全措施，而并非针对诉讼案件的实体审理，更不可能当然成为后续诉讼案件的审理结果。

由上可见，该案例紧扣诉前行为保全的程序属性，摒弃过去对实体问题的严苛审查，在侵权可能性及利益平衡等因素的考量基础上，采取了较为适当的保全措施，充分发挥了诉前行为保全的预防救济功能。

二、诉前行为保全的判断要件

在该案例中，法院将采取诉前行为保全措施的判断要件归纳为以下因素：申请人是否是权利人或利害关系人；申请人在本案中是否有胜诉可能性；是否具有紧迫性，以及不立即采取措施是否可能使申请人的合法权益受到难以弥补的损害；损害平衡性，即不责令被申请人停止相关行为对申请人造成的损害是否大于责令被申请人停止相关行为对被申请人造成的损害；责令被申请人停止相关行为是否损害社会公共利益；申请人是否提供了相应的担保。

（一）申请人是否是权利人或利害关系人

诉前行为保全申请人是否具有权利或权益基础，是判断是否采取保全措施的重要考虑因素，同时也可以视其为胜诉可能性判断要件的组成部分。

实践中，有观点认为：诉前行为保全的申请主体应当具有确定无疑的权利或权益基础，比如提供了专利、商标授权证书等，否则就是不适格的申请主体。然而，因我国法律规定有专利无效、商标无效和撤销程序，故即使当事人拥有授权证书，其权利基础也可能发生变化。因此，对于权利或权益基础的判断，仍应持可能性的认定态度。尤其是，根据我国反不正当竞争法的有关规定，包括知名服务特有的名称在内的各项权益并非法律规定的授权性权利，这种形成于经营者经营行为的商业成果，也可能丧失于经营者的不当经营行为，甚至侵权人的侵权行为。可见，经营者的经营付出及权益归属约定是确定此类权益享有者的重要依据。

该案中，法院对申请人影视公司的申请主体资格的审查，主要体现在以下两个层次：

第一，根据影视公司提交的其某公司签订的相关协议，以及某公司出具的《授权书及确认函》，可以证明影视公司获得了某公司关于包括有关注册商标、“×××声音”中文节目名称等在内的多项权利或权益的独占且唯一的授权，其据此向法院提出诉前行为保全申请，具有独占许可使用合同上的权利或权益基础。其中，对于影视公司主张的注册商标权，因有商标注册证佐证，且并无权属争议，故法院对此持相对更为确定的态度；对于其主张的知名服务特有名称权益，考虑到其系获某公司的独占许可使用授权，法院进一步分析了某公司对“×××声音”作为电视文娱节目及其制作服务类的知名服务特有名称享有权益是否具有可能性。

第二，关于“×××声音”节目名称权益的归属问题。法院指出，根据现有证据判断，“×××声音”这一节目最初来源于某公司关于相关节目模式的授权，即“×××声音”这一节目名称指向一种具有特定模式的节目，且该节目名称权益的产生来源于某公司的经营行为，在此基础上，法院进而认定影视公司经授权可能享有对“×××声音”这一节目名称的在先权益。

在权属存在争议或处于待定状态的情况下，仍然可以根据案情进行权属可能性的判断，并作为决定是否采取诉前行为保全措施的考虑因素之一。在该案中，被申请人主张某公司的有关授权协议约定适用英美法进行解释，且有关争议应由香港仲裁庭仲裁裁决，而香港仲裁庭裁决内容足以证明某公司对“×××声音”中文节目名称享有的权益基础不稳定。对此，法院指出：无论是香港高等法院作出的临时禁令，还是香港仲裁庭裁决对某公司提出的临时措施申请的处理，以及本院所采取的保全措施，均是为保障当事人实体权益的最终实现而采取的一种从属于仲裁或诉讼程序的程序性措施，并非仲裁及侵权诉讼案件的最终审理结论，且各自具有较强的独立性。也即香港仲裁庭裁决中所作出的最终权利宣告裁决，对某公司提出的临时措施申请的处理，以及香港高等法院根据香港仲裁庭裁决对其作出的临时禁令所可能作出的调整，均不必然影响本院对是否采取诉前行为保全措施的判断和实施。况且，香港仲裁庭裁决目前亦并未对“×××声音”中文节目名称的合同约定归属作出结论性认定，故在程序上也不能排除影视公司拥有提出本案诉前行为保全申请的权利。甲文化公司作为“×××声音”节目的制作公司，其并不否认其制作的第1~4季“×××声音”节目系在某公司授权使用的节目模式基础上制作完成，而该节目所衍生的合同项下包括当地系列节目名称、当地节目标识等权益或权利也约定归属于某公司。尽管关于“×××声音”中文节目名称的归属问题尚为香港国际仲裁中心的仲裁事项，姑且不论相关权益归属问题是否属于仲裁范围，仅从各方无争议的授权合同约定以及“×××声音”节目实际播出使用中文名称这一基础事实考量，在目前尚无有效相反证据的情况下，可以初步判断，已获某公司独占许可使用授权的影视公司具有主张拥有“×××声音”中文节目名称相关权益的证据基础。至于影视公司是否确实拥有“×××声音”中文节目名称权益，属于后续实体审理内容，但不影响影视公司拥有程序性救济的权利。对于某卫视是否是“×××声音”中文节目名称的权益所有者，法院同样基于在案证据进行了分析认定。

由上可见，在诉前行为保全申请主体的资格确认上，法院不宜仅因权属存在争议就否定申请人实质具有权利或权益基础的可能性，而应在对权属问题的实体可能性判断的基础上，审慎认定申请人的主体是否适格。

（二）申请人在本案中是否有胜诉可能性

在知识产权专门法及其司法解释中，采取诉前行为保全措施的前提均包含“有证据证明他人正在实施或者即将实施侵犯其权利的行为”，而民事诉讼法对此并无规定。不过，通常认为民事诉讼法所规定的“将会使其合法权益受到难以弥补的损害”就暗含实体侵权判定的要求，又因诉前行为保全本身的程序救济属性，上述实体上的判断应是申请人胜诉可能性的认定，而非直接确定是否构成侵权。

考虑胜诉可能性的目的在于防止当事人滥用申请权，避免作出错误的行为保全。实践中的争议在于，达到何种程度的胜诉可能性才能满足采取行为保全措施的条件。有观点认为，行为保全实际上会产生先予执行的法律后果，为防止权利滥用，应采取较高的胜诉可能性标准，即只有在胜诉可能性达到“确定无疑”或“基本确信”的情况下才能考虑采取行为保全措施。但是，诉前行为保全案件一般具有时间紧迫的特点，而且诉讼程序不够完整，相当一部分案件甚至难以全面听取被申请人的意见。因此，要求法官作出“确定无疑”的判断不仅客观上存在困难，而且在诉前阶段就认定申请人基本可以胜诉不免有未审先判的嫌疑。对胜诉可能性的要求高，固然会减少错误的行为保全，但是过高的胜诉可能性要求将明显限制行为保全制度的适用范围，无法充分发挥制度功能，不利于及时有效地保护权利人。同时，审查胜诉可能性并非避免错误的唯一途径，要求当事人提供担保可以发挥同样的功能。因此，对于胜诉可能性的要求应当采取一个相对灵活的标准，在避免错误与保护申请人权利之间寻求平衡。

从比较法的角度来看，世界上主要国家和地区对于胜诉可能性的要求均较为灵活。英国采取实质性争议标准，排除滥诉和不可能胜诉的情形即可；德国、日本和我国台湾地区只要求对请求权进行释明，同时允许以担保的方式弥补释明内容的不足；美国对于侵权成立要求优势证据，但是对于权利有效性和可执行性等问题则采取推定成立的态度。结合前述分析，对于胜诉可能性的要求应当首先排除明显没有胜诉可能性或者胜诉可能性较低的情形；其次，对于胜诉可能性的要求应当采取一个相对灵活的态度，要与难以弥补的损害、双方利益平衡、担保等其他因素进行综合考虑、整体判断，而不应当机械设定一个等同划一的标准。①

该案中，申请人影视公司主张甲文化公司和乙文化公司的行为侵害了其享有独占许可使用权的注册商标专用权、未注册驰名商标权，并构成擅自使用知名服务特有名称的不正当竞争行为。对此，法院根据在案证据认定甲文化公司存在使用第G10983××号、第G10893××号注册商标及构成侵权的可能性，同时结合第1～4季“×××声音”作为歌唱比赛选秀节目具有较高知名度及某公司的授权协议约定，认定甲文化公司和乙文化公司的行为存在构成不正当竞争行为的可能性。值得指出的是，对于申请人提出的未注册驰名商标权益主张，法院认为“两节目标识是否符合商标法有关注册商标的规定，尚需在后续诉讼中进一步审理判断”，并指出“在本案诉前保全申请审查阶段，无法对上述两节目标识是否构成未注册驰名商标进行判断”，这实际上反映了法院在胜诉可能性判断上的审慎态度。

---

① 宋鱼水、杜长辉、冯刚、蒋利玮：《知识产权行为保全制度研究》，载《知识产权》2014年第11期。

（三）是否具有紧迫性，以及不立即采取措施是否可能使申请人的合法权益受到难以弥补的损害

具有紧迫性，通常认为是诉前行为保全与诉中行为保全的本质区别。提出诉前保全申请，原因在于情况紧急，且这种紧迫性表现为不立即采取保全措施将会使申请人合法权益受到难以弥补的损害。

具有紧迫性是诉前行为保全的前提，而存在难以弥补的损害则是设立行为保全制度的正当性依据。正是因存在难以弥补的损害，才有必要在损害赔偿制度之外，设立行为保全制度，允许当事人在法院作出终审判决之前，申请法院责令对方当事人作出或者禁止其作出一定行为。对于难以弥补的损害的理解。首先，从制度价值来看，“难以弥补的损害”对应的是损害赔偿制度的缺陷，是指申请人在通过诉讼得到胜诉判决的情形下，存在执行判决仍不能弥补的损害或者因被申请人无赔偿能力致使判决难以执行。《中华人民共和国民事诉讼法》第一百零一条（2021 年修订后，现为第一百零四条）规定的“难以弥补的损害”与第一百条（2021 年修订后，现为第一百零三条）规定的“判决难以执行或造成当事人其他损害”应当作一致解释，即“难以弥补的损害”包括判决难以执行造成的损害不能弥补，和诉讼之外的损害在本案中不能弥补。其次，从性质表征来看，“难以弥补的损害”表现为难以计算、难以恢复原状或者金钱赔偿难以救济的损害。最后，从判断标准来看，难以弥补的损害不同于胜诉可能性，前者应当从损害的性质、后果进行判断，后者应当根据实体法规定从请求权的成立要件进行判断，不能根据申请人具有胜诉可能性推定其存在难以弥补的损害。

该案中，法院指出，在有证据表明甲文化公司将要制作“2016 ×××声音”歌唱比赛选秀节目且某卫视将播出此节目的情况下，本案采取诉前行为保全措施符合民事诉讼法所规定的“情况紧急”情形。法院在胜诉可能性的判断基础上进一步指出，“×××声音”作为一档全国知名的歌唱比赛选秀节目，该节目的知名度与其节目内容和节目所采用的模式及特色密切关联，而如出现另一档节目名称包含“×××声音”的歌唱比赛选秀节目，显然可能会造成相关公众的混淆误认，从而可能导致影视公司后续依约开发制作的该类型节目失去竞争优势。事实上，因“×××声音”节目具有较高知名度，在有众多新闻媒体、广告商、参赛选手参与的节目录制过程中，后续媒体报道等将带来较大范围的传播和扩散，很可能会显著增加

影视公司的维权成本和维权难度。据此，法院认定如不责令甲文化公司和乙文化公司立即停止涉案行为，将可能对影视公司的权益造成难以弥补的损害。

（四）损害平衡性和责令被申请人停止相关行为是否损害社会公共利益

采取行为保全措施，应当注重对双方当事人的利益进行平衡，即不责令被申请人停止相关行为对申请人造成的损害是否大于责令被申请人停止相关行为对被申请人造成的损害。损害平衡性还被认为是比例原则在民事行为保全中的具体适用，即在实现目标与所采取的手段之间寻求必要的平衡。该案中，法院考虑到采取行为保全措施并不会影响节目更名后的制作和播出，而不采取行为保全措施将可能使申请人丧失竞争优势，且会显著增加申请人的维权成本和维权难度，据此认定采取保全措施符合损害平衡性。

另外，现行司法解释均规定应当审查“责令被申请人停止有关行为是否损害社会公共利益”。一般认为社会公共利益主要包括公共秩序和公共道德两个方面，公共秩序主要包括社会公共秩序（包括社会政治秩序、经济秩序）与生活秩序，违反社会公共秩序与生活秩序的行为往往也是违反法律和行政法规的强制性规定的行为。而社会公德，也被称为善良风俗，是指由社会全体成员所普遍认同、遵循的道德准则。实践中，要合理确定社会公共利益的范围，避免对其泛化理解。该案中，对于被申请人所提出的采取保全措施将损害某卫视、海选歌手等案外人的利益的主张，法院就明确认定上述利益并非社会公共利益的范畴。

（五）申请人是否提供了相应的担保

担保的目的在于确保行为保全错误的情形下被申请人能够得到足额的赔偿。因此，行为保全担保的金额与申请人的诉讼请求无关，应当相当于采取措施给被申请人造成的损失。对于担保金额和担保形式的确定，需要综合考虑采取诉前行为保全措施的各判断因素以及该保全措施可能会对被保全人造成的损失进行判断。

根据《最高人民法院关于适用〈中华人民共和国民事诉讼法〉的解释》（2022年）第一百五十二条的规定，人民法院依照民事诉讼法的规定，在采取诉前保全、诉讼保全措施时，责令利害关系人或者当事人提供担保的，应当书面通知。申请诉前行为保全的，担保的数额由人民法院根据案件的具体情况决定。可见，严格来说，担保金额和担保形式应当由法院根据案情决定，但实践中，为了尽可能降低错误保全的风险，法院通常会要求申请人明确其能够或者愿意提供的担保金额和形式，并在决定是否采取保全措施时，将其作为判断要件之一进行考量。从实务操作而言，确实具有一定的合理性，但应当注意听取各方当事人的意见并进行适当的释明，确保程序公正。

关于在诉前行为保全中是否适用以反担保形式解除保全的问题，该案裁定对此进行了较为充分的说明，法院指出，首先，适用反担保将可能有违利害关系人提出诉前行为保全申请的目的。采取诉前行为保全措施，是以利害关系人的合法权益将会受到难以弥补的损害为基础。因此，除非利害关系人同意，否则反担保的适用将会使利害关系人提起诉前行为保全申请的目的落空。其次，反担保在行为保全中的适用也不符合相关法律原则。《中华人民共和国民事诉讼法》第一百零四条（2021年修订后，现为第一百零七条）明确规定对于财产纠纷案件，被申请人提供担保的，人民法院应当裁定解除保全，但其中并未明确规定行为保全的反担保问题。实践中对于行为保全措施通常也不接受以反担保解除保全。

三、小结

一直以来，法院对诉前行为保全持较为谨慎的态度，全国各地法院鲜有涉及不正当竞争纠纷的诉前行为保全案例。然而，在当前社会经济发展提速、社会文化多元繁荣的形势下，法院应当切实保障当事人的各项诉讼权利，进一步促进科技创新和文化创新。我们认为，在诉前行为保全案件中，除了应明晰判断要件以外，还须重点关注以下事项：首先，要明确诉前行为保全是一项程序性保障措施，其并非针对诉讼案件的实体审理，更不可能当然成为后续诉讼案件的审理结果。其次，诉前行为保全的申请人是否是适格主体，其是否拥有权利或权益基础，本质上同样属于基于在案证据基础上的可能性判断。在权属存在争议或处于待定状态的情况下，仍然可以根据案情进行权属可能性的判断，并作为决定是否采取诉前行为保全措施的重要考量因素。再次，对于胜诉可能性的要求应当采取一个相对灵活的标准，在避免错误与保护申请人权利之间寻求平衡。要避免在诉前阶段就过于强调实体判断，并作出保全申请人基本可以胜诉的不当认定。最后，要注重诉前行为保全的紧迫性特点，高度重视是否存在难以弥补的损害的判断，准确界定社会公共利益的范围，合理确定担保金额和担保形式。

编写人：北京知识产权法院　陈勇

附 录

1. 全国人民代表大会常务委员会关于修改《中华人民共和国专利法》的决定

（2020 年 10 月 17 日第十三届全国人民代表大会常务委员会第二十二次会议通过）

第十三届全国人民代表大会常务委员会第二十二次会议决定对《中华人民共和国专利法》作如下修改：

一、将第二条第四款修改为：“外观设计，是指对产品的整体或者局部的形状、图案或者其结合以及色彩与形状、图案的结合所作出的富有美感并适于工业应用的新设计。”

二、将第六条第一款修改为：“执行本单位的任务或者主要是利用本单位的物质技术条件所完成的发明创造为职务发明创造。职务发明创造申请专利的权利属于该单位，申请被批准后，该单位为专利权人。该单位可以依法处置其职务发明创造申请专利的权利和专利权，促进相关发明创造的实施和运用。”

三、将第十四条改为第四十九条。

四、将第十六条改为第十五条，增加一款，作为第二款：“国家鼓励被授予专利权的单位实行产权激励，采取股权、期权、分红等方式，使发明人或者设计人合理分享创新收益。”

五、增加一条，作为第二十条：“申请专利和行使专利权应当遵循诚实信用原则。不得滥用专利权损害公共利益或者他人合法权益。

“滥用专利权，排除或者限制竞争，构成垄断行为的，依照《中华人民共和国反垄断法》处理。”

六、删除第二十一条第一款中的“及其专利复审委员会”。

将第二款修改为：“国务院专利行政部门应当加强专利信息公共服务体系建设，

完整、准确、及时发布专利信息，提供专利基础数据，定期出版专利公报，促进专利信息传播与利用。”

七、在第二十四条中增加一项，作为第一项：“（一）在国家出现紧急状态或者非常情况时，为公共利益目的首次公开的”。

八、将第二十五条第一款第五项修改为：“（五）原子核变换方法以及用原子核变换方法获得的物质”。

九、将第二十九条第二款修改为：“申请人自发明或者实用新型在中国第一次提出专利申请之日起十二个月内，或者自外观设计在中国第一次提出专利申请之日起六个月内，又向国务院专利行政部门就相同主题提出专利申请的，可以享有优先权。”

十、将第三十条修改为：“申请人要求发明、实用新型专利优先权的，应当在申请的时候提出书面声明，并且在第一次提出申请之日起十六个月内，提交第一次提出的专利申请文件的副本。

“申请人要求外观设计专利优先权的，应当在申请的时候提出书面声明，并且在三个月内提交第一次提出的专利申请文件的副本。

“申请人未提出书面声明或者逾期未提交专利申请文件副本的，视为未要求优先权。”

十一、将第四十一条修改为：“专利申请人对国务院专利行政部门驳回申请的决定不服的，可以自收到通知之日起三个月内向国务院专利行政部门请求复审。国务院专利行政部门复审后，作出决定，并通知专利申请人。

“专利申请人对国务院专利行政部门的复审决定不服的，可以自收到通知之日起三个月内向人民法院起诉。”

十二、将第四十二条修改为：“发明专利权的期限为二十年，实用新型专利权的期限为十年，外观设计专利权的期限为十五年，均自申请日起计算。

“自发明专利申请日起满四年，且自实质审查请求之日起满三年后授予发明专利权的，国务院专利行政部门应专利权人的请求，就发明专利在授权过程中的不合理延迟给予专利权期限补偿，但由申请人引起的不合理延迟除外。

“为补偿新药上市审评审批占用的时间，对在中国获得上市许可的新药相关发明专利，国务院专利行政部门应专利权人的请求给予专利权期限补偿。补偿期限不超过五年，新药批准上市后总有效专利权期限不超过十四年。”

十三、将第四十五条、第四十六条中的“专利复审委员会”修改为“国务院专利行政部门”。

十四、将第六章的章名修改为“专利实施的特别许可”。

十五、增加一条，作为第四十八条：“国务院专利行政部门、地方人民政府管理专利工作的部门应当会同同级相关部门采取措施，加强专利公共服务，促进专利实施和运用。”

十六、增加一条，作为第五十条：“专利权人自愿以书面方式向国务院专利行政部门声明愿意许可任何单位或者个人实施其专利，并明确许可使用费支付方式、标准的，由国务院专利行政部门予以公告，实行开放许可。就实用新型、外观设计专利提出开放许可声明的，应当提供专利权评价报告。

“专利权人撤回开放许可声明的，应当以书面方式提出，并由国务院专利行政部门予以公告。开放许可声明被公告撤回的，不影响在先给予的开放许可的效力。”

十七、增加一条，作为第五十一条：“任何单位或者个人有意愿实施开放许可的专利的，以书面方式通知专利权人，并依照公告的许可使用费支付方式、标准支付许可使用费后，即获得专利实施许可。

“开放许可实施期间，对专利权人缴纳专利年费相应给予减免。

“实行开放许可的专利权人可以与被许可人就许可使用费进行协商后给予普通许可，但不得就该专利给予独占或者排他许可。”

十八、增加一条，作为第五十二条：“当事人就实施开放许可发生纠纷的，由当事人协商解决；不愿协商或者协商不成的，可以请求国务院专利行政部门进行调解，也可以向人民法院起诉。”

十九、将第六十一条改为第六十六条，将第二款修改为：“专利侵权纠纷涉及实用新型专利或者外观设计专利的，人民法院或者管理专利工作的部门可以要求专利权人或者利害关系人出具由国务院专利行政部门对相关实用新型或者外观设计进行检索、分析和评价后作出的专利权评价报告，作为审理、处理专利侵权纠纷的证据；专利权人、利害关系人或者被控侵权人也可以主动出具专利权评价报告。”

二十、将第六十三条改为第六十八条，修改为：“假冒专利的，除依法承担民事责任外，由负责专利执法的部门责令改正并予公告，没收违法所得，可以处违法所得五倍以下的罚款；没有违法所得或者违法所得在五万元以下的，可以处二十五万元以下的罚款；构成犯罪的，依法追究刑事责任。”

二十一、将第六十四条改为第六十九条，修改为：“负责专利执法的部门根据已经取得的证据，对涉嫌假冒专利行为进行查处时，有权采取下列措施：

“（一）询问有关当事人，调查与涉嫌违法行为有关的情况；

“（二）对当事人涉嫌违法行为的场所实施现场检查；

“（三）查阅、复制与涉嫌违法行为有关的合同、发票、账簿以及其他有关资料；

“（四）检查与涉嫌违法行为有关的产品；

“（五）对有证据证明是假冒专利的产品，可以查封或者扣押。

“管理专利工作的部门应专利权人或者利害关系人的请求处理专利侵权纠纷时，可以采取前款第（一）项、第（二）项、第（四）项所列措施。

“负责专利执法的部门、管理专利工作的部门依法行使前两款规定的职权时，当事人应当予以协助、配合，不得拒绝、阻挠。”

二十二、增加一条，作为第七十条：“国务院专利行政部门可以应专利权人或者利害关系人的请求处理在全国有重大影响的专利侵权纠纷。

“地方人民政府管理专利工作的部门应专利权人或者利害关系人请求处理专利侵权纠纷，对在本行政区域内侵犯其同一专利权的案件可以合并处理；对跨区域侵犯其同一专利权的案件可以请求上级地方人民政府管理专利工作的部门处理。”

二十三、将第六十五条改为第七十一条，修改为：“侵犯专利权的赔偿数额按照权利人因被侵权所受到的实际损失或者侵权人因侵权所获得的利益确定；权利人的损失或者侵权人获得的利益难以确定的，参照该专利许可使用费的倍数合理确定。对故意侵犯专利权，情节严重的，可以在按照上述方法确定数额的一倍以上五倍以下确定赔偿数额。

“权利人的损失、侵权人获得的利益和专利许可使用费均难以确定的，人民法院可以根据专利权的类型、侵权行为的性质和情节等因素，确定给予三万元以上五百万元以下的赔偿。

“赔偿数额还应当包括权利人为制止侵权行为所支付的合理开支。

“人民法院为确定赔偿数额，在权利人已经尽力举证，而与侵权行为相关的账簿、资料主要由侵权人掌握的情况下，可以责令侵权人提供与侵权行为相关的账簿、资料；侵权人不提供或者提供虚假的账簿、资料的，人民法院可以参考权利人的主张和提供的证据判定赔偿数额。”

二十四、将第六十六条改为第七十二条，修改为：“专利权人或者利害关系人有证据证明他人正在实施或者即将实施侵犯专利权、妨碍其实现权利的行为，如不及时制止将会使其合法权益受到难以弥补的损害的，可以在起诉前依法向人民法院申请采取财产保全、责令作出一定行为或者禁止作出一定行为的措施。”

二十五、将第六十七条改为第七十三条，修改为：“为了制止专利侵权行为，在证据可能灭失或者以后难以取得的情况下，专利权人或者利害关系人可以在起诉前依法向人民法院申请保全证据。”

二十六、将第六十八条改为第七十四条，修改为：“侵犯专利权的诉讼时效为三年，自专利权人或者利害关系人知道或者应当知道侵权行为以及侵权人之日起计算。

“发明专利申请公布后至专利权授予前使用该发明未支付适当使用费的，专利权人要求支付使用费的诉讼时效为三年，自专利权人知道或者应当知道他人使用其发明之日起计算，但是，专利权人于专利权授予之日前即已知道或者应当知道的，自专利权授予之日起计算。”

二十七、增加一条，作为第七十六条：“药品上市审评审批过程中，药品上市许可申请人与有关专利权人或者利害关系人，因申请注册的药品相关的专利权产生纠纷的，相关当事人可以向人民法院起诉，请求就申请注册的药品相关技术方案是否落入他人药品专利权保护范围作出判决。国务院药品监督管理部门在规定的期限内，可以根据人民法院生效裁判作出是否暂停批准相关药品上市的决定。

“药品上市许可申请人与有关专利权人或者利害关系人也可以就申请注册的药品相关的专利权纠纷，向国务院专利行政部门请求行政裁决。

“国务院药品监督管理部门会同国务院专利行政部门制定药品上市许可审批与药品上市许可申请阶段专利权纠纷解决的具体衔接办法，报国务院同意后实施。”

二十八、删除第七十二条。

二十九、将第七十三条改为第七十九条，第七十四条改为第八十条，将其中的“行政处分”修改为“处分”。

本决定自2021年6月1日起施行。

《中华人民共和国专利法》根据本决定作相应修改并对条文顺序作相应调整，重新公布。

2. 全国人民代表大会常务委员会关于修改《中华人民共和国著作权法》的决定

（2020 年 11 月 11 日第十三届全国人民代表大会常务委员会第二十三次会议通过）

第十三届全国人民代表大会常务委员会第二十三次会议决定对《中华人民共和国著作权法》作如下修改：

一、将第二条、第九条、第十一条、第十六条、第十九条、第二十二条中的“其他组织”修改为“非法人组织”。

将第九条、第十一条、第十六条、第十九条、第二十一条中的“公民”修改为“自然人”。

二、将第三条中的“包括以下列形式创作的文学、艺术和自然科学、社会科学、工程技术等作品”修改为“是指文学、艺术和科学领域内具有独创性并能以一定形式表现的智力成果，包括”。

将第六项修改为：“（六）视听作品”。

将第九项修改为：“（九）符合作品特征的其他智力成果”。

三、将第四条修改为：“著作权人和与著作权有关的权利人行使权利，不得违反宪法和法律，不得损害公共利益。国家对作品的出版、传播依法进行监督管理。”

四、将第五条第二项修改为：“（二）单纯事实消息”。

五、将第七条、第二十八条中的“国务院著作权行政管理部门”修改为“国家著作权主管部门”。

将第七条中的“主管”修改为“负责”，“各省、自治区、直辖市人民政府的著作权行政管理部门”修改为“县级以上地方主管著作权的部门”。

六、将第八条第一款中的“著作权集体管理组织被授权后，可以以自己的名义为著作权人和与著作权有关的权利人主张权利”修改为“依法设立的著作权集体管理组织是非营利法人，被授权后可以以自己的名义为著作权人和与著作权有关的权利人主张权利”；将“诉讼、仲裁活动”修改为“诉讼、仲裁、调解活动”。

增加两款，作为第二款、第三款：“著作权集体管理组织根据授权向使用者收取使用费。使用费的收取标准由著作权集体管理组织和使用者代表协商确定，协商不成的，可以向国家著作权主管部门申请裁决，对裁决不服的，可以向人民法院提起诉讼；当事人也可以直接向人民法院提起诉讼。

“著作权集体管理组织应当将使用费的收取和转付、管理费的提取和使用、使用费的未分配部分等总体情况定期向社会公布，并应当建立权利信息查询系统，供权利人和使用者查询。国家著作权主管部门应当依法对著作权集体管理组织进行监督、管理。”

将第二款改为第四款，修改为：“著作权集体管理组织的设立方式、权利义务、使用费的收取和分配，以及对其监督和管理等由国务院另行规定。”

七、在第十条第一款第五项中的“翻拍”后增加“数字化”。

将第一款第七项修改为：“（七）出租权，即有偿许可他人临时使用视听作品、计算机软件的原件或者复制件的权利，计算机软件不是出租的主要标的的除外”。

将第一款第十一项、第十二项修改为：“（十一）广播权，即以有线或者无线方式公开传播或者转播作品，以及通过扩音器或者其他传送符号、声音、图像的类似工具向公众传播广播的作品的权利，但不包括本款第十二项规定的权利；

“（十二）信息网络传播权，即以有线或者无线方式向公众提供，使公众可以在其选定的时间和地点获得作品的权利”。

将第十条第一款第十项中的“电影和以类似摄制电影的方法创作的作品”、第十三项中的“电影或者以类似摄制电影”，第四十七条第六项中的“电影和以类似摄制电影”，第五十三条中的“电影作品或者以类似摄制电影的方法创作的作品”修改为“视听作品”。

八、将第十一条第四款改为第十二条第一款，修改为：“在作品上署名的自然人、法人或者非法人组织为作者，且该作品上存在相应权利，但有相反证明的除外。”

增加两款，作为第二款、第三款：“作者等著作权人可以向国家著作权主管部门认定的登记机构办理作品登记。

“与著作权有关的权利参照适用前两款规定。”

九、将第十三条改为第十四条，增加一款，作为第二款：“合作作品的著作权由合作作者通过协商一致行使；不能协商一致，又无正当理由的，任何一方不得阻止他方行使除转让、许可他人专有使用、出质以外的其他权利，但是所得收益应当合理分配给所有合作作者。”

十、增加一条，作为第十六条：“使用改编、翻译、注释、整理、汇编已有作品而产生的作品进行出版、演出和制作录音录像制品，应当取得该作品的著作权人和原作品的著作权人许可，并支付报酬。”

十一、将第十五条改为第十七条，修改为：“视听作品中的电影作品、电视剧作品的著作权由制作者享有，但编剧、导演、摄影、作词、作曲等作者享有署名权，并有权按照与制作者签订的合同获得报酬。

“前款规定以外的视听作品的著作权归属由当事人约定；没有约定或者约定不明确的，由制作者享有，但作者享有署名权和获得报酬的权利。

“视听作品中的剧本、音乐等可以单独使用的作品的作者有权单独行使其著作权。”

十二、将第十六条改为第十八条，在第二款第一项中的“地图”后增加“示意图”。

第二款增加一项，作为第二项：“（二）报社、期刊社、通讯社、广播电台、电视台的工作人员创作的职务作品”。

十三、将第十八条改为第二十条，修改为：“作品原件所有权的转移，不改变作品著作权的归属，但美术、摄影作品原件的展览权由原件所有人享有。

“作者将未发表的美术、摄影作品的原件所有权转让给他人，受让人展览该原件不构成对作者发表权的侵犯。”

十四、将第十九条改为第二十一条，将第一款中的“依照继承法的规定转移”修改为“依法转移”。

十五、将第二十一条改为第二十三条，将第二款、第三款修改为：“法人或者非法人组织的作品、著作权（署名权除外）由法人或者非法人组织享有的职务作品，其发表权的保护期为五十年，截止于作品创作完成后第五十年的12月31日；本法第十条第一款第五项至第十七项规定的权利的保护期为五十年，截止于作品首次发表后第五十年的 12 月 31 日，但作品自创作完成后五十年内未发表的，本法不再保护。

“视听作品，其发表权的保护期为五十年，截止于作品创作完成后第五十年的 12 月 31 日；本法第十条第一款第五项至第十七项规定的权利的保护期为五十年，截止于作品首次发表后第五十年的 12 月 31 日，但作品自创作完成后五十年内未发表的，本法不再保护。”

十六、将第二十二条改为第二十四条，在第一款中的“姓名”后增加“或者名称”；将“并且不得侵犯著作权人依照本法享有的其他权利”修改为“并且不得影响该作品的正常使用，也不得不合理地损害著作权人的合法权益”。

删去第一款第三项中的“时事”。

将第一款第四项中的“作者”修改为“著作权人”。

在第一款第六项中的“翻译”后增加“改编、汇编、播放”。

在第一款第八项中的“美术馆”后增加“文化馆”。

在第一款第九项中的“也未向表演者支付报酬”后增加“且不以营利为目的”。

删去第一款第十项中的“室外”。

将第一款第十一项中的“汉语言文字”修改为“国家通用语言文字”。

将第一款第十二项修改为：“（十二）以阅读障碍者能够感知的无障碍方式向其提供已经发表的作品”。

第一款增加一项，作为第十三项：“（十三）法律、行政法规规定的其他情形”。

将第二款修改为：“前款规定适用于对与著作权有关的权利的限制。”

十七、将第二十三条改为第二十五条，修改为：“为实施义务教育和国家教育规划而编写出版教科书，可以不经著作权人许可，在教科书中汇编已经发表的作品片段或者短小的文字作品、音乐作品或者单幅的美术作品、摄影作品、图形作品，但应当按照规定向著作权人支付报酬，指明作者姓名或者名称、作品名称，并且不得侵犯著作权人依照本法享有的其他权利。

“前款规定适用于对与著作权有关的权利的限制。”

十八、将第二十六条改为第二十八条，修改为：“以著作权中的财产权出质的，由出质人和质权人依法办理出质登记。”

十九、将第四章章名修改为“与著作权有关的权利”。

二十、将第三十七条改为第三十八条，删去第一款中的“（演员、演出单位）”和第二款。

二十一、将第三十八条改为第三十九条，在第一款第五项中的“发行”后增加“出租”。

二十二、增加一条，作为第四十条：“演员为完成本演出单位的演出任务进行的表演为职务表演，演员享有表明身份和保护表演形象不受歪曲的权利，其他权利归属由当事人约定。当事人没有约定或者约定不明确的，职务表演的权利由演出单位享有。

“职务表演的权利由演员享有的，演出单位可以在其业务范围内免费使用该表演。”

二十三、将第四十二条改为第四十四条，将第二款修改为：“被许可人复制、发行、通过信息网络向公众传播录音录像制品，应当同时取得著作权人、表演者许可，并支付报酬；被许可人出租录音录像制品，还应当取得表演者许可，并支付报酬。”

二十四、增加一条，作为第四十五条：“将录音制品用于有线或者无线公开传播，或者通过传送声音的技术设备向公众公开播送的，应当向录音制作者支付报酬。”

二十五、将第四十三条改为第四十六条，将第二款中的“但应当支付报酬”修改为“但应当按照规定支付报酬”。

二十六、将第四十五条改为第四十七条，修改为：“广播电台、电视台有权禁止未经其许可的下列行为：

“（一）将其播放的广播、电视以有线或者无线方式转播；

“（二）将其播放的广播、电视录制以及复制；

“（三）将其播放的广播、电视通过信息网络向公众传播。

“广播电台、电视台行使前款规定的权利，不得影响、限制或者侵害他人行使著作权或者与著作权有关的权利。

“本条第一款规定的权利的保护期为五十年，截止于该广播、电视首次播放后第五十年的12月31日。”

二十七、将第四十六条改为第四十八条，修改为：“电视台播放他人的视听作品、录像制品，应当取得视听作品著作权人或者录像制作者许可，并支付报酬；播放他人的录像制品，还应当取得著作权人许可，并支付报酬。”

二十八、将第五章章名修改为“著作权和与著作权有关的权利的保护”。

二十九、增加一条，作为第四十九条：“为保护著作权和与著作权有关的权利，权利人可以采取技术措施。

“未经权利人许可，任何组织或者个人不得故意避开或者破坏技术措施，不得以避开或者破坏技术措施为目的制造、进口或者向公众提供有关装置或者部件，不得故意为他人避开或者破坏技术措施提供技术服务。但是，法律、行政法规规定可以避开的情形除外。

“本法所称的技术措施，是指用于防止、限制未经权利人许可浏览、欣赏作品、表演、录音录像制品或者通过信息网络向公众提供作品、表演、录音录像制品的有效技术、装置或者部件。”

三十、增加一条，作为第五十条：“下列情形可以避开技术措施，但不得向他人提供避开技术措施的技术、装置或者部件，不得侵犯权利人依法享有的其他权利：

“（一）为学校课堂教学或者科学研究，提供少量已经发表的作品，供教学或者科研人员使用，而该作品无法通过正常途径获取；

“（二）不以营利为目的，以阅读障碍者能够感知的无障碍方式向其提供已经发表的作品，而该作品无法通过正常途径获取；

“（三）国家机关依照行政、监察、司法程序执行公务；

“（四）对计算机及其系统或者网络的安全性能进行测试；

“（五）进行加密研究或者计算机软件反向工程研究。

“前款规定适用于对与著作权有关的权利的限制。”

三十一、增加一条，作为第五十一条：“未经权利人许可，不得进行下列行为：

“（一）故意删除或者改变作品、版式设计、表演、录音录像制品或者广播、电视上的权利管理信息，但由于技术上的原因无法避免的除外；

“（二）知道或者应当知道作品、版式设计、表演、录音录像制品或者广播、电视上的权利管理信息未经许可被删除或者改变，仍然向公众提供。”

三十二、将第四十七条改为第五十二条，将第八项修改为：“（八）未经视听作品、计算机软件、录音录像制品的著作权人、表演者或者录音录像制作者许可，出租其作品或者录音录像制品的原件或者复制件的，本法另有规定的除外”。

将第十一项中的“权益”修改为“权利”。

三十三、将第四十八条改为第五十三条，修改为：“有下列侵权行为的，应当根据情况，承担本法第五十二条规定的民事责任；侵权行为同时损害公共利益的，由主管著作权的部门责令停止侵权行为，予以警告，没收违法所得，没收、无害化销毁处理侵权复制品以及主要用于制作侵权复制品的材料、工具、设备等，违法经营额五万元以上的，可以并处违法经营额一倍以上五倍以下的罚款；没有违法经营额、违法经营额难以计算或者不足五万元的，可以并处二十五万元以下的罚款；构成犯罪的，依法追究刑事责任：

“（一）未经著作权人许可，复制、发行、表演、放映、广播、汇编、通过信息网络向公众传播其作品的，本法另有规定的除外；

“（二）出版他人享有专有出版权的图书的；

“（三）未经表演者许可，复制、发行录有其表演的录音录像制品，或者通过信息网络向公众传播其表演的，本法另有规定的除外；

“（四）未经录音录像制作者许可，复制、发行、通过信息网络向公众传播其制作的录音录像制品的，本法另有规定的除外；

“（五）未经许可，播放、复制或者通过信息网络向公众传播广播、电视的，本法另有规定的除外；

“（六）未经著作权人或者与著作权有关的权利人许可，故意避开或者破坏技术措施的，故意制造、进口或者向他人提供主要用于避开、破坏技术措施的装置或者部件的，或者故意为他人避开或者破坏技术措施提供技术服务的，法律、行政法规另有规定的除外；

“（七）未经著作权人或者与著作权有关的权利人许可，故意删除或者改变作品、版式设计、表演、录音录像制品或者广播、电视上的权利管理信息的，知道或者应当知道作品、版式设计、表演、录音录像制品或者广播、电视上的权利管理信息未经许可被删除或者改变，仍然向公众提供的，法律、行政法规另有规定的除外；

“（八）制作、出售假冒他人署名的作品的。”

三十四、将第四十九条改为第五十四条，修改为：“侵犯著作权或者与著作权有关的权利的，侵权人应当按照权利人因此受到的实际损失或者侵权人的违法所得给予赔偿；权利人的实际损失或者侵权人的违法所得难以计算的，可以参照该权利使用费给予赔偿。对故意侵犯著作权或者与著作权有关的权利，情节严重的，可以在按照上述方法确定数额的一倍以上五倍以下给予赔偿。

“权利人的实际损失、侵权人的违法所得、权利使用费难以计算的，由人民法院根据侵权行为的情节，判决给予五百元以上五百万元以下的赔偿。

“赔偿数额还应当包括权利人为制止侵权行为所支付的合理开支。

“人民法院为确定赔偿数额，在权利人已经尽了必要举证责任，而与侵权行为相关的账簿、资料等主要由侵权人掌握的，可以责令侵权人提供与侵权行为相关的账簿、资料等；侵权人不提供，或者提供虚假的账簿、资料等的，人民法院可以参考权利人的主张和提供的证据确定赔偿数额。

“人民法院审理著作权纠纷案件，应权利人请求，对侵权复制品，除特殊情况外，责令销毁；对主要用于制造侵权复制品的材料、工具、设备等，责令销毁，且不予补偿；或者在特殊情况下，责令禁止前述材料、工具、设备等进入商业渠道，且不予补偿。”

三十五、增加一条，作为第五十五条：“主管著作权的部门对涉嫌侵犯著作权和与著作权有关的权利的行为进行查处时，可以询问有关当事人，调查与涉嫌违法行为有关的情况；对当事人涉嫌违法行为的场所和物品实施现场检查；查阅、复制与涉嫌违法行为有关的合同、发票、账簿以及其他有关资料；对于涉嫌违法行为的场所和物品，可以查封或者扣押。

“主管著作权的部门依法行使前款规定的职权时，当事人应当予以协助、配合，不得拒绝、阻挠。”

三十六、将第五十条改为第五十六条，修改为：“著作权人或者与著作权有关的权利人有证据证明他人正在实施或者即将实施侵犯其权利、妨碍其实现权利的行为，如不及时制止将会使其合法权益受到难以弥补的损害的，可以在起诉前依法向人民法院申请采取财产保全、责令作出一定行为或者禁止作出一定行为等措施。”

三十七、将第五十一条改为第五十七条，修改为：“为制止侵权行为，在证据可能灭失或者以后难以取得的情况下，著作权人或者与著作权有关的权利人可以在起诉前依法向人民法院申请保全证据。”

三十八、将第五十三条改为第五十九条，增加一款，作为第二款：“在诉讼程序中，被诉侵权人主张其不承担侵权责任的，应当提供证据证明已经取得权利人的许可，或者具有本法规定的不经权利人许可而可以使用的情形。”

三十九、增加一条，作为第六十一条：“当事人因不履行合同义务或者履行合同义务不符合约定而承担民事责任，以及当事人行使诉讼权利、申请保全等，适用有关法律的规定。”

四十、增加一条，作为第六十五条：“摄影作品，其发表权、本法第十条第一款第五项至第十七项规定的权利的保护期在2021年6月1日前已经届满，但依据本法第二十三条第一款的规定仍在保护期内的，不再保护。”

四十一、将第六十条改为第六十六条，删去第二款中的“和政策”。

四十二、删去第三十五条、第四十条第二款、第四十四条、第五十四条、第五十六条。

本决定自2021年6月1日起施行。

《中华人民共和国著作权法》根据本决定作相应修改并对条文顺序作相应调整，重新公布。

3. 全国人民代表大会常务委员会关于修改《中华人民共和国建筑法》等八部法律的决定（含：消防法、电子签名法、城乡规划法、车船税法、商标法、反不正当竞争法、行政许可法）（节选）

（2019年4月23日第十三届全国人民代表大会常务委员会第十次会议通过）

第十三届全国人民代表大会常务委员会第十次会议决定：

……

六、对《中华人民共和国商标法》作出修改

（一）将第四条第一款修改为：“自然人、法人或者其他组织在生产经营活动中，对其商品或者服务需要取得商标专用权的，应当向商标局申请商标注册。不以使用为目的的恶意商标注册申请，应当予以驳回。”

（二）将第十九条第三款修改为：“商标代理机构知道或者应当知道委托人申请注册的商标属于本法第四条、第十五条和第三十二条规定情形的，不得接受其委托。”

（三）将第三十三条修改为：“对初步审定公告的商标，自公告之日起三个月内，在先权利人、利害关系人认为违反本法第十三条第二款和第三款、第十五条、第十六条第一款、第三十条、第三十一条、第三十二条规定的，或者任何人认为违反本法第四条、第十条、第十一条、第十二条、第十九条第四款规定的，可以向商标局提出异议。公告期满无异议的，予以核准注册，发给商标注册证，并予公告。”

（四）将第四十四条第一款修改为：“已经注册的商标，违反本法第四条、第十条、第十一条、第十二条、第十九条第四款规定的，或者是以欺骗手段或者其他不正当手段取得注册的，由商标局宣告该注册商标无效；其他单位或者个人可以请求商标评审委员会宣告该注册商标无效。”

（五）将第六十三条第一款中的“一倍以上三倍以下”修改为“一倍以上五倍以下”；第三款中的“三百万元以下”修改为“五百万元以下”；增加两款分别作为第四款、第五款：“人民法院审理商标纠纷案件，应权利人请求，对属于假冒注册商标的商品，除特殊情况外，责令销毁；对主要用于制造假冒注册商标的商品的材料、工具，责令销毁，且不予补偿；或者在特殊情况下，责令禁止前述材料、工具进入商业渠道，且不予补偿。

“假冒注册商标的商品不得在仅去除假冒注册商标后进入商业渠道。”

（六）将第六十八条第一款第三项修改为：“（三）违反本法第四条、第十九条第三款和第四款规定的”；增加一款作为第四款：“对恶意申请商标注册的，根据情节给予警告、罚款等行政处罚；对恶意提起商标诉讼的，由人民法院依法给予处罚。”

……

《中华人民共和国商标法》的修改条款自2019年11月1日起施行，其他法律的修改条款自本决定公布之日起施行。

《中华人民共和国建筑法》《中华人民共和国消防法》《中华人民共和国电子签名法》《中华人民共和国城乡规划法》《中华人民共和国车船税法》《中华人民共和国商标法》《中华人民共和国反不正当竞争法》《中华人民共和国行政许可法》根据本决定作相应修改，重新公布。

图书在版编目（CIP）数据

知识产权新规则案例适用／最高人民法院司法案例研究院编．—北京：中国法制出版社，2022.6

ISBN 978－7－5216－2684－1

Ⅰ．①知… Ⅱ．①最… Ⅲ．①知识产权法－案例－中国 Ⅳ．①D923.405

中国版本图书馆 CIP 数据核字（2022）第 078095 号

策划编辑：李小草

责任编辑：韩璐玮（hanluwei666@163.com）　　封面设计：杨泽江

知识产权新规则案例适用

ZHISHI CHANQUAN XINGUIZE ANLI SHIYONG

编者/最高人民法院司法案例研究院

经销/新华书店

印刷/三河市紫恒印装有限公司

开本/730 毫米×1030 毫米　16 开　　印张/21.25　字数/296 千

版次/2022 年 6 月第 1 版　　2022 年 6 月第 1 次印刷

中国法制出版社出版

书号 ISBN 978－7－5216－2684－1　　定价：78.00 元

北京市西城区西便门西里甲 16 号西便门办公区

邮政编码：100053　　传真：010－63141600

网址：http：//www.zgfzs.com　　**编辑部电话：010－63141790**

市场营销部电话：010－63141612　　**印务部电话：010－63141606**

（如有印装质量问题，请与本社印务部联系。）